KB180811

동아시아한국학 연구총서 4

동아시아 개항도시의 형성과 네트워크

The Formation and Network of the Open Port City in East Asia

인하대학교 한국학연구소 편

이 저서는 2007년 정부(교육과학기술부)의 재원으로 한국연구재단의 지원을 받아 수행된 연구임(KRF-2007-361-AM0013).

간행사

　인하대학교 한국학연구소는 2007년부터 '동아시아 상생과 소통의 한국학'을 의제로 삼아 인문한국(HK) 사업을 수행하고 있다. 상생과 소통을 꾀하는 동아시아 한국학이란, 우선 동아시아 각 지역과 국가의 연구자들이 자국의 고유한 환경 속에서 축적해 온 '한국학(들)'을 각기 독자적인 한국학으로 재인식하게 하고, 다음으로 그렇게 재인식된 복수의 한국학(들)이 서로 생산적으로 소통할 수 있는 방법을 구성해내는 한국학이다. 우리는 바로 이를 '동아시아한국학'이라는 고유명사로 명명하고 있다. 따라서 동아시아한국학은 하나의 중심으로 수렴된 한국학을 지양하고, 상이한 시선들이 교직해 화성和聲을 창출하는 복수의 한국학을 지향한다.

　이런 목표의식 하에 한국학연구소는 한국학이 지닌 서구주의와 민족주의적 편향성을 극복하기 위한 방법으로 근대전환기 각국에서 이뤄진 한국학(들)의 계보학적 재구성을 시도하고 있다. 주지하듯이 한국에서 자국학으로 발전해온 한국학은 물론이고, 구미에서 지역학으로 구조화된 한국학, 중국·러시아 등지에서 민족학의 일환으로 형성된 조선학과 고려학, 일본에서 동양학의 하위 범주로 형성된 한국학 등 이미 한국학은 단성적單聲的인 방식이 아니라 다성적多聲的인 방식으로 존재하고 있다. 우리는 그 계보를 탐색하고 이들을 서로 교통시키고자 한다. 다시 말해 본 연구소는 동아시아적 사유와 담론의 허브로서 동아시아한국학의 방법론을 정립하기 위해 학문적 모색을 거듭하고 있다.

　더욱이 다시금 동아시아 각국의 특수한 사정들을 헤아리면서도 국경을 넘어서는 보편적 가치를 모색할 필요성이 절실해지는 이즈음, 상생과 소통을 위한 사유와 그 실천의 모색에 있어 그간의 학문적 성과를 가름하고 공유하는 것은 여러 모로 의미가 있으리라 여겨진다. 이에 우리는 복수의 한국학에 대한 계보학적 탐색, 상생과 소통을 위한 동아시아한국학의 방법론 정립, 연구 성과의 대중적 공유라는 세 가지 지향점을 중심으로 지속적으로 축적되고 있는 연구 성과를 세 방향으로 갈무리하고자 한다.

본 연구소에서는 상생과 소통을 위한 동아시아한국학 연구에 있어 연구자들에게 자료와 토대를 정리해 연구의 기초를 제공하고, 또한 현재 동아시아한국학 연구의 범위와 향방을 보여줄 뿐만 아니라 그 연구 성과들을 시민들과 공유하는 것까지 고려하는 방향으로 총서를 발행하고 있다. 모쪼록 이 총서가 동아시아에서 갈등의 피로를 해소하고 새로운 상생의 방법을 모색하는 데 일조할 수 있기를 기대한다.

인하대학교 한국학연구소

목 차

1부 동아시아 개항도시의 형성과 발전

2부 한국 개항도시의 형성과 네트워크

서 문

　2012년 12월 1~3일 인하대 한국학연구소의 주관으로 목포대 도서문화연구원, 부산대 한국민족문화연구소, 제주대 탐라문화연구소, 한국해양대 국제해양문제연구소가 공동으로 국제학술회의를 개최했다. 한국의 주요 항구도시에 위치한 5개 연구기관은 2010년 6월 교류협정을 맺고 공통의 어젠다를 중심으로 매년 순차적인 학술교류를 통해 인문학 연구의 발전을 위해 노력하기로 하였다. 각 연구기관은 동아시아 개항도시, 도서문화, 로컬리티, 항구도시, 해항도시 등 어젠다의 특성을 살려 항구 및 해양 관련 인문학 연구를 수행하기로 하였다. 그 첫 번째 학술회의를 인하대 한국학연구소가 주관하였고, 그 성과를 수정 보완하여 인하대학교 한국학연구소의 '동아시아한국학연구총서'로 간행하게 되었다.

　국제학술회의의 주제는 '개항도시'에 초점을 맞추어 [동아시아 개항도시의 형성과 네트워크]로 정했다. 현재 동아시아 각 지역의 주요 항구도시 중 상당수는 19세기 중후반 자본주의 열강의 동아시아 진출과 함께 형성된 도시로, 국가 및 지역 간의 전통적 소통관계가 '개항開港'을 통해 새롭게 변모해가는 최일선에서 세계자본주의 물결을 감내하고 극복해 나간 상호 착종錯綜의 공간이었다. 뿐만 아니라 동아시아의 '개항도시'들은 상호 제도적인 영향을 주고받았고, 교통·금융·상업적인 면에서 상당 기간 유기적인 관계를 맺었다. 따라서 근대전환기 동아시아 역사에서 각지의 '개항도시'가 담당했던 역사적 역할을 일국사 및 지방사의 관점이 아닌 동아시아적 맥락 속에서 상호간의 관계를 살피고 비교고찰해 보는 것은 매우 의미 있는 시도라고 생각했다.

제1부에는 '동아시아 개항도시의 형성과 발전'을 주제로 삼아 5편의 논문을 묶었다. 학술회의 당시에는 '비교의 관점에서 본 개항도시'라는 세션으로 동아시아 개항도시의 형성과 발전과정을 시간적, 공간적으로 비교하면서 논의하고자 했지만, 결과적으로 개항도시에 대한 연구가 한·중·일 삼국을 비교하는 단계로 진입하지 못했음을 확인했다. 그래서 각국에서 개항도시가 어떻게 형성되고 근대도시 또는 식민도시로 발전했는지를 조명하는 방향으로 편집할 수밖에 없었다. 또한 한국, 중국, 일본 모두를 포함해야 함에도 불구하고 중국연구 3편, 대만연구 1편, 그리고 동아시아 유럽인 거류지에 대한 연구 1편으로 구성하고, 일본에 대한 연구는 개인사정으로 수록하지 못한 점을 아쉬움으로 남긴다. 일본은 근대적 항구도시 가운데 개항도시로 출발한 경우가 없지 않지만 식민도시로 된 것이 아니어서 개항도시에 대한 관심이 적은 것으로 이해된다.

우숭디吳松弟·왕저王哲의 「근대 중국의 개항도시와 동아시아」는 중국 국내 개항도시 사이의 무역 네트워크뿐만 아니라 동아시아와의 무역 네트워크까지 연결지은 논문이다. 19세기 후반에서 20세기 전반에 걸쳐 중국 연해 항구 사이의 무역의 실태를 해관자료를 통해 파악하고 무역의 거시적 네트워크를 확인하였다. 20세기에는 중국의 대외무역이 남방에서 북방으로 이동하는데 일본에 의한 화베이 및 동북지방 경제개발의 영향을 받은 것으로 진단하였다. 판루우쓴樊如森의 「근대 중국 화베이華北 지역 항구 도시의 발전 양상」은 1860년 이후 개항한 화베이 연해지역 7개 개항도시의 도시발전 양상을 다룬 논문이다. 톈진天津, 옌타이煙臺, 웨이하이웨이威海衛, 칭다오青島는 조약으로 개항되었고, 친황다오秦皇島, 룽커우龍口, 하이저우海州는 자발적으로 개항한 도시이다. 공통적으로 항구건설로 인하여 대외무역의 중심지로 급속히 성장한 특징을 지녔다. 위의 두 논문은 개항도시의 무역 네트워크가 국내와 해외로 긴밀하게 형성되어 있음을 강조하는 한편, 개항은 강제적으로 이루어졌지만 개항도시의 무역발전은 중국의 근현대 경제발전을 견인했다는 점을 암시하고 있다.

과연 개항도시는 중국경제의 원동력을 형성해주는 공간이었는가? 쉬쑤빈徐蘇斌의 「20세기 초 개항도시 식민주의와 민족주의의 역할: 톈진상품진열소(고공장-권업회장) 건설을 중심으로」는 톈진天津의 상품진열소 건축물의 설치를 소재로 하여 개항도시 발전의 원동력을 고찰하고 있다. 일본 조계를 통해 일본식민주의가 진입하고 이로부터 중국인은 민족주의적 자극을 받았다. 식민주의와 민족주의는 상극이지만 식민주의의 자극과 모범적 역할은 민족주의의 주체적 능동적 학습을 유도하였고, 양자는 합력이 되어 중국 근대화의 원동력이 되었다고 보는 것이다. 톈진天津의 일본건축물인 상품진열소를 통해 중국의 능동적인 수용의 양상을 포착하였다. 반면 린원카이林文凱의 「청말 대만臺灣 개항開港(1860~1895)이 사회 발전에 미친 영향: 경제, 정치, 종교 및 문화 방면에 대한 분석」은 1860년 개항이 대만사회에 변화를 가져왔지만 전통을 대체할 정도는 되지 않았다고 보았다. 무역은 확장되었지만 전통과 근대의 경제체제가 공존하고, 서구 열강의 대만에 대한 관심이 청의 대만지배 강화로 나타나고, 서양문화의 유입이 대만의 지식체계를 교체할 정도는 못되었다는 것이다. 대만의 근대적 변화는 일본 통치 이후 본격화되었다는 관점으로 귀결된다.

윤승준尹承駿의 「19세기 말엽 동아시아의 서양인 거류 현황 분석: D. W. 스미스의 저술 내용을 중심으로」는 1900년 영국에서 간행된 D. W. Smith의 *European Settlements in the Far East*를 분석한 것이다. 이 책은 동일한 시기의 각종 정보를 한 책에 모두 모아 놓았다는 점에서 자료적 가치가 높다. 16세기 이후 19세기말에 이르기까지 중국, 일본, 한국, 인도차이나, 말레이시아, 인도네시아, 필리핀 등지의 식민지나 보호령 또는 조계에 형성된 유럽인 거류지의 실태를 스케치한 것이다. 유럽인 거류지는 농어촌지역에 서구식 근대도시를 이식하는 방식으로 이루어진 점에서 공통적인 특징을 보였다.

제2부에는 '한국 개항도시의 네트워크'라는 주제로 6편의 논문을 묶었다. 처음 기획은 각국 안의 개항장 네트워크 뿐 아니라 국가 간의 개항장 네트워크에 대한 연구를 포함했지만, 비교연구의 부재로 인하여 국가 간의 네트워크에 대해서는 거의 논의하지 못했다. 다만 개인사정으로 학술회의에 참여하지 못한 이옥련李玉蓮의 논문을 추가하여 동아시아 화교 네트워크의 일단에 접촉한 것만으로 위안을 삼을 뿐이다. 결국 제2부는 한국 개항도시의 네트워크로 제한되었다.

이영호李榮昊의 「한국의 '수호통상修好通商' 확대와 개항도시의 성격」은 한국의 개항과정과 개항도시의 성격을 개관한 논문이다. 한국의 개항은 프랑스와 미국의 침략으로 화이체제가 균열을 보일 때 일본이 주도권을 장악하여 이루어짐으로써 개항도시는 일본의 자장 안에 놓인 '소일본'의 성격을 띤다고 보았다. 조계와 그로부터 10리 범위를 중심으로 형성된 개항도시는 바다에 면한 항구와 그를 에워싼 조계지, 조계지 밖 외국인(주로 일본인)과 한국인의 상업활동지역, 그리고 그 외곽에 조선인마을이 형성되는 방사선형 구조를 이루는 것으로 파악하였다.

차철욱車喆旭·양흥숙梁興淑의 「개항기開港期 부산항釜山港의 조선인과 일본인의 관계 형성」은 부산항의 조선인과 일본인의 관계를 대립보다는 교류의 측면에서 살핀 논문이다. 부산항의 개항을 폐쇄된 왜관에서 '섞임'의 공간으로의 변화라는 관점에서 보았다. 변화된 섞임의 공간에서 조선상인은 일본상인과 선대제의 외상 신용거래를 하고 조선인이 일본인학교에 입학하는 현상에서 섞임의 양상을 포착하였다. 개항장에서의 민족간 충돌을 강조한 기왕의 연구와는 다른 각도에서 식민지 이전의 개항도시에서는 교류와 섞임의 양상을 배제할 수 없다는 논쟁적 문제를 부각하였다. 한발 더 나아가 김승金勝의 「개항 이후 부산의 일본거류지 사회와 일본인 자치기구의 활동」은 바로 그 부산의 일본인 사회를 분석한 논문이다. 부산의 일본인 자치조직인 거류민회 및 거류민단의 조직,

재정, 사업내용을 구체적으로 살폈다. 그는 일본인을 "우리 안의 또다른 주체이면서 동시에 타자"로서 한국역사 연구의 대상으로 포섭해야 한다고 했지만, 또다른 주체이면서 타자였던 조선인과의 관계에 대한 동시적 사고를 결여할 수는 없을 것이다. 목포로 옮겨가도 비슷하게 일본인 사회의 문제가 등장한다. 최성환崔誠桓의 「개항 초기 목포항木浦港의 일본인과 해상海上 네트워크」는 목포항의 일본인 이주와 주도층의 형성, 그리고 해상 네트워크를 검토한 논문이다. 목포상권을 장악한 일본인은 부산에서 신개항장의 이익을 좇아 진출한 사람들이었다. 이들은 군산항이 개항되자 다시 이익을 좇아 옮겨가기도 하고 미곡무역의 이득을 위해 내륙에 토지를 사들이기도 하였다. 늦게 개항한 목포항의 일본인사회는 불안정성과 이동성을 특징으로 하였다.

일본인은 부산, 목포, 그리고 군산 등지에서 주도권을 장악하였다. 기본적으로 개항도시는 일본인 영향력 하에 있었다. 그러나 인천 이북 황해연안에서는 중국인의 활동도 활발하였다. 이옥련李玉蓮의 「개항 이후 인천의 화교華僑사회와 동아시아 네트워크: 산둥반도山東半島를 중심으로」는 인천화교사회와 산둥반도의 네트워크를 고찰한 것으로 한국 개항도시의 인적교류가 동아시아 네트워크에 접촉되는 지점을 주목하고 있다. 초기 인천의 화교는 광둥성 등 남방상인이 중심이었지만 점차 산둥성의 상인과 노동자가 유입되어 주류를 형성했다. 산둥출신 인천화교는 산둥반도 네트워크로 연결되고 산둥반도의 개항도시를 통해 중국 내륙 및 세계로 연결되었다. 이옥련의 논문이 한국화교의 본국과의 네트워크에 접속했다면 김태웅金泰雄의 「일제하日帝下 조선 개항장 도시에서 화교의 정주화定住化 양상과 연망緣網의 변동: 인천, 신의주, 부산을 중심으로」는 한국내 화교의 정착과 인적 네트워크를 고찰한 논문이다. 인천은 상인이 많고 신의주는 상인과 노동자로 구성된데 비해 부산은 일본상인의 영향권에 놓여 화교정착은 미흡하였다. 1931년 만보산사건으로 화교배척운동이 일어나고 중일간의 전쟁이 발발하자 화교들이 대거 귀국하면서 화교사회는 크게 위축되었고, 그것은 냉전질서 하에서도 계속되었다.

개항도시에 대한 연구는 그 동안 무역연구에 대한 비중이 높았고, 지방사·도시사 차원에서 개항도시의 인프라 구축, 근대건축물, 서양문화의 유입 등에 대한 관심이 많았다. 그러나 이러한 문제를 국제적인 공동연구를 통해 비교 연구하는 작업은 빈약한 편이었다. 동아시아 국가들이 개항을 통해 서양의 근대문물에 접촉하고 그 자본주의 문명의 세례를 받은 결과 중국은 반식민지로, 한국은 식민지로 국력이 쇠망한 반면 일본은 근대국민국가를 만들고 아시아의 제국주의국가로 위세를 떨쳤다. 따라서 한중 양국에게 개항과 식민지는 아픈 역사로 자리 잡고, 일본은 무관심으로 일관했던 것이 작금의 연구상황이라 하겠다. 동아시아의 개항과 개항도시의 형성은 근대국민국가 형성의 시금석이 된다는 점에서 동아시아 국가의 근대화과정을 해명하는 작업과도 통한다고 생각된다. 다양한 공론의 장이 되는 학술회의 형식도 좋지만 공동연구를 통한 문제의식의 조직화도 필요하다는 생각이 든다.

이 책은 한국연구재단의 지원을 받아 인하대학교 한국학연구소가 '동아시아 상생과 소통의 한국학'이라는 어젠다로 진행하고 있는 인문한국 Humanities Korea 사업의 일환으로 편찬되었다. 동아시아 개항도시의 형성과정을 비교하고 소통의 네트워크를 추적하고자 하였다. 이 책이 나오기까지 여러분의 노고가 있었다. 국제학술회의에 참석하고 또 이를 논문으로 다듬어 총서에 수록해주신 중국·대만·한국의 여러 학자들께 깊은 감사를 드린다. 함께 학술회의 기획에 참여하여 좋은 조언을 해주신 목포대 도서문화연구원 강봉룡 원장님, 부산대 한국민족문화연구소 김동철 소장님, 제주대 탐라문화연구소 윤용택 소장님, 한국해양대 국제해양문제연구소 정문수 소장님과 각 연구소 관계자 여러분께 감사드린다. 논문의 번역, 교열, 윤문 등으로 분주한 시간을 보낸 인하대 한국학연구소의 식구들에게 두루두루 감사한다. 특히 국제학술회의와 총서간행을 총지휘한 차인배 연구교수, 김연경 행정팀장의 고생이 매우 컸다는 점을 기억한다. 그리고 어려운 출판사정에도 불구하고 우리 연구소의 까다로운 기획물들의 출판을 적극 수용하여 애써주신 글로벌콘텐츠의 홍정표 사장님, 양정섭 이사님, 그리고 편집부 선생님께 감사드린다. 앞으로 목포대 도서문화연구원, 부산대 한국민족문화연구소, 제주대 탐라문화연구소, 한국해양대 국제해양문제연구소에서 순차적으로 개최할 국제학술회의가 순조롭게 진행되고 계속해서 아름다운 결실을 맺기를 소원한다.

2012년 11월 20일
이영호

1부 동아시아 개항도시의 형성과 발전

근대 중국의 개항도시와 동아시아

우숭디吳松弟·왕저王哲

중국은 광활한 내륙을 가지고 넓은 바다에 접해 있는 나라이다. 1842년 오구통상五口通商과 홍콩香港의 할양을 시작으로 서구의 뛰어난 생산력과 정치경제가 중국의 주요 항구 도시를 통해 들어오고, 주된 교통노선을 따라 광활한 내륙지역으로 전파되었다. 이로 인해 중국은 현대화로 향하는 어렵고도 고통스러운 길을 걷기 시작했다. 현대화를 향한 과정은 오늘날에 여전히 진행 중이다. 바로 이러한 인식을 바탕으로 우숭디吳松弟, 다이안강戴鞍鋼 등 연구자는 20세기 말부터 "항구港口-배후지腹地와 중국 현대화現代化"란 과제를 연구해 왔다. 우숭디는 대학원생들을 지도하면서 톈진天津, 다롄大連, 옌타이煙台, 칭다오靑島, 상하이上海, 닝보寧波, 전장鎭江, 한커우漢口, 우후蕪湖, 충칭重慶, 하이우이福州, 광저우廣州, 베이하이北海 등 연해沿海 연강沿江 항구도시 및 윈난雲南의 변경邊境 항구도시를 중심으로 10여 년간에 연구해 왔다. 이 연구는 1840년 개항 이후부터 서양 생산력과 정치경제의 진입으로 인해 중국 경제에 일어난 변화를 집중적으로 고찰함으로써 중국 항구와 내지의 경제발전 및 상호작용을 해석하

---

* 푸단復旦대학 중국역사지리연구소·난카이南開대학 경제학원.

려고 시도하고, 중국 각 항구의 연결 관계도 함께 주목하고 있다.[1)]

지역과 역사상의 특징으로 중국, 일본과 한반도를 중심으로 한 동아시아의 국제 무역 관계가 매우 밀접하다. 중국과 동아시아의 개항도시 간의 관계를 논의함으로써 더 넓은 시야에서 "항구-배후지와 중국 현대화"의 연구를 추진시킬 수 있다. 필자와 팀 멤버 왕저王哲는 이 논문을 함께 썼다. 앞으로 더 많은 연구자들과 이 분야의 연구를 함께 추진하기를 희망한다.

1. 근대 중국의 항구 및 상호적 무역 네트워크

1842년 오구통상五口通商 이후 광저우·샤먼廈門·하이우이·닝보·상하이는 모두 중국의 개항장이 되었고, 홍콩은 영국의 식민지로 되었다. 무역의 규모에 대해 샤먼·하이우이·닝보는 상하이·홍콩에 훨씬 미치지 못했다. 상하이는 광저우보다도 훨씬 빠르게 발전했다. 1853년부터 상하이항의 수출입 총액이 큰 차이로 광저우항을 추월함으로써 중국 제1의 개항장이 되었다. 제2차 아편전쟁阿片戰爭 이후 중국은 또한 톈진·옌타이·뉴좡牛莊·한커우 등 개항장을 개방했다. 이전에 중국과 러시아가 공동적으로 개방한 내륙 개항장을 포함하여 전국의 개항장이 20개가 넘었다. 그 후 톈진은 빠르게 상하이·광저우의 뒤를 따라 제3의 개항장이 되었고 화베이華北 지역 무역 네트워크의 중심이 되었다. 한커우는 내륙지역의 무역 네트워크의 중심이 되었다. 1930년 광저우의 중산中山항이 개항되었을 때까지 중국에는 개항장 104개, 조계租界 4개, 홍콩·마카오(외국 식민지)을

1) 연구팀은 현재 吳松弟·樊如森(復旦大學 中國歷史地理研究所), 戴鞍鋼(復旦大學 歷史系), 唐巧天(上海社會科學院 歷史研究所), 方書生(上海社會科學院 經濟研究所), 姚永超(上海海關學院), 毛立坤(南開大學 歷史系), 王哲(南開大學 經濟學院), 姜修憲(山東曲阜師範大學 歷史系), 王列輝(華東師範大學 資源與環境學院), 陳爲忠(南通大學 地理系), 張珊珊(上海航海博物館), 張永帥(雲南師範大學 歷歷史系), 武强(河南大學 黃河文明中心) 등 10여 명의 연구자로 구성된다.

[표 1] 중국 각지 해관(海關) 무역총액 및 비율

	1882년		1912년		1931년	
	총액	비율(%)	총액	비율(%)	총액	비율(%)
沿海 海關	185,461,660	73.5	789,093,596	64.6	3,212,687,879	81.6
沿邊 海關			61,618,815	5	39,422,959	1
內地 海關	66,837,827	26.5	371,536,156	30.4	683,327,317	17.4
(長江 沿岸)	66,837,827	26.5	277,275,742	22.7	504,190,015	12.8

주: 무역총액이란 외래품의 수입 순수금액, 지방 상품의 수입 순수금액과 국산품의 수출액을 합친 것이다. 1882년
과 1912년의 금액 단위가 량(兩)이고, 1931년의 단위가 관평량(關平兩)이다.
* 자료:『中國舊海關史料』, 京華出版社(『光緒八年通商各關華洋貿易總冊』, 第六款;『中華民國元年通商各關華洋
貿易總冊』, 第八款;『民國二十年海關中外貿易統計年刊·統計輯要』;『民國十八年至二十年海關貿易貨值按
關全數』).

포함하여 외국인에게 개방한 개항장이 총 110개가 있었다.[2]

비록 이렇게 많은 개항장이 개방되었으나 연해沿海 개항장이 여전히 가장 중요한 개항장으로 자리를 잡고 있었다. 장강長江 연안沿岸 개항장을 중심으로 한 내륙 개항장이 그 다음이고, 연변沿邊 개항장이 전국 무역에서 점하는 비중은 매우 미미했다([표 1]).

중국의 주요 연해 개항장은 상하이, 톈진, 광저우, 동북東北 지역의 다롄(다롄이 개방되기 전에 동북 지역의 제1항은 잉커우營口였다)과 산둥山東 지역의 칭다오靑島(칭다오가 개방되기 전에 산둥 지역의 제1항은 옌타이煙臺였다), 그리고 장강 중류의 한커우와 영국의 식민지인 홍콩이었다. [그림 1]은 상하이, 광저우, 한커우, 톈진, 다롄 등 주요 항구의 수출입액이 전국 총액에서 점하는 비중의 변화를 보여준다.

중국의 연해 개항장 중에 두말 할 것 없이 상하이가 가장 중요하다. [그림 1]에서 보여주듯이 1870년대 초 상하이 수출입액은 전국 총액의 70%를 차지했고, 1874~1887년간에 비록 약간 감소했지만 전국 총액에서 여전히 60% 이상의 비중을 점하고 있었다. 상하이 수출액의 비중은 수입액보다 낮았으나 다른 항구의 수출액에 비하면 훨씬 높은 편이었

---

2) 吳松弟 편,『中國經濟百年拼圖: 港口城市及其腹地與中國現代化』, 山東畫報出版社, 2006, 4쪽.

[그림 1] 주요 항구 수출입액이 전국 총액에서 점하는 비중

* 자료: 1. 1870~1928년: 다롄(大連)의 통계는 "大連關曆年統計"(中國第二歷史檔案館·中國海關總署辦公廳 편, 『中國舊海關史料』, 京華出版社, 2001)를 참고하였다. 나머지의 통계는『六十五來中國國際貿易統計』(楊端六·侯厚培 저)의 第十四表 "六十一年來出入口貨價值港口統計表" 및 第一表 "六十五來出入口貨總數統計表", 그리고『國立中央研究院社會科學研究所專刊』(第四號, 1931)의 자료를 참고하였다.
2. 1929~1931년:『中國舊海關史料』에 의해 정리하였다.

다. 1888~1906년 상하이는 수출입액의 비중이 떨어졌으나 여전히 중국에서 가장 중요한 개항장으로 수출입 총액의 50% 정도를 차지했다. 그후에 수출액의 비중은 지속적으로 떨어지는 추세가 나타났고, 수입액의 비중은 약간 떨어지다가 다시 늘어났다. 1931년까지 상하이는 여전히 중국 제1의 개항장이었으나 수출액의 비중은 34%로 줄어들었다.

[그림 1]에서 보는 바와 같이 더 많은 개항장이 개방되면서 광저우항은 중국 대외무역 네트워크에서 지위가 점차 낮아지면서 심지어 톈진·다롄에 추월을 당하고 말았다. 장강 중류에 위치하는 한커우는 국산품의 수출을 주요한 무역 방식으로 취한 항구여서 외래품의 수입량은 매우 적었고 전국 수입총액에서 점하는 비중도 미미했다. 다롄항은 20세기부터 일본의 규제 아래 급속히 발전하여 1907~1916년에 전국 수출총액에서 차지한 비중이 개항 전의 1%에서 10%로 오르고, 1917~1931년에 그 비중이 11%에서 23%까지 늘어났다. 그리고 개항 2~3년 후에 톈진, 한커우를 추월하고, 1917년에 광저우를 뛰어넘어 중국 제2의 수출개항장이 되었다.

톈진은 화베이의 동부에 위치하고 지형이 평탄하다. '구하하초천진위九河下梢天津衛'라는 말은 내수 운송에 있어서 톈진항의 편리성을 잘 드러낸다. 개항 이전부터 톈진은 북방 경제의 요지였다. 1860년 중영북경조약

속약中英北京條約續約의 체결 후 톈진이 북방北方 3대 개항장의 하나로 되었으며, 넓은 내지와 항운의 조건으로 북방 개항장의 중심이 되었다. 그러나 더 우월한 자연조건을 갖고 있는 다롄이 개항된 후 1920년대에 이르러 다롄의 수출입액이 이미 톈진을 뛰어넘게 되었다. 그럼에도 불구하고 오랜 기간 동안 무역액의 축적은 톈진으로 하여금 북방 공업과 금융업의 중심 도시라는 지위를 계속 유지하게 하였다.[3]

홍콩은 영국의 식민지로 중국 해관 세무서가 관할한 지역이 아니기 때문에 통계가 이루어지지 못했다. 또한 자유항으로서 원래 통계의 대상이 아니었다. 그래도 근대 중국 대외무역의 주요 중계항으로서 홍콩은 우월한 지형과 독립적인 자유무역 시스템을 기반으로 하여 국내의 기타 개항장과 구별된 무역 형식을 형성했다. 이것은 홍콩이 중계무역을 중심으로 일반무역과 밀무역을 함께 하면서 특색 상품의 무역이 발달한 데에서 드러난다.[4] 당시 상당수 외국에 있는 상당수의 화교들은 국내산 농산물을 많이 수요하고, 동시에 그 지역에서 생산된 농산물을 국내에서 판매했다. 남양南洋과 상하이 사이에서 직항한 선박이 적어 대부분의 경우에는 홍콩을 경유해서 다른 항구로 반출되었다. 상하이와 홍콩은 바로 이 노선에 있는 가장 중요한 항구였다. 상하이는 국내 각 지역에서 생산된 국산품과 각종 외래품의 집산지이며, 홍콩은 국산품을 재가공하여 남양으로 매출하고 외래품을 국내로 반출하는 중계지대였다.[5]

이상의 주요 항구 이외에, 또한 규모가 작은 수십 개의 연해 연강 항구가 있었다. 각 항구는 수출입을 하면서 다른 항구와의 부제埠際무역을 진행했다. [그림 2]는 국내 항구의 부제무역 상황을 반영한다. 1936~1940년의 국내무역 네트워크가 1885~1904년보다 훨씬 더 복잡했다.

---

3) 樊如森, 『天津與北方經濟現代化(1860~1937)』 2장 2절, 東方出版中心, 2007.

4) 毛立坤, 『晚淸時期香港對中國的轉口貿易(1869~1911)』, 復旦大學 博士論文, 2006, 19쪽.

5) 위의 논문, 14쪽.

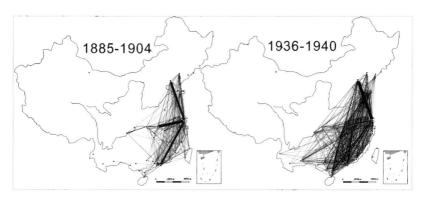

[그림 2] 중국 국내 항구 간의 부제무역

* 자료: 中國第二歷史檔案館·中國海關總署辦公廳 편,『中國舊海關史料』, 京華出版社, 2001.

주요 항구와 지선항로에 있는 항구들을 구별해서 긴 시간을 두고 고찰하면 국내 항구 간의 부제무역 네트워크의 변화가 더 잘 보일 수 있다 ([그림 3]).

[그림 3]에서 보는 바와 같이 1885~1904년 원형차트 중심에 있는 톈진, 상하이, 한커우와 광저우 등 주요 항구 간의 무역은 전국 무역의 대부분을 차지했다. 이러한 상황이 20년간에 변하지 않았다는 점은 개

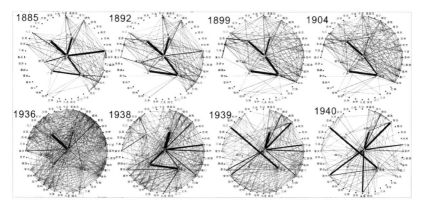

[그림 3] 1885~1904년 및 1936~1940년 중국 국내 부제무역 네트워크

* 자료: 王哲,「晚淸民國對外和埠際貿易網絡的空間分析: 基於舊海關史料的硏究(1873~1942)」, 復旦大學 博士論文, 2010; 中國第二歷史檔案館·中國海關總署辦公廳 편, 앞의 책.

항 초기의 특징을 잘 반영한다. 그러나 단정할 수 없지만 주요 항구 간의 무역이 전국 무역에서 점하는 비중이 점차 줄어드는 추세가 나타났다. 1936~1937년의 시기는 중국 국공내전國共內戰 이전의 국내 항구 부제무역의 전성기였다. 이 시기에 무역체계가 이미 지극히 복잡해있었다. 그러나 한편으로 가장 중요한 몇 항구들(톈진, 상하이, 광저우, 홍콩) 간의 무역 규모는 전국 무역액의 증가와 비례하여 확대되지 못했다. 소도시 간의 직항이 주요 항구의 중계 역할을 대체하고 있었기 때문이었다. 다시 말하면 전국 항구 간 부제무역의 확대에 따라 주요 항구도시가 차지한 비중과 중계역할은 모두 분명히 약해진 것이다.

2. 중국 항구와 동아시아의 무역 네트워크

중국과 가깝고 편리한 해운 조건을 가지고 있고, 또한 전통적인 무역 대상인 동아시아 각 나라는 근대 중국의 대외무역에 있어서 중요한 위치를 차지하고 있다. 1870년대부터 80년대 중기까지 동아시아로 수출한 무역액은 수출총액의 1/4을 넘고, 수입액은 1/3 내지 1/2 정도를 차지했다. 청불전쟁淸佛戰爭 이후의 청말민초淸末民初 시기에 동아시아로의 수출액은 수출총액의 반을 넘었고, 수입액은 1/2 내지 2/3를 차지했다.

중국과 동아시아 나라의 무역 중에 가장 주요한 무역상대국은 일본이었다. [그림 4]에서 보는 바와 같이 1870~1931년간 일본으로의 수출은 주로 세 단계로 나누어 볼 수 있다. 1870~1888년간은 비교적 높은 비율에 달한 1870년(4.49%)과 1888년(3.86%)을 제외하면 일본으로의 수출 비율은 대개 2~3% 이내였다. 1889~1893년에 그 비율이 6~8%로 약간 늘어날 뿐이었다. 갑오전쟁甲午戰爭 이후, 특히 1905년 러일전쟁 강화조약(포츠머스조약)의 체결 후 일본은 러시아를 대신하여 중국 동북지역의 대부분의 특권을 갖게 되었고, 그 때부터 중국으로부터의 수입이 급속히 증

[그림 4] 중국 수출입총액 中 直接貿易의 비율(1870~1931년)

* 자료: 楊端六·侯厚培, 『六十五來中國國際貿易統計』, 國立中央硏究院社會科學硏究所, 1931; 中國第二歷史檔案館·中國海關總署辦公廳 편, 앞의 책.

가했다. 1895~1915년에 일본으로의 수출은 이미 중국 수출총액의 10~20%로 늘어났다. 제1차 세계대전이 발발한 후 서양열강이 잠시 중국에 대한 쟁탈을 늦춘 틈을 타 일본은 중국과의 무역을 발전시켰다. 1915~1931년에 일본으로의 수출은 급증하여 전국 수출총액의 20~30%를 차지하였고, 1918년에는 심지어 33.63%에 도달했다.

일본에서 중국으로 수출한 경우는 1870~1894년 사이 중국 수입총액의 1.96~6.37%를 차지하였고, 그 비율은 거의 5% 내외를 오르내렸다. 그 이후부터 빠르게 증가하며 1895~1912년 사이 일본에서 수입된 상품은 중국 수입총액의 8~18%를 점했고, 1913~1931년 사이 그 비율은 대략 20~30% 정도였다. 특히 1918년 전후 몇 년간은 40%까지 늘어났다. 예컨대 제1차 세계대전 이후 일본과의 무역은 중국 대외 무역의 1위 자리에 올랐다.

청일전쟁으로부터 일본 세력의 확장 및 동베이·화베이 지역 경제의 발전에 따라 중국 각 항구가 전국 수출입 무역에서 차지하는 위치가 조금씩 변화하기 시작했다. [표 2]는 해관 통계가 이루어진 모든 항구들을 동베이, 화베이, 상하이, 장강유역長江流域, 화난華南 다섯 구역으로 나누어 무역총액을 총계한 결과이다.

[표 2]에 의하면, 각 구역 항구의 무역총액 비중은 1895년과 1931년 사이에 큰 변화가 일어났다. 첫째, 상하이는 비록 여전히 전국 최대 개

[표 2] 중국 구역별 항구 무역 총액 및 비율

	1895년 해관 수출입 총액		1931년 해관 수출입 총액	
	수출입 무역액	비율(%)	수출입 무역액	비율(%)
東北	5,442,414	1.7	669,687,400	17.0
華北	17,214,281	5.2	674,535,994	17.1
上海	168,839,947	51.1	1,344,803,490	34.2
長江流域	6,849,187	2.1	540,502,461	13.7
華南	131,797,542	39.9	705,908,802	17.9
전국 합계	330,143,371	100.00	3,935,438,147	100.0

* 자료: 1895년의 통계 자료: 楊端六·侯厚培, 앞의 책, 1931, 第十四表 "六十一年來出入口貨價值港別統計表".
  1931년의 통계 자료: 中國第二歷史檔案館·中國海關總署辦公廳 편, 앞의 책, "民國十八年至二十年海關
  貿易貨值按關全數"(『民國二十年海關中外貿易統計年刊·統計輯要』).

항장으로 자리를 잡고 있지만, 비중이 반에서 1/3로 떨어졌다. 둘째, 화난 지역의 항구들의 비중은 40%에서 18% 이하로 떨어졌다. 셋째, 동배이·화베이 및 장강유역의 항구들은 미미한 비율을 차지하다가 1931년경에 모두 크게 늘어났다. 특히 동베이·화베이의 변화가 뚜렷하여 각각 17%에 달했다. 간단하게 말하면 1895년 전국 수출입액은 주로 상하이·화난에 집중되었으나 1931년에 이르러 전국 수출입 상황은 상하이, 북방(동베이, 화베이), 남방(장강유역, 화난)의 삼분정립의 국면으로 접어들었다. 이것은 청일전쟁 이후 중국의 개항이 북방과 장강유역 쪽으로 추진되면서 20세기에 들어서서 새 항구의 수출입 규모가 빠르게 발전하였기 때문에 중국 항구 체계가 새롭게 구성된 것이었다.

일본은 메이지유신 이후 급속히 동아시아의 강대국으로 변신했다. 중국과 동아시아의 무역은 주로 일본과의 무역왕래였다. 그리고 1910년 8월 22일 한반도의 통치권을 일본이 빼앗아간 후 조선이 중국 국제무역 상대국의 명단에서 사라지게 되어 조선의 무역 실적도 일본의 무역 실적에 합산되었다. 중국 동베이·화베이 개항장의 증가와 수출입의 확대가 이 지역에서 일본 경제 세력의 확장과 동시적으로 진행되며 같은 발전 추세를 드러냈다고 판단할 수 있다. 일본의 경제 확장과 그것이 미치는 영향은 둥베이·화베이 항구 무역 발전의 주요 동인의 하나인 것은 분명하다. 이것은 또한 중국 항구 체계의 변화를 촉진했다.

중국 각 항구에 대한 일본 경제 확장의 영향은 둥베이·화베이 구역의 수출입 비율을 통해 살펴볼 수 있고, 또한 각 항구의 무역상대국의 변화에 의하여 논증할 수 있다. 우위간武堉干이 펴낸『중국국제무역개론中國國際貿易槪論』(1930)은 당대 중국의 대외무역 상황을 자세히 논술하고 있다. 그 중에서 특별히 한 장으로 중국 각 주요 개항장의 무역상대국을 분석하였는데, 이것을 통하여 주요 항구에서 각 무역상대국의 지위가 분명히 드러나고 있다.6)

다롄은 당시 동북 지역의 가장 중요한 항구였다. "다롄 무역에 있어서 각 나라의 세력 분배를 보면, 자연히 일본은 1위를 차지하고, 미국은 2위, 그 다음으로 영국, 이집트, 네덜란드, 독일이었다. 민국民國 14년, 다롄항이 일본에서 수입한 상품 값은 5천만 냥에 가깝고, 일본으로 수출한 상품 값은 8천 4백만 냥을 넘었다. 일본과의 무역총액은 미국과의 9배, 영국과의 13배이며 다른 나라와 더 비교할 필요가 없었다." 다롄항에 출입한 각 나라의 화물선은 화물의 중량(톤 단위)을 기준으로 통계되었는데 일본의 화물량이 다롄항의 총 화물량의 70% 이상을 차지했다.

안둥安東(현 요녕단둥遼寧丹東)은 동북 대외무역의 중요한 개항장으로 다롄과 함께 일본을 주요 무역상대국으로 삼고 있었다. "(안둥과 다롄은) 실로 대일본 무역의 2대 개항장이라고 할 수 있다." 안둥에 한반도와 연결된 철도가 있고, 이후 쓰시마해협對馬海峽을 넘으면 일본의 철도와도 연결할 수 있으므로 철도의 편리가 안둥으로 하여금 대조선·일본 무역의 중요한 개항장이 되었다. 안둥에서 수입된 일본산 면화의 양은 동북 지역의 어느 항구보다도 많았고, 다른 일본산 상품의 수입도 많았다. 1920년대 이후 안둥에서 일본으로의 수출은 더욱 활발해져 갔다.

---

6) 武堉干,『中國國際貿易槪論』, 第六章「由主要埠別上觀察中國國際貿易」, 商務印書館, 1930.

텐진은 북방의 가장 중요한 항구였다. 1912년 텐진항에서 출입한 외국 화물선 중에 영국 선박이 가장 많았고, 그 다음으로 일본이고, 미국 선박은 그리 많지 않았다. 10년 후 일본은 1위로 올랐고, 그 다음으로 영국과 미국이었다. 일본 화물선은 1912년 608,804톤, 1920년 735,905 톤으로 텐진항의 총액에서 각 26%와 29.5%를 차지했다. 그리고 1925 년 1,840,000톤으로 그 비율을 38%로 올렸다. 근대 각 국가의 화물선은 일반적으로 자기 나라의 무역을 위해 화물을 운송하기 때문에 출입한 화물선의 중량을 통해 대략적으로 이 항구의 무역 네트워크에서 각 나라의 위치가 반영될 수 있다.

청다오는 북방 지역의 또 하나의 중요한 개항장이다. 청다오항은 1913년부터 이미 일본과의 직접무역이 가장 큰 비중을 차지했다. 1921 년 각 나라와 무역의 총액을 보면 일본은 3,000만 냥으로, 530만 냥의 홍콩, 270만 냥의 미국, 140만 냥의 영국 등을 훨씬 뛰어넘었다. 화물선의 중량을 보면 1921년에 일본은 벌써 64% 이상의 비율을 차지하고 있었다.

상하이는 중국 최대의 항구로서 근대 초기에 영국과 미국을 주요 무역상대국으로 삼다가, 20세기 이후 일본과의 무역왕래가 급속히 증가되었다. [표 3]에서 보여주듯이 1924~1926년간 미국은 상하이 대외무역의 1위를 차지하였고, 일본은 약간의 차이로 2위에 있었고, 영국은

[표 3] 1924~1926년 일부분 나라와 상하이의 무역액 및 비율　　　　단위: 關銀 百萬兩

국가별	1924년		1925년		1926년	
	무역액	비율(%)	무역액	비율(%)	무역액	비율(%)
영국	131.60	17.4	99.26	13.4	123.43	12.9
미국	180.57	23.9	179.96	24.4	228.67	23.9
홍콩	46.07	6.09	39.22	5.3	56.40	5.88
필리핀群島	5.20	0.7	6.47	0.88	8.24	0.86
일본	153.08	20.25	150.89	20.44	174.53	18.21

＊자료: 武堉干, "近三年上海對外貿易國別比較表", 앞의 책, 361쪽.

이미 3위로 떨어지며 비율이 계속 감소되는 추세가 뚜렷했다. 그 이외에 필리핀군도群島도 상하이항의 동아시아 무역상대국의 하나였다.

한커우는 중국 장강 중류의 주요 항구이며 장강 중·상류 지역의 수출입 상품의 집산지이었다. 1913년 한커우항의 대외무역에서 일본은 이미 1,500만 냥의 무역액으로 1위를 차지했다. 580만 냥의 무역액을 가진 영국은 2위에 위치했다. 미국, 인도, 러시아 등 다른 나라의 무역총액은 100만 냥 정도에 불과했다. 이듬해 제1차 세계대전의 발발로 인해 대독일 무역은 점차 감소되며 영국을 대신 미국은 제2의 위치에 올랐고, 일본의 무역액은 계속하여 증가해 나갔다. 따라서 한커우항 대외무역에서 일본은 1위, 미국은 2위, 영국은 3위를 차지했다. 1925년 한커우항의 수출입총액에서 일본과 미국은 각각 30.25%와 20.64%의 비율을 점했다.

광저우는 남방의 주요 항구이며 영국의 식민지인 홍콩과 가깝기 때문에 광저우항에서 영국은 지속적으로 우월한 무역 지위를 가지고 있었다. 일본과의 무역은 증가했으나 영국을 추월하지 못했다.

우위간의 『중국국제무역개론』에는 조선 및 조선 항구를 언급한 내용이 많지 않다. 1910년 8월 22일 일본이 본격적으로 조선을 병탄한 이후 중국의 무역상대국의 명단에서 조선이 사라지게 된 것이 그 주요 원인이었다. 그럼에도 불구하고 중국 동북 일부의 변경邊境 개항장과 조선과의 무역 상황을 간단하게 언급한 바가 있다. 예를 들자면, 훈춘琿春에서는 대일본 무역이 가장 중심적이지만 대러시아와 대조선의 무역 역시 중요했다. 그리고 룽징龍井에서는 일본과의 무역이 1위를 차지하지만, 그 다음으로 조선이었다는 것이다.

중국해관총세무서中國海關總稅務署에서 반포된 『최근십년最近十年(1922~1931) 각부해관보고各埠海關報告』는 각 개항장의 수출입 상황을 소개하면서 간략하게 주요 무역상대국의 상황을 언급한다. 이와 관련된 내용을 아래의 지도를 통해 확인할 수 있다([그림 5]).

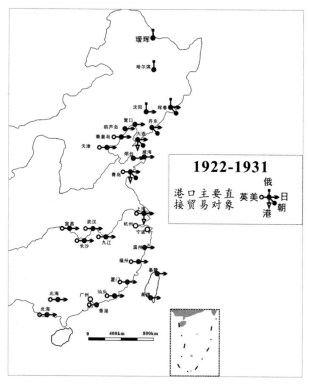

[그림 5] 1922~1931년 중국 주요 개항장과 주요 무역상대국

* 자료: 『十年報告(1922~1931)』, 『中國舊海關史料(1859~1948)』, 京華出版社, 2001.

[그림 5]에 의하면, 1922~1931년간 동베이·화베이 지역의 12개 개항
도시의 주요 무역상대국에서 러시아는 2개 도시(하얼빈哈爾濱, 아이훈愛琿)의
주요 무역상대국이며, 일본은 4개 도시(잉커우營口, 후루다오葫蘆島, 옌타이煙台,
웨이하이威海)의 주요 무역상대국이었다. 일본은 또한 나머지 6개 개항도
시의 중요한 무역상대국으로 자리 잡고 있었다. 일본 이외의 무역상대
국은 영국·미국(친황다오秦皇島, 톈진, 칭다오靑島), 홍콩(다롄, 칭다오), 러시아(선양
沈陽, 훈춘琿春), 조선(훈춘, 안둥. 다롄, 칭다오)이 있었다. 장강유역·화난 지역의
17개 개항도시에서 3개(원저우溫州, 지룽基隆, 가오슝高雄)는 일본을 주요 무역
상대국으로 삼고, 4개(항저우杭州, 닝보寧波, 광저우, 홍콩)는 영국·미국을 주요

무역상대국으로 삼았다. 일본은 나머지 10개의 개항도시의 중요한 무역상대국으로 자리를 잡고 있었다. 일본 이외의 무역상대국은 영국·미국(상하이, 우한武漢, 이창宜昌, 창사長沙, 지우장九江, 하이우이福州, 샤먼廈門, 산터우汕頭)와 홍콩(상하이)이었다. 따라서 지역과 상관없이 일본은 각 항구에서 중요한 무역상대국으로 무역왕래를 진행하고 있었다. 다만 그 무역지위가 장강유역·화난에 비하면 동베이·화베이 지역에서 더 높았다. 장강유역·화난에서 영국과 미국은 대체로 일본보다 높은 무역지위에 있었다.

일본 연구자 오카모토 츠키오岡本二雄는 1942년 펴낸 『항만규격의 통일港灣規格の統一』에서 중국 항구를 네 가지로 분류한다. 상하이, 톈진, 홍콩을 제1등 항구로 규정하여 그 특성을 항구의 목표가 국제항로의 선박을 모으는 것으로 설명한다. 그리고 칭다오를 제2등 갑甲의 항구로, 한커우, 난징南京, 광둥廣東을 제2등 을乙의 항구로 규정하여 항구의 목표가 태평양太平洋, 인도양印度洋 및 대동아해大東亞海 항로의 선박을 모으는 것으로 설명한다. 친황다오秦皇島, 즈푸芝罘, 롄윈강連雲港 등을 제3등 항구로 규정하여 그 목표가 일본해日本海, 황해黃海와 동남지나해東南支那海 항로의 선박을 모으는 것이라고 설명한다. 나머지 항구들을 중국 연해沿海의 선박만 모으는 제4등 항구로 규정하였다. 이러한 관점은 필자의 논술과 대체로 일치한다.

[표 4] 중국 연해 항구의 분류

분류	수심(m)	선박량(톤)	목표	사례
一等港	11	50,000	國際海運航路船	上海, 天津, 홍콩
	10	20,000		
二等港	甲 9.5	15,000	太平洋, 印度洋, 大東亞海	青島
	乙 8.5	8,000		漢口, 南京, 廣東
三等港	甲 7.7	5,000	日本海, 黃海, 東南支那海	秦皇島, 芝罘, 連雲港, 重慶, 廈門, 海口
	乙 7	3,000		
四等港	甲 5	1,000	支那沿岸	其他
	乙 3	500		

* 자료: 王列輝, 『駛向樞紐港: 上海·寧波兩港空間關係研究(1843~1941)』, 浙江大學出版社, 2009년, 76쪽 재인용.

3. 근대 동아시아 항구에 있어서의 상하이의 지위

상하이항이 중국 근대의 제1의 항구라는 것은 의문의 여지가 없다. 그러나 동아시아 무역 네트워크에 있어서의 상하이항의 위치를 여전히 논의할 여지가 있다. 우선 1923~1925년간 세계 주요 항구의 상황을 보고자 한다.

[표 5]에서 보는 바와 같이 1923~1925년간 상하이항에서 출입한 화물선이 일반적으로 1,600만~1,700만 톤 정도 되었다. 세계 다른 항구들과 비교하면 런던, 뉴욕, 리버풀, 고베의 뒤를 바로 따르는 것이었다. 우위간의 논의에 의하면, "현재까지 황푸黃浦항(상하이항)은 아직 깊게 준설하지 못했음에도 이미 이런 정도까지 발전했으니 앞으로 발전의 한도를 예측할 수가 없다"[7]고 하였다. 그러나 원동遠東에 있는 또 하나의 항구—고베항은 세계 항구의 랭킹에서 상하이보다 순위가 높았다. 홍콩과 상하이의 랭킹 순위는 비슷했다. 일본의 다른 두 항구—요코하마와 오사카도 세계 주요 항구의 랭킹에 들어있었다. 그러므로 동아시아 항구만 순위를 매겨 보면 고베는 1위이고, 상하이는 2위, 요코하마는 3위, 오사카는 4위이었다. 동아시아 4대 항구 중에 중국의 항구는 단지 하나 뿐이었다.

[표 5] 1923~1925년간 세계 주요 항구의 수입 상황   단위: 백만 톤

항구	1923년	1924년	1925년
런던	21	23	24
뉴욕	19	······	······
리버풀	18	19	20
고베	17	19	19
홍콩(帆船 제외)	16	17	14
함부르크	15	16	17
上海(외국 帆船 포함)	15	17	15
로테르담	14	16	17

7) 武堉干, 『中國國際貿易槪論』, 商務印書館, 1930, 360쪽.

몬트리올	13	15	17
싱가포르(50톤 이하 제외)	11	12	13
요코하마	8	9	9
오사카	8	11	11

＊자료: 武堉干, 앞의 책, 358~360쪽(『最近世界各大商埠進口船舶噸位比較表』) 참고. 여기에 수에즈운하와 파나마 운하를 제외한다. 위의 표는 上海浚浦局에서 출판된 *The Ports of Shanghai*에 실린 표를 수정된 것이다.

왕례후이王列輝는 중국해관中國海關에서 출판된 『중국의 무역Trade of China』(1935)에서 제시된 데이터를 '1934년 세계 15대 항구 수입 상황표'로 만들어 1930년대 세계 주요 항구들의 상황을 반영하였다. [표 6]에 의하면 세계 주요 항구 중에서 고베는 3위, 상하이는 5위, 홍콩은 6위, 오사카는 8위를 차지했다. 동아시아의 범위 안에서 상하이는 고베의 뒤와 오사카의 앞에 자리를 잡고 있었다. 그러나 상하이항의 데이터에 국내무역의 수치가 포함되어 있기 때문에 만약 이 부분을 뺐으면 세계와 동아시아의 랭킹에서 상하이항의 순위가 밑으로 떨어졌을 것이다.

[표 6] 1934년 세계 15대 항구 수입 상황표   단위: 톤

순위	항구	톤수	순위	항구	톤수
1	뉴욕	34,948,123	8	오사카	17,928,027
2	런던	29,373,605	9	필라델피아	17,000,013
3	고베	26,832,622	10	앤튜워프	16,839,835
4	로테르담	20,962,096	11	리버풀	16,737,928
5	上海(1934)	19,935,047	12	마르세유	16,636,723
	上海(1935)	19,846,017	13	샌프란시스코	16,296,314
6	홍콩	18,611,437	14	싱가포르	14,922,617
7	함부르크	18,432,459	15	로스앤젤레스	14,582,536

＊자료: 王列輝, 앞의 책, 82쪽. 데이터 출처: *Trade of China* (1935), 『中國舊海關史料』第118冊, 173쪽.

항구 체계에 착안하여 보면 상하이항은 두말 할 것 없이 국내 항구의 핵심이지만, 세계항운체계 안에서 특히 중미中美항로에서 상하이항은 일본 항구의 지선支線항구라고 볼 수 있다. 이것은 일본선박회사가 항로를 선택하는 특권을 가지고 있었기 때문이다. 1917년 7월 일본 2대 선박

회사인 오사카상선회사大阪商船會社와 일본우선회사日本郵船會社는 항로의 변경을 결의했다. 원래 상하이항에서 출입한 화물선이 "다시 시애틀, 샌프란시스코, 고베 간의 항로로 나가게 되었다. 항로 변경 계획에 의하면, 모든 큰 화물선은 영국·미국과 고베 간의 항로로 나가고, 50만 톤의 규모를 가진 비교적으로 작은 화물선은 고베와 중국 항구 간의 항로로 나갔다. 따라서 중국 상품을 영국·미국으로 수출하려면 반드시 고베를 경유하고 고베에서 큰 화물선에 상품이 다시 실려야 영국·미국으로 나갈 수 있었다. 영국·미국의 상품을 수입하려면 역시 고베를 거쳐서 작은 화물선으로 바꾼 후 중국 항구로 운송해야 했다. 그러므로 중국의 대외무역은 곧 고베를 운송의 핵심지로 삼을 수밖에 없었다." 상하이항에서 출입한 상품도 반드시 고베를 경유해야 하며, "일본은 이미 태평양의 항운을 장악하여 이를 제지하는 나라가 없었다. 더 나아가면 상하이는 작은 항구로 축소되는 반면에 고베는 동양 제1항구가 되었고, 따라서 중국의 상업중심도 상하이에서 고베로 옮기게 될 것이다."[8]

항구의 발전 수준과 국가의 종합실력은 밀접한 관계를 가지고 있다. 세계 항운의 중심이 먼저 런던에 있었는데 세계 경제의 추세에 따라 중심이 뉴욕으로 옮겨졌다. 근대 동아시아에 있어서는 경제무역의 발전 수준이 그다지 높지 않아 상하이-홍콩-고베가 삼분정립의 국면을 형성하고 있었다. 어느 항구도 지배적 지위를 갖고 있지 못한 것이었다.

[그림 6]에서 보는 바와 같이 중국의 원양遠洋항로는 세 가지가 있다. 첫째는 동행東行-중미中美 항로이다. 출발점을 마닐라, 혹은 홍콩으로 하여 상하이항을 경유하고 일본의 나가사키, 고베, 오사카, 요코하마를 거쳐서 잠시 호놀룰루에 정박하다가 밴쿠버, 샌프란시스코에 가면 파나마 운하를 통해 뉴욕에 도착할 수 있다. 둘째는 남행南行-중오中澳 항로이다. 일본에서 출발하여 상하이를 경유하고 홍콩에 가면 다시 두 가지 지선

---

8) 王列輝, 앞의 책, 84쪽.

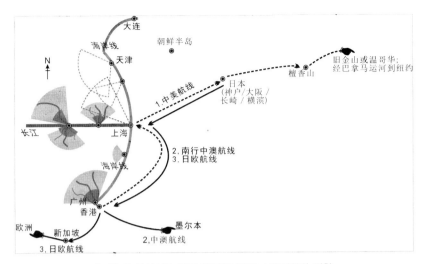

[그림 6] 동아시아 항구 네트워크에서 상하이항의 역할

* 자료: 王列輝, 『駛向樞紐港: 上海, 寧波兩港空間關系研究(1843~1941)』, 浙江大學出版社, 2009, 84쪽.

으로 갈 수 있다. 하나는 마닐라 혹은 싱가포르를 걸쳐 자카르타에 가는 것이고, 다른 하나는 페낭 섬, 애들레이드를 경유한다. 두 지선의 최종 목적지는 시드니와 멜버른이다. 셋째는 서행西行-아구亞歐 항로이다. 일본에서 출발하여 상하이와 홍콩을 경유하고 다시 사이공, 싱가포르, 콜롬보를 걸쳐 수에즈운하를 통해 지중해에 도착하여 유럽의 각 항구에 가는 것이다. 이처럼 상하이항은 중국의 원양항로의 중요한 항구이지만, 출발항이나 종착항이 아니었다.[9]

4. 결론

앞의 논의를 정리하자면 아래의 몇 가지 결론을 내릴 수 있다.

첫째, 근대 항구 개항으로 이루어진 중국 각 지역 경제발전의 수준은

---

9) 王列輝, 앞의 책, 84쪽.

서로 다르고, 각 지역의 무역은 전국 대외무역에서 차지하는 비중도 증감하고 있었다.

동북 지역은 19세기 말까지 여전히 농업생산을 중심으로 하여 대외무역이 전국의 1%를 차지하는 수준이었다. 1930년대에 이르러 다롄 등 항구의 수출무역으로 인해 동북삼성東北三省의 농업이 급속히 발전하였고 농산품의 수출량이 확대되자 지역 항구의 수출입액은 전국의 17%로 올랐다. 동시에 화베이 지역의 대외무역도 3배로 증가하며 수출입액은 전국의 17%를 차지했다. 반면에 화난 지역의 무역 수출입 비중은 현저히 감소되어 원래 전국의 1/4을 차지했다가 화베이과 같은 비율(17%)로 떨어졌다.

구체적으로 항구를 예로 들자면, 상하이는 항상 중국 수출입액의 1위를 차지했고, 2·3위의 경쟁이 매우 치열했다. 개항 10년 이후 광저우는 중국 제2의 항구가 되었다. 그러나 동북 지역 수출량이 급격히 증가함으로써 다롄은 1907년부터 해관을 설립한 후 짧은 시기 안에 전국 2위로 올라갔다.

둘째, 중국 각 지역의 경제발전과 열강국가 세력의 확장은 중국 대외무역 체계의 변화를 이끄는 기본적 추동력이 되었다.

개항 초기, 영국·미국 등 국가와의 무역은 중국 수출입무역의 중심이었다. 1894년 청일전쟁 이후 일본은 중국에서의 경제 확장을 시작했다. 한편으로는 동북의 개발이 확대되며 화베이의 공업·광업·농업의 상품화가 추진되었다. 제1차 세계대전 전후 지연地緣의 우월성과 일본 공업의 발전으로 일본 상품은 점차 원래 영국·미국이 주도했던 중국 시장을 차지하기 시작했다. 동시에 일본은 중국 북방北方 농산품의 가장 중요한 수출시장이 되었다. 1922~1931년 사이 중국 동부東部 항구는 일반적으로 일본을 가장 중요한 무역상대국으로 삼았고, 동베이과 화베이의 항구에서 이 점은 더욱 두드러졌다. 동베이·화베이에 있어서 일본 상품의 광범위한 유통과 농산품의 일본으로의 대량 수출은 다롄항·톈진항의 발전과 정비례적으로 상호작용했다.

이처럼 20세기 전후 중국의 대외 무역상대국, 항구의 체계, 외래 자본의 구성에는 모두 북방 지역의 경제 발전 및 일본 경제 세력의 급속한 확장에 따라 중대한 변화가 일어난 것이다. 이것은 중국 근대 대외무역사, 대외교통사, 외래자본투자사, 경제변천사, 내지 정치사, 국제관계사, 중일전쟁의 배경에 대한 연구에서 반드시 주목해야 하는 점이다.

셋째, 동아시아 지역에는 독점적인 항구가 나타나지 못했다. 비록 고베는 상하이보다 높은 랭킹 순위를 차지했으나 고베, 상하이와 홍콩은 각자의 우세에 의해 각자의 지역적 기능을 발휘하고 있었다.

비록 근대 중국과 일본의 경제발전 수준은 큰 차이로 구별되지만, 일본 항구는 지배적 위치를 갖지 못했다. 중국 항구들은 넓은 내지에 의지하여 수출가치가 높은 다양한 토산품을 생산하며 거대한 소비인구를 가지기 때문에 수출입 무역수지를 상대적 높은 지위로 유지함으로써 동부 항구들로 하여금 비교적 높은 지역위치를 갖게 했다.

넷째, 중국 개항장 간의 연관 관계를 소홀히 여기면 안 된다.

중국은 지역이 넓은 해륙海陸국가로서 주로 연해 항구를 통해 세계와 연결한다. 수많은 내륙 항구와 일부분의 연해 항구 도시는 토산품을 주요 연해 항구로 운송함으로써 국제시장과 연결시킨다. 중국 내부 복잡한 항구 간의 무역은 지역경제 연결의 주요 방식이며 국제시장으로 나가는 중요한 첫걸음이기도 하다. 따라서 동아시아 개항도시의 연구에 대해 각국 내부 항구 간의 무역 연관성을 소홀히 하면 안 되는 것이다.

청말 대만臺灣 개항開港(1860~1895)이 사회 발전에 미친 영향

: 경제, 정치, 종교 및 문화 방면에 대한 분석

린원카이 林文凱

1. 서론

19세기 중엽, 동아시아 국가들은 서구 제국주의의 위협 아래 잇따라 개항했다. 그러나 중국, 일본과 한국은 상이한 개항 과정을 겪고 서로 다른 대응방식을 선택했다. 청조 말기 중국은 1842년 아편전쟁에서 패배한 후 난징조약南京條約을 체결하고 다섯 항구를 개방하여 중국 개항사의 막을 열었다. 그리고 서양의 충격에 대항하기 위해 자강운동自强運動, 무술변법戊戌變法과 신해혁명辛亥革命 등 개혁운동을 지속적으로 추진했다. 일본은 1854년 미국 페리 함대의 위협으로 인해 일미화친조약日美和親條約을 체결하고 개항을 시작했다. 그리고 그 결과로 존왕양이尊王攘夷운동 아래 도쿠가와 막부 체제를 쓰러트리고 메이지유신明治維新을 전개함으로써 전면적인 사회 개혁을 이루었다. 같은 시기 조선(한국)은 연해에 출몰하는 미국과 프랑스의 포함砲艦으로 인해 안정을 위협받았지만, 쇄국정책을 견지하면서 개항을 거부했다. 그러나 1876년 일본이 일으킨 운

---

* 타이완臺灣 중앙연구원 대만사연구소 조연구원.

요호사건으로 인해 강제로 강화도조약을 체결하고 개항에 동의했다. 그리고 비록 개화정책을 촉진하고 자강을 도모했으나 결국 일본의 침략을 당하여 식민지로 전락하였다.[1]

중·일·한 세 나라의 개항과 대응방식, 개혁운동의 전개는 20세기 중엽까지 매우 다른 양상으로 나타났다. 상당히 성공적이었던 일본의 메이지유신은 반세기 동안 진행된 개혁을 통하여 공업 자본주의로의 발전을 효율적으로 촉진하였고, 일본이 동아시아 유일의 제국주의 강국으로 성장할 수 있도록 하였다. 중국은 개항 후 여러 차례에 걸쳐 변혁을 시행했지만 끝내 큰 발전을 이루지 못하고, 오랫동안 제국주의의 압박 속에서 영토가 분할되며 불평등조약의 부담을 계속 받게 되었다. 한국의 경우에는 앞에서 언급했듯이 외세의 압박에서 벗어나지 못했을 뿐만 아니라, 결국 일본 제국주의의 식민지로 전락하였다. 19세기 중엽부터 20세기 제2차 세계대전까지 중·일·한 세 나라의 개항과 역사 변천의 차이는 한편으로 각국 본래의 역사와 사회 형태의 차이에 관련되어 있었지만, 다른 한편으로는 개항 이후의 대응방식과 근대화 발전 정책에 따른 결과이기도 하였다.

오구통상五口通商 이후, 청조는 계속하여 더 많은 항구를 개방했다. 제2차 아편전쟁(1858~1860) 직후 체결된 톈진조약天津條約에 의해 청조는 대만(안핑安平, 다거우打狗, 단수이淡水, 지룽基隆)을 개방하였다. 개항 이후 대만을 둘러싼 외교 관계는 외세의 침범이 더욱 빈번해지는 가운데 선난船難 혹은 종교·상업적 분쟁이 연이어 발생하며 매우 긴장된 국면에 접어들었다. 특히 1874년 류큐琉球 선원의 선난을 이유로 일본이 출병하여 대만 남부 지역을 점령한 사건(목단사사건牧丹社事件)이 일어났는데, 청조는 대만의 해안 방어를 강화하기 위하여 심보정沈葆楨 등 성급 관원을 파견했다. 이

---

1) 청말 중국의 개항과 개항 이후의 역사에 대해서는 John K. Fairbank 편, 張玉法 역, 『劍橋中國史: 晚清篇1800~1911』(臺北: 南天出版社, 1985), 일본의 개항 및 메이지유신에 대해서는 石井孝, 『日本開国史』(東京: 吉川弘文館, 1972), 조선의 개항사에 대해서는 糟谷憲一, 『朝鮮の近代』(東京: 山川出版社, 1996)가 참고 된다.

관원들은 대만에서 여러 가지 양무운동洋務運動을 추진하여 해방海防의 강화와 사회 경제의 발전을 도모했다.2) 또한 개항 이후 대만에 들어온 서양인들도 새로운 종교와 문화를 도입했는데, 이러한 문화적 충격 및 이에 대한 현지인들의 대응방식 역시 대만 사회에 적지 않은 영향을 끼쳤다. 이처럼 다양한 방면의 영향을 함께 살펴봐야 청말 대만 사회 발전에 미친 개항의 의미를 온전하게 평가할 수 있다. 1895년 갑오전쟁 이후 대만은 일본 제국주의의 첫 번째 식민지로 전락하여 반세기 동안 식민통치와 근대화 전환을 동시에 경험했다. 그러므로 청말 대만은 중국 개항의 과정 및 그에 대한 사회적 대응 방식을 규명하고, 아울러 서양에 의해 동일하게 문호를 개방하였지만 향후 발전의 차이를 보이게 된 중국과 일본의 경우를 대조·비교하기 위한 적당한 연구 과제라 할 수 있다.

본고는 청말 개항(1860~1895)이 대만 사회의 경제, 정치, 종교, 문화에 미친 영향을 고찰하고자 한다. 우선, 개항이 대만 사회의 경제에 상당한 충격을 주었다는 것은 분명한 사실이다. 그러나 개항이 대만의 과거와 단절된 어떤 비약적 경제 발전을 가져왔다고 평가할 수 있을까? 아니면 개항 이전부터 형성된 전통적 시장경제형태(농업상품화 또는 농업/상업자본주의)의 연속으로 봐야 할까? 다시 말하면, 대만 경제사에 있어서 개항의 위치와 의의를 규정함으로써, 특히 개항 이전 경제 형태와의 비교를 통하여, 대만 경제의 근대적 전환은 도대체 개항부터 시작되었는지, 아니면 일제통치 이후 이루어졌는지 검토하려고 한다.

다음으로 개항의 정치적 영향을 살펴보려고 한다. 대만은 동아시아

---

2) 대만 개항 이후의 외세 침범에 대해서는 伊能嘉矩,「外力의 進漸」,『臺灣文化志』下卷 (東京: 刀江書院, 1965) 72~270쪽이 참고 된다. 또한 도광(道光) 중기 이래, 서구 국가들은 동아시아 항운에 필수적이었던 석탄의 확보를 대만 북부지역의 지룽에서 생산된 양질의 석탄으로 만족시킬 수 있었다. 이것은 대만이 외세 침범을 계속 받은 중요한 원인의 하나이다. 黃嘉謨, 『甲午戰前之臺灣煤務』(臺北: 中央研究院近代史研究所, 1982) 참조. 대만 개항의 정책과 개항장 개설의 과정에 대해서는 葉振輝,『淸季臺灣開埠之硏究』(臺北: 著者發行, 1985)가 참고 되고, 대만 양무운동의 추진 과정에 대해서는 許雪姬,『滿大人最後的二十年: 洋務運動與建省』(台北: 自立晚報社文化出版部, 1993)이 참고 된다.

항운에서 중요한 위치를 차지하는 전략적 요충지이다. 개항 이후 대만과 서양 국가 간의 통상과 교류가 급속히 증가함에 따라 서양 국가들이 대만을 점령하려는 의도가 점차 뚜렷하게 드러났다. 이에 처음에는 별다른 신경을 안 쓰고 대만에서 전통적 정치 정책을 그대로 유지하던 청조는 1874년 목단사사건의 발발로 인해 비로소 대만의 국방 문제를 의식하게 되어 대만의 해방과 번지番地 통치를 강화하고 행정 관리에 일련의 개혁을 이루도록 양무운동을 추진했다. 이와 같은 개항 이래의 정치 개혁은 대만 정치 체제에 어떤 영향을 주었고, 어떤 역사적 의미를 지니는가? 이러한 정치적 영향은 대만 근대화의 기초를 마련해 주었다고 볼 수 있을까? 이러한 질문들을 제3장에서 답하도록 한다.

마지막으로 종교와 문화적 영향을 주목하려 한다. 개항 이후 서양 선교사들은 대만에 진출하여 선교 활동과 아울러 서양 의학을 도입했다. 그들의 선교 활동은 한인漢人 지역에만 국한되지 않고 특히 변경 지역에서 활발히 전개된 결과 적지 않은 원주민(평포족平埔族)들이 기독교를 받아들이게 되었지만, 동시에 수많은 종족적 충돌과 교안敎案사건을 초래했다. 아울러 대만을 방문한 서양 외교관, 해관 관원, 상인, 선교사 이외에도 자연학자, 모험가, 선원, 의사, 사진사와 여행자들은 대만에 대한 역사 기록을 남겼다.3) 이때 대만의 엘리트와 일반 민중은 서양 종교, 지식과 문화를 어떻게 생각했을까? 그리고 서양인에 의해 쓰여진 대만의 역사 기록은 대만 현지의 지식, 문화와 가치 체계에 어떤 충격을 주었을까? 마지막으로 이러한 문제들에 관하여 논의하고자 한다.

---

3) 16세기부터 1945년까지 대만에 방문한 외국인의 평전 및 저서는 Harold M. Otness ed, *One Thousand Westerners in Taiwan, to 1945: a Biographical and Bibliographical Dictionary*(Taipei: Institute of Taiwan History, Preparatory Office, Academia Sinica, 1999)가 참조 된다.

2. 대만 개항의 사회 경제적 영향

중국 사학계는 전통적으로 제국주의론의 입장에서 근대 경제사를 분석하여, 개항이 근대 중국의 경제 발전에 미친 부정적 영향을 강조해왔다. 서양 경제 세력의 침입, 봉건통치체제의 압박, 전란으로 인한 불안정한 정세 등 원인으로 인해 전통적 수공업이 쇠퇴하고 서양 공업 상품이 그 자리를 대체하였으며, 농지겸병이 날로 심각해지고 농민의 토지 생산력도 효율적으로 향상되지 못했다는 것이다. 이러한 연구 중에는 개항 이후 중국 경제가 정지 상태에 머물고 전반적인 생활수준이 하락했다는 주장도 있었다.[4] 또 다른 한편으로는, 서양 제국주의의 부정적 영향을 그처럼 강조하지 않으면서도 개항에 따른 시장경제의 변화를 비약적 발전으로 간주하는 시각도 있다. 즉 서양에서 도입된 상업과 기술이 개항장의 경제 발전에 긍정적 영향을 주었음을 인정한 것이다. 단 그 영향은 개항장 이외의 배후지까지는 미치지 못했으므로, 개항이 근대 중국 경제의 발전에 현저한 영향을 주었다고는 볼 수 없다고 하였다.[5]

최근 몇 년 동안 동아시아 경제사 연구자들은 개항 이래 근대 중국 경제사에 대한 새로운 연구를 시작했다. 우선, 서양 경제사 연구자인 토마스 러스키Thomas G. Rawski와 로렌 브란트Loren Brandt 등은 근대경제학의 연구방법으로 방대한 통계자료를 사용하며 개항이 중국 경제에 미친 긍정적 영향을 강조했다. 수요시장과 농산품의 상품화로 인해 농업 생산력이 증가했을 뿐 아니라, 상품화로 인해 발생한 생긴 경제적 이익이

---

4) 汪敬虞, 『十九世纪西方資本主義對中国的经济侵略』, 北京: 人民出版社, 1983. 久保亨, 「戦間期中国経済史の研究視角をめぐって―『半植民地半封建』概念の再検討」, 『歷史学研究』 506期, 1982. 聶寶璋, 『中國買辦資産階級的發生』, 北京: 中國社會科學出版社, 1979.

5) Rhoads Murphey, "Traditionalism and Colonialism: Changing Urban Roles in Asia", *Journal of Asian Studies* 29, 1969.11, pp. 67~84; Rhoads Murphey, *The Treaty Ports and China's Modernization: What Went Wrong?*, Ann Arbor, University of Michigan, Center for Chinese Studies, 1970; Chi-ming Hou, *Foreign investment and Economic Development in China, 1840~1937*, Cambridge: Harvard University Press, 1965.

대다수 농민 가정의 생활을 개선하는 요소로 작용했다는 것이다. 다른 한편으로 서양 공업품의 수입은 전통적 수공업 상품을 완전히 대체한 것도 아니고, 서양의 신식 운송방법(윤선輪船)은 전통적 운송수단(범선帆船)을 완전히 대체한 것도 아니었다. 반대로 전통적 경제활동은 새로운 기술과 시장의 자극을 받아 새 시장경제 체계와 상호 보완하면서 지속적으로 발전을 이루었다.6)

그리고 우숭디吳松弟를 비롯한 중국의 일부 경제사 연구자들은 항구도시와 배후지의 상호 영향을 주제로 연구해 왔다. 그들은 1843년 오구통상 이후 선진적 경제 문화가 항구도시에서부터 점차 내륙까지 영향을 미친 것이 결국 중국 사회의 전면적 변화를 일으킨 중요한 원인이라고 주장했다.7) 그들의 논의에 의하면, 19세기 중엽 개항 이래 중국의 경제 발전이 내륙지역으로 빠르게 확장하지 못한 것은 중국의 성향城鄉 관계의 문제가 아니다. 영향 자체가 가까운 곳에서부터 시작하기 때문에 중국의 넓은 내륙까지 영향을 미치기 위해서는 오랜 시간과 교통 운송 시설의 건설이 필요했다는 것이다.

최근 연구들은 개항 이래 중국 경제 발전의 긍정적 요소를 강조하면서 개항 이전의 중국 시장경제가 이미 고도로 발전되었음을 지적하며 개항 전후 시장경제 네트워크의 연속성과 연관성을 제시한다. 대표적 연구자로 일본 학자인 하마시타 다케시濱下武志는 아시아경제권론을 제기하여 개항 이전 중국을 중심으로 한 전통적 조공무역체제의 중요성을 강조했다. 그의 논의에 의하면 개항 이후 형성된 아시아의 근대 시장은

---

6) Thomas G. Rawski, *Economic Growth in Prewar China*, Berkeley: University of California Press, 1989; Loren Brandt, *Commercialization and Agricultural Development Central and Eastrn China, 1870~1937*, Toronto: Toronto University Press, 1989.

7) 吳松弟, 「港口―腹地和中國現代化空間進程研究槪說」, 『浙江學刊』 2000年 第5期. 중국 각 개항도시의 발전을 논의한 연구는 吳松弟 등 편, 『中國百年經濟拼圖: 港口城市及其腹地與中國現代化』(濟南: 山東畫報出版社, 2006)와 林星, 「近代東南沿海通商口岸都市城鄉關係的透視: 以福州和廈門爲個案」, 『中國經濟史研究』 2007年 第2期를 참조. 같은 주장의 서양 논저는 Loren Brandt, 위의 책이 있다.

근대 서양 자본주의의 위협 아래 문호를 개방하는 과정에서 이루어진 것이 아니라, 서구는 단지 아시아의 원래의 무역 네트워크에 진입하여 아시아의 전통적 시장에서 활동하면서 시장의 변화를 일으켰다는 것이었다.[8] 기타 일본 연구자, 예컨대 나카무라 사토루中村哲와 스기하라 카오루杉原薫 등은 하마시타의 논의에 다른 의견을 제기했지만, 개항 이후 경제 발전은 과거와 단절된 것이 아니고, 전통적 시장 네트워크와 경제 형태가 새로운 자본주의 체계에서 어떤 역할을 하는지를 검토해야 한다는 점에서 하마시타와 일치하다.[9]

다음으로 대만의 경제사 연구자인 린만홍林滿紅, 린위루林玉茹 및 필자의 연구를 정리함으로써 청말 대만의 개항을 통해 중국 개항사 연구에서도 함께 참고할 만한 문제들을 논의하고자 한다. 린만홍의 초기 연구는 해관 통계와 영사 보고 등 자료를 사용해서 개항 후 대만의 사회 경제 변화를 분석했다. 그의 연구에 의하면 개항 이전 대만의 주요 수출 상품(대륙으로 수출)은 쌀, 설탕이었는데, 개항 이후(1860~1895)에는 쌀은 더 이상 주요 수출품이 되지 않고 차, 설탕, 장뇌가 더 많이 수출되었다. 그리고 중국 대륙에만 국한하지 않고 수출시장을 전 세계로 확장하였으며(차는 유럽, 미국과 남양으로, 설탕은 중국 대륙, 일본과 유럽, 미국, 호주로, 장뇌는 유럽과 미국으로 수출되었다.), 특히 차와 장뇌의 생산과 수출은 대만 북부지역의 개발을 촉진하여 대만 정치와 경제의 중심을 북으로 이동하게끔 만들었다. 대만의 경제가 점차 대외무역에 의존하자 본토의 부르주아계급이

---

8) 濱下武志, 『近代中国の国際的契機: 朝貢貿易システムと近代アジア』, 東京: 東京大学出版会, 1990. 濱下武志의연구에 대한 검토는 古田和子, 「補論 アジア交易圏論とアジア研究」, 『上海ネットワークと近代東アジア』(東京: 東京大學出版會, 2000) 201~220쪽을 참조.

9) 中村哲은 동아시아 개항 이전의 무역 형태가 濱下武志가 말하는 조공무역이 아닌 민간자유무역을 중심으로 한 경제 체계라고 주장했다. 岩井茂樹의 최근의 연구에는 개항 이전의 아시아 국제무역 체계가 조공 무역이 아닌 소위 互市關係에 있다고 지적했다. 그리고 杉原薫과 같이 中村哲도 개항 후의 무역은 전통적 경제체계의 재편이지, 濱下武志가 주장한 전통의 연속이 아니라고 주장했다. 中村哲, 『近代東アジア史像の再構成』, 東京都: 桜井書店, 2000, 15~46쪽; 岩井茂樹, 「16~18世紀の東アジアにおける国際商業と互市体制」, 『東アジア研究』 46期, 2006, 3~24쪽; 杉原薫, 『アジア間貿易の形成と構造』, 東京: ミネヴァ書房, 1996.

빠르게 성장하여 종족간의 관계도 변하기 시작했다.[10]

또한 차, 설탕, 장뇌의 생산과 판매에 관한 린만홍의 연구에 의하면 대만 차와 장뇌의 생산은 유럽과 미국시장의 수요로 인해 계속 확대되었다. 양상洋商은 마진관媽振館, 은행과 예금 등 제도를 사용하여 차, 설탕, 장뇌를 서양 윤선으로 운송하고 외국시장으로 수출했다. 그러나 양상은 배후지에서 상품 생산과정에 개입할 수 있는 정도가 제한적이었다. 차와 장뇌는 샤먼廈門와 홍콩을 걸쳐 유럽과 미국에 수출되었는데, 샤먼과 홍콩에서의 중계 운송 과정을 모두 양상이 주도했다. 그러나 대만에서 샤먼, 홍콩까지의 수출에는 처음에 양상은 매판買辦을 이용하여 일부분의 수출을 장악했다가 생산지를 잘 알고 매판에 편리한 화상華商에게 밀려 점차 수출의 주도권을 상실했다. 설탕의 경우에도 개항 초기의 수출에서는 양상이 우세를 점했지만, 주요 수출시장—중국 대륙과 일본에 대하여 양상보다 화상이 더 잘 파악한 바람에 설탕 수출에 있어서 양상과 화상의 위치가 뒤바뀌었다.[11]

린만홍은 일본학계 아시아경제론의 영향을 받았는지, 나중의 연구를 보면 그는 이전과 달리 개항 전후 대만 경제발전의 단절적 변화를 다시 강조하지 않으며, 전통적 화상 네트워크와 중국 범선의 중요성을 제시했다. 이전에 연구자들은 개항 후 대만의 전통적 화상(교상郊商)이 쇠퇴하고 몰락함에 따라 양상은 대만 대외 운송과 무역을 독점했다고 보았다. 린만홍은 재고를 통해 개항 이후 교상은 양상에 의해 몰락 또는 쇠퇴하지 않았다는 사실을 지적했다. 그리고 당시 서양 윤선은 더 많은 주목을 받았으나, 무역활동에서 특히 중부지역 쌀의 수출에 중국 범선은 여전히 중요한 역할을 하고 있었다.[12]

---

10) 林滿紅, 『茶, 糖, 樟腦業與臺灣之社會經濟變遷, 1860~1895』, 臺北: 聯經出版社, 1997. 이 저서의 초판은 1978년에 출판되었고, 증보판은 1997년에 간행되었다. 연구 내용과 주요 관점에는 별 수정이 없다.

11) 林滿紅, 위의 책, 105~145쪽.

12) 린만홍의 연구에 의하면 개항 이후 대만 중부지역에서 쌀은 여전히 생산되어 중국 범선으로

교상의 중요성에 대한 린만훙의 논의에 이어서 린위루는 그의 대만 항구사 연구를 토대로 개항 후 대만의 4개 개항장과 전통 항구도시(소구小口와 정구항正口港) 간의 상호 무역 관계를 검토함으로써 개항 이후에도 여전히 존재하는 전통 경제 요소가 새 무역체계 속에서 어떻게 대응하고 발전했는지를 살펴보았다. 그는 두 종류 항구 간의 관계가 종속적이면서도 분립적인 이중무역 구성이라고 평가했다. 개항 이후 전통 항구도시 소구(예컨대 우치항梧棲港, 다안항大安港)는 전통 정구(예컨대 중부의 루강鹿港)에 종속하면서 정구와 함께 개항장에 종속했다. 4개 개항장을 중심으로 한 종속 무역관계 이외에도 대다수의 전통 항구(소구와 정구항)는 푸젠과 광둥의 각 항구(개항장과 항구 도시)와의 상호 무역관계를 유지하고 있었다.

린위루는 한 걸음 더 나아가 전통 항구 중에서 소구항은 푸젠 지역과의 중국 범선 무역을 중심으로 했다고 지적하고, 무역 규모가 비교적으로 작기 때문에 상호계산相互計算과 현금 거래로 재무관계를 처리하는 과정에서 전통 교상이 중요한 역할을 하고 있었다고 강조했다. 정구항의 경우에 무역 규모가 소구보다 크기 때문에 일정한 상호商號와는 위탁무역委託貿易 제도를 사용하여 상호 출자하면서 매우 밀접한 관계를 형성했다. 다른 한편으로 개항장에서 윤선은 점차 범선을 대체하였고, 무역 네트워크가 전 세계로 확장되었다. 무역 규모의 확장으로 인해 대만의 개항장에도 중국 내륙에서 유행하던 전장錢莊과 회단관匯單館이 나타나고 자금 유통의 수요를 충당하였다. 동시에 일부분의 대만 상인은 지리적 이점에 의거하여 국제상품의 생산과 판매에 적극적으로 개입하여 급속히 재산을 축적하였을 뿐만 아니라 양상과 서로 맞서는 지위까지 올라갔다. 심지어 양상을 모방한 무역회사를 차려서 직접 국제무역에 나서기도 했다.13) 린만훙과 비교하면 린위루의 연구는 개항 이후 전통 무역

중국 福建과 廣東으로 수출되었지만, 북부와 남부지역에서 쌀의 수출은 급속히 감소되어 심지어 양쌀을 수입하기도 했다. 따라서 그는 개항 이전 대만의 가장 중요한 수출품—쌀을 개항 이후에 주요 수출품 목록에서 삭제했다. 林滿紅, 「淸末大陸來臺郊商의 興衰: 臺灣史, 世界史, 中國史之一結合思考」, 『國家科學委員會硏究彙刊』 4(2), 1994.07, 173~193쪽.

의 활동에 주목하여 근대 무역 체계의 충격에 대응하고 자신을 변화시키는 전통적 경제 요소의 능력을 강조했다.

위의 두 연구자는 대만 대외무역에서 교상과 전통 항구의 연속성 및 중요성을 규명하고 대만 개항사 연구에 많은 기여를 했지만, 전통 수출상품인 쌀과 중국 범선의 중요성에는 여전히 보완할 여지가 남아 있다. 필자는 린만홍 등 연구자들이 청말 해관통계 자료로 개항 이후 쌀의 수출액을 추정하는 데에 큰 문제가 있음을 발견했다. 해관통계 자료에는 개항장의 서양 윤선으로 수출입한 무역액만 통계되어 있는데 쌀은 차, 설탕, 장뇌 등 개항장을 통해 수출한 상품과 달리 원래의 수출방식, 즉 개항장 및 일반 항구에서 중국 범선으로 수출한 방법에 그대로 의존하기 때문에 해관통계에서 누락되었을 가능성이 크다. 일제 초기의 항운航運 및 항구 조사 자료와 비교해 보면 해관통계의 이러한 문제점을 확인할 수 있다. 린만홍의 추정과 반대로 개항 이후 쌀의 수출액은 훨씬 큰 액수였으며 중부지역 뿐만 아니라 대만 북부와 남부에서도 상당히 많은 수출이 이루어졌다. 그리고 신뢰성 있는 자료에 의해 개항 이후 수출상품 중에서 쌀은 여전히 가장 많은 수출총액을 차지했음이 분명하다. 동시에 개항 이후의 중국 범선과 서양 윤선을 비교해 보면 1895년까지 중국 범선은 여전히 대외 무역의 40%를 차지했고, 운반 상품에서 쌀이 가장 큰 수출액을 점했다.

필자는 대만 서부 각 항구에서 중국 범선으로 쌀을 수출한 이유를 다음과 같이 두 가지로 정리하고자 한다. 하나는 양식糧食 농작물인 쌀은 대만 각 지역에서 대량적으로 생산되고 가격이 싸고 중량이 크며 운송비가 높은 상품으로, 서양 윤선을 사용해서 운송하기에는 경제적이지 못한 면이 있다. 푸젠 연해 곳곳에서 쌀을 수요하며, 또한 대만에서 푸

---

13) 林玉茹, 「從屬與分立: 十九世紀中葉台灣港口城市的雙重貿易機制」, 『臺灣史研究』 17(2), 2010. 청조 이래 대만 각 전통 항구 간의 네트워크 양상에 대해서는 『淸代臺灣港口的空間結構』(臺北市: 知書房出版社, 1996) 참조.

젠까지의 항로가 짧다는 유리한 수출조건에도 불구하고, 시장권의 통합 정도가 낮고 육상운송비가 비싼 상황에서 쌀을 개항장으로 옮기고 나서 서양 윤선으로 푸젠의 개항장으로 운송하고 또 다시 푸젠의 각 항구로 보내는 방법은 너무나 번거롭다. 오히려 전통 항구를 통해 중국 범선으로 직접 운송하는 것이 훨씬 더 합리적이다. 다른 하나는 앞에서 언급하던 우숭디 등 학자의 연구에 관련되어 있다. 청말 대만과 푸젠·광둥에 모두 개항장을 개방했는데 개항장과 넓은 배후지를 연결하는 육상운송을 개선하지 못하고, 개항장에서 기타 항구까지 운송하는 비용을 효율적으로 낮추지 못하기 때문에 개항장의 시장 범위를 확장할 수가 없었고, 개항장의 시장권 통합 정도도 제한될 수밖에 없었다. 그래서 쌀의 수출은 대만과 푸젠 등 지역의 개항장을 통해 운송하는 것보다 여전히 편리하고 더 경제적인 운송방법—전통 항구 간의 상호 무역에 의존하여 이루어졌다.

실제로 일제 초기(1908) 대만의 남북을 관통하는 철도가 준공되고 나서, 대만 개항장과 배후지의 시장은 급속히 넓어지며 대만 자체가 뛰어난 통합 정도를 가진 시장권으로 발전했다. 이에 따라 서부 연해 항구들의 무역활동은 뚜렷이 줄어들었다. 동시에 식민정부는 일본과 대만의 직접 항운을 개척하여 새로운 관세정책을 내세웠다. 그 결과로 중국 내륙과의 무역활동이 대폭 감소된 대만은 화난 무역권華南貿易圈에서 이탈하여 일본 제국주의 시장권의 일환이 되었다.[14]

이상 세 단계의 고찰을 통해 필자는 청말 개항이 대만의 경제에 미친 영향에서 단절보다 연속적 측면이 더 두드러진다고 생각한다. 비록 개항 이후 대만의 상품유형, 수출시장, 항운방식 등에 다소의 변화가 생겼으나 대만은 과거의 화난 시장권에서 벗어나 세계 시장권에 편입되었

---

14) 林文凱, 「十九世紀半開港後臺灣米穀出口の演變」, 『新史學』 22(2), 2011.06. 개항 이전 쌀의 수출 상황에 대해서는 林文凱, 「再論淸代臺灣開港以前米穀輸出演變議題」, 林玉茹 편, 『比較視野下的臺灣商業傳統』 (臺北: 中硏院臺灣史硏究所, 2012) 99~133쪽 참조.

다. 소수의 양행洋行과 양상은 대만의 상업활동에 개입하여 서양의 상업 경영 수단과 문화를 도입했다. 그러나 대만의 수출상품(쌀, 설탕, 차, 장뇌)의 생산방식은 그대로 유지되면서 농업과 수공업의 생산력과 생산관계도 변하지 않았다. 동시에 시장권의 범위와 통합 정도를 계속 늘리지 못했다. 농업상품화가 이미 상당히 발달된 대만의 농업/상업 자본주의를 한층 더 발전시켜 공업 자본주의로 전환시킬 수 있는 중요한 제도— 근대국가의 정체 전환과 관련된 경제 정책이 사실상 없기 때문에 대만의 개항은 메이지유신이나 일제통치 초기처럼 정치 정체의 변화와 경제 정책의 실시를 통해 공업혁명과 농업, 상업의 자본주의 발전을 촉진하지 못했다. 따라서 청말 대만의 개항이 가져온 결과를 정확하게 파악하려면 우리는 정치적 방면에서 청말 대만의 양무운동을 비롯한 정치 변혁과 경제 정책의 성격을 규명해야 한다.

3. 대만 개항의 정치적 영향

개항 이래 대만의 정치와 경제 체제에 확실히 많은 변화가 일어났다. 한 가지는 개항 무역과 관련된 신식 해관과 서양 영사제도의 설립이고, 다른 한 가지는 1874년 목단사사건 이후 대만 해방 강화와 행정구역의 개편이다. 1840년 오구통상 이후 조약항條約港의 해관 사무가 여전히 구식 해관에게 도맡아 처리되었다. 그런데 1854년 태평천국운동 시기에 영국, 미국, 프랑스 등 국가의 영사가 공동적으로 상하이해관上海海關의 세무 행정을 관리하기 시작했다. 이것은 외국인이 해관을 관리한 첫 사례이다. 신식 해관이 사무를 매우 효율적으로 처리하고 세수입을 급속히 늘렸음을 보고, 청조는 총세무사總稅務司 제도를 제정하여 모든 개항장의 해관에서 실행하도록 했다. 새로운 세무제도를 시행한 해관을 양관洋關이라고 부른다.[15]

신·구식 해관은 행정 체계가 다르다. 구식 해관의 세금 징수가 청조 가산관료제家産官僚制 관원에게 전담하여 실행되었고,16) 해관 행정의 논리가 소위 원액주의原額主義 재정이었다. 중앙정부는 구식 해관의 행정과 세금 징수를 세밀하게 감독하지 않았고, 1년 동안 받아야 하는 세금 액수만 규정하였다. 해관의 관원은 규정된 액수만큼 세금을 상납해야 했는데, 정해진 액수보다 부족하면 처벌을 받거나 관직이 낮추게 되고, 정해진 액수를 초과하면 잉여금을 스스로 처리해도 괜찮았다. 일반적으로 잉여 세금은 해관 관리의 사유재산이 되거나 해관의 행정 경비로 사용되었다.17) 이러한 행정운영 아래 해관의 관직은 황제가 믿음직한 관원에게 준 포상과도 같이 관원의 사유재산의 축적에 상당히 도움이 되었다. 행정 과정이 불투명하고, 관세 징수의 공정성이 보장되지 않은 구식 해관에서 상급관청과 중앙정부가 세금 정액을 올리지 않도록 관원들은 자연스럽게 불경기를 핑계로 관세의 징수액을 일부러 적게 보고하고, 동시에 자신의 수입을 최대화하기 위해 통일적 세율로 관세를 거두지 않고 상인을 협박하고 강탈하거나 밀수 조직과 결탁했다. 요컨대 청조의 행정제도는 공정하고 합리적 상업 환경을 제공할 수가 없었다.18)

---

15) 청말 해관 체제의 변혁과 개항장의 경제 발전의 관계에 대하여 濱下武志의 선구적 연구를 참고할 수 있다. 高淑娟·孫彬譯, 『中国近代經濟史研究: 清末海關財政與通商口岸市場圈』, 南京: 江蘇人民出版社, 2006. 청조 해관 통계자료의 활용방식에 대해서는 Thomas P. Lyons, 毛立坤·方書生·姜修憲 역, 『中国海關與貿易統計(1859~1948)』 (杭州: 浙江大學出版社, 2009) 참조.

16) 家産官僚制와 科層官僚制의 차이에 대해서는 Max Weber, 康樂·簡惠美 譯, 『支配社會學』 (臺北: 遠流出版社, 1993) 참조.

17) 청조 原額主義의 재정문화에 대해서는 岩井茂樹, 『中国近世財政史の研究』 (京都: 京都大学学術出版会, 2004) 1~117쪽 참조. 滝野正二郎의 연구에 의하면 청조가 常關 등 관세행정에 원액주의를 실행한 상황은 다음과 같다. 康熙 61년 이전 해관 관원은 잉여 세금을 자신 사유재산으로 납수할 관한을 가지고 있었다. 雍正 1년 임금은 재정의 체계화를 강화하도록 잉여금의 사유화를 금지하고 거둔 세금을 모두 상납하게 요구했지만, 당시 관원들의 행정감독의 능력이 한계가 있어서 성사하지 못했다. 乾隆帝는 관세 때문에 상인한테 부가한 부담을 덜어주기 위해 세금의 전액 상납을 취소하자, 해관의 세금이 다시 정액으로 회복되었다. 滝野正二郎, 「清代常關與原額主義財政」, 2011년 9월 27~29일 발표함, "現代中國的形塑: 明清中國社會變遷與其當代遺産" 연구팀, 民國100年第二次工作坊: "明清財稅國家與早期全球化"포럼.

18) Thomas P. Lyons, 『中国海关与贸易统计(1859~1948)』, 8~9쪽; 文松, 「近代中國海關雇用洋員的歷史原因探析」, 『北京聯合大學學報』 2卷2期, 2004.06.

원액주의의 재정 관리 아래 비록 청조통치 초기부터 인구가 증가하고 무역활동이 활발해졌지만, 실제로 관세 등 세금 수입이 정비례적으로 확대되지 못하고 세금의 합법적 징수와 불법적 강탈이 구분되지 않았다.[19] 관세의 징수에 대한 관원들의 보고는 실제의 무역활동을 반영할 수가 없기 때문에 상급관청은 이러한 자료를 바탕으로 지역의 무역 실태를 파악하고 적당한 경제 정책을 세우기가 더욱 불가능했다.

가산관료제 행정과 비교하면, 신식 해관은 당시 선진적 서양 행정 관리제도—과층관료제科層官僚制를 사용하여 각 지역의 관세 징수를 직접 통일적으로 감독한 것이다. 수출입 상품에 대하여 규정대로 세금을 거두고, 신고·검사·예산·심의·징수·지불·통과까지 행정 단계마다 모두 엄격하게 감독하였다. 이를 통하여 세무 관리의 부정행위를 방지하고 세금 징수의 효율과 공정성을 확보했다.[20] 신식 양관은 중국에서 성립된 최초의 과층행정 기관이라고 할 수 있다. 이 기관이 자신의 상업 이익과 외채, 전쟁배상 등을 고려한 서양 국가의 협조에 의해 설립된 체제였지만, 이 체제 속에서 해마다 안정적으로 증가된 관세는 청조 재정의 주된 수입이 되어 청말 각 행정 사무를 추진하는 경비를 마련해 주었다. 따라서 그 이후 청조는 개항장이 아닌 일반 항구의 세무도 신식 해관이 통일하게 관리하게끔 했다.[21]

대만 개항 이후 4개 개항장에서 잇따라 신식 해관이 설립되었다. 개

---

19) 사실상 1855년 대만 개항 이전, 미국 상인은 대만의 고위층 관원과 협정을 체결하여 선박마다 100元噸 세금을 내는 조건으로 대만 장뇌의 경영권을 독점했다. 그리고 수입된 아편으로 매입된 장뇌의 비용을 대납하기도 했다. 이 사례로 당시 지방관이 직권을 남용하여 자신의 이익만 꾀한 사실을 확인할 수 있다. James W. Davidson, 蔡啟恆 譯, 『臺灣之過去與現在』, 臺北: 臺灣銀行經濟研究室, 1972, 277~278쪽.

20) Stanley F. Wright, 陳養才 등 譯, 戴一峰 교정, 『赫德與中国海關』, 廈門: 廈門大學出版社, 1993; 楊軍, 「赫德與晚清海關管理的近代化: 以赫德時期(1863~1911)海關行政管理為例」, 湖南: 湘潭大學史學碩士論文, 2004; 段晉麗, 「赫德與中國近代海關制度的確立」, 『太原師範學院社會科學版』 5卷2期, 2006.03.

21) 戴一峰, 『近代中國海關與中國財政』, 廈門: 廈門大學出版社, 1993; 吳松弟·方書生, 「中國舊海關統計的認知與利用」, 『史學月刊』, 2007年第7期.

항 이전 대만의 모든 항구에서 징수된 세금이 관리의 사유재산으로 사용된 것은 흔한 일이었다. 실제의 수출입 무역액은 해관 관리의 비밀이었고, 사무를 담당하는 사람 이외에는 아무도 정확한 액수를 알 수가 없었다. 하지만 개항 이후 신식 해관의 효율적 관리로 인해 대만의 무역 활동이 확장되고 수출입 관세가 급속히 증가되었다. 해관에서 일상적으로 사용하는 경비를 제외한 나머지 세금을 전부 상납하기 때문에 관세는 다시 관리의 개인 수입이 아닌 국가의 행정 경비가 되어 국가 건설에 직접 활용되었다. 대만 건성建省 이전 상납된 관세는 푸젠성 양무운동의 추진에 주로 사용되었는데, 건성 이후에는 대만의 양무운동을 추진하도록 모든 관세가 대만 본토에서 활용되었다.22)

신식 해관제도 실행 이후, 영국을 비롯한 서양 국가는 대만에서 영사 제도를 설립하기 시작했다. 영국영사가 여러 국가를 대신하여 대만 관부와 외교 사무를 처리했는데 일반적으로 교섭된 문제는 주로 상업 갈등, 교안敎案 충돌과 조난 사건 세 가지였다.23) 대만 지방관이 보통 서양 국가의 영사 요구에 대해 소극적으로 응답하여 항상 대만 현지인의 입장에서 분쟁을 해결했는데, 1867~1870년 남부지역의 장뇌분쟁 발생 시 영국영사가 포함외교砲艦外交를 행사한다고 발표하자 청조 중앙 및 대만 지방관은 심각한 외교적 마찰을 일으키지 않기 위해 각종 분쟁을 원만하게 해결하도록 노력하고, 보다 서양인의 입장에서 양상의 무역활동과 선교 권한을 보호해 주는 경향도 나타났다.24)

---

22) 청말 대만 해관에서 징수된 관세는 1864년에 11萬兩 정도이었고, 그 후 해마다 증가하면서 1893년에 109萬兩에 도달했다. 林滿紅, 『茶糖樟腦業與臺灣之社會經濟變遷』, 165쪽 표5.5. 청말 대만 관세의 활용 상황에 대해서는 楊書濠, 「淸代臺灣財政制度之硏究」(臺北: 中興大學歷史系碩士班, 2000) 203~205쪽 참조.

23) 개항 이래 서양 국가가 대만에서 영사를 설립한 과정에 대해서는 葉振輝, 『淸季臺灣開埠之硏究』, 119~152쪽 참조.

24) 청말 대만의 국제 상무 분쟁은 주로 장뇌를 둘러싼 갈등이었다(1867~1870). 陳德智, 「羈縻與條約: 以臺灣樟腦糾紛為例(1867~1870)」, 臺北: 師範大學 歷史學系 석사논문, 2007. 교안에 대해서는 蔡蔚群, 『教案: 淸季臺灣的傳教與外交』(臺北: 博揚文化, 2000) 참조. 외국 선박의 조난사건 중에서 미국의 로버호 사건(1867~1868)과 일본의 목단사사건(1871~1874)이 미친 영향이

개항 이래 신식 해관과 영사제도가 대만의 정치 체제와 경제 무역에 어느 정도의 영향을 미쳤지만 실제로 그의 영향은 상당히 제한적이었다. 우선, 신식 해관이 4개 개항장에 드나드는 서양 윤선만을 대상으로 통관 절차를 시행하고, 개항장과 일반 항구에서 활동하는 중국 범선은 징수의 대상이 아니었다. 중국 범선의 수출입 관세는 여전히 현지의 관원들에게 전통적 방법으로 징수되고 있었다. 따라서 당시의 해관통계는 대만의 수출입 무역액을 정확하게 제시할 수 없다. 그리고 신식 해관 관원이 등대 및 항구 수도水道 준설 등 공사를 추진하도록 계획했으나 정치 권한의 부재와 재정의 부족으로 인해 개항장에 대한 본격적인 공사와 건설을 실천하지 못했다.[25] 다음으로 서양 영사는 대만의 지방관으로 하여금 외교적 분쟁에 적극적으로 나서도록 압박하였으나, 지방관은 분쟁을 처리하는 전통적 논리에 여전히 의존하면서 서양처럼 근대 법률의 절차를 밟는 것이 아닌 인정상으로나 도리상으로 설득하는 방법을 사용하고 있었다.[26] 다만 이러한 외교 분쟁 시에는 외국의 항의를 면하기 위하여 대만의 관원들은 보호하는 대상을 현지 사회유력 계층이 아닌 외국의 당사자의 입장에서 그들의 이익을 보장하는 경향이 나타났다.(다음 장의 교안 분쟁에 대한 논의를 참고할 것)

개항 10년 동안 해관과 영사 제도의 조치 이외 대만의 지역행정 체제에는 아무 변화도 없었다. 청조는 대만의 개항에 맞는 행정 개조를 능동적으로 한 적이 없었고, 개항에 대응하는 경제 정책도 세우지 않았다. 그러나 1871년 대만 남부에서 류큐 선박이 조난을 당하고 선원이 생번生番(원주민)에게 살해되는 사건이 있었다. 일본은 류큐인이 자국민이라는

가장 크다. Edward H. House, *The Japanese Expedition to Formosa*, Tokyo: Edward H. Honse, 1875.

25) 布琼任, 「清季洋員在臺之任職: 以馬士(H.B. Morse)在淡水關的角色與影響為例」, 『北大史學』第7期, 2009.10.

26) 청조 관리의 전통적 재판 문화에 대해서는 林文凱, 「『業憑契管』?: 清代臺灣土地業主權與訴訟文化的分析」, 『臺灣史研究』 8: 2, 2011.06, 1~52쪽 참조.

이유로 외교를 통해 청조한테 생번에 대한 처벌을 요구했다. 청조는 대만의 원주민이 "화외지민化外之民"이라고 책임을 회피하려고 하자 일본은 번지番地가 "무주지지無主之地"라는 핑계로 1874년 4월 출병하여 대만 남부를 침공했다.(즉 목단사사건)[27] 이 사건을 통해 일본과 서구열강이 대만을 손쉽게 점거하자, 대륙 동남부 영토 전체의 안전을 위협받은 청조는 비로소 대만의 해방 문제를 중요시하기 시작했다. 청조는 잇따라 심보정沈葆楨, 정일창丁日昌, 오찬성吳贊誠, 잠육영岑毓英과 유명전劉銘傳 등 성급 관원을 대만에 파견했다. 이들은 모두 1860년대부터 시작한 남동지역의 자강운동(양무운동)을 추진한 대표 인물이었다. 그들은 대만에서 각종 양무운동을 추진했는데 구체적으로 행정구역 개편, 해방 강화, 원주민 지역 개발과 경제 발전 등이 있었다.

우선, 1874년 5월 일본이 출병하자 청조는 즉시 푸젠성 선정대신船政大臣인 심보정을 파견했다. 일군이 대만 남부 원주민의 지역을 침공했으나 청군과 싸움을 하지 않았다. 결국 양국은 베이징전약北京專約을 체결하고 청조가 일본한테 50만 냥을 배상하는 것으로 분쟁을 해결했다. 그 후 심보정은 대만에 남아서 각종 개혁을 추진했다. 행정적으로 북부의 단수이청淡水廳 지역을 단수이현淡水縣과 신주현新竹縣과 지룽청基隆廳으로 나누고, 이상 세 지역과 이란현宜蘭縣(원 카바란청噶瑪蘭廳)을 함께 신설된 타이베이부臺北府의 관할에 편입했다. 중부 산악지대에서 푸리셔청埔裡社廳을, 남부 목단사 지역에서 헝춘청恆春廳을 신설함으로써 관원들로 하여금 대만 각 지역의 사무를 보다 쉽게 관리하게 했다. 그리고 새로운 규정에 따라 복건순무福建巡撫는 일 년 중 반 년 동안 대만에 주둔하여야 하고, 해방을 강화하도록 대만의 녹영군綠營軍의 인원 교체를 배치하며 연해 요지에서 포대의 설치를 해야 했다. '개산무번開山撫番'이라는 정책 아래 중부와 동부 산악지대의 관리를 강화하기 위해 총병 오광량吳光亮

---

27) Edward H. House, *The Japanese Expedition to Formosa*. 林呈蓉, 『牡丹社事件的眞相』, 台北: 博揚文化, 2006.

이 북, 중, 남쪽으로 시작하여 대만의 동서를 관통하는 세 통로를 개척했다. 그리고 한인을 대만으로 이주하도록 선동함으로써 번지를 더욱 개발시키며 서양인의 침공을 방지하려고 했다. 또한 대륙 남동 지역의 양무운동에 보조를 맞추면서 대만 석탄의 개발을 더욱 촉진했다. 생산된 석탄으로 급료를 지급하기도 하고, 푸젠의 선정국船政局 등 부문의 석탄 수요를 채우기도 했다.[28]

그 이후의 복건순무 정일창, 왕개태王凱泰, 잠육영은 계속하여 대만의 해방 강화, 개산무번과 석탄 개발 등 정책을 촉진했으나 푸젠성의 공무도 많아서 대만에 주둔한 시간이 비교적으로 짧고, 또한 청조 중앙정부에서 충분한 재정, 군사 및 행정 지원을 보낼 수가 없기 때문에 여러 행정 조치가 모두 뚜렷한 성과를 거두지 못했다.[29] 1884년 청불전쟁 기간에 프랑스 군대가 지룽을 침공하자 대만의 해방을 지키기 위해 청조는 회군淮軍의 유명한 장군인 유명전을 파견했다. 청불전쟁이 끝난 후 유명전은 대만에 남아서 대만의 전면적 개혁을 추진했다. 심보정과 비교하면 그가 대만에 주둔한 시간(1884~1891)은 가장 길고, 대만 사회에 미친 영향도 가장 크다.

유명전의 구체적 개혁 내용은 다음과 같다. 첫째, 행정적으로, 대만의 건성을 이루었으며 대만의 행정 지위를 높였다. 대만의 지역 개편을 다시 해서 심보정 시기의 2부 12청·현(8현, 4청)을 3부 16주·청·현(1주, 11현, 4청)으로 변경했다. 둘째, 해방 강화에 있어 청불전쟁 기간에 여러 곳에 포대를 건설함으로써 프랑스 군대의 침공을 잘 막아낼 수 있었다. 유명전이 주둔한 기간에 다섯 항구에서 총 10좌座의 포대를 건설했다. 동시 개산무번에 보조하기 위해 대만 내륙까지의 군사 방어를 강화했다. 셋

---

28) 沈葆楨, 『福建臺灣奏摺』, 臺北: 臺灣銀行經濟研, 1959; 蘇同炳, 『沈葆楨傳』, 南投: 臺灣省文獻委員會, 1995.

29) 1875~1885년간 대만의 개산무번에 대해서는 楊耀鴻, 「淸末在臺民族政策硏(1875~1885)」 (臺北: 政治大學民族系硏究所, 1996) 참조. 대만 석탄의 개발 역사에 대해서는 黃嘉謨, 『甲午戰前之臺灣煤務』, 1~158쪽 참조.

째, 개산무번에 있어 유명전은 청불전쟁 이후 남는 무력을 무번 운동에 투입하고, 심보정 시기에 건설된 동서 횡관도로를 중수重修·개축改築하였다. 심보정과 달리 유명전의 무번 정책은 대만 산악지대의 지방권력을 동원해서 번지를 개발하기에 자금과 인력을 지원하도록 했다. 넷째, 경제적으로 유명전은 경비를 조달하기 위해 중앙정부에게 푸젠성 재정 지원의 일부분을 대만의 건설에 사용하도록 청구했고, 대만의 토지세를 대폭 향상시키며 이금釐金의 징수를 정비했다. 그리고 무간국撫墾局, 군계기기국軍械機器局, 장뇌국樟腦局, 광무국礦務局, 화약국火藥局, 수뢰국水雷局과 서학당西學堂 등 기관을 설립하고, 우편에 관한 행정을 실시하며, 전보선電報線을 가설하고, 양안과 남양의 항운 노선을 개척하며, 지룽에서 신주新竹까지 대만 최초의 철도를 만들었다.30)

이러한 양무운동은 대만의 경제 발전과 정치 체제에 확실한 성과를 가져오고 긍정적 영향을 주었다. 그러나 일본 메이지유신, 혹은 일제시대의 변화와 비교해 보면, 심보정이나 유명전이 추진한 양무운동은 대만의 근대화 기초를 마련해 주었다고 말할 수 없다. 양무운동의 내용은 창의성이 있었지만, 그 본질은 개항 이전 대만 변혁 및 지역 정치의 연속으로 봐야 할 것이다. 먼저, 행정적으로 일본 메이지유신과 일제 초기의 변혁은 봉건적 막번제幕藩制와 가산관료제를 근대적 과층관료제로 바꿈으로 지배력의 강화와 정치, 경제 발전의 효율을 보장하고, 국가와 국민, 식민지 간의 지배 관계가 지방권력 계층(일본 봉건영주나 대만의 사신)한테 타격을 받지 않도록 한 것이다. 심보정과 유명전의 시기에는 지방정부와 지방권력, 일반 민중의 관계가 그대로 전통적 통치 방식에 의존했다. 대만 개항 이전부터 사회 민란과 지역 개발 때문에 청조는 여러 번 행정 조치를 시행하고 대만의 통치를 강화시켜 왔다. 심보정과 유명전의 대만 행정 변혁도 전통적 개혁 방식을 기초로 하여 심화시켰을

30) 劉銘傳, 『劉壯肅公奏議』, 臺北: 臺灣銀行經濟硏究室, 1958; 葉振輝, 『劉銘傳傳』, 南投: 臺灣省文獻委員會, 1998.

뿐, 국민을 다스리는 방법은 변하지 않았다. 이로 인해 청조가 추진한 각종 양무운동은 효과가 있었지만 심각한 한계성도 가지고 있었다.

개항 이래 잇따라 추진해온 이금제釐金制를 예로 들어 살펴보면, 청조는 동남 각 성에서 1850년 태평천국운동을 진압하는데 쓰일 재원을 얻기 위하여 이금제를 실행하기 시작했다. 대만도 1861년부터 대륙을 모방하여 이금을 징수하기 시작했으며, 대만지부와 푸젠성 위원회가 함께 상인을 모우고 취급했다. 이금제는 주로 네 가지로 나눌 수 있다.(아편, 장뇌, 차의 이금과 상품 이금) 중국 각 성과 같이 대만의 이금제 징수는 시종 상인이나 위원회에서 도맡아하는 형식으로 진행되었다. 이로 인해 "일관성 없이 처리하고, 위원의 공고에만 의존하며, 많거나 적거나 근거가 없어서 횡령 현상이 매우 심각하다.(辦理時不能劃一, 且聽委員開報, 多寡無稽, 侵呑益甚)"고 하는 폐단이 있었는데, 유명전 시기에 이 문제를 전면적으로 정돈했다. 아편이금을 과층관료제가 실시되어 있는 신식 해관에서 징수함으로써 세금이 많이 증가했지만, 기타 세 가지 이금의 징수는 변화 없이 여전히 상인이 맡고 있기 때문에 수액 증가가 두드러지지 않았다.[31] 다시 말하면, 이금 징수는 창의성이 있고 관청을 위하여 대량의 세금을 거두어 주었으나 실행방식은 여전히 전통적인 토지세와 항구세의 원액주의에 의존하고 있었다.

또한 개산무번의 건설을 예로 들자면, 유명전은 군대와 지방 토용土勇을 이끌어 내산생번內山生番을 토벌하고, 무간국撫墾局을 설립하여 번지를 개간했지만, 그의 실행 방식은 개항 이전 대만 산악지대의 민번民番 관계와 토지 개발 방식-애번제隘番制, 애간제隘墾制와의 차이가 그다지 크지 않았으며, 똑같이 지방 신상紳商과 호강豪强의 재력과 무력에 의지하여 개발을 촉진했다. 지방 관부는 여전히 이런 간접적인 통제 방식을 이용하여, 산악지대의 토지개발 사업을 추진하고, 이로부터 지방권력과 민

---

31) 楊書濠, 『淸代臺灣財政制度之硏究』, 203~210쪽.

번 부족 간의 관계를 안정시키고 개선함으로써 사회의 기본적인 안정 상태를 유지했다.[32]

이 밖에 유명전의 전면 청부清賦(지세개혁: 1886~1890)를 놓고 보면, 유명전은 내륙에서 수십 명의 보좌 관원을 모집하여 청장清丈위원직을 맡겼으며, 지방 관부의 하급 관리 및 신사와 연합하여 전면적으로 토지 측량을 시작했다. 진행과정은 네 단계로 나뉘었다. 1. 편제보갑編制保甲, 2. 청장清丈, 3. 개부改賦, 4. 장단 발급發給丈單. 토지 청장 비용으로 약 은 35만 냥을 사용했고, 지세개혁 이전 대만에 승과陞科토지가 약 7만여 갑甲, 전부田賦는 약 19만 냥, 지세개혁 후, 승과토지 수는 42만여 갑으로, 전부는 67만 냥으로 증가했다. 유명전은 지세개혁 과정에서 징수 세율을 높이기 위하여, 전통적인 일전이주제一田二主制를 폐지하고 일전일주제一田一主制로 바꾸려고 했으나 민간의 반대로 인해 성사되지 못했다.[33] 유명전의 지세개혁은 큰 성취를 이룬 것으로 보였으나, 개항 이전 청조가 일부분 지역에서 몇 차례 실시한 지세개혁의 조치 방식과 별반 다르지 않았다. 전통적인 원액주의 토지 행정의 논리를 바꾸지 않았으며, 지방 관부의 토지 재산권과 생산 정보에 대한 지배능력을 효율적으로 끌어올리지 못했다. 그 결과로 지방 관부의 지배력도 향상시키지 못했다.

일제초기(1898~1904) 총독부總督府 민정국장民政局長인 고토 신페이後藤新平가 추진한 지조개정地租改正과 비교하면 유명전 지세개혁 정책의 심각한 한계성을 발견할 수 있다. 고토 신페이의 지조개정은 매우 세밀하게 조사했을 뿐만 아니라, 동시에 전통적인 일전이주제를 철저히 폐지하고

---

32) 개항 이전 대만 산악지대의 토지개발 방식에 대해서는 林文凱, 「土地契約秩序與地方治理: 十九世紀臺灣淡新地區土地開墾與土地訴訟的歷史制度分析」 (臺北: 臺灣大學社會學研究所博士論文, 2006) 참조.

33) 劉銘傳, 『劉壯肅公奏議』 卷7, 清賦略, 303~327쪽. 劉銘傳은 지세개혁 초기에 납세를 담당하던 大租戶를 대신하여 小租戶가 직접 납세하게끔 개혁하려고 하지만 민간의 반대로 인해 大租戶 계층을 없애지 못했다. 중북 지역에서 減四留六 정책을 취하여 大租戶 세부의 4할을 줄임으로 小租戶 납부에 보태도록 규정했다. 남부의 일부분 지역에서 大小租戶가 상호 협의하고 납세의 방법을 결정했다. 戴炎輝, 「淸代臺灣之大小租業」, 『臺北文獻』 4(8), 1963, 1~45쪽.

대조권大租權에 대한 매수를 통하여 대조大租를 폐지함으로써 일전일주제의 근대 토지 소유 제도를 세웠다. 고토 신페이는 지조개정을 위한 비용을 약 286만 냥 소모하고, 대조권을 폐지하는데 또한 238만 냥을 사용했다. 같은 시기에 고토 신페이은 일본에서 수백 명의 조사원을 시험을 통해 선발하고 장기적인 전문훈련을 시켰다. 그리고 현지 사람을 모집하여 통역 등 필수적 기술 훈련을 시키고 나서 그들로 하여금 일본 조사원에게 협조하도록 했다. 조사 과정에서 전문적 원경員警과 관료가 함께 조사하기 때문에 청장의 효율성과 정확성이 크게 향상되었다. 조사 결과에 의하면 승과토지는 63만여 갑이 측량되었고, 전부 총액은 194만 냥에 도달했다. 정부가 이미 대조大租를 매수함에 따라 소조호는 더 이상 대조를 납부할 필요가 없어서 실제로 전부의 납세 부담이 늘어나지 않았다.[34]

사실상 유명전의 개혁 효과와 결과는 개항 이래 청조가 대만에서 지역 행정을 강화하고 경제 발전을 추진함에 심각한 어려움을 드러냈다. 우선, 충분한 재원이 없고 효율적인 과층관료체제의 지원도 없었다. 그래서 과거에 성급관원을 역임한 것처럼, 유명전은 지역 엘리트菁英와의 합작을 통하여 여러 가지 개혁을 추진할 수밖에 없었다. 그러나 지역 엘리트는 항상 관부를 이용하여 자신의 지방 세력을 확장하려고 하기 때문에 심각한 지역 분쟁이 자주 일어났다.[35] 또한, 국가의 지배력이 제한되어 있어서 관부는 개혁을 반대하는 세력을 제압할 수가 없었으며, 심지어 더 많은 민란 사건을 야기했다. 예컨대 지세개혁 후, 경비를 조달하기 위해 관부는 민중이 장단丈單을 발급받을 때 측량비丈費를 내야

---

34) 일제 초기 토지조사의 과정에 대해서는 江丙坤, 『臺灣田賦改革事業之研究』(臺北: 臺灣銀行經濟研究室, 1972) 참조. 저서 중 각종 수액은 일본의 화폐 단위로 통계되어 있다. 본문은 1兩＝1.538日圓으로 환산하여 자료를 인용한다.

35) 林文凱, 「土地契約秩序與地方治理: 十九世紀臺灣淡新地區土地開墾與土地訴訟的歷史制度分析」, 290~315쪽. 李文良의 연구에서도 劉銘傳 裁隘 이후 지역 관부의 지배력이 크게 향상하지 못하고, 반대로 지역 호강은 裁隘를 협조함으로써 지방권력을 강화했다고 지적했다. 李文良, 「十九世紀晚期劉銘傳裁隘事業的考察: 以北臺灣新竹縣為中心」, 『臺灣史研究』 13: 2, 2006.12.

한다고 규정했다. 지세개혁으로 인한 전부 부담의 증가, 관료와 지역 엘리트들의 불공정한 측량 등 이유로 장화현彰化縣에서 시구단施九緞사건 이 폭발했다. 그 후 유명전은 할 수 없이 측량비의 징수를 취소했다. 민란의 리더인 시구단은 민중의 보호를 받고 끝내 체포되지 않았다.36)

세 번째로, 정치적 개혁은 그 효과를 달성하지 못했을 뿐만 아니라, 오히려 노민상재勞民傷財의 결과를 초래한 경우도 적지 않았다. 예컨대 북부 산악지대의 무번전쟁撫番戰爭은 비록 일시적인 진전이 있었지만, 지속하지 못해 1891년에는 심각한 번란番亂이 다시 일어났다.37) 그리고 유명전은 역임 순무들을 이어 탄광 개발의 정책을 계속하여 실행했지만, 성공하지 못하고 오히려 정책의 실패로 인하여 사임해야만 했다.38) 마지막으로, 유명전이 추진한 제반 양무운동에는 정책적 연속성이 결여되고 경제이익도 별로 나타나지 않았다. 그가 대만을 떠난 후, 순무 소우렴邵友濂은 재정문제를 고려하여, 게다가 유명전 만큼의 능력과 열정도 없어서 얼마 후에 바로 대부분의 양무 정책을 중지시켰다.39)

개항이 대만 사회 변천에 미친 영향에 대하여 린만홍은 다음과 같이 주장했다. 개항에 따라 대만사회의 반란이 줄어들게 되어 편협한 지역

---

36) 施九緞 사건의 경과에 대해서는 吳德功, 『戴施兩案紀』(臺北: 臺灣銀行經濟研究室, 1959) 참조.

37) 청말 개산무번의 과정에 대해서는 楊慶平, 「淸末臺灣的"開山撫番"戰爭(1885~1895)」(臺北: 國立政治大學民族研究所, 1995) 참조.

38) 대만 북부 基隆의 석탄은 1840년 이전부터 이미 현지 민중에 의해 채굴되어 왔다. 민중이 스스로 채굴한 석탄 양은 매우 제한적이었다. 서구열강의 군함, 상선이 대만 연안에 자주 출몰하여 석탄을 대량 구매하고 석탄의 매입을 요구했다. 또한 청부를 맡거나 청조 관부와 합작하는 방식으로 탄광의 개발을 제안하기도 했다. 지방관은 서구열강의 개입과 침범을 차단하기 위해 석탄 채굴 및 판매를 금지하는 명령을 내렸다. 그럼에도 불구하고 민간에서 석탄을 몰래 채굴하여 판매하는 행위가 지속되어, 오히려 석탄의 수출이 날로 증가했다. 따라서 沈葆楨, 丁日昌, 李鴻章, 劉銘一, 王凱泰 등 양무 관료는 서양식 탄광 공장을 설립하고 외국 기술자를 도입하여 석탄의 생산량을 올리도록 노력했다. 그러나 委員 經營이나 包商 辦理 등 어떤 방식이든 탄광에는 계속 경영난이 일어났다. 劉銘傳은 적극적으로 탄광 공장을 재건하여 여러 경영방식을 시행해 봤지만 결국 성공하지 못했다. 오히려 중앙정부는 탄광 사업의 부진을 이유로 유명전을 탄핵했다. 이로 인해 낙심한 유명전은 스스로 사임하고 말았다. 黃嘉謨, 『甲午戰前之臺灣煤務』.

39) 許雪姬, 『滿大人最後的二十年: 洋務運動與建省』, 111~138쪽.

주의가 사라졌다. 그리고 개항은 한번漢番의 충돌과 산포山胞의 동이東移, 시진市鎮구조의 변화, 사회구조의 변화(매판과 신사층이 사회의 새로운 지배 계층으로 변신)를 가져왔다. 또한 대만의 무역발전이 미국과 일본 등 국가의 침략 야심을 야기하여, 그 결과로 목단사사건이 일어나며 청조가 비로소 대만 해방의 중요성을 깨달았다. 린만홍은 대만 지방권력 계층이 과거처럼 무력과 경제에 의지한 것이 아니라, 대신 학술(과거시험)을 통해 지배권을 획득했다고 주장했다.[40] 하지만 상기한 관점에는 재고할 여지가 있다. 예컨대 앞서 언급했듯이 유명전이 개산무번 등 개혁을 추진했을 때 지역 호강들의 무력에 많이 의존하기 때문에 시구단사건과 같은 심각한 사회분쟁과 패싸움이 빈번히 일어났다. 따라서 개항 이후 대만 사회의 반란과 지역주의는 사라진 것이 아니었다.[41]

그리고 지방권력 계층이 과거를 통과한 사신士紳으로 변신한다는 주장은 역시 문제가 있다. 사실상 그가 언급한 반교임가板橋林家, 무봉임가霧峰林家는 한편으로 문교사업에 투자하고, 가족 구성원이 과거공명科舉功名을 얻는 것을 고무했지만, 다른 한편으로, 즉 두 가족이 출세한 주요한 원인은, 역시 지방권력을 기초하여 유명전의 신뢰를 얻어서 변경의 무번사업을 협조하면서 세력을 확장한 것이었다.[42] 또한 개항 이후의 무역 발전이 미국과 일본 등 국가가 대만을 점령하고자 한 원인 중의 하나이지만, 이미 개항 이전부터 서구열강이 대만을 점거할 야심이 있었다. 그들은 일찍부터 동아시아 항운에 있어서 대만의 중요한 위치를 주목했다. 그리고 대만의 전구무역轉口貿易의 특성, 풍부한 산업적 잠재력, 지룽

---

40) 林滿紅,「貿易與清代臺灣的社會經濟變遷 1860~1895」, 吳松弟 편,『中國百年經濟拼圖: 港口城市及其腹地與中國現代化』, 濟南: 山東畫報出版社, 2006, 152~155쪽.

41) 청말 개항 및 유명전의 양무운동은 대만 지역 집단의 武裝을 제거하지 못했다. 산악지대를 둘러싼 지역 무력은 일제 초기 일본을 대항하는 주된 집단이기도 하다. 翁佳音,『臺灣漢人武裝抗日史研究(1895~1902)』, 板橋: 稻鄕出版社, 2007.

42) 板橋林家의 출세 역사에 대해서는 許雪姬,『板橋林家: 林平侯父子傳』(南投: 臺灣省文獻委員會, 2000) 참조. 霧峰林家의 출세 역사에 대해서는 黃富三,『霧峯林家的中挫(1861~1885年)』(臺北: 自立晚報社, 1992) 참조.

에서 생산된 양질의 석탄 등 여러 원인이 있어서 서구열강은 톈진조약을 체결했을 때 대만의 개항을 요구한 것이었다.[43]

이상의 논의를 정리하자면 개항 이래 대만에 온 성급 관원들이 추진한 양무운동, 특히 유명전의 각종 개혁은 확실히 대만 지역의 발전에 어느 정도의 영향을 끼쳤다. 그 중에서 철도, 우편 행정, 전보, 윤선, 탄광과 군사력 등의 건설을 근대화 발전이라고 하여도 전혀 문제가 없지만, 이러한 건설의 지속성과 영향은 극히 제한적이었다. 그리고 기타 행정 개혁과 경제 발전은 여전히 개항 이전의 정치 논리에 의존하고, 행정 체제 역시 전통적인 가산관료제를 유지하며, 청조(지방 관부)가 지역 엘리트와 일반 민중을 지배한 형태는 크게 변하지 않았다. 이런 유형의 정치 개혁과 경제 발전은 시장권의 효율적인 확장과 정합, 또는 농업 생산력의 향상을 이룩할 수 없었으며, 상업 무역의 원가 인하와 공업화의 지속적 발전을 성사하지 못했다. 그러므로 개항 이후 대만의 경제 변화를 근대 자본주의 경제 형태의 돌파가 아니라, 대개 개항 이전의 시장경제의 연속으로 보아야 한다.

4. 대만 개항의 종교와 사회문화적 영향

1840년 아편전쟁 이후, 서양 제국은 중국의 다섯 개항장에서 기독교를 선교할 권한을 얻었다. 제2차 아편전쟁 이후, 1860년 체결된 톈진조약에 의해 중국 내륙 지역까지 서양 국가의 선교가 가능하게 되었다.[44] 대만의 개항에 따라 영국, 프랑스, 캐나다의 선교사가 대만에 들어왔다. 1859년 천주교 스페인 도밍고회Domingo, 道明會가 먼저 대만 남부에서 선교하기

---

43) 서구열강이 대만을 점령하고자 한 원인에 대해서는 葉振輝, 『清季臺灣開埠之研究』, 1~38쪽; 黃嘉謨, 『甲午戰前之臺灣煤務』, 1~213쪽 참조.

44) 呂實強, 『中國官紳反教的原因 1860~1874』, 臺北: 中央研究院近代史研究所, 1973, 2~3쪽.

시작했으며, 1884년 청불전쟁 이전까지 가의嘉義 남쪽에서만 활동하다가 전쟁 이후 단수이에서도 교구를 설립했다.45) 기독교의 경우에는 청말까지 장로교회만 대만에서 선교를 종사했는데 교구의 협정에 의하여 남부는 영국 장로교회에서 도맡고, 북부는 캐나다 장로교회에서 담당했다. 영국 장로교회가 1865년부터 대만 남부에 진출하여 선교를 시작하고, 캐나다 장로교회가 1872년부터 북부 단수이에서 선교를 펼쳤다.46)

다른 지역과 마찬가지로 서양 기독교의 도래로 인해 대만에서도 적지 않은 종교 갈등과 교안사건이 발생했다. 학자들의 연구에 의하면, 대만 교안이 발생한 원인은 다음과 같다. 첫째, 선교활동은 지방권력과 종족 간의 관계에 영향을 끼치며 충돌을 일으켰다. 개항 초기 서양 종교의 선교는 한인漢人의 적대적 태도로 인해 원활하게 전개하지 못했다. 그 후에 선교활동의 장소를 변경의 평포족 지역(대만 남부의 서랍아평포족西拉雅平埔族이 대만부와 가장 가까운 부락이므로 서양 종교를 먼저 접하게 되었다.)으로 옮기고 나서 짧은 시간 안에 수많은 평포족 사람을 끌어당겨 입교하게 했다. 평포족 신자들은 뚜렷한 민족의식을 가지며 교회 및 외국인의 힘으로 한인과 대항하고 이익을 획득하고자 했다.47) 평포족과 이웃 사이의 객가인客家人(한인 부족의 하나)은 기독교의 교화를 받는 평포족이 한인의 지배 지위를 위협하지 않도록 적극적으로 선교활동을 반대했다. 그러나 선교사는 때로 신자의 사회 권력을 쟁취하기 위해 직접 나서기도 했다. 따라서 선교활동은 원래 긴장관계에 놓여있던 종족 관계를 더욱 악화시키며

---

45) 대만 천주교의 역사에 대해서는 古偉瀛, 「十九世紀台灣天主教(1859~1895): 策略及發展」, 『臺大歷史學報』 22期, 1998.12, 91~123쪽 참조.

46) 대만 기독교의 역사에 대해서는 臺灣基督長老教會總會編, 『臺灣基督長老教會百年史』(臺北: 臺灣基督長老教會總會, 1995) 참조.

47) 많은 연구들은 기독교가 원주민에게 특히 영향력이 컸다고 제시했다. 약소민족은 기독교를 비롯한 강한 외세를 통해 정치 보호를 받고, 주류 사회의 정치와 문화 통치를 반항하려고 하기 때문이다. 謝國斌, 「基督教在原住民聚落之發展與影響: 以南臺灣西拉雅平埔族聚落為例」, 『成大宗教與文化學報』 第6期, 2006.06, 93~120쪽; John R. Shepherd. "From Barbarians to Sinners: Collective Conversion among Plains Aborigines in Qing Taiwan, 1859~1895." In D. H. Bays ed. *Christianity in China*, Stanford: Stanford University Press, 1996, pp. 120~137.

수많은 교안사건을 초래했다.[48]

둘째, 현지인 신자들은 교회에서 우상 숭배를 금지하는 이유로 영신새회迎神賽會 비용의 할당을 거부한 경우가 있었다. 이러한 행동은 지역 사회의 기타 성원의 불만을 일으켰다. 그리고 풍수 같은 이념에 대한 기독교와 민간 신앙의 차이도 교안사건의 원인 중 하나이었다.[49] 기독교 등 외래 종교가 서양에서 도입된 것으로 초기에 주로 서양 상인과 영사관의 지지에 의지하면서 활동하기 때문에 양상과 지방관, 화상 간에 갈등이 생기면 교안의 충돌도 항상 수반되어 발생했다. 예컨대 1868년 대만도에서 장뇌의 판매 문제를 둘러싸여 영국 상인 피커링Pickering과 영국영사가 합력해서 대만 지방관과 투쟁한 결과로 같은 해에 일어난 교안사건에 대한 처리는 더욱 곤란해졌다. 또한 1884년 청불전쟁 이후 외세에 대한 민중의 적대감이 확대된 바람에 청불전쟁이 발발한 단수이 지역에서만 7곳의 교회당이 파괴되고 대만 개항 이래 규모가 가장 큰 교안이 발생했다.[50]

마지막으로 교안의 연속 발생은 청말 지역관과 처리 태도와 능력과도 관련이 있었다. 대부분의 경우에는 교안이 발생하기 전 작은 규모의 충돌이 항상 있었고, 선교사와 현지 신자는 일반적으로 먼저 지방관을 찾아서 조약에 따라 선교와 신앙의 권력을 지켜 달라고 요구했다. 지방관은 지방권력을 고려해서 그들과의 갈등을 피하기 위하여 교안을 소극적으로 대강 처리해 버렸고, 결국 더 심각한 문제를 일으킨 경우가 많았다.

---

48) 지역 사신이 민족 혹은 문화를 보호하는 입장에서 기독교를 반대한다고 했으나 대부분의 반교운동의 근본적 원인은 선교활동이 현지 사신의 사회 지배력을 해치는 것이었다. 같은 경우가 대륙에도 많이 있었다. 톈진 교안에 대한 吉澤誠一郎의 연구를 참고할 수 있다. 蔡蔚群, 『教案: 清季臺灣的傳教與外交』, 臺北: 博揚文化, 2000, 37~44쪽, 144~149쪽; 吉澤誠一郎, 『天津の近代: 清末都市におけると社会統合』, 名古屋: 名古屋大学会, 2002A, 66~96쪽.

49) 蔡蔚群, 『教案: 清季臺灣的傳教與外交』, 129~144쪽.

50) 蔡蔚群, 『教案: 清季臺灣的傳教與外交』, 214~232쪽, 69~126쪽; 方真真·方淑如 역주, 「1886年道明會在台教務報告」, 『文史臺灣學報』 3期, 2011.12, 287쪽; 古偉瀛, 「十九世紀台灣天主教(1859~1895): 策略及發展」, 100쪽.

한편으로 외교적 분쟁(특히 1870년 장뇌분쟁으로 인해 영국의 포함이 대만을 침공한 이후)을 야기하지 않도록 지방관은 때로 적극적으로 교안을 처리하기도 했다. 그러나 전통의 재판 방식이 바뀌지 않는 이상 결과는 항상 주요 피고자가 징벌을 면하게 되거나, 배상금만 청구하고 가끔 지방관부의 관비를 대신 배상한 경우도 있었다.[51] 이러한 교안사건을 겪었던 조지 레슬리 맥케이George Leslie Mackay 목사는 대만 관리의 부패를 강렬히 비판하고, 그들은 전적으로 뇌물의 양에 따라 재판한다고 폭로했다.[52]

그리고 개항 이후 서양 선교사가 도입한 것은 서양 종교 뿐만 아니라, 근대 서양 의학과 교육 체계도 함께 소개되었다. 기독교 장로교회에서 의학 훈련을 받았던 선교사들은 대만에서 의료 선교에 종사했다. 1865년 영국 장로교회의 선교사 제임스 레이드로 맥스웰James Laidlaw Maxwell M.D.은 타이난台南에서 의료 봉사와 선교활동을 하면서 전문 병원―타이난신루의원台南新樓醫院을 설립했다. 1871년 선교사 맥케이Mackay 박사는 단수이에서 서양 진료소(마해의원馬偕醫院의 전신)를 개설했고, 서학당牛津學堂 (Oxford 학당)을 설립했다. 1895년 데이비드 랜즈버러David Landsborough와 다른 두 선교사는 함께 대만에 와서 의료 선교를 하면서 장화기독교의원彰化基督教醫院을 만들었다. 요컨대 대만에서 서양 의학은 장로교회의 선교 활동에 의해 소개되어 발전되었다고 해도 과언이 아니다.[53] 기독교 장

---

51) 서양 선교사는 자기 국가의 법률문화와 공권력의 개념을 기초로 삼기 때문에 대만 관원의 처리 방식을 이해할 수가 없었다. 蔡蔚群, 『敎案: 淸季臺灣的傳敎與外交』, 66~67쪽, 147~149쪽, 188~192쪽, 196~197쪽. 1868~1871년간에 艋舺黃姓大族 여러 번 외국 양행의 직원을 공격했다. 지방관은 비록 적극적 태도로 처리하려고 노력했지만 주모자의 세력이 만만치 않기 때문에 결국은 주모자의 시종에만 징벌을 내림으로 사건을 마무리했다. 劉若雯, 「大稻埕發展史(1860~1920년)」, 桃園: 中央大學歷史系碩士論文, 1999, 36~37쪽.

52) Mackay, George Leslie(馬偕), 林晚生 역, 鄭仰恩 교정, 『福爾摩沙紀事: 馬偕臺灣回憶錄』, 臺北: 前衛出版, 2007, 95~104쪽. 대만의 천주교 활동 초기 유명한 신부인 Rev. Fernando Sainz,O.P.는 이렇게 평가했다. "이 섬에는 법률이 죽은 문자이자 생기가 없는 폐지일 뿐이다. 그들의 법률은 공리이자 강권이다. 여기서 사람들은 세력과 금전만 중요시한다. 만약 다른 국가에서 이런 일이 발생하면 법정은 반드시 간섭할 텐데, 여기는 완전히 다르다. 백성의 공소를 받더라도 관리들은 못 들은 척 한다."古偉瀛, 「十九世紀台灣天主敎(1859~1895): 策略及發展」, 119쪽.

53) Mackay, George Leslie(馬偕), 『福爾摩沙紀事: 馬偕臺灣回憶錄』, 271~328쪽; 詹啟賢, 「西方醫學在

로교회의 의료 봉사는 선교를 촉진했을 뿐만 아니라, 대만 사람으로 하여금 서양 과학 지식의 우월성을 인식하게 하기도 했다.54)

종교와 의학을 도입한 선교사 이외에도, 대만 사회에 큰 영향을 미친 서양인들은 개항장에서의 무역활동에 참여한 양상들이었다. 양상들은 저서를 통해 서양의 문화를 전파하는 방식 보다는 현지 매판과의 접촉, 양행의 설립과 운영, 화상을 비롯한 각 계층의 상인과의 거래를 통하여 최신의 상품 정보와 무역 지식을 전달했다. 그들의 활동은 개항 이후 현지 상인의 상업과 경제 무역 개발에 매우 중요한 영향을 미쳤다. 또한 대만 지방관은 양무운동을 추진하기 위해 서양 기술자와 자문을 초빙함으로써 대만 석탄국과 전보국 등 사업을 발전시켰다. 그리고 신식 해관에서 일하는 서양인들은 해관 사무에 종사하는 동시에 대만의 지방관과 교우하며 경제, 정치적 제안을 많이 제기했다. 그러나 청조 관료들은 서양인의 제안이 실정에 맞지 않으며, 게다가 시행하기에 치를 대가가 너무 크다는 이유로 그 제안들을 받아들이지 않았다. 따라서 중서 관원의 교우는 대만의 경제, 정치에 적극적 영향을 미치지 못한 것으로 보인다.55)

대만 개항의 종교, 문화적 영향을 정리하기 전에 먼저 청말 대만을 방문한 서양인의 대만 인식(교회 선교사가 만든 교회공보, 선교기록; 해관 관원이 정리한 해관통계와 해관보고; 영미 등 국가의 영사의 영사보고; 양행 상인이 남긴 양행 문서; 과학자가 잡지, 신문에서 발표한 조사보고 및 모험가가 기록한 모험담 등)에 주목할 필요가 있다. 그들의 기록물은 당시에 대만 관원과 일반 민중에 영향을 크게 미치지 못했으나 서양 사회에서 간행되거나 읽히게 되고, 대만 및 청조, 동아시아 사회에 대한 서양인의 인식 구조에 영향을 주었을 가능성이

臺灣」(강연문), 趙珮如 정리, 『源遠季刊』 29期, 2009; 「財團法人彰化基督教醫院醫療史」, 彰化基督教醫院院史館 사이트: http://www2.cch.org.tw/history/page.aspx?oid=6, 2011. 11.23.

54) 傅大為는 傅柯의 規訓(discipline) 개념을 인용하여 馬偕의 선교, 의료와 교육 활동을 해석하고, 신체 단련의 근대성을 설명했다. 傅大為, 「馬偕的早期近代化: 殖民帝國勢力下的傳道醫療, 身體與性別」, 『亞細亞的新身體: 性別, 醫療, 與近代臺灣』, 臺北: 群學出版社, 2005, 37~80쪽.

55) 布琮任, 「清季洋員在臺之任職: 以馬士(H.B. Morse)在淡水關的角色與影響爲例」, 『新北大史學』.

크다. 또한 사료로 참고할 가치가 있는 그들의 기록을 그 당시 대만인이 남긴 사료와 대조 연구하면 청말 대만 사회의 양상을 보다 온전하게 살펴볼 수 있고, 당시 서양인의 대만 인식을 파악할 수 있다.[56]

요컨대, 청말 대만의 개항은 새로운 무역 문화, 종교 신앙과 신식 해관, 서양 영사 등 제도가 도입되면서 대만 사회에 확실한 영향을 미쳤다. 동시에 성급 관원이 추진한 양무운동 역시 대만의 사회, 경제에 상당한 자극을 주었다. 그러나 같은 시기의 대륙과 마찬가지로, 대만의 개항은 경제, 무역에 직간접적인 영향을 많이 미쳤지만 본토의 문화 체계에 새로운 변화를 주지는 못했다.[57] 소수의 성급 양무 관료와 대만의 지역엘리트가 서양의 군사, 경제, 과학의 우월성을 인식하고 있었으나 그들은 서양 정치 체제와 진보적 사상을 전혀 이해하지 못하고, 서양의 제도와 사상을 배울 생각조차 없으며 대다수의 사신 및 일반 민중과 같이 전통적 유교문화와 세계관을 견지하기만 했다.[58]

------

56) 청말 대만 경제사의 연구자는 서양인의 지식 표현 방식과 전통적 중국인과 완전히 다른 것을 발견했다. 계량경제사의 입장에서 보면, 청조 중국인의 경제 양상 묘사와 통계가 정확하지 않으며 체계적이지 않다. 그래서 많은 연구자들은 같은 시기 서양인의 역사 기록을 많이 참고했다. 예컨대 청말 대만 해관의 통계와 보고는 청조 대만 경제사의 연구에 있어서 매우 중요한 사료이다. 黃富三·林滿紅·翁佳音 편, 『淸末台灣海關歷年資料』, 台北: 中央硏究, 1997. 그러나 같은 시기 서양인의 기록 자료가 보다 객관적이나 정확하다는 뜻이 아니다. 실제로 모든 지식 표현은 일정한 가치지향성을 지니고 있으며 특별한 생산 과정을 밝는 법이다. 문화사 연구자 陳偉智의 논의에 의하면, 청말 서양인의 대만 종족 인식은 당시 서양 사회의 민족주의 문화관을 바탕으로 "민족 개념의 과학적 전파를 통해 기타 사회 형태의 지역 지식을 배제함"이라고 표현되어, 서양이 동아시아 사회를 통치하는 정당성을 입증하기를 도와주었다. 陳偉智, 「自然史, 人類學與臺灣近代"種族"知識的建構: 一個全球槪念的地方歷史分析」, 『臺灣史硏究』16(4), 2009.12, 1~35쪽.

57) 때로 서양문화를 접근한 매판인이나 신자가 보다 많은 영향을 받았다. 예컨대 청말 저명한 부자인 李春生은 일찍부터 寶順與和記 양행을 위한 매판한 과정에서 서양의 무역 지식을 배우게 되었다. 이후 대만 차 상업의 주요 추진자이며 경건한 신자가 되었고, 장로교회의 활동을 적극적으로 참여하면서 유학과 기독교를 통합하는 학설을 만들려고 노력했으며 유명전 등 관리를 협조하여 양무운동을 촉진했다. 李明輝 편, 『近代東亞變局中的李春生』, 臺北: 臺灣大學出版中心, 2010.

58) 洪健榮은 청말 대만의 方志를 사용하여 당시 정치인과 지식인의 서양 인식을 분석한 바가 있다. "청조 대만 方志의 지식 체계에 있어서 서학은 변경성이나 비주류성을 지니며 공개적 이론의 참고로 지서의 각종 자연 현상과 인문 양상을 설명하는 데에 사용되었다." 洪健榮, 「淸代臺灣方志中的"西學"論述」, 『臺灣文獻』62: 2, 2011.6, 105~144쪽.

서양 문화에 대한 대만 엘리트와 일본 엘리트의 태도는 확실히 달랐다. 전자는 자신의 문화의 정통성을 지키면서 서양 문화를 배워야 할 필요성을 느끼지 못하는 반면에 후자는 망국의 위기로 인해 적극적으로 서양의 문화와 지식을 도입하고 서양 국가를 모델로 삼아 일본의 재건을 추진했다. 바로 이러한 문화가치관의 차이는 청조와 일본으로 하여금 서로 다른 대응방식을 취하며 상이한 역사 발전을 이루게 했다.

5. 결론

서양의 위협 아래 잇따라 개항한 중국(1840), 일본(1854), 한국(1876)은 서양의 충격에 다르게 대응하였고 결국 서로 다른 운명을 맞이하게 되었다. 일본은 중국보다 늦게 개항했지만 서양의 충격에 가장 신속하게 대응했다. 개항 이후 일본의 지배층은 개항이란 것이 일본 전체에 대한 충격임을 의식하여 곧바로 정치, 경제, 법률과 문학 사상의 개혁을 시작했다. 개항 후 10여 년의 시간 동안 일본은 정치 체제의 개혁을 완성했고, 또 10년의 국내 정치 투쟁을 통해 새로운 천황 체제를 강화시키며 더 나아가 서양을 모델로 삼아 정치, 경제, 문화의 전면적 혁신을 촉진했다. 일본은 메이지유신의 30년 동안 위부터 아래까지의 사회 전체 개조를 성사함으로써 신흥 자본주의 민족국가로 성장했다. 그리고 1895년 갑오전쟁에서 청조를 이기고 나서 점차 서양 국가와 맞서는 새로운 제국으로 변신했다.

가장 늦게 개항한 조선은 서양의 충격을 대응하는 태도가 청조에 비해 소극적이라고 말할 수 없지만, 지리적 요인으로 인하여 외세에 대항하고 변통할 여지가 별로 없었다. 일본 메이지유신 10년 후 강제로 개항된 조선은 계속하여 일본, 러시아, 청조의 간섭을 당하게 되어 개항의 문화 충격을 능동적으로 대응하지 못했다. 갑오전쟁과 러일전쟁(1905)을 통해 일본은 청조와 러시아를 물리치고 조선의 지배권을 획득하여 1910년부터 본격적으로 조선을 식민지화 하였다. 이때부터 2차 세계대전까지의 조선 역사는 일제에 대한 저항과 조선 민족의 재건을 중심으로 전개되었다.

일본과 비교해 보면, 청조는 가장 일찍 개항되지만 서양의 충격에 가장 소극적으로 대응한 국가였다. 1840년 아편전쟁 이후 청조는 다섯 항구를 개방시킴으로써 서양 문명의 충격을 본격적으로 받기 시작했다. 아마도 넓은 영토와 중화문명에 대한 자부심 때문에 소수의 지식인(예컨대 위원魏源)을 제외한 대부분의 청조 관료와 신사는 개항의 중요성과 서양 문화의 우월성을 의식하지 못했다. 1860년 제2차 아편전쟁의 패배와 태평천국 등 반란을 당하고 나서야 비로소 서양의 강대한 군사력을 주목하여 군사 공업을 중심으로 한 자강운동(양무운동)을 시작했다. 그러나 이때 대다수의 관료는 서양 군사력과 과학 기술의 우월성만 인정했을 뿐, 중국의 정치 체제와 문화의 우월성을 의심하지 않았다. 그 후 서양 문화와의 활발한 교류를 통하여 청조의 엘리트는 점차 서양 문화 전체적 우월성을 의식하게 되었으나 중국을 전면적으로 개혁시킬 생각이 없었다. 1895년 갑오전쟁에서 일본에게 패배한 이후야 세계의 정세를 알게 된 청조는 심각한 위기를 느끼며 일본의 메이지유신을 모방해서 사회의 전면적 개혁을 추진하기를 시작했다.[59]

청말 대만의 4개 항구는 1860년부터 개항장으로 개방되었다. 심보정, 유명전 등 관료가 추진한 제반 양무운동을 통해 대만 개항 이후 정치, 경제와 문화적 충격과 발전은 대륙의 여타 조약항과 일치하다. 그러므로 대만의 개항은 청말 개항에 대한 연구에 기여할 수 있는 과제라 할 수 있다. 일본 메이지유신, 그리고 1895년 일제 초기 대만의 변화

---

59) 그러나 일본과 비교하면, 청말 중국의 정치 개혁은 원활하게 전개되지 못했다. 오래된 전통적 정치 체제와 넓은 영토 때문에 戊戌變法부터 현대 민족국가로 전신까지의 정치 개혁은 반세기(1895~1945)의 시간을 걸렸다. 그 후로부터 중국은 비로소 중간 집단의 간섭을 통하는 간접적 통치 방식에서 벗어나 과층과료제로 국민을 직접 관리할 수 있다.

와 비교해 보면, 대만의 개항은 다음과 같은 특성을 지니고 있다. 우선, 개항 이후 경제적으로 대만의 시장권에 뚜렷한 변화가 생겼다. 대만은 화난경제권에서 나아가 세계경제권에 편입되었고, 차, 장뇌와 석탄이 새로운 수출품으로 등장하였다. 그러나 쌀, 중국 범선, 교상 등 전통적 상업과 상업 체제는 여전히 대만의 경제 발전에 중요한 역할을 하고 있었다. 그리고 정치 체제와 경제 정책의 불변으로 인해 대만 시장의 운영방식은 개항 이전의 양상을 유지했는데, 즉 상업 거래에 필요한 공금이 근대국가가 제공하는 제반 경제 제도의 결과가 아니라, 여전히 교제 관계를 중심으로 한 사회관계에 의존한 것이었다. 또한 시장 경제의 확장이 비록 상품의 생산에 상당한 자극을 주었으나 메이지유신이나 일제 초기의 공업화와 같은 변혁을 이루지 못했다. 따라서 전체적으로 상업의 생산방식은 그대로 유지되어 있고, 농업과 수공업의 생산력도 향상하지 못했다.

다음으로 개항이후 대만의 정치 체제에 변화가 없지 않았다. 예컨대 4개 개항장에서 설립된 신식 해관과 영국 영사를 중심으로 한 영사 제도가 대만 국제 무역의 발전에 커다란 영향을 미쳤다. 그리고 심보정, 유명전 등 관료는 해방 강화, 행정구역 개편, 개산무변, 경제 개발 등 여러 방면에서 적극적으로 양무운동을 추진했으나 철도, 윤선, 군사력에 대한 근대화 건설을 제외하면 모두 개항 이전의 정치 개혁 논리에 의지했을 뿐, 근대화의 변혁을 시도하지 않았다. 전체적으로 보면 대만의 양무운동은 전통적 정치, 경제 체제에 미친 영향은 매우 제한적이었다. 토지와 인구 관리 제도가 여전히 가산관료제 및 원액주의에 의해 실행되고, 중앙정부가 지방권력 계층(신사, 호강)을 통해 민중을 간접적으로 관리할 수밖에 없었다. 또한 청조의 국가 체제는 재원과 지배력이 부족하기 때문에 공업 자본주의 발전에 필요한 각종 공금을 제공하지 못했다.

마지막으로 개항 이후 기독교 등 서양 종교는 대만에서 선교를 시작하면서 서양 의학과 교육도 함께 도입했다. 이밖에 외국 상인, 영사, 해관 관원, 자연학자, 모험가, 선원, 의사, 사진가와 여행자 등이 대량 서양 문화를 가져다주었고, 동시 청말 대만 역사에 대한 생생한 기록을 남겼다. 이 기록물은 후일 대만 역사에 대한 인식과 연구에 크게 기여하였다. 전체적으로 보면, 무역 지식과 선교 활동이 대만의 경제, 종교, 문화에 어느 정도의 영향을 미쳤지만, 개항 자체가 대만의 지식, 가치 체제에 심각한 자극을 주지 못했다. 대다수 사람들은 전통적 역사관과 가치관을 그대로 유지하며 서양 정치, 경제 제도와 사상 문화의 우월성을 인정하지 않았다. 청조 개항 이후 1갑자甲子가 지나야 중국의 엘리트들은 비로소 전면적 개혁의 필요성을 느끼게 되어 본격적으로 근대화의 전환을 시작했다. 대만은 일본의 식민지로 전락한 후 비로소 전통 문화의 폐단을 깨닫고, 일제의 지배 아래 근대화와 식민지 발전을 함께 시작했다. 이때의 사회 개혁은 대만으로 하여금 70년대 신흥 공업 자본주의 국가로 성장하게 한 근대화의 기초를 마련해 주었다고 할 수 있다.60)

---

60) 과거의 경제사학 연구는 식민지 시기 일제의 착취만 강조하고, 그 시기의 경제 발전 성과 및 현재까지 미친 영향을 부정적으로 평가한 경향이 있었다. 예컨대 마르크스주의 사학 연구자인 涂照彦 초기의 대표작. 涂照彦, 『日本帝国主義下の台湾』, 東京: 東京大学出版會, 1975. 80년대 말 대만이 성공적으로 신흥 공업국가로 성장한 후, 涂照彦 등 학자를 포함한 많은 연구자들은 식민주의가 대만 경제를 착취한 것 이외에 동시 어느 정도의 경제 이익을 남기고 현재까지 대만 경제의 지속 발전에 긍정적 영향을 미쳤던 점을 주목하기 시작했다. 涂照彦, 「脱植民地化と東洋資本主義」, 三谷太一郎 편, 『アジアの冷戦と脱植民地化』, 東京: 岩波書店, 1993, 103~130쪽; 堀和生, 『東アジア資本主義史論I: 形成·構造·展開』, 京都市: ミネルヴァ書房, 2009; 謝國興, 「戰後初期臺灣中小企業の殖民地傳承」, "近代台湾の経済社会変遷－日本とのかかわりをめぐって"國際研討會, 日本愛知大学名古屋校舍: 愛知大學東亞同文書院大學紀念中心, 中研院台史所主題計畫"戰後臺灣歷史的多元鑲嵌與主體創造", 2012.08.04~08.06. 하지만 대만 경제에 대한 식민주의의 긍정적 역할을 인정하는 것은 식민주의 자체를 인정하거나 감사하는 뜻이 아니다. 이러한 긍정적 성과는 식민지의 발전 과정에서 생기는 것이자 식민주의의 본의가 아니기 때문이다.

근대 중국 화베이華北 지역
항구 도시의 발전 양상

판루우쑨樊如森

　지금까지 중국 학계에서 근대 화베이華北 지역의 어느 특정된 도시에 관한 연구들을 적지 않게 내 놓았지만 이 지역의 연해 항구 도시 네트워크에 대한 체계적인 탐구는 아직 많지 않았다. 하지만 이 문제에 대한 전면적인 고찰은 근대 화베이 지역 경제 발전의 시공간적 맥락을 파악하는 데 큰 도움을 줄 수 있어 학술적으로든 실천적으로든 매우 중요한 연구 가치를 지니는 작업이다.

　필자의 연구 결과에 의하면 근대 이전의 화베이 지역 도읍들은 전반적으로 '도성都城-치소治所'를 핵심으로 한 전통적 도읍 네트워크에 속해 있었다. 당시의 이런 도읍들은 주로 정치적 기능을 수행했으며 경제적 기능이 별로 두드러지지 않았다.[1]

　＊ 푸단(復旦)대학 중국역사지리연구소 연구원.
　1) 樊如森, 「近代北方城鎭格局的變遷」, 『城市史研究』 第25輯, 天津社會科學院出版社, 2009.

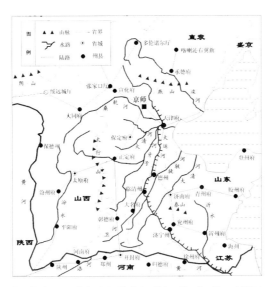

[그림 1] 1820년경 중국 화베이 지역 도읍 네트워크 설명도

* 이 지도는 譚其驤의 『中國歷史地圖集(淸時期, 一)』(中國地圖出版社, 1987)을 토대로 작성한 것.

또한 왕링王玲의 연구에서 청나라 중기 화베이 지역 도읍 네트워크의 구조에 대해서 베이징北京이 이 네트워크의 중심이 되어 주변 50~100km 범위 안의 도읍들에 영향력을 발휘하고 베이징에서 150~200km 정도 떨어져 있는 바오딩保定, 장쟈커우張家口, 청더承德, 탕산唐山, 친황다오秦皇島, 톈진天津이 정치적 중심인 베이징 주변에서 각자 부차적인 군사, 문화, 교통, 상공업, 민족 등 분야의 특정 기능을 행사했다고 했다.[2]

1. 화베이 지역 4개 조약항구條約港口들의 출현 및 발전 양상

근대에 들어서면서 중국 정부와 서구 열강 사이에서 체결된 두 건의

---

2) 王玲, 『北京與周圍城市關系史』, 北京燕山出版社, 1988, 76~80쪽.

불평등 조약은 화베이 지역의 도읍 네트워크 변천에 커다란 영향을 갖다 주었다. 이 두 건의 조약 중 하나는 1858년에 중국과 영국 정부 간에 체결된 '톈진조약天津條約'이고 다른 하나는 1860년에 역시 중국과 영국 정부 간에 체결된 '베이징조약北京條約'이다. 이 두 건의 조약에 의해서 화베이 지역의 연해 도읍인 옌타이煙臺와 톈진天津은 최초로 문호개방門戶開放이 되었던 것이다. 1898년에 이 지역에 속해 있는 칭다오靑島와 웨이하이웨이威海衛도 독일과 영국의 강제 점령 및 조차租借에 의해 문호가 개방되었다. 이 4개 연해 조약항구의 문호개방은 화베이 지역의 도읍 네트워크와 지역의 경제 발전을 새로운 단계로 끌어올렸다.

1) 화베이 지역 최대의 연해 항구: 톈진의 발전 양상

(1) 내국 항로의 세 갈래 강구 지역 부두와 옛 톈진성

하이허海河 강 유역은 중국의 내륙 하천이 상당히 발달되어 있는 지역이다. 싼시山西와 허베이河北 경계의 산악 지역에서는 물의 길이가 10km 이상인 하천 지류만 해도 300개가 넘는다. 이런 지류들이 합류를 통해 동부평원東部平原 지역을 경과하는 몇 십 개 큰 강물들을 형성하여 허베이 평원 지역의 내륙 하천 항로가 발달될 수 있는 자연적 조건을 제공해 주었다. 후한後漢 이전에 이런 큰 강물들은 모두 독자적으로 바다로 흘러갔었는데 후한 말기에 들어서면서 조조曹操가 군수 물자를 운수하기 위해 백구白溝 강, 평로거平虜渠 강, 천주거泉州渠 강을 굴착하여 이 지역 서쪽에서 동쪽으로 흐르는 주요 강물들을 모두 관통시켜 톈진을 중심으로 한 내륙 하천 항로 체계를 형성케 했다. 수隋나라 양제煬帝 재위 시 이 내국 항로 북쪽에서 영제거永濟渠 강을 굴착하여 장수漳水 강, 호타하滹沱河 강, 거마하拒馬河 강, 상간하桑幹河 강, 노하潞河 강을 바다와 연결시켰을 뿐만 아니라 위에서 말한 강줄기들을 이 지역 원래 항로 체계에 속해 있던 통제거通濟渠 강, 한커우邗溝 강, 강남하江南河 강과도 연결시켰다. 또한 당唐나라에 이르러서 평로거 강을 토대로 신평로거新平虜渠 강도 굴착되어 오늘의 군량성軍糧城 일대를 선박이 구름같이 모여드는 세 갈래 강구 지역으로 만들었다. 1153년 금金나라가 연경燕京(오늘의 베이징)에 수도를 세운 이후, 지금의 톈진 지역은 바로 오늘날 허베이, 허난河南, 산둥山東 일대에서 생산된 식량을 베이징으로 운수하는 집산지가 되었다. 그 후의 원元나라, 명明나라, 청淸나라가 모두 베이징을 수도로 하였기 때문에 수도를 중심으로 한 이 항로 체계의 중축인 톈진 지역 항로들의 통달성은 자연적으로 상당히 중시를 받게 되었다. 청나라 중기에 이르러 남운하南運河 강, 북운하北運河 강과 하이허 강이 합류하는 세 갈래 강구 지역은 이미 톈진 지역과 하이허 강 유역에서 상당히 중요한 내국 항로의 부두가 되었다.

이 지역 대량 화물의 집산 요구에 맞추어서 톈진성은 남운하 강과 하이허 강 사이에서 건축되었다. 톈진성이 최초로 건립된 것은 1404년 조운선漕運船의 안전을 보장하기 위해서였다. 톈진성은 둘레가 9리裏 13보步(약 4,521.45m), 성벽 높이가 3장丈 5척尺(약 11.65m), 너비가 2장 5척(약 8.25m)이며 성문 4개가 설치되어 있다. 톈진성은 '산반성算盤城'이라고 불리는데 명나라 때부터 청나라 때에 이르기까지 수선을 여러 번 거치기도 했다. 톈진성 안에는 거의 모든 도로가 다 흙길이었지만 북문 밖 하이허 강변에 석판으로 포장된 도로도 하나 있었다. 석판길을 중심으로 한 이 지역은 청나라 중기에 와서 저절로 상업이 크게 발달한 번화가가 되었다. 1901년 정부가 톈진성의 성벽을 허물어 조계지와 허베이성 신구新區로 가는 도로와 전차길을 만들었고, 톈진시의 범위는 이때로부터 빠른 속도로 확대되기 시작하였다.

(2) 자죽림紫竹林 항구 지역의 건설 및 조계 지역의 확장

1860년 톈진이 외국과의 통상 항구가 된 후 원래 좁고 얕은 세 갈래 부두 지역은 이미 빠른 속도로 발전하는 수출입 무역의 요구를 만족시키지 못하게 되었다. 때문에 영국, 프랑스, 미국, 독일, 일본, 러시아, 오스트리아, 이탈리아, 벨기에 등 열강은 잇달아 자죽림 일대의 하이허 강 양안 조계지에서 신식 하구항 부두를 건축하고 탕구塘沽에 해안 부두를 건축하였다. 자죽림 구역의 하이허 강은 넓고 깊으며 밀물과 썰물 때의 조차가 8~11피트 정도 되어 대형 선박의 출입과 정박에 매우 유리하기 때문에 부두와 접안장치장을 건축하고 항구 경제를 발전시키기에 상당히 유리한 자연 조건을 갖추고 있었다. 이런 이유로 각국의 상사商社와 해운 기업들은 잇달아 이곳에 창고나 벽돌 구조, 혹은 철근 콘크리트 구조의 부두를 건축하였다.

자죽림조계부두紫竹林租界碼頭는 영국과 프랑스 공부국工部局이 책임지고 건축한 것이다. 내벽이 돌조각과 두터운 목판으로 만들어지고 선박들이 쉽게 정박케 하기 위해 수직으로 되어 있다. 이 구역에 영국 조계지의 부두들이 총 다섯 군데 있는데 제1부두의 길이는 60피트, 제2부두는 200피트, 제3부두는 420피트, 제4부두는 350피트, 제5부두는 60피트이다. 프랑스 조계지 부두는 한 군데만 있는데 길이는 90피트이다. 화물 운수 상의 편의를 위하여 1883년부터 조계지 부두와 톈진시 시내를 연결하는 도로도 하나 만들어졌다.[3] 자죽림 부두의 발전은 톈진의 항운 중심을 세 갈래 강구 지역에서 자죽림 조계지로 옮겼다. 20세기 초에 이르러서 톈진에 있는 각국 조계지 면적이 점점 커지면서 하이허 강 양안 부두의 길이도 점점 커져갔다. 이와 동시에 물길의 준설, 제방의 보강, 갯벌의 매립, 도로와 창고의 건축 등을 통해 톈진 조계지의 부두

---

3) 李華彬, 『天津港史(古, 近代部分)』, 人民交通出版社, 1986, 60쪽.

건설은 보다 더 큰 발전을 이루게 되었다. 1892~1901년 사이에 영국 사람은 원래의 부두를 기초로 길이가 1,039피트에 달하는 부두를 새로 건설하였다. 1903년에 이르러서 조계지 안의 하이허 강 물길은 평균 너비가 259피트 이상으로 확대되었는데 이는 큰 배의 회두를 허용해 주었다. 1910년 영국 조계지 부두에서 처음으로 철강 구조의 안벽 고정식 기중기岸壁式鋼結構固定起重機를 설치하여 대형 화물의 선적에 큰 편의를 제공해 주었다. 이와 같은 시기에 프랑스 조계지에서도 접안장치장과 2,900m에 달하는 부두가 건설되었고 독일, 오스트리아, 벨기에, 러시아 등 나라의 조계지 하이허 강 양안에서도 많은 부두들이 건설되었다.

항구의 건설은 대외무역과 근대 상공업의 번영을 가져다주고 조계지에서의 공장, 상점, 주택, 도로, 배수 시설, 교통, 조명 시설 등 기초 시설의 건설을 크게 추진시키며 조계지의 면적을 부단히 확장하게 하였다. 영국, 프랑스, 미국, 독일, 일본, 러시아, 오스트리아, 벨기에는 톈진에서 조계지를 강점한 다음에 각종 이유로 끊임없이 원래 강점한 조계지의 면적을 주변으로 확장시켰는데 확장 후의 조계지 면적은 23,350.5무畝(약 15,567㎢)에 달하게 되었다. 이 면적은 옛 톈진성 면적의 8배나 되는 것이었다.4) 조계지에서는 "도로가 넓고 평탄하여 서양식 건물과 우거진 가로수들이 정연하게 길가에 서 있다. 행인들은 개미와 벌처럼 총총히 오가고 있고 화물들은 산더미처럼 쌓여 있으며 자동차, 나귀 수레, 가마와 말들로 이루어진 행진은 밤낮과 상관없이 끊어질 때가 없다. 전깃줄들은 거미줄처럼 서로 교직되어 있고 가로등에서 뿜어 나오는 빛은 별빛처럼 눈부시다. 그 정연함과 청아함이 상하이上海와 견줄만할 정도"5)로 톈진의 조계지는 확연히 중국 옛날 도읍과 다른 모습을 드러내고 있었다.

---

4) 天津市政協編文史資料委員會, 「前言」, 『天津租界』, 天津人民出版社, 1986.
5) 張燾撰·丁綿孫·王黎雅 點校, 「外國租界」, 『津門雜記』, 天津古籍出版社, 1986, 121~122쪽.

(3) 조계지 건설 경험을 배운 허베이 신구新區

텐진시와 허베이성의 개발은 리훙장李鴻章이 직례총독直隷總督을 역임할 때부터 이미 부분적으로 시작되었다. 그러나 이 두 지역에서 대규모의 조성造城 운동은 1902년 당시 직례총독이었던 위안스카이袁世凱의 명령으로 허베이성 기차역이 건축된 것을 발단으로 한 것이다. 허베이 신구의 건설은 '개발하북신시장장정십삼조開發河北新市場章程十三條'를 그 지도원칙으로 삼았다. 중국의 전통적인 도시 구도와 설계 이념에서 벗어난 허베이 신구의 건설은 텐진 조계지에서의 근대 서구 도시 건설의 계획과 경험을 전면적으로 배워왔다. 여기서 서양식 기차역, 도로, 교량, 공원, 우체국, 공장, 학교와 도시 행정기구의 건물 등을 비롯한 일련의 근대 도시 중요 건축물들을 건설하여 허베이 신구를 텐진 화계華界의 정치적, 문화적 중심지, 그리고 중요한 근대 경제 발전 구역으로 변신케 하였다.

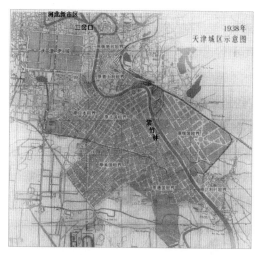

[그림 2] 1938년 텐진 도시 약도

허베이성 신구의 개발은 서구 경제 및 도시 문명을 중국으로 도입하는 실천 활동이 심화, 발전된 결과이다. 비록 여러 가지 원인으로 위안스카이 등이 허베이 신구의 건설을 통해 톈진 근대 상공업의 중심이 조계지로 옮아가는 것을 막으려는 시도가 실패했지만 이것은 객관적으로든 주관적으로든 톈진 근대 도시의 공간적 규모를 확대시켜 톈진의 근대화 수준을 전체적으로 향상시켰다. 이는 중국 북부 지역 경제의 근대화에도 상당히 유리했다. 톈진 신항구新港區와 구항구舊港區의 건설, 조계지의 설치와 신구의 개발에 수반하여 톈진의 도시 실제 구획 및 건축면적도 점점 확대해갔다. 1840년을 전후하여 톈진의 도시 실제 구획 및 사용 면적은 9.4㎢에 불과했다. 그러나 1934년에 와서 이 수치는 이미 54.8㎢에 달했고 1840년에 비해 거의 5배 정도 늘었다. 도시화 수준을 가늠하는 또 다른 지침인 도시 인구를 보면 1840년에 톈진의 도시 인구는 20만 명도 채 안 되었다. 그러나 1906년에 와서 이 수치는 이미 42만 4,556명으로 늘었고 1936년에 125만 4,696명으로 크게 늘었다. 당시 도시 인구로 보면 톈진은 상하이와 베이징에 이어서 중국에서 세 번째로 큰 도시였다.6)

2) 옌타이항煙台港 지위의 변천 양상

1858년 중국과 영국 정부가 체결한 '톈진조약'에서 지정된 개항통상항구는 수나라 이래로 해운이 상당히 발전되었던 등저우登州(지금의 산둥성山東省 펑라이시蓬萊市)였다. 그러나 영국 정부에서 파견되어 온 영사 로버트 모리슨Robert Morrison(중국명 마리쑨馬禮遜)은 현지 고찰을 한 후 등저우 항구의 위치, 자연 조건과 무역 규모 등이 근처의 옌타이진煙台鎭에 비해 뒤떨어져 있다는 것을 발견했다. 그 후 그는 개항통상의 항구를 등저우가 아닌 옌타이로 수정하자는 제안을 영국 정부에 제출하여 영국과 중국 정부의 허가를 받았다. 1862년 옌타이는 개항장으로 정식적으로 개방되었다.

---

6) 羅澍偉 편, 『天津近代城市史』, 天津社會科學院出版社, 1993, 455~456쪽.

옌타이 해관海關의 이름은 동해관東海關이고 해관총서海關總署에서 제작하는 해관 무역 보고서에서 옌타이를 즈푸芝罘라고 지칭하기도 했다. "이로부터 옌타이 부두는 상업이 흥성하기 시작하였다. 유럽에서 만주로 수입되어 오는 화물들은 반드시 여기를 거쳐야 안둥安東, 다롄大連, 뉴좡牛莊으로 운송될 수 있었기 때문에 여기는 점차 북양北洋 무역 항구의 중심지가 되었다."[7)]

즈푸라는 명칭은 진시황秦始皇과 한무제漢武帝가 모두 유람한 적 있다는 즈푸도芝罘島에서 기원한 것이다. 명나라 때 조정에서 옌타이 부근의 산 언덕 위에 해안 방비용 봉화대 하나를 설치한 적 있기 때문에 이 지역은 옌타이라는 속명도 얻게 되었고 봉화대가 있었던 산도 옌타이산煙台山이라는 이름을 얻게 되었다. 청나라 도광道光년간, 정부에서 내륙 하천 항로의 불편함 때문에 해운을 다시 채택한 뒤로 옌타이는 비교적 유리한 항구 자연 조건으로 식량과 기타 잡화들의 해운 집산지가 되었다. 이로부터 옌타이 지역의 상업은 점점 흥성하기 시작하여 등저우 푸산현福山縣에 예속된 항구 도읍으로 발전되었다. 중화민국『푸산현지福山縣志』의 기재에 의하면 옌타이는 "원래 하나의 어물 시장에 불과하였다. 그 후 점점 선박 한두 척이 여기에 머무르기 시작하였는데 그때 배들이 싣고 들어오는 것은 식량에 불과하고 싣고 나가는 것도 소금에 지나지 않았다. 당시 여기의 상호商號들이 단지 20~30군데밖에 없었다. 그러나 여기에 정박하는 선박들이 점점 많아지고 도광 말기에 여기에 모여 있는 상호들은 이미 1,000군데가 넘었다. 당시 여기 정박하던 선박들이 속해 있는 상인 조직으로는 광방廣幇, 조방潮幇, 건방建幇, 영파방寧波幇, 관리방關裏幇, 금방錦幇 등이 있었다."[8)]

---

7) 郭嵐生 편,『煙台威海遊記』, 天津百城書局, 1934, 25쪽.

8) 王陵基修,『福山縣志稿』(鉛印本) 卷五 之一, 商埠志, 1931, 2쪽.

(1) 항구 지역의 건설

자연 조건으로 말하면 산둥반도山東半島 북부에 위치하고 있는 옌타이 항은 북쪽으로 황하이黃海 바다에 임하고 있고 중국 남부 해운 선박들이 보하이渤海에 들어갈 때 반드시 거쳐야 할 항구라고 할 수 있다. 옌타이 북쪽에 위치하고 있는 즈푸도가 북쪽 바다에 가로누어 있어 동쪽의 두 로다오豆蓬島, 비엔단다오扁擔島, 쿵퉁다오崆峒島와 함께 풍랑을 막아 주는 천연의 항만, 이른바 즈푸만芝罘灣을 형성하였다. 중국 남부 지역에서 멀 리 오는 선박들은 "북부 바다의 풍랑이 거세고 해안선이 복잡하여 좌초 할 가능성이 상당히 높기 때문에 북부 바다를 잘 아는 타수舵手가 없으면 감히 이 해역에 들어가지 못한다. 그 선박이 속한 상사들은 대부분 옌타 이항까지만 가고 거기서 북부 바다를 잘 아는 배를 고용하여 화물을 옮겨 싣고 톈진으로 가곤 했다."9) 칭다오와 다롄이 1898년 개항하기 이전에 옌타이항은 이 지역에서 유일한 개항장으로서 산둥반도와 랴오

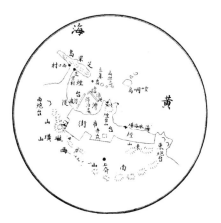

[그림 3] 옌타이항 주변 지형 약도

* 출처: 郭嵐生 편, 『煙台威海遊記』

---

9) 崇恩, 『登萊靑礙難擧辦抽厘, 煙台從無收稅折』, 咸豊九年(1859年), 王守中·郭大松, 『近代山東城市變 遷史』, 山東敎育出版社, 2001, 104~105쪽에서 재인용.

둥반도遼東半島로 수송되는 많은 화물들이 반드시 거쳐야 할 중요 집산지였다. 우월한 자연 조건을 의탁하여 큰 발전을 이룬 옌타이항은 칭다오항이 흥기하기 전에 산둥 지역에서 가장 큰 개항장이었다.

1898년 다롄, 특히 칭다오의 개항통상은 이전에 옌타이항이 차지했던 우위를 바꾸었다. 게다가 1904년 지난濟南과 칭다오 사이에 개통된 교제철도胶濟鐵路도 옌타이 수출입 무역 항구로서의 영향력을 많이 약화시켰다. 이와 동시에 옌타이항 자신의 단점도 근대 해륙 교통의 발전과 함께 점점 드러나기 시작하였다. 즈푸만은 선박을 위해 풍랑을 막을 수 있긴 하나 거기의 해역이 넓고 옌타이산 서쪽의 항구 지역은 북쪽을 향해 완전히 열려 있어 북풍이 불 때 즈푸만 주변 섬들의 풍랑 방어 작용이 크게 위축될 수밖에 없다. "옌타이항 동남쪽, 남쪽과 서남쪽은 산으로 둘러싸여 이 방향에서 불어오는 바람을 막을 수 있다. 그러나 항구 북쪽의 해안은 다 낮은 모래사장 지역으로 되어 있어 동쪽과 동북쪽은 바다로 열려 있기 때문에 동풍, 서북풍과 동북풍이 불어올 때 옌타이항에 커다란 영향을 미칠 수 있다. 따라서 겨울이나 봄이 되어 동북풍과 서북풍이 크게 불 때마다 옌타이항 항만 안에서 파도가 거세게 일어나 배들이 정박하기 어려워진다. 이는 무역에 상당히 많은 피해를 주었다."[10] 뿐만 아니라 옌타이항 부두의 시설도 상당히 낙후되어 있었다. 여기 부두의 최대 수심이 4m밖에 안 되기 때문에 대형 선박들이 정박할 수 없고 작은 배들을 이용하여 화물이나 승객들을 싣고 육지에 오를 수밖에 없었다. 바로 이 때문에 옌타이항을 더 발전시키려면 파도를 막는 제방과 수심이 깊은 부두를 건설하고 옌타이와 내륙 도시를 연결해 주는 철도와 도로를 부설하는 것이 무엇보다도 중요한 일이 되었다. 그러나 청나라 말기에서 중화민국 초기에는 자금과 기술의 부족 및 정국의 혼돈으로 위 문제를 해결할 수 없었다. 1920년에 이르러서야 옌타이

---

10) 郭嵐生 편, 앞의 책, 21쪽.

항 동쪽, 서쪽의 방파제는 비로소 준공되었다. 이 방파제 공정은 주로 다음과 같은 내용을 포함하고 있다. "(1) 동 방파제: 동 방파제는 길이가 2,600피트가 되고 'ㄱ'처럼 생겼다. 동 방파제의 북쪽은 서 방파제 북쪽과 함께 항구의 북문北門을 이루고 있는데 다롄, 톈진과 옌타이 사이에서 오가는 선박들이 주로 여기를 통해 항구를 진출하는 것이다. 동 방파제의 동남쪽과 옌타이산은 함께 항구의 남문을 이루고 있는데 웨이하이, 칭다오와 옌타이 사이에서 왕래하는 배들이 주로 여기를 이용하여 진출하는 것이다. (2) 서 방파제: 서 방파제는 길이가 5,873피트가 된다. 방파제 북쪽은 길이가 600피트 정도 되는 부두 하나와 연결되어 있고 화물을 운수하기 위해 방파제 위에서 작은 철도 하나가 설치되어 있다. (3) 준설 공정: 동·서 방파제로 막아낸 항구 지역 안에서 썰물 때 22피트 정도의 수심을 유지하기 위해 갯벌을 20피트 더 깊게 파는 것이다." 그 이후로 "왕래하는 선박 주인들은 모두 편리해졌다고 한다."[11]

(2) 옌타이 시내의 건설

옌타이 도시의 맹아는 대개 명나라 홍무洪武 31년(1398)에 건축되기 시작한 기산수어천호소奇山守禦千戶所의 소성所城으로 거슬러 올라가 찾을 수 있다. 그때 소성 주변에서는 몇몇 가호들만 거주하고 있었는데 여기서 5일마다 별로 크지 않은 시장 하나가 열렸으며 크게 말해도 하나의 촌락에 지나지 않은 규모였다. 중화민국 시기의 "기산소奇山所는 4개의 성문 사이의 거리는 500m도 안 되고 성문 크기도 보통 가호 주택의 대문과 별 차이 없었다. 성루城樓는 아직 남아 있지만 성벽이 이미 무너져 안 보였다."[12] 개항장이 되기 전에 여기 천후궁天後宮 근처에 길이가 500m 정도 되고, 동서로 달리는 도로 하나가 있었는데 도로 양쪽에는

---

11) 郭嵐生 편, 앞의 책, 21~22쪽.
12) 郭嵐生 편, 앞의 책, 11쪽.

상점과 창고 몇 군데가 분산되어 있었다. 나중에 옌타이 도심이 되었던 옌타이산 일대는 그때까지 모래사장이었다. 개항 통상 이후 사람들이 서로 다투듯이 이 지역에서 땅을 사고 집을 짓기 시작하였다. 옌타이산 동쪽 기슭에 외국인 상사商社와 영사관(예를 들면 영국, 미국, 일본, 독일의 영사관 등)과 중국인들의 점포들이 생기면서 인구의 밀도도 점점 높아졌다. 이와 동시에 이 지역에서 조양가朝陽街거리, 대마로大馬路거리, 이마로二馬路거리, 십자가十字街거리, 동태평가東太平街거리, 서태평가西太平街거리, 소태평가小太平街거리, 전보국가電報局街거리, 북대가北大街거리 등 많은 넓은 도로들도 연이어 건설되었다. 이와 정반대로 옌타이산 서쪽 기슭에 있는 중국인 시가들은 대부분 좁고 울퉁불퉁할 뿐더러 배수 시설도 완비되어 있지 않았다. 게다가 이 구역에서 통일된 행정관리와 구획 시스템도 존재하지 않아 혼란스러운 상태에 처해 있을 수밖에 없었다.

1920년대에 와서 방파제의 구축과 부두 시설의 개선은 옌타이 도시의 범위를 서쪽으로 확대시키는 효과를 갖다 주고 옌타이 도시 구역과 항구 구역의 경계선은 점점 접하게 되었다. 이로부터 옌타이시의 건설은 비로소 변모하기 시작하였다. 1928년 류젠니엔劉珍年이 옌타이 일대를 지배하고 있을 때 옌타이의 도로 100여 개를 모두 아스팔트로 포장하였고 이는 옌타이 시내의 교통 상황과 도시 면모를 크게 바꾸었다. 1930년대에 이르러서 "옌타이 대부분 건축물들의 지반은 모두 돌로 닦아지고 지난濟南과 큰 차이가 없었다. 시내의 도로들 중에서 제일 깨끗한 것은 조양가거리, 해안가海岸街거리, 동마로東馬路거리, 장유로張裕路거리, 이마로거리, 삼마로三馬路거리 등이었다. 제일 찬탄할만한 것은 이곳의 모든 도로(극히 외진 지역의 도로 제외)들이 다 아스팔트로 포장되어 상당히 보기 좋다는 것이다. 여기 도로들의 평탄함과 청결함은 베이징과 톈진도 이에 미치지 못할 것이다."[13]

---

13) 郭嵐生 편, 앞의 책, 17쪽.

이와 동시에 옌타이와 웨이현濰縣, 옌타이와 롱청榮城 사이를 연결하는 도로도 건축되었고, 전보와 전화 시스템도 커다란 발전을 이루었는데 이는 옌타이와 내륙 지역의 교통 등 기초 시설을 개선하였고 상공업과 대외 무역의 번영에 크게 이바지를 했다. 1932년에 이르러서 옌타이는 이미 시내 지역이 동쪽에서 서쪽까지가 8km, 남쪽에서 북쪽까지가 4km가 되고 인구가 약 14만 명에 달하는 근대 도시로 변신하였다.14) 이 인구 수치는 1933년까지의 조사 결과에 의하면 18만 명으로 증가하기도 했다.15) 그러나 보하이 북쪽의 다롄과 남쪽의 칭다오가 개항장이 되면서 옌타이항은 이 지역에서의 우위를 점점 잃게 되었다. "옌타이 주변 지역에는 산이 많고 큰 강줄기와 철도도 없었다. 비록 항운이 발달되었으나 내륙 운수가 극히 발전하기 어려운 탓에 점점 내리막길을 걷게 되었다. (…중략…) 지금 옌타이와 웨이현을 연결하는 도로가 있지만 그것을 이용하면 비용이 너무 높아 상업의 목적으로든 여객 운송의 목적으로든 모두 불편하였다."16)

3) 영국인 화베이 지역의 조계지: 웨이하이웨이威海衛

웨이하이威海는 당나라 때부터 무핑현牟平縣에 예속해 있었고, 금金나라, 원元나라 시기에는 닝하이주寧海州에 속해 있었다. 명나라 홍무년간에 정부가 여기에 웨이하이웨이를 설치하여 등저우부에 예속시켰다. 청나라 초기에 와서 웨이하이웨이는 원덩文登에 속한 적도 있었다. 1895~1897년에 일본 군대에 의해 점령되었다가 1898~1930년에 영국의 조계지가 되었다. 웨이하이웨이 조계지의 범위는 "웨이하이웨이 항만 지역의 전부, 류궁다오劉公島와 기타 도서의 전부, 웨이하이웨이 연안에서 내륙으로 10

---

14) 王守中·郭大松, 앞의 책, 515~517쪽, 528쪽.
15) 郭嵐生 편, 앞의 책, 28쪽.
16) 郭嵐生 편, 앞의 책, 25~26쪽.

마일 안에 들어가는 모든 토지이고 총 면적은 약 641.25㎢이다. 조계지와 임접해 있는 지역은 세력범위지대勢力範圍地帶라고 하여 동경 121° 40′(영해주의 양마장)에서부터 동쪽으로 청산자오成山角 연해 일대에 이르기까지의 모든 토지가 이 범위 안에 들어갈 수 있다."17) 1930년 10월 1일에 웨이하이웨이 조계지는 중국 정부에 반환되어 다시 웨이하이웨이행정구威海衛行政區로 명명되어 난징행정원南京行政院에 예속되기 시작하였다.

(1) 항구 지역의 건설

웨이하이는 산둥반도의 동북쪽에 위치하고 있고 북쪽, 서쪽과 남쪽은 모두 산으로 둘러싸여 있으며 동북쪽과 동쪽은 바다를 향해 열려 있다. 북쪽의 류궁다오는 근처의 일도日島, 청도靑島, 황도黃島와 더불어 웨이하이 항만에서 풍랑을 막는 천연적인 장벽을 이루고 있다. 여기의 해역이 넓고 동쪽에서 서쪽까지가 8km, 남쪽에서 북쪽까지가 10km가 된다. 류궁다오의 서쪽은 육지와 비교적 협소한 입구를 이루고 있는데 서구西口, 혹은 북구北口라고도 일컬어지는 이 입구에서는 수심이 높아 배수량이 2,000톤에서 심지어 10,000톤에 이르기까지의 선박의 출입은 모두 문제가 아니다. 이에 비해 류궁다오 동쪽이 육지와 함께 이루어낸 입구는 비교적으로 넓은데 동구東口, 혹은 남구南口라고도 불린다. 여기는 수심은 높지 않고 배수량이 2,000톤 이하가 되는 선박의 출입만 가능하다. 웨이하이 항만의 평균 수심이 15피트나 되기 때문에 상업적 용도로든 군사적 용도로든 모두 이용될 수 있는 중요한 항구이다.

1898년 영국이 웨이하이를 자기 조계지로 만든 뒤로부터 웨이하이 동쪽 연해 지역의 에드워드 부두구역愛德華碼頭區의 건설에 크게 지원하기 시작하여 여기를 수출입 관세를 면제하는 자유무역항으로 지정하였다.

---

17) 郭嵐生 편, 앞의 책, 59~60쪽.

영국의 태고윤선회사太古輪船公司와 이화윤선회사怡和輪船公司, 일본의 공동환
상선회사共同丸商船公司, 중국윤선초상국中國輪船招商局의 상선들이 모두 정기
적으로 웨이하이를 거쳐 중국 연해 부두와 외국 부두 사이를 다녔고
각지의 상사들도 모여 들어 웨이하이의 상업과 무역을 빠른 속도로 발전
시켰다. 웨이하이의 상세수입을 보면 1901년은 22,220원元, 1911년은
75,673원, 1921년은 212,464원, 1930년은 450,000원이었는데[18] 상세수입
의 변화를 통해서도 그 당시 웨이하이 상업의 발전 속도를 엿볼 수 있다.

[그림 4] 웨이하이웨이 항구 주변 약도

* 출처: 郭嵐生 편, 『煙台威海遊記』.

그러나 옌타이에 비해서 웨이하이가 영향력을 미칠 수 있는 주변 지
역의 범위는 훨씬 더 협소했다. "웨이하이는 교동반도膠東半島의 일부 도
읍, 즉 룽청, 원덩과 무핑의 동부 지역에만 그 영향력을 발휘할 수 있었
다. 이것은 옌타이의 영향력 범위보다 훨씬 더 좁았다. 웨이하이와 주변
도시 사이를 연결해 주는 철도가 없었고 남쪽에 있는 육상 교통과 해상

---

18) 郭嵐生 편, 앞의 책, 78쪽.

교통이 모두 편리한 칭다오에 억눌릴 수밖에 없었다. 때문에 웨이하이의 상업은 크게 흥성할 전망이 없었다. 영국인이 접수한 후 여기를 자유무역항으로 만들었기에 상인들은 세금 면제의 혜택을 추구하여 모두여기를 거쳐 대외무역을 하게 되었으므로 그때 웨이하이의 상업이 흥성했던 것이다. 중국이 웨이하이를 접수하여 웨이하이의 자유무역항이라는 자격을 취소하고 관세를 징수하기 시작한 후, 지방 정부의 부담이커지고 물가도 올라가 상사들은 잇달아 다른 지역으로 이전해갔다. 이리하여 웨이하이의 상공업은 점점 쇠락하는 현상을 보이게 되었다."[19] 그 후 중국 시정 당국의 부단한 노력을 통해 웨이하이의 수출입 무역과 도시 상업 발전은 어느 정도 회복되기도 했다. 1930년에 웨이하이의 수출입 화물의 총톤수는 52만여 톤이었는데 1935년에 와서 이 수치는 300만 톤 가까이 상승되었다. 1930년에 웨이하이의 상사들은 364개였는데 1936년에 와서는 1,085개로 늘었다.[20]

(2) 웨이하이 시내의 건설

중화민국 시기의 웨이하이웨이는 크게 4개의 구역으로 나누어질 수 있는데 류궁다오 구역劉公島區, 웨이청 구역衛城區, 부두 구역碼頭區과 스샹 구역四鄕區이 바로 그것들이다. 그 중에 류궁다오 구역, 웨이청 구역과 부두 구역은 모두 웨이하이 시내 건설의 범주에 들어간다. 류궁다오 구역은 청나라 말기에 수사제독아문水師提督衙門과 해군 훈련 시설이 설치되어 있던 지역이다. 영국이 류궁다오를 조계지로 만든 이후 도로 수선 등을 비롯한 인프라 구축을 통해 여기를 '정연하게' 정돈해 냈다. 웨이청은 나이구산柰古山 기슭에 위치하고 있는데 명나라 영락 원년永樂元年에 최초로 건축되었던 것이다. "웨이청 성벽의 높이는 3장(10m)이 되고 두

---

19) 郭嵐生 편, 앞의 책, 68~69쪽.
20) 王守中·郭大松, 앞의 책, 628쪽.

께는 2장(6.67m)이 되며 둘레는 6리(3km)가 되어 돌로 쌓여 있다. 지금의 웨이청 성벽은 높이가 1장(3.33m)이 안 되고 두께도 1장이 안 넘으며 둘레는 대개 4리 정도 되는데 이는 명나라 이후에 개축된 것으로 보인다. 웨이하이가 영국의 조계지 되었을 때 웨이청은 조계지 범위 안에 들어가 있으나 조계지로 사용되지 않고 여전히 중국 정부의 지배를 받는다고 중·영 양국 정부에서 합의를 달성했다." "웨이청은 동쪽, 서쪽, 남쪽과 북쪽에 문이 각자 하나 있다. 웨이청 안에 큰 길 2개 있는데 북문(지금은 이미 허물어졌다)에서 남문으로 달려가는 큰길 이름은 통일로統一路이고 서문에서 동문으로 달려가는 큰길 이름은 유신로維新路라고 하며 모두 널따란 도로이다." "성 안의 건축물들은 대부분 석재로 구성되어 있고 장벽은 모두 돌로 되어 있다."[21) 에드워드 부두구역은 웨이청 동쪽 연안에 위치하고 있는데 여기는 옛날에 교장教場으로 쓰였던 지역이다. "영국 사람이 접수한 후 이 지역을 발전시키는 데 크게 지원하였기 때문에 이 지역은 점점 모든 시설이 완비되어 관공서가 즐비하고 상사들이 모여드는 번화가로 변모하였다."[22)

1930년 당시의 중국 정부가 웨이하이를 접수한 후 일련의 도시 건설을 거쳐 웨이하이는 도시 면적이 부단히 확대되어 1937년 항일전쟁抗日戰爭 이전까지 이미 4㎢에 달하게 되었다. 그때까지 웨이하이 시내 도로의 수량도 조계지 시기의 14개에서 122개로 크게 늘었다.[23)

4) 소유권이 여러 번 변경된 산둥반도의 문호: 칭다오

칭다오가 근대 화베이 지역 항구들 중의 후발 주자로서 오히려 윗자리에 오르게 된 것은 기적이라고 할 수밖에 없다. 청나라 말기만 해도

21) 郭嵐生 편, 앞의 책, 67~68쪽.
22) 郭嵐生 편, 앞의 책, 43쪽.
23) 王守中·郭大松, 앞의 책, 627쪽.

여기는 아직 시골 풍경이 가득 찬 지역이었기 때문이다. 그러나 1898년 독일이 자오저우만膠州灣을 점령한 후로부터의 30년 동안 칭다오는 땅 위에 우뚝 솟은 것처럼 놀라운 속도로 산둥에서 제일 큰 항구로 성장하였다. 동시에 칭다오는 화베이 지역에서 항구 때문에 발흥된 전형적 도시이기도 하다.

(1) 항구 지역의 건설

자오저우만은 산둥반도의 남쪽에 위치하고 있고 수나라, 당나라 이전부터 이미 중국 동부 연안 중요한 해운 집산지 중의 하나가 되었다. 이 항만에서 수심이 높고 해역이 넓으며 항만 주변에 수많은 도서가 천연적인 방벽이 되어 항구 경제가 발전하는 데 여러 가지 유리한 천연 조건을 갖추고 있다. 원래 자오라이운허胶萊運河 하구와 자오저우만 안의 서북쪽에 위치하고 있는 타부토우항塔埠頭港이 남쪽과 북쪽 상선들이 정박하고 화물들이 집산되는 중요 항구였는데 나중에 칭다오항으로 발전된 지역에서는 아직 적막한 시골 광경이었다.

칭다오가 부치산不其山의 남쪽, 자오저우만의 입구에 위치하고 있고 매우 유리한 지리적 조건을 갖추고 있기 때문에 1898년 독일은 칭다오를 점령하고 자오저우만을 강제로 조계지로 만든 다음, 내항內港과 외항外港 두 군데의 항구 건설에 착수하기 시작하였다. 외항은 자오저우만 입구에 위치하고 칭다오만靑島灣이라고도 불린다. 칭다오만은 북쪽으로는 부치산을 등지고 있고 남쪽으로는 청도靑島, 대공도大公島, 소공도小公島, 죽차竹岔, 당도唐島 등으로 둘러싸이며 동쪽으로는 라오산만勞山灣이 있어서 "산을 등지고 바다로 열려져 항구가 깊숙하고 곡절이 많아 그 위치는 극히 좋다. 독일 사람이 여기를 접수한 후 해안을 따라 방파제를 축조하여 큰 항구와 작은 하구 두 개를 만들어냈다. 교제철도胶濟鐵路가 바로 칭다오항에 이를 수 있는데 이 철도로 칭다오항은 내륙의 많은 도시에 영향력을 미칠 수 있게 된다."[24]

1914~1922년 일본 점령 시기와 중국 정부 회수 이후 시기에 칭다오 항의 항구 구역, 특히 내항 구역은 모두 증축과 수선을 거쳤다. 항만 북부에 위치하고 있고 대형 선박이 정박하는 항구는 대항大港이라고 하고 남부에 위치하고 배수량이 낮은 배들이 정박하는 항구는 소항小港이라고 한다. 대항에는 부두가 총 5개 있고 배수량이 10,000톤 이하의 선박이 정박하는 데 쓰일 수 있다. 그 중에 제1, 2부두는 임시 창고 모두 7채가 있는데 화물의 임시보관소로 사용된다. 제1, 2부두에는 그 이외에도 창고 19채가 있는데 그 중의 11채는 보통 화물을 보관하는 데 사용되고 6채는 위험품 보관용이나 유치화물留置貨物 보관용으로 쓰이고 나머지 2채는 하나가 보통 잡물을 저장하는 데, 다른 하나는 작업 도구를 저장하는 데 쓰인다. 제3, 4부두는 석탄을 하역하는 데만 사용되는 부두이고, 제5부두는 이 5개 부두 중 규모가 가장 큰 부두이다. 대항의 항구 방파제 길이는 2,990m, 항구 너비는 269m, 면적은 4,322,795㎡, 평균 수심이 31m가 된다. 소항은 대항의 남쪽에 위치하고 방파제 길이는 586m, 항구의 너비는 100m, 면적은 379,290.4㎡, 평균 수심은 19m가 된다. 1930년대의 칭다오항은 "항구의 모든 설비는 다 기계화되었다. 항구에 이동식 기중기 2대가 있는데 하나의 중량 상한은 30톤이고 다른 하나의 중량 상한은 22톤이다. 그 이외에 고정식 기중기도 1대가 있는데 중량 상한은 150톤이 된다. 뿐만 아니라 항구에는 중량 상한이 4톤인 기중기 차도 1대 있었다." 당시에는 칭다오항에서 항구 구역과 교제철도의 화물 직접 운송도 실현되었다.[25]

---

24) 歐洲戰紀社 편집, 「青島之歷史」, 『青島』, 中華書局, 1914, 2쪽.

25) 胶濟鐵路管理局車務處 편, 「一, 青島市」, 『胶濟鐵路沿線經濟調査報告分編』, 胶濟鐵路管理局, 1934, 51쪽.

[그림 5] 칭다오항 항구 지형 약도

* 출처: 靑島市港務局, 『靑島港務輯覽』, 揷圖九, 1934.

우월한 항구 자연 조건은 칭다오항 수출입 무역의 발전을 크게 촉진
시켰다. "대항과 소항이 없었으면 칭다오는 도시 발전 성취의 절반도
이루어지지 못했을 것이다. 산둥성 각지에서 교제철도를 거쳐 운송되어
온 모든 화물들은 다 칭다오항을 통해서만 수출이 될 수 있고 다른 지역
에서 해로를 거쳐 운송되어 온 화물들도 모두 칭다오항을 통해서만 다
시 여기서 기차로 산둥 각지에 발송될 수 있었기 때문이다."26) 조계지
에서 실행되었던 자유무역항 제도도 칭다오 상업과 무역의 발달에 큰
공헌을 했다. "개항장이 처음 되었을 때 칭다오의 무역총액은 백은白銀
80만 냥兩에 불과했다. 그 후로부터 이 수치는 점차 오르기 시작하였는
데 민국 11년(1922)에 와서는 9,800만 냥이 넘었고 민국 20년(1931)에 와서
는 21,900만 냥에 달하게 되었다. 이는 중국 다른 어느 개항장도 미치지
못하는 수치였다." 대외 무역의 흥성은 상공업과 도시의 번영을 가져오
기 마련이다. "원래 칭다오의 번영은 전적으로 상업 발전에 의지했었다.
그러나 최근 10년 동안 수많은 공장들이 연이어 칭다오에서 창립되기
시작하였다. 제조업도 이에 따라 크게 흥성하기 시작하였는데 그 중에
서 칭다오의 방직업, 성냥 제조, 담배 제조 등 업종은 특히 유명하다.

---

26) 倪錫英, 『靑島』, 上海中華書局, 1936, 38쪽.

현재까지 칭다오 시내 중국 및 외국 상사의 수량은 7~8천이 넘고 자산 총액도 31,800만 원이 넘는다. 그 이외에 칭다오의 공장들은 그 수량이 230개가 넘고 공장들의 자산총액과 총생산액이 모두 9,000만 원이 넘었다. 이 모든 성과는 다 항구 완비된 시설과 철도 운수의 편리함 덕분이라고 할 수 있다."[27)

(2) 칭다오 시내의 건설

칭다오가 위치하고 있는 자오저우만 지역에서는 한나라 이전부터 이미 일정한 개발이 이루어졌다. 당나라 때 이후, 이 지역의 해운 및 상업도 점점 발전되기 시작하였다. 북송北宋 시기에는 정부가 미저우密州(지금의 주청시諸城市)의 반치아오진板橋鎭(지금의 자오저우시胶州市에 속해 있음)에 당시의 광저우廣州, 취안저우泉州, 항저우杭州와 밍저우明州(지금의 닝보시寧波市)의 시박사市舶司와 같은 등급의 미저우 시박사를 설치하여 이 지역의 외국 및 자국 해상 무역을 전문적으로 관리했다. 원나라가 수도를 베이징에 정한 후로부터 남쪽에서 오는 조운선漕運船과 상선들은 자오저우에서 정박하곤 했고 여기서 무역 활동을 진행하기도 했다. 명나라 중기에 왜구가 빈번히 중국 연안에 출몰하기 때문에 명나라 정부에서 해금 조치를 채택하였다. 이때로부터 청나라 초기에 이르기까지 자오저우만 지역의 상업적 지위가 급속히 떨어지고 대신 군사적 지위가 부단히 상승하게 되었다. 기초적 시설이란 명나라 시기에 건립된 영산위소靈山衛所와 오산위소鼇山衛所를 제외하면 청나라 광서光緒 17년(1891)에 리훙장李鴻章이 북양 해안 방어 체계를 구축할 때 자오저우만 입구의 도서들 위에 설치한 포대와 남해철잔교南海鐵棧橋뿐이었다.

근대 칭다오 대규모의 시내 건설은 1898년에 독일이 자오저우만을

---

27) 胶濟鐵路管理局車務處 편, 앞의 글, 59쪽.

점령한 이후로부터 본격적으로 시작된 것이다. "칭다오 시내의 건설이 시작된 것은 불과 30년 전부터의 일이다. 때문에 칭다오 시내 건설의 역사도 독일 사람이 교주만을 조계지로 만든 이후부터 따져야 되는 것이다."[28] 독일은 칭다오를 자기 극동 지역의 근거지로 만들기 위해 도시 구획과 설계 면에서 치밀한 준비 단계를 거쳤고 칭다오 건설의 계획은 독일 국고금에서 대량의 지원을 받기도 했었다. 통일된 구획 및 건설을 실행하기 위해 교오순무아문膠澳巡撫衙門에서 칭다오시 토지를 국유화시켜서 민간의 토지 매매를 금지하였다. 이어서 부두 건설용 부지를 제외한 모든 시내 주택 용지는 크게 4부분으로 나누어졌는데 칭다오구青島區, 다바오다오구大鮑島區, 부두구埠頭區와 별장구別莊區가 바로 그것들이다. 칭다오구는 관청사와 구미 각국 사람의 주택 건설 용지로 구획되고 다바오다오구는 중국인 주택 용지로 구획되며 부두구는 수출입 화물 창고와 부두에서 종업하는 인원의 주택 용지로 구획되어 있었다. 별장구는 칭다오 동남쪽 경마장과 해수욕장에 가까운 지역인데 여기가 주로 고급 별장의 건설 용지로 구획되어 있었다. 뿐만 아니라 칭다오 시내의 대부분 도로도 아스팔트로 포장되었고 급수와 배수 시설, 전기 공급 시설도 설치되었으며 박물관과 기상대도 건축되었다.[29] 칭다오시의 시내 건설은 일본 점령 시기와 중국 정부 회수 이후에도 부단한 발전을 이루어냈다. 당시의 어떤 사람이 이를 다음과 같이 평가했다. "독일 사람이 칭다오를 조계지로 만든 이후로부터 칭다오의 제반 사업의 정돈에 창조력을 크게 발휘하였다. 행정, 사법, 재정, 토지 등 영역에서 일련의 조치를 채택하였는데 그 중에 특히 도시 건설 영역에서 커다란 성과를 이루어 냈다. 이 중의 좋은 예로서는 급수와 배수 시설의 설치와 위생 사업의 발전, 항구의 건축과 새 부두의 설계, 교제철도의 부설, 산림의 개척, 도로의 수선 등이 바로 그것이다. 그 이외에는 기상대와 대형 도축장의

---

28) 倪錫英, 『靑島』, 18쪽.
29) 倪錫英, 위의 책, 28쪽.

건설, 뉴산4山을 비롯한 지역에서의 조림 사업을 통해서도 당시 칭다오 시내 건설이 취득한 커다란 성과를 엿볼 수 있을 것이다. 이것은 독일 사람의 힘을 통해 실현된 것이라고 할 수 있다. 일본은 뒤이어 독일인이 세운 계획들을 연도별로 계속 추진시켰다. 그 결과 랴오청로聊城路거리와 랴오닝로遼寧路거리 일대에 상점들이 날로 많아지고 창커우滄口 일대에도 공장들이 점점 많아졌다. 때문에 독일과 일본이 칭다오를 점령했던 24년 동안은 칭다오의 '건설시기'라고 할 수 있다. 중국이 칭다오를 회수한 이후로부터 원래 성과를 계승, 발전시켜 큰 효과를 얻었다. 민국 15년(1926) 이후 일련의 정돈 및 수선을 통해 칭다오 시내는 전보다 훨씬 더 번창한 모습을 드러냈다. 비록 국난國難이 눈앞에 있었지만 도시의 건설은 여전히 계획대로 전개되어갔고 앞으로의 전망도 상당히 밝다. 때문에 이 시기는 칭다오의 '발전시기'라고도 할 수 있다."[30]

위에서 제시한 화베이 지역 4개 조약항구의 출현 및 발전하는 과정을 통해서 알 수 있듯이 이런 항구의 개항통상은 객관적으로 항구 소재 도시의 상업, 무역과 도시 건설의 고속 발전을 크게 촉진시켰고 주변 지역 시장경제의 발전과 대외 개방의 속도를 높였지만 이러한 개항통상은 모두 중국의 주체적인 개방이 아닌 서구 열강의 협박 아래 이루어진 개방이다. 이 개항통상의 과정은 중국 정부와 인민에게는 치욕스러운 역사라고 할 수밖에 없다.

2. 화베이 지역 3개 자주 개방 항구도시의 출현 및 발전 양상

1860~1900년 40년 동안의 건설을 거쳐 중국 연해 조약 항구들이 지역 경제 발전에 대한 영향력과 촉진 작용은 충분히 드러났다. 중국에서

---

30) 國立山東大學化學社, 『科學的青島』, 1935, 6~7쪽.

대외 개방의 장점은 정부의 측면에서든 인민의 측면에서든 모두 확실히 인식되었다. 이리하여 중국에서 자주적으로 항구를 개방하여 세계 시장과 능동적으로 접촉해야 된다는 소리가 드높아지기 시작하였다. 청나라 정부에서 1898년에 내린 조서에서 다음과 같이 명확히 제시하고 있다. "우리나라는 이미 문호가 개방되었고 주변 열강들이 모두 우리의 이권을 침탈하려고 동정을 살피고 있는데 우리의 상품을 유통하게 하고 열강들의 야심을 없애려면 오직 개항장을 많이 설치하는 길밖에 없다. 최근 3개월 동안 조정에서 이미 총리각국사무아문總理各國事務衙門 대신의 상주를 허락하여 후난湖南의 웨저우岳州, 푸젠福建의 싼두아오三都澳, 지리直隸의 친왕다오秦王島를 개항장으로 설치하였다. 이어서 총리각국사무아문의 의복중윤議複中允 황쓰융黃思永이 각 성省마다 그 지역의 지형을 살펴서 광범위하게 개항장을 설치해야 된다는 제의를 하였는데 아직 일치를 달성하지 못했다. 강변과 국경선 근처에 있는 도읍들의 장군 및 독무督撫들은 급속히 조사하고 준비하여 지형이 좋고 상인들이 모여 있고 개항장으로 발전시킬 수 있는 데가 있다면 즉시에 총리아문總理衙門으로 상주하고 개항장 설치와 관련된 일을 상토해야 한다. 다만 이에 관해서는 상세한 논의가 있어야 되고 우리의 이익과 권력을 보장하기 위해 결정이 내려지기 전에 해당 지역을 조계지로 하는 것은 절대 불가하다."[31] 화베이 지역 3개의 자주 개방 항구 도시, 즉 친황다오秦皇島와 룽커우龍口와 하이저우海州는 바로 이러한 배경 하에 출현하게 된 것이다.

1) 개평開平 석탄의 해운 부두: 친황다오

친황다오는 보하이만渤海灣 서해안 북쪽에 자리 잡고 있다. 이곳은 해안선의 곡절이 많고 침식 및 퇴적 지형이 광범위하게 분포되어 있다.

---

31) 朱壽朋 편, 『光緒朝東華錄·四』, 中華書局, 1958, 4158쪽.

해각지역에는 기반암이 두드러지게 노출되어 있고 수심도 상당히 높아 항구로 발전될 수 있는 이상적인 자연 조건을 모두 갖추고 있다. 때문에 진秦나라 이후의 갈석항碣石港이든 명·청나라 시기에 산해관山海關 마두장 항碼頭莊港이든 모두 한때 번창한 적이 있었다.

청나라 도광道光년간의 친황다오는 면적이 1㎢도 안 되는 작은 반도였다. 여기는 "높이가 몇 장밖에 안 되고 바닷가에 우뚝 서 있으며 한 쪽이 육지와 연결되어 있고 한 쪽이 바다로 뻗어져 있다. 여기는 동쪽, 서쪽, 남쪽이 바다로 둘러싸이고 북쪽만 육지와 잇닿아 있다. 여기에 밀물이나 썰물과 상관없이 모래사장이 존재하지 않다."[32] 친황다오의 항구는 수심이 8~9척(약 2.7~3m) 정도 되어 옛날부터 상선과 어선들이 자주 머물렀던 항구이다.[33] 1898년 3월 26일, 청나라 정부가 친황다오의 자주적 개항통상을 허락한 뒤로부터 여기의 하구 지역은 급속한 개발을 이루어졌다. "조사 결과에 의하면 지리直隸 푸닝현撫寧縣 베이다이허北戴河에서부터 친황다오까지의 항구 해역은 한겨울에도 얼어붙지 않기 때문에 매년 진허津河 강(즉 하이허 강)이 얼어붙은 후에 개평 석탄을 운송하는 선박들은 모두 여기를 경유하곤 했다. 뿐만 아니라 이 지역은 진유철도津榆鐵路와도 가까운 고로 개항장으로 만들면 상업 발전에 큰 기여를 할 것이다."[34]

(1) 항구 지역의 건설

친황다오 항구 지역 대규모의 건설은 1899년 간이방파제와 목제 구조의 잔교 부두의 구축으로부터 시작된 것이다. 이 간이방파제는 길이가 1,800피트이다. 잔교 부두는 길이가 300m이고 너비가 7~8m이며 수심이 평균 18피트이나 썰물 때는 14피트이다. 이 부두는 대형 선박 2척

---

32) 『籌辦夷務始末』, 道光朝, 제40권, 18쪽.

33) 黃景海 편, 『秦皇島港史(古近代部分)』, 人民交通出版社, 1985, 125쪽.

34) 『總理衙門劄行總稅務司』, 隨總字2353號文, 黃景海 편, 위의 책, 141쪽 재인용.

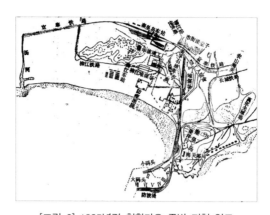

[그림 6] 1925년경 친황다오 주변 지형 약도

* 출처: 黃景海 편, 『秦皇島港史(古近代部分)』.

이 동시에 정박할 수 있게 만들어 낸 것이다. 방파제 위에 3마일 정도
되는 간이 철길이 부설되어 있는데 이 철길은 항구 지역을 지나 진유철
도와 연결되어 있다. 이 항구 지역에서는 널따란 저탄장도 설치되어 있
었다. 그러나 안타깝게도 위에서 말한 시설들은 1900년 의화단운동義和團
運動 때 모두 파괴되었다.

그 후에 영국의 주도 밑에 친황다오 항구는 다시 재건되었다. 항구의
주요 부분인 큰 부두, 작은 부두와 방파제는 바다 쪽의 남산두南山頭부터
시작하여 병렬해서 서남쪽으로 뻗다가 서쪽으로 다시 방향을 바꾸었다.
작은 부두는 큰 부두와 해안 사이에 있는데 정박 위치의 길이가 610피
트가 되고 배가 부두 양쪽에서 모두 정박할 수 있게 건축되었다. 큰 부
두와 방파제는 작은 부두와 바다 사이에 위치하고 있는데 정박 위치가
5개 있고 배들이 한 쪽에서만 정박할 수 있다. 큰 부두의 정박 위치는
1917년까지의 길이가 1,060피트였고 흘수가 25피트인 선박들의 자유통
행에 아무 문제가 없었다.

텐진항에 비하면 친황다오는 기후적 측면에서 해운에 더 유리하다.
"1월 달에 항구 안의 해역은 조금 얼어붙기는 하나 바람이 불면 얼음이
바로 부서져 안 보인다. 바람이 없을 때 해안 쪽의 얼음은 6~8인치

(15~20cm) 정도 두꺼워질 수도 있고 때로는 얼음이 집적될 경우도 있다. 그러나 온도가 조금 따뜻해지면 이런 얼음들은 바로 녹고 선박들의 항행에 별로 장애가 안 된다. 가장 추울 때는 동북풍의 영향으로 항구에서 65~70km가 되는 해역에서 총빙이 생길 수도 있는데 이런 현상은 2~3주 안에 바로 사라진다. 겨울과 봄의 대부분 시간 동안 친황다오의 수심과 염도가 높은데다가 황하이난류黃海暖流의 영향도 받아서 여기를 북부 해역에서 얼어붙지 않은 항구로 만들었다."35)

(2) 친황다오 시내의 건설

개항장이 되기 전에 친황다오는 어선과 조운선들이 가끔씩 출몰하는 작은 항만에 불과했다. 개항통상 이후 사람들이 점점 여기에 모여들면서 상점도 20군데로 늘었다. 민국 초년民國初年(1912) 큰 부두가 준공된 후까지 여기의 가호들이 이미 몇 천여 개로 크게 늘었고 친황다오 시내도 경봉철로京奉鐵路를 경계선으로 크게 도남道南, 도북道北 2개의 구역으로 나누어지게 되었다. 도남은 항구 지역이고 도북은 보통 시가 지역인데 시가 지역의 면적은 항구 지역 면적의 3/5 정도 되었다. 항구 지역은 주로 영국인의 세력 범위였는데 여기에 톈진해관天津海關의 친황다오분관秦皇島分關, 중국우체국中國郵局과 경찰서, 남산식당南山飯店, 개평회사開平公司의 친황다오경리처秦皇島經理處, 화공초모참化工招募站, 병원, 특급 주택, 구락부, 테니스장, 골프장, 마구간, 경마장, 우유가게, 일본의 송창양행松昌洋行, 삼릉양행三菱洋行, 영미연초회사英美煙草公司, 모빌석유회사美孚石油公司, 텍사코잔방德士古棧房, 이화양행怡和洋行과 부설 창고, 중국인이 개설한 개평창開平昌, 길성흥吉盛興, 옥기객화잔玉記客貨棧, 광둥회관廣東會館, 산둥회관山東會館, 기관차 사무소, 화물 하치장, 노공 기숙사 및 요화유리공장耀華玻璃廠 등이 있었다. 도북

35) 黃景海 편, 앞의 책, 201쪽.

중국인이 모여 사는 지역에서도 상점과 주택들이 즐비하게 서 있지만 도남 지역에 비하면 거리가 좁고 혼란스러웠다. 친황다오 항구 무역 거래의 보고서에 의하면 1916년까지 여기의 각종 상점들의 수량이 이미 244개에 도달하였고,[36] 당시의 친황다오는 이미 상업과 무역이 번창한 근대 항구도시로 변모했다.

2) 중국인이 자주적으로 설계, 관리하는 룽커우항

룽커우는 보하이만의 동남 해안에 위치하고 있고 북쪽에서는 서쪽으로 뻗어가는 기모반도屺𡶆半島가 이 항만에서 북풍과 파도를 막아주는 천연적 장벽이 되고 있다. 룽커우 항만은 수심이 13~15피트가 되고 천혜의 양항良港이라고 할 수 있다. 그러나 여기가 보하이만의 주요 항로와 약간 벗어나 있기 때문에 민국 시기 이전까지만 해도 룽커우는 항만으로서 충분히 이용되지 않고 있었다.

(1) 항구 지역의 건설

1915년부터 개항장이 된 룽커우는 친황다오와 마찬가지로 "정부에서 서구 열강의 침탈을 모면하려고 자주적으로 개항통상하는 명을 내리게 된" 후에 외국과의 통상 항구로서 부상하기 시작한 것이다. 그러나 영국 사람과 개평채탄소開平煤礦 세력들이 주도하는 친황다오의 개항과 달리 룽커우항은 항구의 설계 및 구획에서부터 시내의 건설에 이르기까지의 모든 것은 주로 중국인에 의해 진행되었던 것이다. 예를 들면 룽커우 상용부두건축주식회사龍口商埠興築股份有限公司의 이사장 뤼하이환呂海寰, 총리總理 짜오루이취안趙瑞泉과 협리協理 지앙진잉蔣晉英 등은 모두 룽커우항 개

---

36) 黃景海 편, 앞의 책, 212쪽.

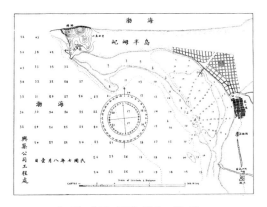

[그림 7] 룽커우항 주변 지형 약도

* 출처: 趙琪/蔣邦珍, 『開闢龍口商埠紀事』, 龍口商埠興築公司, 1919.

발 사업의 성공에 커다란 공헌을 했다.[37] 룽커우항의 건설은 칭다오항
과 친황다오항과 다롄항 등 부두 건설의 경험을 참조해서 중국인 디자
이너 천따워陳大我가 맡아서 설계한 것이다. 룽커우항에서는 철근콘크리
트 구조의 부두가 건축되어 있고 수심이 1장 3척(약 4.33m)이 넘어 대부분
선박들의 진출이 별 문제 없었다.[38] 룽커우 항구 지역의 건설은 해운과
무역의 번영을 크게 촉진시켰다.

(2) 룽커우 시내의 건설

룽커우의 시내 건설도 중국 상업계의 주식회사에서 맡아서 완성한
것이다. 도로의 부설에서부터 부두의 건축에 이르기까지의 모든 건설
사업은 다 질서 정연하게 진행되었고 사업의 효과도 상당히 현저하다.
이러한 건설을 통해 룽커우는 점점 상공업이 발달되어 있는 연해 중소형
도시로 변모하게 되었다. 그러나 내륙 지역에 대한 영향력이 크지 않기

---

37) 趙琪/蔣邦珍, 「呂序」, 『開闢龍口商埠紀事』, 龍口商埠興築公司, 1919.
38) 趙琪·蔣邦珍, 「自序」, 위의 책.

때문에 "룽커우는 개항장이 된 후로부터 빠른 속도로 발전되었다가 1930
년대에 와서 점점 침체에 빠지게 되었다. 이로 인해 매년 평균 1,500척의
선박들이 드나들고 10여 만 유동 인구가 있는 신흥도시 룽커우는 결국
상주 인구의 수량이 만 명밖에 지나지 못한 도시로 되어버렸다."[39]

3) 항구 지역이 부단히 변동되는 하이저우

오늘날 장쑤성江蘇省 북부, 취산胸山(금병산錦屏山이라고도 함) 동쪽에서부터
둥시롄다오東西連島 사이의 하이저우海州 지역은 원래 널따란 해만 지역이
었다. 그 후 주변의 이허沂河 강, 수허沭河 강, 관허灌河 강, 특히 황허黃河의
퇴적 작용으로 인해 이 지역의 해안선이 계속 동쪽으로 이동하게 되었
는데, 해안선 이동의 결과로서 새로 형성된 평원 지역에서 부단히 동쪽
으로 이동해가는 하구와 하구에 따라 부단히 동쪽으로 이동해가는 항구
가 형성되었다. 신바新壩, 다푸大浦, 칭커우靑口 등 지역은 원래 거기 있었
던 하구가 다른 데로 이동하기 전에 모두 하이저우 지역 식량, 식염과
기타 농산물과 부업 생산물의 집산지가 된 적이 있었다. "다푸항과 관허
강 유역의 여러 항구 중심 지역에 위치하고 있는 롄윈항連雲港의 건설은
다른 항구들의 역사에 비해 아주 뒤늦은 일이었다."[40]

(1) 항구 지역의 건설

근대적 의미 상의 하이저우 항구는 1930년대 롄윈항 지역의 건설을
그 출발점으로 한다. 롄윈항의 항구 범위는 동쪽의 타오롄주이桃連嘴와
둥롄다오東連島의 양워터우羊窩頭에서부터 서쪽 시롄다오西連島의 스다오石
島와 쉬거우墟溝 황쉬주이黃石嘴까지 달하는 약 14㎢의 해역을 포함하고

39) 王守中·郭大松, 앞의 책, 621쪽.
40) 徐德濟 편, 『連雲港港史(古近代部分)』, 人民交通出版社, 1987, 38쪽.

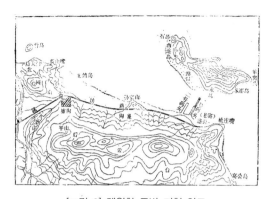

[그림 8] 렌윈항 주변 지형 약도

* 출처: 徐德濟 편, 『連雲港港史』(古近代部分).

있고 동외항東外港, 서외항西外港, 내항內港과 부두 구역 4부분으로 구성되어 있다.

렌윈항의 주요 부두로서는 1936년 1월과 5월에 각자 준공된 제1부두와 제2부두가 있다. 제1부두는 길이가 450m 되고 너비가 60m 되는 강시판시트파일 구조 부두, 길이가 600m 되고 윗면 너비가 3m 되는 방파제, 그리고 수심이 5~6m 되는 내만으로 구성된다. 제2부두는 길이가 450m 되고 너비가 55m 되는 전문적 석탄 선적용 부두인데 여기에 12개의 정박 위치가 있다. 그 이외에는 렌윈항 항구 지역에서 각종 부대시설도 건축되었는데 둥렌다오와 처뉴산車牛山 꼭대기에 건축된 2개의 등대, 라오야오 항만 공정 사무소老窯海港工程段 무선 전신국, 제1부두의 중량 상한이 3톤인 기중기 3대와 중량 상한이 2톤인 기중기 2대, 그리고 제2부두의 석탄 선적 기계, 3,000톤 화물을 용납할 수 있는 창고, 10만 톤 석탄을 적치할 수 있는 적치장, 발전소와 담수 저수지 등이 바로 그것들이다.

(2) 렌윈항 시내의 건설

렌윈항 부두가 건설되기 시작한 후로부터 원래 황량하고 외진 라오야

오촌老窯村과 근처의 쉬거우진墟溝鎭은 모두 일정의 발전을 이룩하였다. 여기에 상점 200여 개, 사석을 거래하는 회사 10여 개 이외에도 농해철도國隴海鐵路局, 중흥채탄소中興煤礦, 네덜란드항만회사荷蘭沿港公司, 세관, 은행, 경찰서와 보위단保衛團 등 기구와 사무소를 찾을 수 있다. 하지만 "롄윈항 근처는 평원 지역이 좁고 항구 발전에 어울리는 가공업이나 경·중공업 업체들도 결여되어 있다. 게다가 롄윈항은 처음 기획되고 건립되었을 때부터 줄곧 농해철도의 부대 항구로서 간주되어왔고 석탄, 농산물과 부업 생산물의 집산지 이상의 역할을 수행하지 못했다. 이런 종류의 항구 무역은 항구 주변에서 일정한 경제 구역을 형성케 하려면 매우 어렵다. 따라서 롄윈항의 도시 건설도 제한을 받을 수밖에 없었다." 때문에 롄윈항은 결국 큰 규모를 갖춘 항구 도시로 성장하지는 못했다.[41]

3. 화베이 지역 항구 도시가 지역 경제 발전 속에서의 역할

요컨대 1860년대에 들어서면서 중국 화베이 연안 지역에서 잇달아 7개의 항구도시가 출현하였다. 그들은 크게 조약 항구와 자주 개방 항구로 나누어질 수 있지만 그들이 모두 화베이 지역 도읍 네트워크 형성과 지역 경제 발전에 커다란 영향을 미친 것은 공통적인 특징이라고 할 수 있다. 그들 공통적인 특징을 요약하면 다음과 같다.

첫 번째 공통점은 도시가 항구를 의탁해서 흥성됐다는 것이다. 이 지역의 항구 도시들에 있어서 항구 건설은 도시 건설의 중요 부분이자 도시 다른 지역 기초 시설 건설을 적극적으로 촉진시킬 수 있는 부분이기도 하다. 바꾸어서 말하면 항구는 도시 건설의 근본이고 다른 지역의 건설은 항구 건설과 수출입 무역 발전을 위한 부차적인 부분이라고도

---

41) 徐德濟 편, 위의 책, 38쪽.

할 수 있다. 텐진을 예로 삼아서 설명하면 여기 개항통상 이전의 항구 지역은 세 갈래 강구 지역에서의 좁은 돛배 정박지에 불과했고 이와 대응하는 것은 바로 운하 남쪽과 하이허 강 연안에 자리 잡고 있는 조그마한 텐진 위성이었다. 개항통상 이후 해운 발전의 요구에 맞추어서 자죽림 새 항구 지역이 건설되었고 도시의 조계지 지역은 급속한 발전을 이룩하였으며 이 주변에서 중국 정부의 지원을 받은 허베이 신구도 크게 확장되기 시작하였다. 도시의 확장과 인구의 성장은 1930년대의 텐진을 중국 북부 지역의 가장 큰 연안 상공업 도시로 변모케 하였다.[42]

　두 번째 공통점은 수출입 무역의 번영이다. 개항통상과 항구 건설의 가장 직접적인 목적은 바로 대외 무역을 발전시키는 것이라고 할 수 있다. 그래서 화베이 지역 7개 항구 도시 건설 및 발전의 결과도 해당 지역 수출입 무역의 번창을 이룩해 낸 것이다. 관련 항구 도시의 세관 무역 통계 결과에 따르면 1930년대 말까지 와서 화베이 6개 항구 도시의 대외무역 총액은 이미 전국 대외 무역 총액의 1/5~1/3 이상을 차지하게 되었다.

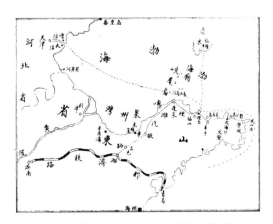

[그림 9] 산둥반도 및 주변 주요 항구 지형 약도

* 출처: 郭嵐生 편, 『煙台威海遊記』.

---

42) 樊如森, 「天津―近代北方經濟的龍頭」, 『中國歷史地理論叢』 2006年 第2期.

[표 1] 1935~1939년 사이에 화베이 지역 6개 항구 도시
수출입 무역 총액이 전국 대외 무역 총액에서 차지하는 비중   (단위: 천원)

항구	1935	%	1936	%	1937	%	1938	%	1939	%
톈진	176,362	11.75	190,474	11.53	212,933	11.86	409,929	24.74	440,180	18.99
칭다오	99,791	6.65	106,285	6.44	107,852	6.01	78,403	4.73	177,007	7.46
6개의 항구	309,777	20.64	332,014	20.11	361,531	20.14	574,513	34.67	775,385	32.67
전국	1,500,993	100	1,651,314	100	1,795,004	100	1,657,231	100	2,373,227	100

주: 이 통계 결과에서 동북 지역 항구의 무역 총액이 포함되어 있지 않다. 화베이 지역 6개의 항구는 톈진, 칭다오,
옌타이, 친황다오, 룽커우, 웨이하이웨이를 가리키는 것이다.
* 출처: 李洛之·聶湯穀 편, 『天津的經濟地位』, 6~7쪽, 經濟部駐津辦事處, 1948.

세 번째 공통점은 항구 소재 도시와 주변 지역 근대 상공업의 발전을
촉진시켰다는 것이다. 개항장 항구 지역의 건설과 대외 무역의 번영은
항구 소재 도시 상업, 금융업과 근대 공업의 발전을 촉진시켰다. 개항통
상 이후 화베이 지역 7개 항구 도시의 상업과 무역은 매우 큰 발전을
이루게 되었는데 수많은 상사들이 이 지역에서 창립되었다. 이와 동시
에 근대 공업도 급속한 발전을 이루어냈는데 톈진의 방직업, 제분업製粉
業, 성냥 제조업, 화학 공업, 옌타이의 제유업製油業, 제사업製絲業, 칭다오의
면방직업綿紡織業, 해산물 가공업 등은 모두 커다란 발전을 이룩하였다.
1928년 톈진사회국天津社會局의 조사 결과에 의하면 톈진시 조계지를 제
외한 지역의 중국인 공장 수량은 2,186개에 달하고 자산 총액은 3,300여
만 원에 달하였다. 그 중에 제염업, 소다 제조업, 면사棉紗 제조업, 제분
업, 성냥 제조업 등 업종의 17개 대형 공장은 자산 총액을 합치면 2,900
여만 원이나 달하고 전체의 93.3%나 차지했다. 비조계지의 공장과 기업
은 조계지에 있는 국내외 공장 및 기업 3,000여 개와 함께 톈진 경공업
을 위주로 하는 근대 공업 구조를 구축해 냈다. 톈진 공업 건설의 총체
적 성취는 북부 지역 도시보다 크게 앞장섰다고 할 수 있다.[43] 칭다오는

---

43) 羅澍偉 편, 『天津近代城市史』, 中國社會科學出版社, 1993, 418쪽.

"40여 개 업종에 걸쳐 공장 및 설비를 갖춘 기업은 그 수량이 200여 개에 달했다. 그 중에 중국인이 경영하는 기업 수량은 160개에 달했는데 화신방직주식회사華新紡織股份有限公司, 영유제염회사永裕鹽公司와 무창주식회사茂昌股份公司 등 소수 기업을 제외하면 자산이 50만 원을 넘은 기업은 별로 없었다. 여기에 외국인이 경영하는 공장은 50여 개 정도 있는데 그 중에 일본인 공장이 가장 많았다. 외국인 공장들의 대다수는 자산이 많고 그 중에서 방직 공장들은 더욱더 그랬다. 그들의 자본은 큰 회사일 경우 3,000여만 원에 달하고 작은 회사일 경우도 500만 원 정도 됐다. 중국인 공장들의 총자산은 1,030여만 원이 되는 데 비해 외국인 공장들의 총자산은 8,200여만 원이나 되었다."[44] 도시 공업 발전과 국내외 시장의 요구에 맞추어서 화베이 지역 농촌의 근대 공업도 일정한 발전을 이루게 되었다. 예를 들면 농촌 면방직업, 가금 산품 가공업, 밀짚가공업草帽緶加工, 제유업, 돼지털가공업猪鬃加工業, 편직업針織業 등 업종은 모두 화베이 지역 근대 공업 체계 속의 중요 구성이라고 할 수 있다. 농촌 근대 공업 중에서 허베이 가오양高陽과 산둥 웨이현濰縣 등지의 농촌 방직업이 가장 유명했다.[45]

네 번째 공통점은 항구의 발전이 모두 항구 도시 영향권 안의 다른 도시의 경제 발전을 촉진시켰다는 것이다. 항구 도시의 영향 및 촉진 작용을 통하여 화베이 지역 7개 항구도시를 중심으로 한 화베이 도읍 네트워크, 시장 네트워크, 교통 네트워크와 산업은 크게 발전되었고 화베이 지역 경제의 근대화 수준도 한 단계 높여졌다. 1930년대에 와서 화베이 지역 도시 정치적 기능을 강조한 전통적 '도성—치소' 도읍 네트워크는 이미 도시 경제적 기능을 강조한 '항구口岸—도읍市鎭' 네트워크로 대체되었고 톈진과 칭다오를 중심으로 한 화베이 지역 수출 지향형 시장 경제 체계는 초보적으로 형성되었다. 1급시장一級市場인 톈진 밑에 후

---

44) 胶濟鐵路管理局車務處 편, 「一, 青島市」, 『胶濟鐵路沿線經濟調査報告分編』, 胶濟鐵路管理局, 1934.
45) 樊如森, 「近代華北經濟地理格局的演變」, 『史學月刊』 2010年 第9期.

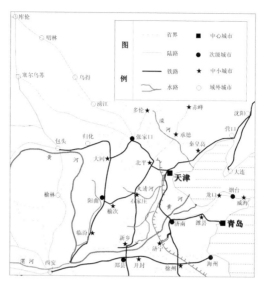

[그림 10] 1934년 화베이 지역 수출 지향형 도읍 네트워크 약도

* 1933년 申報館에서 출판된 『中華民國分省地圖』를 바탕으로 제작함.

난의 정셴鄭縣, 산시山西의 양취陽曲(지금의 타이위안太原)와 싸이베이塞北의 장쟈커우 3개의 2급시장二級市場이 있고 1급시장인 칭다오 밑에 옌타이, 지난과 하이저우 3개의 2급시장이 두어져 있었다.

이와 동시에 연안 항구 도시의 추진 아래 텐진과 칭다오를 중심으로 한 근대 도로 및 철도망도 점점 형성되었다. 이 철도망에 속해 있는 교제胶濟철도(칭다오-지난濟南, 1904년), 경한京漢철도(베이징北京-한커우漢口, 1906년), 경봉京奉철도(베이징-펑톈奉天, 1907년), 정태正太철도(정딩正定-타이위안, 1907년), 도청道清철도(따오커우道口-칭화진清化鎮, 1907), 경장京張철도(베이징-장쟈커우, 1909년 부설되고, 1923년 서쪽의 바오더우包頭까지 연장됨), 변락汴洛철도(카이펑開封-뤄양洛陽, 1910년 부설되고, 1934년 동쪽의 롄윈강連雲港과 서쪽의 시안西安으로 연장됨), 진포津浦철도(톈진-푸커우浦口, 1912년) 등 철도들이 잇달아 부설되어 수로운수와 육로운수를 효율적으로 연결시키고 수출입 무역의 진행에도 큰 편리를 제공해 주었다. 교통 상황의 개선, 수출입 무역의 발전과 도시 상공업의 번영은 화베이 지역에 원래 존재했던 농업과 축산업에도 큰 자극을 주었다. 이 시기에 축산업의 시장화 정도는 부단히 높아지고 목화, 삼, 땅콩, 콩, 연초 등 경제작물의 재배 면적도 전보다 크게 늘었다.

요컨대 화베이 지역 연해 도시의 출현 및 발전은 이 지역의 도읍 네트워크를 바꾸어내고 지역 경제의 번영에 크게 이바지하였다. 1930년대에 와서 보하이 주변 지역環渤海은 이미 장강長江 삼각주 주변 지역長三角, 주강珠江 삼각주 주변 지역珠三角과 함께 중국 경제 근대화 수준이 가장 높은 지역으로 변모되었고, 송나라 이래 화베이 지역 경제가 전국 경제 속에서 차지하는 비중이 계속 축소되는 추세를 크게 바꾸어냈다.

20세기 초 개항도시 식민주의와
민족주의의 역할

: 톈진상품진열소(고공장-권업회장) 건설을 중심으로

쉬쑤빈徐蘇斌

1. 서론

미국의 중국역사학자 코헨P.A.Cohen의 역작인 『중국역사발견』[1]이 1984년에 출판되어 큰 영향력을 발휘하였다. 이 책에서 저자는 서구의 기준으로 중국역사를 재단하는 미국의 중국근대사연구를 비판하면서 중국 그 자체에서 출발하여 중국근대사를 탐구하자고 주장하였다. 반면에 코헨의 책은 중국과 외국의 관계를 소홀히 하였다는 점에서 비판을 받기도 하였다.[2] 때문에 그는 1997년 그 책의 재판에서 이 문제점을 인정하여 보충 설명하였다.

필자는 일본 도시건축에 대한 중국근대의 능동적인 수용을 근거로 삼아 『중국도시건축과 일본: 능동적 수용의 근대사』[3]라는 연구를 완성

---

* 톈진天津대학 중국문화유산보호연구중심 부주임교수. 본 연구는 국가자연과학기금지원프로젝트(50978179)와 국가자연과학기금지원프로젝트(51178293)의 관련 연구임

1) P. A. Cohen, *Discovering History in China*, Columbia University Press, 1984.
2) 汪熙, 「研究中國近代史的取向問題: 外因, 内因或内外因結合」, 『歷史研究』 1993년 제5호; 周武, 「中國中心觀的由來及其發展: 柯文教授訪談錄」, 『史林』 2002년 제4호.
3) 徐蘇斌, 『中國的城市建築與日本: 主體受容的近代史』, 東京大學出版會, 2009.

하였다.『중국도시건축과 일본: 능동적 수용의 근대사』에서 중국을 '주체'로 설정하고 외국수용을 '능동적 수용'과 '수동적 수용'으로 분리하고, 코헨의 중국 중심론과 유사한 입장에서 중국의 일본 건축에 대한 중국의 수용을 검토하였다. '능동적 수용'은 민족주의라는 배경 속에서의 수용을, '수동적 수용'은 식민주의라는 배경 속에서의 수용을 가리키는 것인데 반식민지 중국에서의 이러한 이중적인 수용은 검토할 만한 주제이다. 개항도시는 이러한 이중적인 수용을 집중적으로 구현하는 지역이다. 톈진天津은 '능동적 수용'과 '수동적 수용'이라는 이중적인 성격을 가진 개항도시이다. 톈진에는 외국인이 경영하는 조계가 있었는가 하면, 중국인들이 경영하는 지역도 있었다.

장리민張利民과 런지둥任吉東의「근대톈진도시연구」[4]에서 해방 후 톈진에 관한 연구를 체계적으로 정리했기 때문에 여기서는 이 내용에 대하여 다시 검토하지 하겠다. 또한 조계에 있어 오오사토 히로아키大里浩秋와 쑨안시孫安石가 편찬한『조계연구의 새로운 방향』[5]에 일본 조계에 관한 최근 연구들이 수록되어 있다. 이 논문들은 여러 측면에서 톈진을 연구하였지만 화계華界와 일본 조계租界의 관계 및 일본과의 관계는 아직 검토해야 할 내용이 많이 남아 있다. 특히 인물을 통해서 화계와 조계 그리고 일본을 연결시키는 것은 정밀한 분석과 고증이 필요 하다.

개항도시에 존재한 민족주의와 식민주의를 대립적인 관계로 파악하는 연구가 많다. 예를 들어 1990년대 "화인과 개가 들어가서는 안 된다(华人与狗不得入内)"는 것을 둘러싸서 많은 논의가 전개되었다.[6] 그리고 천원첸陳蘊茜의「일상생활에서 식민주의와 민족주의의 충돌: 중국의 근대

---

4) 張利民, 任吉東,「近代天津城市研究綜述」,『史林』, 2011.2.

5) 大裏浩秋, 孫安石 편,『租界研究新動態』, 上海人民出版社, 2011.3.

6) 薛理勇,「揭開'華人與狗不得入內'流傳之謎」,『世紀』1994년 제2호; 馬福龍,「'華人與狗不得入內'問題的來龍去脈」,『上海黨史與黨建』1994년 제3호; 張銓,「關於'華人與狗不得入內'問題」,『史林』1994년 제4호;「中國人民被汙辱的史實不得抹煞曲解: '華人與狗不得入內'問題的史實綜錄」,『新文化史料』1994년 제6호.

공원을 중심으로」[7], 리용둥李永东의 「뒤엉킨 민족주의와 식민의식: 조계
하에 지식인의 문화체험과 서사를 논함」[8] 등이 있다. 이 논문들은 조계
와 화계의 충돌문제를 밝히려고 시도하였다. 리이빈李益彬의 「조계와 근
대중국 도시시정 초기근대화」[9]에서 조계가 화계를 촉진시킨다는 것을
언급하였고, 리진차오李進超의 「톈진 조계문화: 이질문화의 충돌과 융합
」[10]에서 문화교류에 있어서 조계의 역할을 논술하고 있다.

　이렇듯, 중국 개항도시에서 조계와 화계의 관계는 검토할 만한 과제
이다. 이 글은 일본 조계에서 일본이 톈진공예총국의 창립에 미친 영향
을 통해서 식민주의와 민족주의라는 이중적인 원동력 속에서 톈진의
도시적 발전과정을 살펴보고자 한다. 비록 '능동적 수용'과 '수동적 수
용'은 서로 다른 체계에 속하여 치열하게 갈등하지만 최종적으로 형성
된 결합이 중국 도시의 발전을 추진시켰다. 이 글은 상품진열소商品陈列所
(고공장考工厂, 권업회장劝业会场)의 건설, 도시공간의 창립, 민족주의의식의 양
성 그리고 대중소비의 추진 등을 통해서 이 결합의 존재를 고찰하고자
한다.

2. 톈진 일본 조계와 재화상품진열소의 발족

　갑오전쟁 후 1896년 10월 19일 중국과 일본 양국은 베이징에서 『통상
구안일본조계전조通商口岸日本租界專條』(『통상공립문서通商公立文憑』나 『공립문서公立
文憑』로도 칭함). 이로부터 근대일본이 중국에서 조계를 개척하는 서막이

---

　7) 陳蘊茜, 「日常生活中殖民主義與民族主義的沖突: 以中國近代公園爲中心的考察」, 『南京大學學報』哲
　　學 人文科學 社會科學, 2005년 제5호.
　8) 李永東, "民族主義與殖民意識的糾纏: 論租界語境下知識分子的文化體驗與文本敍事"『海南大學學報』
　　人文社會科學版 26권 제4호, 2008.8.
　9) 李益彬, 「租界與近代中國城市市政早期現代化」, 『內江示範學院學報』 18권 제3호, 2003.
　10) 李進超, 「天津租界文化: 異質文化的碰撞與融合」, 『理論與現代化』 2010년 제5호, 2010.9.

올리기 시작했다. 일본은 중국에서 조계를 개척하는 유일한 비서구 나라일 뿐만 아니라 중국에서 가장 많은 조계를 개척한 나라 중의 하나이기도 하다. 의화단사변義和團事變 후 톈진의 일본 조계는 한층 더 발전되었다.([그림 1])

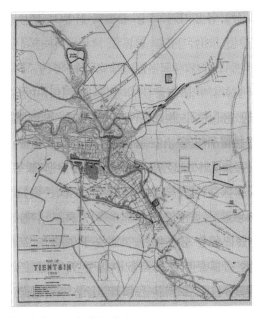

[그림 1] 1900년 톈진 지도(Tientsin An Illustratied Outline History, 1925)

1902년 톈진에서 총영사관이 수립되어 이집원언길伊集院彦吉이 영사로 취임함에 따라 조계관리가 본격적으로 시작되었다. 1902년에 총영사령 제6번 일본 전용거류지 임시규칙(1902년 9월 9일)에 근거하여 거류지를 관리하는 자치기관 거류민회 사무소가 설립되었다. 이 사무소는 조계국租界局으로 명명되었다. 총영사가 임명한 행정위원 5명은 매달 수차로 위원회를 열어 토목위생 문제를 처리하였다. 매년 3월에 총영사의 소환으로 조계국에서 7일 이내의 회의가 개최되어 주로 조계의 중대한 정책을 논의하였다.[11)

총영사는 영목도길鈴木島吉(1902~1907년 행정위원회 의장, 정금은행 텐진 지점장), 남신오南新吾(삼정은행三井銀行 텐진 지점장), 이등언구랑伊藤彦九郞(송창은행松昌銀行 텐진 주임), 죽야호웅竹野虎雄(일본우선회사日本郵船會社 텐진 출장소장) 등 행정위원 4명을 임명하였다. 1904년 5월 16일에 선거가 실시되어 전일예佃一豫, 개천광량皆川廣量,12) 길전방차랑吉田房次郞,13) 서촌박西村博,14) 등정항구藤井恒久 등 5명이 당선되었다.15) 총영사관령에 따르면 6개월 이상 한 달에 1불弗 50선仙 이상의 세금을 지속적으로 지불한 일본 거주인만 행정위원이 될 수 있었다. 총영사가 임명한 행정위원들은 모두 은행이나 우편선 책임자이다. 1904년의 선거에 참가하는 위원도 이러한 실력을 가져야 했다. 그들은 일조계의 발전을 결정하였다. 그 중 전일예와 등정항구는 일조계의 결정적인 인물일 뿐더러 화계의 고문이기도 하였다.

전일예와 등정항구는 일본 상공업의 직접적인 참가자로서 일본 공상업의 구조를 잘 알고 있기 때문에 그들이 텐진으로 오는 목적은 일조계 초기의 건설과 발전을 추진하는 데 있었다. 이와 동시에 일조계는 매개자가 되어 중국인이 관리하는 지역의 발전에 직접적인 영향을 미쳤다.

전일예(1864~1925)는 메이지와 다이쇼 시기의 관료은행가였다. 그는 동경대학정치학과를 졸업한 후 내무성에 취직되었다. 그 후 대장성의 참사관, 송방정의松方正義 수상의 비서관, 그리고 오사카와 고베의 세관장 등을 역임하였다. 텐진에 온 이후 조계국행정위원회 의원을 담당하는 동시에 위안스카이袁世凱에 의해 재정고문으로 고용되었다. 후에 그는 홍

---

11)『天津居留民團十周年紀念志』, 1917, 29~38쪽 참조.
12) 皆川廣量는 大倉組 텐진지점의 지배인이었고, 1907년에 일청제유의 監察役 담당했다.
13) 吉田房次郞은 1870년에 출생하였다. 1901년에 대만 총독부의 위탁을 받아 중국 각지를 조사하였으며, 1902년 봄 小栗洋行의 경리로서 텐진에 와서 원세개로부터 지우의 은혜를 받았다. 텐진에 있는 동안 프랑스 조계에서 吉田洋行을 개설하였으며 그 후 일조계 容街로 옮겨 수출입 무역을 했다. 그 후 거류민 회의원, 거류민단 행정위원 등을 역임했다.
14) 西村博은 1867년에 출생하여 1896년 처음으로 텐진에 왔다. 그 후『大阪朝日』과『東京都』등 신문의 통신원을 담당하였다. 1902년에 프랑스조계에서 일문신문인『北淸新報』를 창간하고, 그리고『天津日日新聞』의 주필을 담당하였다. 후에 1910부터『天津日報』의 사장을 맡았다.
15)『天津居留民團三十周年紀念志』, 1941, 269쪽.

업은행興業銀行 부총재, 만철滿鐵이사 등을 역임하였다.

등정항구도 위안스카이의 고문인데 공예총국의 책임자였다.([그림 2])

[그림 2] 등정항구(藤井恒久)
(오사카부립상품진열소창립30주년기회협찬회
『회고30년』동회,1920년11월)

등정항구는 일본 이시카와현石川縣에서 태어나 1883년 5월에 동경제국대학 응용화학과에서 공학사로 졸업하였으며 그는 오사카상품진열소와 밀접한 관계를 지니고 있었다.

일본은 1890년에 관제개혁을 실시하였다. 상무국과 공무국은 상공국으로 합병되어 공업국이 상품관리소를 관리하게 되었다. 같은 해 오사카부립상품진열소大阪府立商品陳列所가 창립되었다. 벨기에의 브뤼셀상품진열소를 본받아 제1수출부, 제2수출부, 제3부내국제산부, 제4하조양품부, 제5광고 도서부 및 분석실 등 다섯 부분으로 나누어 설립하고 매월 간행물을 발행하였다.16) 진열소 초창기에 등정항구는 준비위원회의 위

---

16) 大阪府立商品陳列所創立三十周年記念協贊會, 『回顧三十年』 同會, 1920.11, 227쪽.

원인데 제일소장은 오사카부 농상업과장인 판원직길板原直吉이 겸임하였다. 등정항구는 1891년에 제2대 소장을 담당하다가 1893년에 사직하였다. 그는 첫 번째 비겸직 소장이기도 하였다. "상품제조에 응용과학을 도입하는 것을 장려하고, 특히 분석과 실험을 중시하며 동시에 실업좌담회를 확대시킴으로써 제조방법과 제품개량을 연구하는 실업자를 소집한다. 보고서 등을 통해서 그 성적을 널리 알리고 공상업자의 지식을 넓히기 위해서 노력한다."[17]라고, 재임기간에 과학적 분석과 실험을 강조하는 점은 그가 화학과 출신인 것과 밀접한 연관이 있다.

일본이 중국에서 상공업을 추진한 것은 조계의 건설과 동시에 진행되었다. 갑오전쟁 후 19세기 후반부터 일본은 서구를 배우는 상태에서 벗어나 아시아의 상공업으로 진입하는 것을 목표로 세웠다. 1895년 시모노세키조약에서 외국인이 중국에서 공업 관련 사업을 개업할 수 있도록 규정하였다. 상업의 경우, 1896년 농상무성은 중국으로 관원 5명을 파견하여 현지 상공업 상황과 수출입상황 그리고 공업조합 등 7가지에 대하여 조사를 실시하며 중국에 대한 사업전략을 적극적으로 추진하였다.[18] 1897년에 농상무성에서 다시 중국으로 실습생 3명을 보냈고, 이어서 1898년과 1900년에도 실습생을 보냈다. 1898년에 파견된 길천영길吉川榮吉은 「청국농상공시찰보고」를 작성하여 중국의 상업과 농업 그리고 잠사업에 대하여 보고하였다. 중국으로 실습생을 파견함에 따라 일본은 상품표본을 해외로 발송하여 영사관에 상품진열소를 설치하기 시작한다. 1898년에 샤먼廈門과 사스沙市 그리고 싱가포르, 뭄바이, 멕시코에서 상품진열소를 설치하였다. 이듬해 뉴좡牛莊, 이창宜昌, 상하이上海, 방콕에서도 진열소를 설치하여 판로를 확대하는 것을 시도하였다. 1900년에는 한커우漢口와 톈진에 설치하려고 시도하였으며, 1900년에는 우한武漢에 상품진열소를 설립하였다. 그러나 결국 현지의 습관과 토지상

---

17) 大阪府立商品陳列所創立三十周年記念協贊會, 『回顧三十年』同會, 1920.11, 17쪽.
18) 開國百年紀念文化事業會編纂, 『明治文化史』, 洋々社, 1955, 155~156쪽.

황을 잘 모르는 것이 문제가 되었다.[19] 의화단운동 이후 일본은 중국경제에 대하여 조사를 실시하여 1912년에 「농상무성 공업회보 호외 청국동란과 중국경제계」를 발행하였다.[20] 같은 해의 호외4에 "한커우 시장의 회복에 관하여"라는 기사가 있는데 한커우에서의 상업계와 공업계를 회복하는 것에 관한 일본의 대책을 기록하고 있다.

오사카부립상품진열소는 초장기에 외무성통상국을 통해서 중국, 조선 그리고 유럽에게 견본을 수출하였다. 그동안 중국의 상하이, 한커우, 홍콩, 푸저우福州, 즈푸芝罘, 광저우廣州 등과 톈진의 연계를 만들었다. 톈진과 연계한 것은 1892년인데 등정藤井이 제2대 소장을 담당하는 시기였다. 그때부터 등정은 톈진에 주목하기 시작했을 것이다.[21]

1900년 4월(메이지 33년) 일본은 해외 각지 영사관에서 부속시설인 상품진열소를 만들기 시작하였다. 톈진은 5월에 톈진일청상풍진열소의 건설을 준비하였다.[22] 그 준비작업은 축자양행築紫洋行에게 위탁하였는데 1902년까지 연기되었다.

1902년 5월 9일 농상무 총무장관 안광반일랑安廣伴一郎이 외무 총무장관인 진전사사珍田捨巳에게 상품진열소를 급히 개설하라는 편지를 보냈다.[23] 그러나 1902년부터 1907년까지 일본 조계에서 영사관부속상품진열소를 건설한 혼적은 보이지 않는다. 1903년에 일본영사관 총영사 이집원언길은 농상무성 상공업국장인 삼전무길森田茂吉에게 편지를 보내 북양공예국상품진열소(중국명칭: 고공장)으로 일본 견품을 보내달라고 부탁하였다. 이 편지에서 염전진鹽田眞이 중국의 상품진열소 예장 초빙에

19) 東亞同文會, 『支那経済全書』 제4집, 1908.4, 291~293쪽.

20) 農商務省商務局 編, 『農商務省商工彙報號外淸國動亂卜中淸ノ経済界』, 農商務省商務局, 1912.

21) 日本外務省外交史料館藏 B-3-3-6-13_004, 「7. 天津」, 『大阪商品陳列所参考品購入方大阪府依頼一件』 第四巻, 明治 23年4月7日~明治 24年4月13日.

22) 日本外務省外交史料館藏 B-3-3-6-14_005, 「5. 天津, 漢口, 重慶, 右三ヶ所合案」, 『本邦商品販路拡張ノ爲在外帝國領事館内ニ商品見本陳列所設置一件』 第五巻, 明治 33年4月.

23) 日本外務省外交史料館藏 B-3-3-6-14_005, 「5. 天津, 漢口, 重慶, 右三ヶ所合案」, 『本邦商品販路拡張ノ爲在外帝國領事館内ニ商品見本陳列所設置一件』 第五巻, 明治 33年4月.

응한다는 내용과 등정항구가 일본에 가서 현지조사를 하겠다는 내용이
있었다.24)([그림 3])

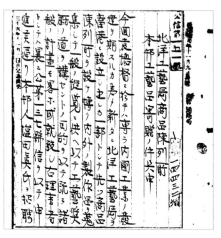

[그림 3] 총영사 伊集院彦吉은 외무대신
小村寿太郎에게 보내는 편지(외교사료관 장)

만약 이 시기에 일본이 영사관부속상품진열소를 추진하지 않은 것이
사실이라면, 톈진총영사관은 위안스카이와 함께 화계에서 상품진열소
를 만드는 데에 주력하였을 가능성이 크다. 사실상 1903년에 건설된 고
공장 2층에는 모두 일본의 전시품들로 채워졌다. 이를 통해서 고공장이
일본상품진열소의 부분적 기능을 대신했다는 것을 알 수 있다. 그리고
그 운영경비는 위안스카이가 부담한 것이었다.

1900년 4월 17일부터 1901년 5월 21일까지 오사카부립상품진열소에
서 제5차 내국권업박람회를 준비하기 위하여 오사카시 제품평회를 열
었는데 등정항구는 심사관이었다.25) 위안스카이의 고용을 받아 경기공
예총국의 고문 겸 통역을 담당한 사실을 통해서 등정항구가 중국과 관

---

24) 日本外務省外交史料館藏 B-3-3-6-21, 『北洋工芸局商品陳列所へ本邦工芸品寄贈方在天津領事ヨ
リ具申一件』, 明治 36年~明治 40年.

25) 大阪府立商品陳列所創立三十周年記念協贊會, 『回顧三十年』 同會, 1920년 11월, 21~23쪽.

련된 상업적인 일을 계속 하고 있었다는 것을 추측할 수 있다. 그의 공헌은 동소삼십주년 기념공로자로 표상을 받는 데서도 확인할 수 있다.[26] 또한 오사카부립상품소 창립삼십주년 기념협찬회에서 편찬한 『회고삼십년』에 따르면 1920년에 그는 중국공업 고문을 담당하고 만년에 다롄大連에서 요양생활을 보냈다.[27] 이를 통해 그와 중국의 밀접한 관계를 엿볼 수 있다. 1904년에 행정위원 당선자 납세자격에 대한 총영사관의 규정을 따르면 등정은 일본에서 후원을 받았을 가능성이 크다. 사실상 일본 농상무성에서 피위탁자와 상품진열소를 만드는 데 모두 후원을 하였다.[28] 이러한 강력한 추진에 따라 일본은 1910년대 상하이, 톈진, 뉴촹, 쑤저우蘇州, 안둥安東, 사스, 티에링鐵嶺, 난징南京, 창춘長春, 베이징에 상품진열소를 설립하였다.

톈진에서 상품진열소를 만든다는 내용은 1907년에 다시 편지에서 나온다. 『본국상품의 판로확장을 위하여 외국영사관에 상품진열소를 설치 일권为了本邦商品販路扩张在外国领事馆内设置商品陈列所一卷』의 12권에서 "天津商品陳列所敷地禦下付願"라는 구절이 있다. 이 편지에서 톈진이 베이징의 바로미터라는 점을 강조하고 있다. 톈진은 만주를 통제하고 있어 청나라 북부 각 성 무역의 집산지가 되었다. 1906년에 일본의 청나라에서의 무역은 65%가 톈진에서 이루어졌다. 따라서 톈진에서 상품진열소를 설치하는 것의 중요성이 계속 강조되었다.[29] 상품진열소는 땅 1만 평을 차지하는데 그 중 정해진 것은 진열관, 창고 그리고 기숙사였다. 예정건물은 기숙사, 창고, 참고관, 다방 등 이었다. 이를 통해 무역의 수요로 보아

---

26) 大阪府立商品陳列所創立三十周年記念協贊會, 『回顧三十年』 同會, 1920년 11월, 324쪽.

27) 大阪府立商品陳列所創立三十周年記念協贊會, 『回顧三十年』 同會, 1920년 11월, 227쪽.

28) 日本外務省外交史料館藏 B-3-3-6-14_008, 「農商務省ヨリ事務囑託者ニ対シ報酬贈與之件」, 『本邦商品販路拡張ノ為在外帝國領事館内ニ商品見本陳列所設置一件』 第八卷, 明治 35年; B-3-3-6-14_009, 「1. 明治三十六年度商品陳列所経費支給ノ件」, 『本邦商品販路拡張ノ為在外帝國領事館内ニ商品見本陳列所設置一件』 第九卷, 明治 36年.

29) 本外務省外交史料館藏 B-3-3-6-14_012, 「5. 天津」, 『本邦商品販路拡張本邦商品販路拡張ノ為在外帝國領事館内ニ商品見本陳列所設置一件』 第十二卷, 明治 39年~明治 41年.

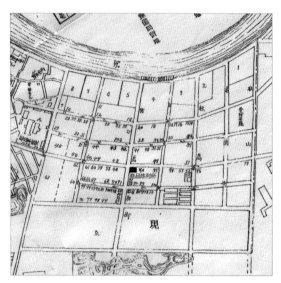

[그림 4] 1907년 톈진 일본 조계 상품진열소 위치
(『북청지엽』 부도, 근등구의 제공)

1907년에 이르자 일본이 자신의 상품진열소를 급히 설치해야 할 때가
되었다는 것을 알 수 있다. 이때부터 톈진의 조계와 화계에서 모두 상품
진열소가 나타났다. 1909년 출판된 『북청지엽北淸之葉』의 부도(메이지 39년)
를 보면, 화계와 일조계 그리고 프랑스 조계를 관통하는 상업 주요 간선
도로인 쉬가旭街와 일조계의 주요 남북 건선 도로인 궁도가宮島街의 교차
점에 자리 잡고 있는 것을 알 수 있다.([그림 4])

3. 화계 상품지열소(고공장)의 창립

1900년 연합군이 톈진을 점령하고 군사관제를 실시하여 임시정부인
도통아문都統衙門을 설치하였다. 도통아문 밑에 순찰국巡捕局, 위생국衛生局,
고무사庫務司, 사법부司法部, 공공공정국公共工程局 그리고 총비서처總秘書處와
한문비서처漢文秘書處를 설립하였다.30) 1902년 8월 15일 위안스카이가 인

수한 후 이 기구들의 기능을 부분적으로 계승하였다. 예를 들어 경찰제도는 임시정부법제제도 외에 따로 만들었다. 임시정부가 성립되자 도시 경찰제도를 건설하는 목적으로 우선 순찰국을 설립하였다. 위안스카이도 1902년 이후 순찰국을 만들었다. 그러나 경기공예총국은 완전히 새로운 기구이다 그리고 중요한 것은 이 기구는 일본과 밀접한 관계가 있다.

1902년 위안스카이가 저우쉬에시周學熙(1866~1947)에게 위탁해서 경기 공예총국을 창립하였는데 그 목적은 경기의 상공업을 진흥시키는 데 있었다. 같은 해 그는 부하였던 저우쉬에시를 임명하여 공예총국의 구체적 사무를 담당하게 하였다. 저우쉬에시는 등정항구와 계약을 체결하였다. 등정항구는 1902년 7월 30일(광서 28년 6월 26일)부터 삼년동안 고등 공예통역관을 담당하게 되었으며 이 계약은 수차 연장되었다. 등정이 공예총국과 체결한 것은 통역계약인데 그가 중국과 체결한 계약은 이것 뿐만 아니었다. 회교사료관의 자료에 의하면 그는 동시에 '북양공예총교습北洋工藝總教習', '경기공예총국고문直隷工藝總局顧問', '공예학당교습工藝學堂教習' 그리고 '고문관顧問官' 등을 역임하고 봉급은 400냥이었다.[31]

루어푸윈羅芙芸은 「위생의 근대성: 중국통상항구에서 위생과 질병의 의미」에서 이렇게 주장하고 있다. "이러한 배경이 있기 때문에 중국 엘리트들이 의화단을 막 진압하고 나서 집에서 일본손님을 즐거이 접대하기 시작하였다. 그것은 총명한 사람끼리 서로 아낀다는 중국전통 외에, 같은 사업을 하고 있기 때문이기도 하다. 즉 자신을 타자와 구별하여 아시아의 파트너로 근대문명의 새로운 질서에 몸을 담는 것이다."[32] 이 내용을 통해서도 중국의 엘리트들과 일조계의 관계를 엿볼 수 있다.

1902년 공예총국의 전신인 교양국이 개설되었다. 교양국은 짜깁기,

30) 劉海岩, 「八國聯軍占領期間天津若幹問題考析」, 『歷史檔案』, 2005.2.

31) 『東京帝國大學卒業生氏名錄』, 1926年5月. 日本外務省外交史料館所藏史料, 外務省政務局, 『淸國官 庁雇聘本邦人一覽表』, 1903年4月 調査.

32) 羅芙芸, 『衛生的現代性: 中國通商口岸衛生與疾病的含義』, 鳳凰出版傳媒集團, 江蘇人民出版社, 2007.10, 199쪽.

양탄자 그리고 염색 세 과로 나뉘는데 교양국을 만드는 것은 빈곤한 아이를 수양하기 위해서였다. 등정이 계약을 한 후, 같은 해 10월 2일 구정어토駒井於菟는 초빙을 받아 염색교수를 담당하게 되었으며 월급은 50냥이며 시한은 3년이었다. 그는 1900년 7월 오사카고등공업학교 염색과의 첫 번째 졸업생이었다. 교양국 부공사를 담당하는 그는 이시카와 현 출신으로 등정과 같은 고향이라 등정으로부터 소개받았을 가능성이 높다. 같은 해 10월 30일 원래 포병소위였던 대원양호大原養浩가 염색교육을 담당하는 교양국 정고사로 초빙을 받았다. 니이카타新潟에서 태어난 그의 월급은 100냥이고 시한은 3년이었다. 같은 해 11월 16일 오카야마岡山 출신의 등전진삼藤田辰三를 고용하였다. 그도 1907년에 오사카고등공업학교 기계과본과를 졸업하여 교양국 부공사가 되어 짜깁기교육을 담당하게 되며 시한은 3년이었다.[33]

그러나 교양국이 빈곤 아이를 수양한 것은 신정개혁의 목적이 아니었다. 공예진흥은 유민을 위한 것이 아니라 사회전체를 동원해서 큰일을 해야 한 것이어야 하였다. 따라서 더욱 거시적인 조직구조가 필요로 하게 되었다. 1902년에 중앙기구인 상부가 설립되지 않았다. 이것은 공예총국의 건설은 중앙의 명령을 받을 수 없어서 다른 나라로부터 배워야 한다는 것을 의미한다. 공예총국의 총책임자인 저우쉬에시가 일본을 모방하기로 하였다. 그는 "톈진 각 군의 상공업은 대부분 구식이다. 동서양의 공예는 듣지도 보지도 못한 것이라는 말이 있다. 따라서 총책임자는 일본의 방법을 채택하기로 한다. ……"[34]고 말한 적이 있었다. 이러한 탐색은 중국에서 선구적 의미가 있다.

옌슈嚴修는 『동유일기』에서 다음과 같이 언급하고 있다. "공예학당은 바로 고등공업학교이고, 공예총국은 바로 상공국이며, 권공장은 진열소

---

33) 本外務省外交史料館藏, 外務省政務局, 『淸國官厅雇聘本邦人一覽表』, 1903年4月調, 『大阪工業大學一覽』, 1932.
34) 「勸工陳列所總志」, 北洋官報局, 『直隸工藝志初編』 下, 表志類卷上, 光緖 33年(1907), 11쪽.

인데 교양국은 바로 염직장이다."[35] 이 말은 중국의 각 기구와 일본 그 것과의 대응관계를 설명하고 있다. 1902년에 일본의 상공업 구조를 잘 알고 있는 등정은 통역과 고문으로서 매개적 역할을 했을 것이다.

저우쉬에시는 교양국이 방법과 이름에 있어 마땅하지 않다고 생각해 서 공예총국을 따로 설립해야 한다고 주장하였다. 초창기의 경기공예총 국의 하위기구인 공예학당과 고공장을 건설하는 데 등정은 매우 중요한 역할을 하였다.

1903년 1월 경기공예총국이 막 성립했을 때 공예학당에 응용화학과, 염색과 그리고 보통과만 있었다. 이는 교직원과 관계가 있다. 등정은 응용화학출신이라 응용화학 교육을 담당할 수 있었다. 산구중차랑山口仲次郎은 1903년 3월 6일에 계약하여 북양공예학당의 강사가 되었다. 그는 원래 육군기수인데 공정 감독을 담당하게 되었고 월급은 50냥이었다. 1904년 1월 동경고등미술학교 졸업생 송장장삼랑松長長三郎을 고용하였 다. 그는 1903년에 오사카 내국권업박람회의 서기를 맡았으며 공예학당 에서 도안을 가르쳤다. 1905년 1월에는 중택정태中澤政太를 고용하였다. 그는 원래 오사카부의 경기사警技師였는데 그의 월급은 150냥이었다.[36]

등정항구의 가장 중요한 공헌은 중국에서 상품진열소의 건설을 추진 하는 데 있었다. 그가 중국에 오는 목적이 상품진열소를 만들려고 시도 하는 데 있었다면, 위안스카이는 그에게 아주 좋은 기회를 제공하였다.

상품진열소의 건설은 1903년 오사카 제5차 내국권업박람회에 대한 조사를 통해서 이루어졌다. 1903년에 저우쉬에시는 오사카 제5차 내국 권업박람회를 고찰하였고, 그리고 등정의 소개로 미래의 고공장 예장인 염전진을 만나게 되었다. 5월 첫날(6월 1일) "등정의 소개로 박람회 미술 심사인 염전진을 만났다. 50세가 넘어 보이고 노련해 보였다. 그는 국령

---

35) 嚴修著·武安隆·劉玉梅 注, 『嚴修東遊日記』, 天津人民出版社, 1995.12, 173~174쪽.

36) 日本外務省外交史料館藏, 外務省政務局, 『淸國官廳雇聘本邦人一覽表』, 1903.4; 『淸國備聘本邦人一覽表』, 1904, 1908.

國令을 받아 태서 각 박람회를 참석하였기 때문에 공업적 경력이 매우 많다."37)

염전진(1837~1917)는 메이지 시대 공업계 선구자였다. 경동사족출신이었고 1875년에서 1876년까지 동경국립박물관 공업과장을 맡았다. 그는 일본의 도자기를 해외로 소개한 바가 있었고, 조선정부의 미술고문을 담당하기도 하였으며, 박람회 사무관으로 미국과 프랑스로 파견된 적도 있었다. 1897년에 경동미술학교 도안과에서 강의를 한 적이 있었고, 그 외에 상무성 기사를 역임하였다. 1900년 시오타는 일본의 심사관으로 제13부 84류를 심사하여 「1900년 파리 만국대박람회 제13부84류 출품보고」를 제출하였다. 이 보고를 완성한 이듬해인 1903년에 그는 다시 제5차 내국권업박람회 제10부의 심사위원을 맡았다.38) 1902년 2월 25일 그는 화족회관에서 「박람회담」라는 주제로 강연을 하였는데 강연에서 그는 박람회의 역사를 소개했다. 이는 아마도 일본에서 박람회의 역사에 관한 최초의 보고일 것이다.

염전塩田은 관료일 뿐만 아니라 기술자, 도자기연구자 그리고 고미술 감상가이기도 하였다. 그가 동경미술학교와 박람회의 사무관으로서의 경력은 모두 중국측의 기대에 부합되었다. 등정은 오사카상품진열소 소장을 맡았지만 염전에 비해서 감상 경력이 부족하였다. 이는 그가 염전을 중국에 추천한 이유일 것이다.

1903년 10월 29일 총영사 이집원언길은 외무대신인 소촌수태랑小村壽太郎에게 편지를 보내 중국에서 고공장을 건설하고 일본예장을 고용한다는 상황을 소개하였다. 이 편지에서 그는 일본에서부터 전시품을 보내달라고 하고, 이것은 바람직한 사업이라고 말하였다.39) 1903년 9월

---

37) 周學熙, 「東遊日記」, 1903, 20쪽.

38) 「第五回内國勧業博覧會図會上編」, 『風俗畫報臨時增刊』, 1903(?), 14쪽.

39) 日本外務省外交史料館藏 B-3-3-6-21, 『北洋工芸局商品陳列所へ本邦工芸品寄贈方在天津領事ヨリ具申一件』, 明治 36年~明治 40年.

[그림 5] 톈진 고공장(1903년 『근대톈진도지』)

21일 고공장은 옛 성 북마로北馬路에 지어지기 시작하고 1904년에 2층 건물이 완공되었다. 1층은 중국 상품을 전시하고 판매하며 2층은 일본 공예품 참고실이었다.40)([그림 5]) 이 전시품들은 모두 총영사관을 통해서 징집된 것이었다.

염전은 1903년 12월 4일에 공예총국과 계약을 체결하는데 계약서에 따르면 그의 봉급은 등전과 똑같이 300냥이었다. 이 봉급 수준은 당시 고용된 기사들 중에 상위 중진권에 속한다. 참고로, 철도에서 고용된 일본 기사의 봉급은 200냥이었다. 염전이 공예총국 고공장 예장을 맡았을 때 나이는 66세이었다.

고공장은 기설사度設司, 고찰사考察司, 화험사化驗司 그리고 도서사圖書司로 구성되어 있다. 이러한 기구설치를 통해서 고공장이 오사카 상품진열소로부터 영향을 받았다는 것을 알 수 있다. 오사카 상품진열소의 본부는 기설사에, 조사부는 고찰사에, 실험부는 화험사에, 도서부는 도서사에

---

40) 東亜同文會, 『支那経済全書』第11輯, 1908.11, 57쪽.

해당된다. 고공장은 보조부서로 문독文牘, 회의會議, 그리고 서무庶務를 설치하였다. 기설사는 대출과 정정을 경영하며 정정품과 판매품을 발송하고 정정품 발송 기록을 관리하였다. 고찰사는 상공업가를 안내하여 상공업의 새로운 방법과 논리를 설명하고, 공예방법을 가르치고. 표본과 설명서를 만들고, 상품을 감별하고, 현지 상품 수출입 상황을 파악하고, 그리고 현지 상업의 판매와 적체상황을 조사하였다. 화험사는 공예학당의 대리(공장 보서사로부터 발송하고 접수기록 등을 관리함)로 실험을 분석, 실험과 관련 자문을 안내하고 실험용기와 실험기록을 관리한다. 도서사는 도서와 표본 목록을 관리하고, 도서와 상품표본을 수집하여 도안을 그리고, 도서와 상품의 대출과 반납을 관리하며, 상공업 서적과 신문을 편집, 번역, 발송한다.

「텐진고공장시험규칙」에서 예장의 책임에 대하여 명확하게 규정하고 있다. "예장이라는 직위를 마련한 것은 실업가들의 자문에 응답하기 위한 것이다. 만약 상공업자가 자문할 것이 있다면 상세하게 답변해야 한다. 면담을 오래할 손님의 경우, 고찰위원이 손님을 예장실로 모셔야 한다."41) 그 외에 예장은 고공장 고찰사의 일을 책임져야 하였다.42)

「텐진고공창의정공상다화소간장육조天津考工廠擬定工商茶話所簡章六條」(1905년)에서 등정항구와 염전진이 상공업논리를 강의하는 방식에 대하여 설명하고 있다. 고공장에 다화소茶話所라는 장소를 마련해놓았다. 다화소는 상공업논리를 설명하는 곳이다. 공업학당 총교습, 고공장 예장鹽田眞 그리고 각 학당 교습감독(공예학당의 감독은 등정항구이다)을 모셔 강의를 하였다. 고공장의 상공업 다화소는 만수궁萬壽宮에 만들었는데 만수궁은 원래 장시회관江西會館이었다. 장시회관은 장시인들이 모이는 공간이다. 1903년에 텐진 상무공소(텐진상회의 전신)로 바꼈다. 후일 이 곳은 민간 최초의 공공공간이 되었다. 만수궁은 텐진 성북 북마로의 북쪽에, 즉 고공장의

41)「天津知府淩覆陳開弁工芸學堂稟並批」,『北洋公牘類纂』卷17, 工芸2(研究), 光緒33年刊本, 1282쪽.
42) 위의 책, 1279쪽.

건너편에 자리 잡고 있었다. 여기는 많은 상공업자들이 모여 있었다. 상공업 다화소는 매월 3일과 18일에 강의를 진행하였다. 고공장에서 그 경비를 지출하고, 강의를 듣는 사람에게 무료로 차를 제공하였다.[43]

다화소는 등정이 오사카 상품소에 있었을 때 개최한 실업자 좌담회를 연상케 한다. 실업자들을 소집하여 제조방법과 제품의 개량을 연구하고, 보고서 등을 통해서 그 성적을 널리 홍보함으로써 상공업자들의 지식을 증진시키는 것이다. 정부(고공장은 국립이다)에서 시민(상회는 시민조직이다)들을 이끌고, 서로 교류하는 것도 역시 유사하다. 또한 신정시기에 국가와 공공영역의 관계를 드러내기도 하였다.

염전은 고공장에서 2년 동안 근무하다가 광서 31년 10월(1905년 11월)에 계약 기한이 만료되었다. 일본으로 돌아가기 직전에 저우쉬에시가 그를 전송했다.([그림 6]) 그는 중국 쪽에서 호평을 받았다.[44] 뿐만 아니라 일본에서도 좋은 평가를 받았다. "고공장은 경기 공예총국의 관리하에 톈진

[그림 6] 周學熙는 盐田真을 전송한다(톈진박물관)

＊ 중간 周學熙, 周學熙 옆에 盐田真, 다음에 藤井恒久, 우측 재정처 고문 佃一豫이다.

43) 「天津考工廠擬定工商茶話所簡章六條」(1905년), 天津市檔案館, 天津市社會科學院歷史研究所, 天津市工商業聯合會 편, 『天津市商會檔案彙編』, 天津人民出版社, 1989.9, 1143쪽.
44) 「提調周牧家鼎芸長塩田真均能勤奮出力」, 『北洋公牘類纂』 卷17, 工芸2(研究), 光緒33年刊本, 1278쪽.

도대道臺 주씨의 주최로 일본 고문 염전씨의 경영을 통해서 만들어졌다. 염전씨는 2년 동안 심혈을 기울여 경영하였고, 현재는 등정씨가 그를 대신한다."45)

등정과 염전은 중국 화계에서 일본 상품진열소과 비슷한 기구를 만들어놓았다. 이 기구는 구성뿐만 아니라 경영방식에도 오사카 상품진열소과 매우 유사하다. 우리가 알기로, 이것은 화계에서 설치한 최초의 상품진열소였다. 앞에서 언급했듯이 일본은 1900년 전후하여 영사관에 상품진열소를 만들려고 생각을 했는데, 그에 비해서 일본이 자국의 상품을 내세우는 데 있어 화계에 상품진열소를 만드는 것은 의미가 더욱 크다.

그리고 중국에서 고공장은 바로 전국권업박람회의 전신이었다. 1906년에 허베이 신카이구河北新開區로 옮기고 거기서 공원적인 권업장을 개설하였다. 그리고 이에 따라 텐진박물관과 도서관 등 공공공간이 나타나 텐진 근대화의 장을 열었다.

일본 외무성 외교사료관의 사료에 의하면, 경기공예총국에 의해 고용된 일본인 중에 11명이 기술자였다. 이 기술자들 중에 장기적으로 박람회에 종사하는 사람이 있었고, 일본학교에서 막 졸업하는 학생도 있었고, 군인도 있었고, 경찰도 있었다. 이것은 의화단 운동 이후 텐진과 일본의 복잡한 관계를 말해준다. 텐진에서 일조계는 중국인이 일본을 배우는 매개가 되는데 등정 등 고용된 일본인들은 윤활제 역할을 담당하게 되었다. 개항도시는 외국경험을 학습하는 지름길을 제공하였다. 깊이 검토할 만한 것은 텐진의 신정은 중국 신정개혁에 위로부터 아래로 내려가는 참고를 제공한다는 점이다. 공예국을 예로 들면, 1904년 상업부가 설립되기 전에 중앙에서 상공업을 발전시키는 조직이 없었는데 텐진은 이 점에서 대담하게 시험을 하였다. 공예총국 이외에 지방자치, 순경제도 등 모두 조계와 밀접한 관계가 있다.46) 이 기구들과 중앙과의

---

45) 東亞同文會, 『支那経済全書』 제12집, 764쪽.

46) 王培利, 「近代天津'警區'的形成」, 『歷史教學』 총 제517집, 2006년 12호; 「從'分割'到'自治': 天津行

관계도 세밀하게 연구해야 하는 과제이다.

왜 신정시기에 일본 상업이 중국에서 비교적으로 큰 발전을 실현되는지에 대하여 (일본) 청국주둔사령부淸國駐屯軍司令部에서 편찬한 『톈진지天津志』(1909)에서 기술하고 있다. 영국 상인들이 오래전부터 톈진에서 우세를 차지하고 있었다. 1920년대초에 이르러 "현지에서 사는 영국 상인들은 근면한 우량품성을 상실하였다. 실제 사무들은 대부분 매판買販들에 의해 처리되는데 영국 상인들이 사교의 쾌락만을 즐기고, 테니스, 승마, 수렵 그리고 경마 등 경기 게임에 몰두하였다.", "대부분의 일본인들은 의화단 사변 후에 톈진으로 들어왔다. 오래되지 않아 정신을 차릴 수가 있어 창조한 성과는 또한 놀랍다. 비록 이러한 진보는 최근 일본 산업의 현저한 발전, 그리고 일반 상공업자의 노력과 떼려야 뗄 수 없는 관계가 있지만 일본 상인들은 이 작은 성취에 머물지 않았다. 그들은 현지의 상황과 주민들의 기호와 풍습 등에 대하여 자세히 조사함으로써 원래의 판로를 확장시켜 새로운 판로를 개벽하였다. 이를 통해서 다른 외국 상인들의 세력권에 진입하고, 원래 중국 상인들의 의해 독점된 상업권을 회복시켰다."[47]

위 내용을 통해서 일본이 중국 상업에 적극적으로 진입하는 두 개의 동기를 알 수 있다. 하나는 "다른 외국 상인의 세력권에 진입하는 것이다", 다른 하나는 "원래 중국 상인들에 의해 독점된 상업권을 회복시키는 것이다." 후자는 일본의 민족주의적 동기에서 나왔을 테고, 전자는 식민주의의 상징이다.

政管理體制近代化簡論」, 『歷史教學』 총 제539집, 2007년 11호.

47) 淸國駐屯軍司令部 편, 『天津誌』, 東京: 博文館, 1909.9, 253쪽.

4. 상품진열소(고공장-권업회장)부터 공동체 공간까지

고공장의 발전은 톈진 도시의 발전과 뗄 수 없는 관계가 있다. 염전이 귀국한 후부터 허베이 신카이구공원의 건설은 제기되었다. 1905년 2월 14일(광서 31년 정월 11일) 톈진 각 학당의 사장과 교원들이 허베이성의 빈터에 공원을 만들자고 제의하였다.

허베이 신카이구는 위안스카이에 의해 개척된 화계였다. 옛 톈진성의 동쪽, 공공 조계의 북쪽에 위치하고 있어 철도와 옛 성을 연결시키고 있었다. 1903년에 도시 건설이 시작하여 1905년까지 새 개발구를 계획하였다. 집중적 관리의 편리를 위해서 권업회장, 새 기업, 교육기구와 시정시설 그리고 조폐고장, 철공장 등은 허베이 신카이구로 옮겨졌다. 이곳은 중국 신정 시기 자주적 도시계획의 대표지역이었다. 그리고 권업장의 건설도 중국 권업박람회의 새로운 장을 열어주었다.

민졔關傑의 고증에 의하면, 1903년 일본유학생이 『절강조浙江潮』에 일본의 공원을 소개한 후, 1904년 『대공보大公報』는 남경에 공원을 만든다는 기사를 보도할 때 '공원'이라는 단어를 사용했다.[48] 시간상으로 봐도 톈진은 최초로 '공원'이라는 개념을 수용한 도시였다. 이곳에 공원의 성격을 가진 권업장을 만드는 것은 중요한 의미가 있다. 이 공간은 국가 통제 아래서 민족주의 공동체의식을 양성하는 곳이라고 할 수 있다. 공동체 의식의 양성은 권업에서 진행하는 상업적 활동의 힘을 빌려 공동체의식과 대중소비를 교묘하게 연결시켰다.

「권업회장총지勸業會場總志」에서 공원건설의 유래와 명명을 기록하고 있다.[49]

항성궁보(項城宮保, 위안스카이를 가리키는 말)가 경기 총독(總督)에 부임한 후 사회풍조가 일신되어 각 학당은 잇따라 공장을 건설하기 시작하였다.

---

48) 關傑, 『近代中國社會文化變遷錄』 2권, 浙江人民出版社, 1998, 532쪽.
49) 「勸業會場總志」, 北洋官報總局, 『直隷工藝志初編』 下, 志表類 卷下, 光緖33년(1907), 1쪽.

광서 31년 봄 톈진의 선비들이 공원 건설에 관한 글을 올렸다. 궁보는 해변의 큰 항구도시에 원림이 없는 것이 결점이라 여기어 톈진부현기공정국회(天津府縣曁工程會)와 은원국(銀圓局)에게 조달하여 실시하라고 명하였다. 그때 은원국의 총판(總辦)은 오늘날의 저우씨 독판(督辦)이다. 허베이 대경로(河北大經路) 중저우회관(中州會館)의 우측을 선정하여 땅 200여 무를 구입하였다. 32년 여름 먼저 다방부터 건설하며 공사를 계속 하였다. 33년 다시 공예국에 공사를 맡기었다. 여름 5월에 공사가 완공됨에 따라 명명해달라는 글을 올렸다. 궁보는 건설된 것은 학업실업과 관련되어 근본적으로 다른 나라의 유람용 공원과 다르다고 생각하여 권업회장(勸業會場)으로 명명해주었다.

은원국은 주된 출자기구였다. 1903년에 호부戶部 조폐총장造幣總廠을 만들어 많은 수익을 거두었다. 허베이의 신정사업은 조폐국의 수익으로부터 도움을 받았다.[50] 공원은 조폐국의 옆에 건설되었다.

사실상 톈진 최초의 조계공원은 빅토리아공원이다. "영국공원"으로도 불리는 이 공원은 1887년 6월 21일 영국 국왕의 탄생 50주년에 정식으로 개방되었다. 일본 조계에도 공원도 건설하기 시작하였는데 1906년에 완공되었다. 따라서 톈진에 공원이 없는 것이 아니었다. 위 인용문에서 "궁보는 해변의 큰 항구도시에서 원림이 없는 것이 결점이라 여긴"다는 것은 중국인들이 조계의 공원을 중국인에 속한 것이 아니라고 여기는 것을 의미한다.

「권업진열소총지」에서 권업회장의 기획 내용을 상세하게 서술하고 있다.[51] 이 기획이 시사한 바, 권업회장은 상품의 판매와 전시를 하는 권업장일 뿐만 아니라 포구방抛球房(당구장), 사진관, 연회장, 번채관番菜館(서양식 식당), 전희원電戱園(영화관) 등 공공오락공간도 포함하며 경기학무공소學務公所, 교육품 제작소教育品製作所, 참관실參觀室 등 시설도 포함한다. 1907년

---

50) 張俊英 편, 『造幣總廠: 清末民初中國機制幣鑄造中心』, 天津教育出版社, 2010.
51) 「勸工陳列所總志」, 北洋官報局, 『直隸工藝志初編』 下, 志表類 卷, 光緒33年(1907), 11쪽.

학무공소에서 경기도서관을 설치하여 1908년에 개관하였다. 교육품 제
작소와 참관실은 후일 허베이성河北省 제1도서관이 되었다.([그림 7~17])

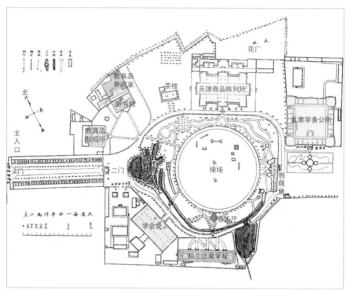

[그림 7] 권업회장 평면도(『경기공예지초편』 1907년)

[그림 8] 권업회장 입구(엽서 발행시간 불명)

* 권업회 박람회를 개최할 때 찍었을 것이다.

[그림 9] 권업회2장과 관음상(『북청대관』 1909년)

[그림 10] 권업회장2문(近藤久義제공)

ナレバ關稅選・傅小弱ノ處ニハ申ノ血等健案 儒文課地其々々所育等ノ物建 灰テレバ網列陳・蹴洋々ド躑々兒坊法々炎申 樹工陸　（除天）

(Tien Tsin)　Tien Tsin Park in Hope,　The Building at the Left hand side is a gallery, the next is the Educational Bazaar; Billiard and Music balls are elected in this compound.

[그림 11] 운동장과 휴계처(『북청대관』 1909년)

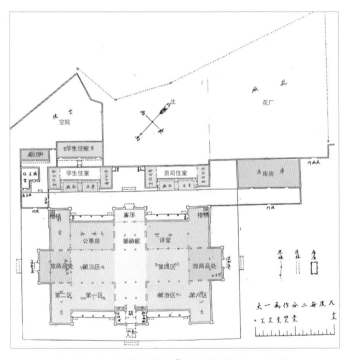

[그림 12] 고공장 평면도 (『경기공예지초편』 1907년)

[그림 13] 고공장(近藤久义제공)

[그림 14] 경기학무공소와 당구장(近藤久义제공)

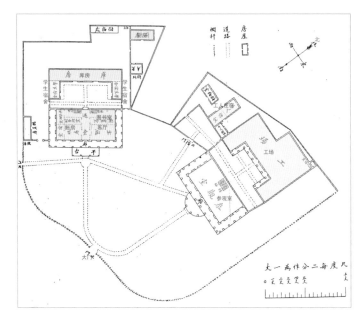

[그림 15] 교육품 제작소와 참관실 평명도(『경기공예지초편』 1907년)

[그림 16] 교육품 제작소(후톈진도서관, 『근대톈진도지』)

[그림 17] 참관실(『근대톈진도지』)

위안스카이는 1905년 8월 17일(광서 31년 7월 17일) 공원설계에 대하여
아래와 같이 지시하고 있다.[52]

하고자 한 것은 모두 다 알았다. 논의한 것과 같이 각자 책임대로 해야 한
다. 장식에 있어 그 지방에서 유능한 사람을 뽑아 전판(專辦)에게서 동의를
받은 후 지시대로 해야 한다. 공원의 크기는 천천히 확대해야 한다. 듣기로,
일본의 일비곡공원(日比穀公園)은 다른 나라를 모방하여 그 장점을 취하여 16
년 만에 경영하여 완공되었다. 그 중의 천초공원(淺草公園)에는 수족관과 동
물원이 있어 대개 지식을 향상되어 정신을 차리게 할 수 있음으로 속물적
유원지가 절대로 비교할 수가 없다. 톈진공원은 아직 초창기에 있기 때문에
앞으로 이렇게 될 지도 모른다. 이것을 그대에게 부탁하겠다. 당신의 성과를
기다리겠다.

52)「銀元局總辦周詳遵飭會勘公園地址及工程局繪圖呈 督憲文」(三十一年七月十七日), 北洋官報總局,『
直隷工藝志初編』上, 章牘類 卷上, 1907, 20쪽.

당시 영국 조계나 일본 조계 모두에서 이렇게 큰 규모를 가진 공공건축물이 없었다. 위 인용문을 보면, 이렇게 공간의 건설은 일본을 직접 모방한 것이었다. 히비야공원日比谷公園은 독일의 건축을 모방하여 지은 일본 최초의 공원이었다.53) 아사쿠사공원淺草公園은 사원 유적을 개조해서 만들어진 종합적인 공원인데 그 안에 극장, 사진관, 영화관 그리고 수족관 등이 있었다. 위안스카이는 이러한 이념을 톈진으로 도입하여 '원업회장'으로 명명하였다. 공원과 권업회를 일체화를 한 것도 일본을 모방한 것이다. 일본의 우에노공원上野公園에서 권업박람회를 두 번이나 개최하였다. 운동장의 주위에 공공시설을 대량으로 설치하는 것도 영국 조계와 일본 조계에서는 없는 일이었다. 따라서 일본의 영향을 직접 받았을 가능성이 크다. 가장 중요한 것은 위안스카이가 일본공원은 "대개 지식을 향상되어 정신을 차리게 할 수 있음으로 속물적 유원지와 절대로 비교할 수가 없다"는 것을 인식하여 톈진의 공원이 이렇게 될지도 모른다고 기대한 것이다.

「권업회장총지」에서 설계의도와 역할에 대한 서술은 그 시설에 부여된 정치적 목적을 말해주고 있다.54)

권업으로 명명한 것은 이 이름이 시사하는 바가 있기 때문이다. 체조장과 음악정자는 학생들이 운동과 연주를 하여 우열승부를 겨루는 데라 거기서 향상의 정신을 발양할 수 있다. 학회에는 학생들이 학업을 토론할 시에 쓰는 곳이라 진보개량의 뜻이 있다. 진열제조에는 공업을 진흥시킨다는 사상이 있다. 시장은 상업을 발전시켜 상업적 전신을 육성하는 것이다. 유화정에 유화를 걸어놓은 것은 국민의 애국심을 불러일으키기 위한 것이다. 회의장과 연회장은 관료와 토호들이 사무를 보고 연회를 할 때 쓰는 곳이다. 사진관, 서양식당, 다방과 극장은 일반 백성들이 오락할 수 있도록 설치한 것이다. 그 중의

53) 白幡洋三郎, 『近代都市公園史の硏究』, 思文閣, 1995.
54) 北洋官報局, 『直隷工藝志初編』 下, 志表類 卷下, 2쪽.

산수, 화초와 조수들이 사람의 관심을 끌어 동식물학을 배우고 연구하게 한다. 바람은 산들산들하고 햇볕은 따사로워 가마와 차량의 왕래가 끊이지 않는 것은 관상하기 위해서다. 관료, 상인과 선비 그리고 백성들이 한데 모여 지혜를 교환함으로써 각자의 지식을 증진시킨다. 모이기 때문에 경기가 생기고 경기 때문에 다시 경쟁의식이 생긴다. 그러므로 아버지는 아들을 가르치고 형은 동생을 격려한다. 무릇 학계와 실업계 및 모든 사람들이 폐단을 고쳐 문명에 물드는 것은 모르는 사이에 이루어진다. 권업회장을 건설하는 목적은 이러한 신통한 효험에 있다. 비록 지금 건설한지 얼마 안 되고 물질적으로도 풍요하지 않아 경양하기 어렵고 수효가 적다. 그러나 이 사업을 추진하는 자들이 굳센 의지가 있고 열정도 넘친다. 구미를 비견할 만하지 않으면 노력도 끊지 않을 것이다.

19세기말에 중국은 진화론의 영향을 많이 받았다. 옌푸嚴復의 『천연론天演論』은 톈진에서 쓰였다. 1897년 12월18일 『국문회간國聞匯刊』 제2권에 처음으로 발표되었다. 「역천연론자서譯天演論自序」와 「천연론현수天演論懸殊」(미완)가 실렸다. 그 후 제4, 5, 6권에 계속 연재하였다. 『국문회간』과 『국문보國聞報』는 당시 톈진의 중요한 신문들이고 옌푸가 편집부의 주된 책임자이었다. 권업회장의 건설은 『천연론』 발표한 지 10년 후에 실시된 것이었다. 이 10년 사이에 『천연론』은 전국적으로 보급되었다. 위안스카이가 공예총국을 창설한 것은 이러한 배경과 무관하지 않다.

『상상의 공동체』에서 '국민nation'의 출현은 출판의 보급과 밀접한 관계가 있다고 한다. 저지Joan Judge는 시민사회의 시선으로 상하이의 출판과 정치와의 긴밀한 관계를 고찰하였다. 그에 따르면 대표적인 것이 무술유신戊戌維新 시기에 출판된 『시무보時務報』이다. 1904년 6월 디바오셴狄葆賢이 창설한 『시보時報』는 『시무보』보다 시간이 더 길고 영향력이 더욱 컸다. 이러한 정치적 출판물들은 서양 '시민사회civil society'의 '공공 공간public sphere'과 유사한 점이 있다.[55] 즉 인쇄품은 공동체 그리고 공공영역과 밀접한 관계가 있다는 것이다.

20세기 초 톈진에서도 이와 같이 인쇄물과 정치의 영향이 존재하였다. (일본) 중국주둔사령부에서 편찬한『톈진지』에56) 의하면, 당시『북양관보北洋官報』(1902년 창간), 『대공보大公報』(1902년 창간), 『중외실보中外實報』(1904년, 구명『직보直報』 1895년 창간), 『톈진일일신문天津日日新聞』(1901년 창간, 구명『국문보國聞報』), 『상보商報』(1905년 창간), 『진보津報』(1905년 창간), 『조야보朝野報』(1906년 창간)』, 『북방일보北方日報』(1906년 창간), 『애국보愛國報』(1906년 창간)』 등 신문이 있었다. 그 외에 외국신문도 많았다.

당시 신문을 읽을 수 있는 사람은 매우 적었다. 1,000명 중에 100명이 글자를 읽을 줄 알고, 이 100명 중에 신문을 사는 사람은 10명밖에 되지 않았다. 1905년에 '지사'들이 성금을 거두어 톈진성 동문 밖에 '상무야학학당'을 만들어 무료로 강의하였다. 이는 후일 신문을 읽는 장소가 되었다. 황종즈黃宗智는 '제3영역'이라는 개념을 사용하여 명나라 말기에 선비들의 역할을 검토하였다. '지사'들과 공원 건설의 제창자들은 이른바 '제3영역'의 선비일지도 모른다. 이 신문을 읽는 장소들은 옛 성의 주변에 분포되어 옛 공동체(주로 종교단체)를 이용하였다. 신문을 읽는 장소는 계문열보처啓文閱報處(1905년, 동분성 구석), 소노야간보처小老爺看報處(1906년, 하동 웅룡가), 준제암후간보처準提庵後看報處(1905년, 이틸리 조계), 진명열보처進明閱報處(1905년, 하동 과가객상), 일신열보처日新閱報處(1905년, 하동 지장암 전도처 안).57)

신문을 읽는 데 외에 전도하는 곳도 설치되었다. 전도하는 곳은 천제묘선강처天齊廟宣講處(1906년, 동문 외), 서마로선강처西馬路宣講處(1906년, 서마로), 지장엄선강처地藏庵宣講處(1905년, 하동), 감로사선강처甘露寺宣講處(1906년, 하북)

---

55) Joan Judge, *Print and Politics: 'Shibao' and the Culture of Reformin Late Qing China*. Stanford University Press, Stanford, California, 1996.

56) 日本の中國駐屯軍司令部 編,『天津誌』, 1909年9月 印行. 中文翻譯: 天津市地方志編輯委員會編輯室 編, 侯振彤 譯, 『二十世紀的天津槪況』, 同室出版, 內部發行, 1986, 339~341쪽.

57) 위의 책, 같은 쪽.

등에 있었다.58)

사원공간이 신문을 읽고 전도하는 곳으로 변모된다는 것은 공동체가 인쇄물의 보급을 통해서 전환함을 의미한다. 즉 옛 종교공동체로부터 nation 공동체로 바뀌는 것이다. 이러한 양적 변화에 따라 새로운 공동체공간인 권업회장이 나타난다. 권업회장은 '관료, 상인과 선비 그리고 백성'을 모여 국민의 정신을 각성시키는 장소이다. '관료, 상인과 선비 그리고 백성'은 바로 '국민nation'을 가리키는 것이다. "구미에 비견할 만하지 않으면 노력도 끊지 않을 것이다."는 말에서 매우 강한 민족주의 사상이 드러난다. 민족주의의 탄생은 '타자'와의 관련된다. 조계는 가장 가까운 '타자'이다. '타자'는 저항의 대상이 될 수도 있고, 가장 가까운 학습의 목표가 될 수도 있다.

하버마스Jürgen Habermas는 공공영역이라는 개념을 제기하였다.59) 그러나 중국 청나라 말기에 하버마스가 말하는 이상적인 공공영역이 존재하지는 않았다. 청나라 말기에 공동체는 사회일원화라는 공동의식과 일체감을 전제조건으로 한 것이었다. 오바마 마사코小浜正子의 『근대상해의 공공성과 국가近代上海的公共性與國家』에서 이 문제를 설명하고 있다.60) 권업회장은 사회일원화적 공동의식과 일체감을 전제로 만들어진 공간이다. 그것은 '공공성+공동체'의 공간이며 '공동체공간'으로 불러도 된다. 이 공간은 공동체의 특성을 가지고 있을 뿐만 아니라 공동성의 특징도 지니고 있다.

일본 학자 사이토 준이치齊藤純一는 하버마스의 공공영역을 바탕으로 공공성과 공동체를 네 가지로 구분하였다.61) 첫째 공공 공간은 누구나 모두 들어갈 수 있는 공간인데 공동체는 폐쇄적인 공간이다. 둘째, 공동

---

58) 위의 책, 같은 쪽.
59) 哈貝馬斯, 曹衛東 等 譯, 『公共領域的構造轉型』, 學林出版社, 1999.
60) 小浜正子, 葛濤 譯, 『近代上海的公共性與國家』, 上海: 上海古籍出版社, 2003.12.
61) 斉藤純一, 『公共性』, 岩波書店, 2000.5, 第一刷, 2010.4, 第17刷, 5~6쪽.

성은 동질 가치로 충만한 공간이며 공공 영역은 복수적 가치와 서로 다른 의견이 생길 수 있는 공간이다. 공동성은 모든 구성원이 공동체를 구성하는 본질적 가치이다. 이 가치는 종교가치일 수도 있고, 도덕적 가치일 수도 있다. 셋째, 공동체는 구성원들의 내면적 정념(애국심, 동포애, 애사정신 등)을 통합시키는 매개이고, 공공성은 인간과 인간의 관계를 조화하는 것이다. 넷째, 공동체는 일원적이고 배타적이며, 공공성은 동질적 공간이 아니다. 공동적인 것에 목숨을 바친다든지 공공적인 것에 충성한다는 언어가 성립되지도 않는다.

　권업회장의 경우, 첫째, 권업회장은 중국인이라면 어느 종교에 속하고, 어느 지역에서 살고, 무슨 일을 하든 상관없이 누구나 다 들어갈 수 있는 공간이다. 그러나 중국인들은 외국인을 지신의 공동체로 간주하지 않았다. 명문규정이 없지만, '관료, 상인 그리고 선비와 백성'에는 외국인이 제외된다. 따라서 중국인들은 조계공원을 자신의 공원으로 받아들이지 않았다. 둘째, 권업회장에는 서로 다른 가치가 존재한다. '관료, 상인 그리고 선비와 백성'들은 서로 다른 혈통, 지역 그리고 종교에서 나왔기 때문에 서로 다른 가치관을 가지고 있었다. 그러나 공원을 건설하는 목적은 nation 공동체의 본질적 가치를 통합시키는 데 있다. 셋째, 권업회장의 건설이 중국인들의 애국심을 양성했음은 분명하다. "구미에 비견할 만하지 않으면 노력도 끊지 않을 것이다."라는 말에서 이를 알 수 있다. 그러나 동시에 권업회장은 인간과 인간의 관계에도 도움이 된다. "관료, 상인과 선비 그리고 백성들이 한데 모여 지혜를 교환함으로써 각자의 지식을 증진시킨다." 넷째, 권업회장은 '타자'에게 일원적이고 배타적이다. 그러나 각 종 전통 공동체 특징을 지닌 중국인들에게 권업회장이 일원적 공간은 아니다. 하버마스의 공공영역이라는 개념에 대한 논술은 유럽이라는 특정 환경을 배경으로 하였다. 그런데 '타자'라는 위협물이 존재하는 식민지나 반식민지 공간에서 민족주의를 떠나 공공공간을 이야기할 수가 없다. 일본 히비야공원日比穀公園이나 아사쿠사공원淺草公園도 매우 강한 민족주의를 담은 공공공간이다.

스미스Anthony D. Smith에 따르면 nation의 성립은 역사, 명확한 뿌리감각을 전제해야 하고, 집단과 공유한 '과거'를 기록해야 한다. 따라서 그 기원부족ethnie공동체에게 역사적인 도움을 청해야 그 성립과정을 마련할 수 있다.62) 권업회장 입구에 선수병仙水甁을 손에 든 관음보살 그림이 있다. 이 설계를 보면, 이는 1903년 오사카 내국권업박람회에 있는 관음보살 그림을 연상케 한다. 그러나 공동체의 시선으로 보면, 관음신앙은 중국 3대 민간신앙 중의 하나인데 공원의 건설은 관음신앙을 추진하기 위해서가 아니라 관음신앙을 이용하여 공동체를 만들기 위한 것이라고 할 수 있다.([그림 18])

Jet of Water (Tientsin Industrial Exhibition)　　天津考工廠內噴水

[그림 18] 관음상(近藤久义제공)

루오프Kenneth J.Ruoff는 『기원 2600년: 소비와 관광의 민족주의』에서 nation 의식과 민족주의의 형성을 추진하는 데 있어 대중소비가 가장 효율적인 역할을 했음을 언급하고 있다.63) 권업회장에는 상품을 판매

---

62) Anthony D. Smith, *The Ethnic Origins of Nations*, B. Blackwell, 1986.

하고 전시하는 고공장만이 있는 것이 아니라 포구방拋球房(당구장), 사진관, 연회장, 번채관番菜館(서양식 식당), 전희원電戲園(영화관) 등 공공오락공간도 마련되어 있으며 그리고 교육품 제작소, 참관실, 운동장 등도 있었다. 권업회장은 1907년에 최종적으로 완공되었지만, 사실은 그 전에 이미 사용되었다. 1906년에 권업회장에 이미 제1차 권업전시회가 개최하였다. 권업전시회는 후일 전국적인 남양권업회南洋劝业会로 발전되었다. 이러한 공간은 시민적 공간으로부터 국가적 공간으로 발전되어 1914년에 파나마만국박람회의 주된 준비회장으로 사용되었다. 그리고 순직자의 국順直咨議局 등 주요한 건축물들은 공원을 둘러싸고 지어졌다.([그림 19])

[그림 19] 톈진현 의사회(『백상중국제일』)

중국은 고공장으로부터 시작하여 권업회장까지 발전시켰다. 일본도 메이지시기 상품진열소, 권업회 그리고 박람회로 발전시켰다. 이 점에서 중국과 일본의 발전과정이 똑같다고 할 수 있다. 최초에 중국 상공업

---

63) Kenneth J. Ruoff, *Imperial Japan at Its Zenith: The Wartime Celebration of the Empire's 2,600th Anniversary*, 木村剛久 譯, 『紀元二千六百年: 消費與觀光的民族主義』, 朝日新聞出版, 2010.12.

을 발전시키기 위해서 일본을 배웠을지도 모르겠지만, 가장 중요한 것은 그 과정 중에 nation 의식이 형성되었다는 것이다. 권업회장은 공동체적 특성과 공공성 특징을 함께 지닌 공간(공동체 공간)으로서 nation 의식을 육성하는 공간이 되었다. 비록 nation 의식의 양성에 있어 인쇄품은 중요한 역할을 했지만, 공간의 역할도 무시될 수가 없다.

5. 결론

개항도시는 '객체'인 조계와 '주체'인 화계가 만나는 공간으로서 양자 공존의 복잡성이 함축되어 있다. 이 복잡성을 연구하는 것은 중국근대화과정을 밝히는 관건이 된다. 이 글은 개항도시가 빠른 속도로 발전하는 것이 서로 다른 두 가지의 힘, 즉 본토의 민족주의와 식민주의에 힘입은 것이라고 본다. 비록 민족주의와 식민주의는 일정 조건하에 서로 배척하지만, 서로 결합하여 근대화의 발전을 추동시켰다.

조계의 건설은 일본식민주의가 중국으로 진출하는 첫 걸음이다. 그 속엔 중국으로 상공업을 진입시키려는 목적도 있다. 상품진열소를 설치하는 것도 중국으로 상품을 판매하기 위해서였다. 그러나 이 과정에서 '객체'는 '주체'에게 뜻밖의 영향을 미쳤다. 조계는 하나의 통로가 되어 외국의 새로운 소식과 이념 그리고 방법을 가져왔다. 경기공예총국의 건설은 전국적 신정의 실시에 모범적 역할을 했다. 고공장은 일본상품 진열소라는 메커니즘을 배워 권업회장으로 발전되었다. 이 권업회장은 중국 최초의 권업박람회가 되어 1910년에 다시 남양권업회의 모범이 되었다.

다른 한편으로 식민주의는 '주체'의 민족주의 의식의 형성을 자극하였다. 민족주의는 다시 능동적 학습의 원동력이 되었다. 고공장을 통해서 국외의 상황을 알아보고, 상공업 다화회를 통해서 외국의 움직임을 파악하고, 중국 상공업자들은 외국경험을 적극적으로 본받았다. 이것은 근대화를 추동하는 힘이다. 이 이중적인 역할은 개항도시에 집중적으로 나타나고 개항도시공간의 발전을 추진하였다.

개항도시의 공공공간에 대한 검토는 민족주의라는 배경을 벗어나기 어렵다. 권업회장은 공공성과 공동체의 특징을 지닌 '공동체공간'이며 nation 의식의 육성에 있어 중요한 역할을 하였다.

19세기 말엽 **동아시아의 서양인 거류 현황 분석**

: D. W. 스미스의 저술[1] 내용을 중심으로

윤승준尹承駿

1. 서론

1498년, 포르투갈 출신의 모험가 바스쿠 다 가마Vasco da Gama(1469~1524)
가 2년여의 고된 항해 끝에 인도 남부 캘리컷Calicut(지금의 코지코드Kozhikode)
에 닻을 내렸다. 그는 함께 갔던 선원의 1/3 이상을 잃는 큰 희생을 치러
야 했지만 이를 통해 유럽인들에게 알려진 인도 항로는 미지의 세계
동양을 향한 그들의 오랜 꿈을 실제 가능한 현실로 만들어주었다. 세계
사의 일대 전환점이 된 콜럼버스Christopher Columbus(1451~1506)의 아메리카
'발견'이 인도로 가는 길을 찾는 과정에서 발생한 우연의 산물임은 잘
알려져 있거니와, 이제 그들은 상상만 하던 매혹의 땅 아시아를 직접
가 볼 수 있게 된 것이다. 그리하여 종교적 열정이나 단순한 호기심에서,
혹은 투자금의 60배가 넘는 이익을 남긴 다 가마처럼 경제적 이득을
좇아 유럽인들이 떼를 지어 아시아로 몰려들기 시작했다. 16세기 초부

---

* 인하대학교 인문학부 교수(연구원).

[1] D. W. Smith, *European Settlements in the Far East*, London: Sampson Low, Marston &
Company, 1900, p. 331.

터 서서히 모습을 드러낸 그 행렬에서 선두주자는 역시 포르투갈이었으며,[2] 얼마 후에는 스페인이, 그리고 17세기에 들어와서는 네덜란드, 영국, 프랑스, 독일 등의 유럽 열강이 차례로 합류하였다. 그들은 인도에서 일본에 이르기까지 도처에 군사적, 상업적 거점을 확보했으며, 종종 무력을 동원하여 개방을 강요함으로써 세력권을 넓혀갔다. 필요하다고 판단되면 영토를 강점하고 식민지나 보호령으로 만들기도 하였다.

이러한 서세동점西勢東漸의 시대 조류 속에서 삶의 터전을 아시아로 옮기는 서양인들이 출현하게 된 것은 자연스런 일이었다. 이들은 전全지구적으로 진행된 제국주의적 침탈의 첨병인 동시에, 선진적인 서구 문명을 소개, 보급하는 '근대'의 전령사였다. 그러므로 이들의 구체적인 실상을 파악하는 것은 근현대 아시아사를 이해하는 데에 있어 필수적인 요소 가운데 하나라고 할 수 있다. 각국사 수준에서는 그 작업이 서양의 제국주의 본국과 식민지였던 아시아 양편 모두에서 이미 상당한 정도로 진척되었다고 할 수 있다. 하지만 국가별, 지역별 개별 사례들을 한데 모아 서양 출신 아시아 거류민들의 실상을 전체적으로 제시한 연구는 아직까지 우리에게 알려진 것이 별로 없는 듯하다.

이점에서 영국의 저널리스트로 중국에서 활동했던 D. W. 스미스D. W. Smith가 1900년에 펴낸 저술은 매우 특기할 만한 것으로, 동아시아의 경우와 관련하여 커다란 시사와 도움을 줄 수 있으리라 기대된다. 이 책의 부제에 나와 있듯이 그가 다루는 대상은 지역적으로 중국, 일본[대만 포함], 한국은 물론, 인도차이나(베트남·캄보디아), 시암(태국), 해협식민지(싱가포르·말레이시아), 네덜란드령 인도(인도네시아), 필리핀, (영국령) 보르네오 그리고 멀리 동부 시베리아에 이르기까지 서양인 거류민이 존재했던 동아시아의 거의 모든 곳을 포괄한다. 그리고 이들 각각에 대해 역사,

---

2) 근대 세계를 개막한 유럽인의 '대항해'에서 포르투갈은 '항해왕자' 엔리케(Henrique O Navegador, 1394~1460)와 그를 이은 주앙 2세(João II, 1481~1495)의 주도 아래 아프리카를 개척하여 대규모 무역관계를 수립했으며, 1488년에는 바르톨로뮤 디아스(Bartolomeu Dias, 1450?~1500)의 활약에 힘입어 아프리카 남단의 희망봉에 도달하는 등, 초기 주역을 담당하였다.

지리, 기후, 자연(동식물), 취락, 정치제도, 군사, 경제(산업·무역), 도시 구조, 교통(항만·도로), 유적·관광지, 종교·문화·여가·사교 시설, 교육, 취락 등, 당시 자신이 접할 수 있었던 서양인 거류지 관련 지식과 정보를 나름대로 정리하여 제시하고 있다. 특히 그의 기술 내용은, 비록 선택적이고 따라서 전체적으로 균질하지 않다는 점이나 영국인으로서의 편파적 시각이 작용했다는 점 그리고 깊이 있는 역사적 고찰이 대체로 결여되어 있다는 점 등은 한계로 지적될 수밖에 없지만, 적어도 일부 지역들에 대해서는 풍부한 종합 정보를 제공하고 있다는 면에서 비교사적 고찰을 가능하게 해 주는 보기 드문 장점이 있다.

본고는 이 측면에 주목하여 스미스의 저술 내용을 기본 토대로 삼아 19세기 말엽의 동아시아 내 서양인 거류민 사회의 주요 단면을 지역별로 살펴보고자 한다: 그들은 어디에 얼마나 살았는가, 또 그들의 실제 생활 양상은 어떠했는가?

2. 서양인 거류민의 분포와 활동

1) 중국

16세기 중엽 포르투갈의 무력에 굴복하여 마카오를 사실상 식민지로 내어준 이래 중국은 서양의 지속적인 개방 위협에 시달렸다. 그리하여 영국이 도발한 아편전쟁에서의 패배로 굴욕적인 난징조약南京條約(1842)을 맺은 뒤로는 서양인들의 중국 내 활동이 점증하였으며, 태평천국太平天國의 난, 애로호 사건에 이은 톈진조약天津條約(1858), 영국과의 즈푸조약芝罘條約(1876) 및 버마조약(1886), 프랑스와의 윈난조약雲南條約(1895) 등을 거치면서 서양인들에 대한 문호 개방이 급속히 확대되었다. 그리하여 19세기가 끝날 무렵에는 중국 전역이 사실상 서양인들의 활동 무대가 되었다고 해도 과언이 아닌데, 1898년 말 중국 내 외국인 숫자는 13,431명으로 파악되었다. 여기에 포함된 일본인 1,694명과 '극소수'의 기타 국적 보유자를 고려하면 서양인 거류민 규모는 약 11,000명 정도로 추정된다.[3] 또 거의 전부 마카오 태생인 포르투갈인 1,023명까지 제외할 경우 그 수효는 대략 10,000명 정도라고 할 수 있다.

가장 많은 서양 거류민을 보유한 곳은 1842년 2월 자유무역항으로 공식 선포된 영국의 직할식민지 홍콩이었다. 그 규모는 1897년 기준으로 5,532명인데, 이것은 군대 병력(육군 2,850명, 해군 2,268명)을 뺀 것으로 포르투갈을 제외한 유럽 및 미국 출신이 3,269명이고, 대부분 마카오 태생인 포르투갈인이 2,263명이다. 그 외에 상선에 체류하고 있는 유럽인이 356명으로 파악되었는데, 이들 역시 전체 수치에서는 제외된다. 한편, 홍콩과 마찬가지로 유럽 국가의 식민지였던 마카오에는 1896년 현재 4,000명에 다소 못 미치는 서양인이 거주했던 것으로 파악되었다. 당연히 포르투갈인이 3,898명으로 가장 많았으며, 영국인 80명을 포함한 기타 국적 보유자가 161명이었다. 흥미로운 것은 포르투갈인들이 출신지에 따라 굳이 분류되고 있다는 사실이다. 즉, 마카오 태생 3,106명, 포르투갈의 다른 해외 영토 태생 177명, 그리고 유럽의 본국 출신 615명 등으로 나와 있는데, 이러한 구분은 아마도 비非포르투갈 출신을 정통 유럽인으로 간주하려 하지 않는 시각이 존재했음을 보여주는 것이 아닐까 한다.

중국의 도시 가운데 가장 많은 서양인 거류민이 있었던 곳은 '국제도시' 상하이였다. 난징조약에 의해 1843년 개방된 이 항구도시의 서양인은 1898년 현재 5,240명으로 30년 쯤 전인 1865년의 2,757명에 비해 거의 두 배 가까이 증가하였다. 이는 태평천국의 난이 종식되면서 안정을 되찾고 중국의 대외 개방이 가속화된 결과라고 할 수 있는데, 1895년의 조사 자료를 통해 세부적인 구성 내역을 추정해보면 영·미 계통 서양인

---

3) 주요 내역을 출신 국적별로 보면, 영국 5,148명, 미국 2,056명, 독일 1,043, 프랑스 920명, 스페인 395명, 덴마크 162명, 이탈리아 141명, 스웨덴·노르웨이 200명 등이다.

이 단연 돋보인다.4) 한편, 이들은 영국과 미국 그리고 프랑스의 3개 조계租界에서 주로 거주하였는데, 특히 영·미국인 거류지에 집중되어 있었다. 1895년의 조계별 외국인 거주 분포를 보면, 1863년 이해 단일한 자치회를 구성함으로써 통합한 양경빈洋經浜 북부의 영·미국인 거류지에 전체의 90%가 몰려있고(3,821명) 프랑스인 거류지에는 430명밖에 없는 것이다. 같은 해 성별/연령별 구성을 보면, 영·미국인 거류지의 경우 총 4,684명 가운데 남성이 2,068명인데 비해 여성은 1,227명으로 남성의 60% 정도였으며, 1,389명은 어린이였다. 이러한 남성/여성/어린이 분포는 1876년의 1,086명/296명/291명 및 1885년의 1,775명/1,011명/887명 등 이전 수치와 비교할 때 주목할 만한 변화가 있었음을 보여준다. 실제에 있어 성인 남성의 수는 1870~1880년에 감소하다가 이후 5년 동안 50% 이상 증가하였고, 전체 숫자는 1876~1885년의 9년간 갑절로 늘어났다가 이후 5년간은 겨우 148명 증가하였는데, 이들 중 144명은 아이들이었다. 이는 중국과 서구 열강 사이 외교관계를 새롭게 재편성한 즈푸조약(1876)의 직접적 결과로서 설명될 수 있을 것이다. 그에 따라 중국 내륙이 활짝 열리고 개항장의 범위도 대폭 확대됨으로써 서양인들의 중국 유입이 단기적으로 촉진되었으며, 1880년대 후반에 가서는 서양인 거류민 사회가 다시 안정화 추세에 들어섰음이 확인된다. 한편 프랑스 조계의 외국인 경우는 1895년에 남성 190명, 여성 78명, 어린이 162명으로 총 430명이었는데, 1890년의 444명에 비해 오히려 감소하였다. 15세 미만의 아이 중 남자는 겨우 26명이고 여자가 136명이라는 사실도 흥미로운데, 어쨌든 상하이 서양인 사회에서 프랑스가 차지하는 비중이 의

---

4) 1895년의 상하이 거주 서양인은 군인과 유동 인구를 제외하고 모두 4,335명인데 그 가운데 영·미 출신이 2,359명(영국인 2,002명과 미국인 357명)으로 전체의 절반이 넘는다. 더욱이 대부분 마카오 태생인 포르투갈인 741명을 제외한다면 그 비율은 2/3로 높아진다. 그 외 거류민의 주요 국적별 분포를 보면, 독일·오스트리아 399명, 프랑스 281명, 스페인 154명, 덴마크 89명, 이탈리아 88명, 스웨덴·노르웨이 82명, 러시아 31명, 기타 유럽 각국 111명 등이다.

외로 취약했음을 보여준다고 하겠다.

그 외에 서양인 거류민의 규모가 구체적으로 소개되고 있는 도시는 지부芝罘(오늘날의 옌타이烟臺) 등 3개 개항장에 불과하다. 1863년에 개방된 조약항 지부에는 상하이 같은 외국인 거류지나 조계는 없지만 모두가 인정하는 외국인 구역이 있어, 각국 영사관에서 출간한 책자에 따르면, 약 400명의 서양인이 거주하고 있었다. 그러나 청일전쟁에서 승리한 후 일본의 영향력이 점차 커지면서 이곳 서양인 사회의 입지는 조금씩 축소되는 양상을 보이고 있었다. 샤먼厦門은 1544년 포르투갈인들이 상륙한 이래 영국, 스페인 등이 차례로 무역을 튼 바 있는데, 1842년 난징조약에 따라 일찍이 개방한 5개 항구 중 하나로서 외국인 거류지에 사는 서양인이 280명에 달했다. 그러나 역시 일본의 입김이 점차 커져서 1899년에는 일본인 거류지가 설정되게 되었다. 끝으로, 충저우瓊州의 외항으로서 하이난다오海南島에 위치한 호이호우Hoihow(하이커우海口의 이칭)에는 60명가량의 서양인 거류민이 있다. 이들은 대부분 영국과 미국 그리고 프랑스 출신인데, 정식 외국인 거류지는 아직 형성되지 않은 상태였다.

이상의 여섯 곳을 제외한 중국 내 각지의 개항장 혹은 개시장에서 19세기 말엽 각별히 주목할 만큼 일정 규모 이상의 서양인 거류민 집단이 형성되어 있었던 곳은 그리 많지 않았을 것으로 추측된다. 수도 베이징만 하더라도 그 수효는 단순히 '소수'라고 언급되고 있을 뿐인데, 이는 그곳이 정치의 중심이긴 해도 직접 대외 무역을 수행하지는 않았기 때문이 아닐까 한다. 스미스의 저서에서 다루어지고 있는 이들 도시의 명단과 특기사항을 표로 정리하면 다음 [표 1]과 같다.

[표 1] 규모 미상의 중국 내 서양인 거류지

〈외인거류지 존재〉		〈외인거류지 부재 또는 불명〉	
지명	특기사항	지명	특기사항
이창(宜昌)	1877, 즈푸조약. 서양인 '약간'	베이징	서양인 '약간'. 직접 무역 없음
베이다이허 (北載河)	외국인 자치 허용	원저우 (溫州)	1877, 즈푸조약 외국인 '희소'. 외인거류지 없음
쑤저우 (蘇州)	1896. 일본인거류지 예정	타이구 (太沽)	외국인 '희소'
전장 (鎮江)	1885, 톈진조약	톈진	영/불/독 조계 일본 조계 건설 중(시모노세키조약)
우후 (蕪湖)	1877, 즈푸조약 외인주택 희소 외인거류지 미활용	뉴창牛莊	
주장(九江)		다롄(大連)	러시아 조계
한커우 (漢口)	1861 영/독/불/러/일 조계	뤼순(旅順)	러시아 조계
웨저우 (岳州)	무역 미미	웨이하이웨이 (威海衛)	영국 조계
징저우 (荊州)	1895, 시모노세키조약 일본 조계 1899, 영국 영사 철수	자오저우 (膠州)	독일 조계
항저우 (杭州)	1896, 시모노세키조약	난징	1858 1899.5 정식 개방
푸저우 (福州)	1842, 난징조약	충칭(重慶)	1891. 개방 효과 미미, 무역 장애
스와토 (Swatow) [산터우(汕頭)]	톈진조약 1861년까지 외인 접근 불능	닝보(寧波)	1842, 난징조약 외인 주택 있음. 무역 미미
광저우 (廣州)	난징조약. 영/불 조계	산터우 (汕頭)	1899. 자발적 개방 (Funing - fu)
〈외인거류지 부재 또는 불명〉			
황푸(黃埔)	무역 쇠락	베이하이 (北海)	1877, 즈푸조약
라파(Lappa) [완쯔다오 (灣仔島)]	마카오만(灣仔島)	롱저우 (龍州)	1889 광시성–통킹 국경무역
싼수이(三水)	1897, 버마조약	멍쯔(蒙自)	1886, 청불 톈진조약 추가협정 외국상인 없음
오저우(梧州)	1897, 버마조약	허커우 (河口)	1895, 청불협정 국경무역
광저우만	프랑스 조계(경계 미정)	쓰마오 (思茅)	1895, 제라르협정(통킹에 개방) 1896, 버마협정(영국에 개방) 외국상인 없음

주: "특기사항"의 숫자는 개방 연도를, 조약은 개방 근거를 가리킴.

그러나 [표 1]에 나온 지명들이라고 해서 모두 서양인 거류민이 희소했을 것으로 단정할 필요는 없을 것이다. 적어도 외국인 거류지가 존재하는 것으로 명시된 곳들의 경우에는 유럽 열강 5개국의 조계가 설치되어 있던 한커우라든가 영국 및 프랑스 조계가 있던 광저우[광동] 등지에는 서양인 사회가 일정 수준 형성되어 있었을 것으로 추정된다. 저자 스미스가 외국인 거류지의 존재 여부를 명시하지 않은 곳들도 실제 사정은 크게 다르지 않았을 듯한데, 영국, 프랑스, 독일 등의 조계가 설치되어 있던 교통의 요지 톈진을 위시해서 다롄, 뤼순, 웨이하이웨이, 자오저우 등이 그런 경우라고 할 수 있다.

2) 극동: 한국, 일본·대만, 동부 시베리아

한국[Corea]은 주지하다시피 1882년 미국을 필두로 영국, 독일, 러시아 그리고 프랑스, 이탈리아, 오스트리아 등과 수호통상조약을 맺으면서 서양에 개방되었다. 그러나 이미 강화도조약(1876)이 강제된 바 있고 이후 일본의 세력 확장이 대대적으로 진행되어 왔기 때문인지, 서양인 거류민의 규모는 상대적으로 약소한 수준이다. 스미스의 저서에는 서울과 평양 등 9개 도시가 소개되어 있는데, 이 가운데 서양인 거류민 숫자가 파악되어 있는 곳은 넷이다. 1898년 현재 한국에서 가장 큰 국제도시는 제물포로서, 총 5,718명의 외국인 거주하고 있었다. 하지만 일본인(4,301명)과 중국인(1,344명)이 압도적 다수를 차지하였고, 대체로 각국 조계에 거주하는 서양인은 73명 남짓할 뿐이었다. 이러한 상황은 다른 지역에서도 마찬가지였다. 1876년 일본에, 그리고 1883년에는 서양 국가들에 개방된 부산에는 22명의 유럽인이 거주했는데, 이는 '사슴 섬'이라고도 불린 절영도絶影島의 일본인 거류민 6,249명에는 물론, 85명인 중국인들에 비해서도 턱없이 적은 숫자이다. 한반도 북부에서 가장 컸던 개항장 원산과 개시장 평양에도 각각 20명, 18명에 불과한, 대부분 미국

출신으로 선교와 교육에 주로 종사하는, 소수의 서양인 거류민을 기록하고 있다.[5] 놀라운 것은 수도 서울의 서양인 거류민이 군산, 목포, 진남포, 성진 등의 지방 도시들과 마찬가지로 파악되지 않고 있었다는 점이다. 이는 어쩌면 저자 스미스의 정보 부족 탓일 수도 있겠으나, 아마도 일본의 압도적 영향력[6] 그리고 이와 연관된 서양과의 무역 등 국제 경제 관계의 저조한 수준에서 기인하는 것으로 보는 것이 타당할 듯하다.

일본의 경우, 이미 치외법권을 폐지하고 전국을 외국인들에게 전면 개방한 상태였는데, 모두 7개의 도시가 소개되고 있다. 그 가운데 서양인 거류민 규모는 요코하마横浜, 고베神戶, 나가사키長崎 순으로 컸는데, 모두 영국과의 통상조약 등을 통해 1850~1860년대에 개항한 항구도시들이다. 수도 도쿄와 철도로 가깝게 연결된 요코하마에는 1897년 말 현재 2,096명의 서양인이 거류하고 있었는데, 그 중 영국인이 869명으로 가장 많았다. 고베는 일본 제2의 도시 오사카에 인접한 개항장으로, 영국인 534명, 미국인 155명, 독일인 136명 등 천 명 가량의 서양인이 옛 조계 일대를 중심으로 형성된 외국인 구역에 거주하였다. 그 다음으로 큰 일본 내 서양인 거류지는 나가사키로서, 포르투갈과 네덜란드 등 유럽의 대對일본 무역에서 초창기 거점 역할을 했던 이 개항장에는 606명의 서양인이 살았는데 영국인은 30명으로 앞서의 개항장들과는 달리 비중이 현저히 낮았다. 그 외 오사카에는 대부분 영·미 출신의 선교사들로 구성된 121명 그리고 1854년 미국과의 조약에 의해 시모다下田와 함께 최초의 개항장이 된 하코다테函館에는 영국인 43명을 포함한 118명의 서양인이 각각 거주하고 있었으며, 1892년에 뒤늦게 개방한 효고兵庫

---

5) 평양의 경우, 외국인의 거주와 교역이 허용된 개시장이었지만 그에 관한 시행 규칙은 1899년 현재까지 마련하지 않고 있는 상태였다. 1866년 제너럴셔먼호 사건이 발생한 이 지역의 서양인들에 대한 거부감을 짐작케 하는 대목이다.

6) 1898년 당시 다른 지방들의 일본인 거류민 규모는 원산 1,500명, 목포 1,200명, 평양과 군산 각각 150명, 성진 40명 정도였는데, 주로 무역과 도소매업, 광업 및 수산업에 종사했던 것으로 파악되고 있다.

의 경우는 상세한 외국인 거류민 규모가 알려지지 않고 있다. 한편, 일본에 합병되어 있던 대만의 5개 개항장과 동부 시베리아의 두 자유항 블라디보스토크·니콜라예브스크에는 눈여겨 볼 정도의 서양인 거류민이 존재하지 않았던 것으로 추정된다. 딴수이淡水, 지룽基隆, 타이난푸臺南府, 가오슝高雄, 안핑安平 등의 대만 개항장들은 열악한 항만 조건과[7] 전통적인 반反외세 전통이 작용한 듯하며,[8] 블라디보스토크에는 소매업을 하는 독일인과 해상운송에 종사하는 영국인 몇몇이 있었을 뿐이다.

3) 동남아: 인도차이나, 해협식민지·보르네오, 네덜란드령 인도

인도차이나는 일반적으로 프랑스의 식민지였던 베트남, 캄보디아, 라오스를 총칭하는 말인데, 스미스는 그 가운데 앞의 두 곳만 소개하고 있다. 하지만 1863년부터 프랑스의 지배 아래 들어간 캄보디아도 서양인 거류민이 '불명'으로 되어 있어 큰 의미는 없을 듯한데, 이렇다 할 항구가 없고 대외무역을 사이공[호치민]에 의존했던 까닭에 소수의 프랑스인 관리만 현지에 거주했을 것으로 보인다.

군인을 제외하고, 6,000명을 조금 넘는 수준으로 산정된 인도차이나의 서양인은 거의 모두가 유럽인으로서 특히 프랑스인의 비중이 압도적일 수밖에 없었는데, 1897년 현재 그들이 가장 많이 거주한 곳은 남부의 코친차이나였다. 이 지역에 전체의 75%에 육박하는 4,490명의 유럽인이 살았다. 이는 프랑스인들의 발길이 가장 먼저 닿은 곳이기 때문이었을 것인데, 그 중에서도 중심 도시인 사이공이 두드러져서 프랑스인 1,753명과 기타 유럽인 207명 등 총 1,960명의 서양인이 있었다. 그 다음

---

7) 대만의 항구들은 대부분 모래톱이 있어 큰 선박의 왕래에 매우 불리한 여건을 갖고 있는데, 딴수이와 안핑의 경우는 직접 접안이 거의 불가능할 정도였다.

8) 대만 제2의 도시 지룽은 스페인과 네덜란드의 지배를 차례로 17세기 중엽 콕싱아(國姓爺, 鄭成功)의 활약으로 해방된 바 있으며, 타이난푸·가오슝·안핑 세 도시는 '흑기장군(黑旗將軍)' 류융푸(劉永福, 1837~1917)의 영도 아래 일본 침략에 끝까지 저항한 곳으로 유명하다.

으로는 북부 베트남의 통킹에 많은 서양인이 있었는데, 인도차이나의 수도로서 프랑스인 총독이 주재하는 하노이에 950명 그리고 그 관문인 항구도시 하이퐁Hai Phong에 900명이 각각 거주하였다. 이에 비해 중부의 안남 지역은 1858년 프랑스인이 최초로 상륙한 투란Tourane(오늘날의 다낭 Danang)의 몇몇 대농장주를 포함한 100명 그리고 주로 무역에 종사하는 꾸이논Qui Nhon의 민간인 20명을 제외하고는 규모 있는 서양인 거류민 집단을 찾아보기 어렵다. 이러한 수치들은 남부 코친차이나에 집단으로 거주하며 사이공에 대규모 차이나타운인 쩔런Cho Lon을 중심으로 상공업을 장악하고 북부 통킹에도 하이퐁 5,500명, 하노이 1,697명 등이 활동하는 등, 인도차이나에 산재했던 중국인 거류민 15만과는 매우 대조적이라 하겠다.

동남아시아에서도 주도적인 서양 제국주의 열강의 하나였던 영국은 해협식민지 그리고 말레이연방 및 보르네오의 두 보호령을 손에 넣고 있었는데, 그 중 싱가포르를 제외하면 대부분 오늘날의 말레이시아를 구성하고 있다. 영국의 입김이 지배적일 수밖에 없는 이들 지역에서 가장 큰 서양인 거류지는 해협식민지의 정부소재지인 싱가포르였다. 일찍이 1819년에 점령된 이곳에는 1891년 현재 4,094명의 서양인이 거주했는데, 압도적 다수를 차지하는 영국인들이 자신들의 거류지에서 살고 있었으며, 그 다음으로는 별도의 사회를 구성했던 독일인 그리고 기타 유럽인과 미국인이 있었다. 말라카해협 인근의 이 지역에서 다른 곳들의 서양인 거류민은 희소했던 것으로 보인다. 말라카에는 관광객 이외의 외국인이 거의 없었고, 페낭Penang은 영국인 거류지가 존재했음에도 싱가포르에 밀려 쇠락한 상태였으며, 조호르Johore의 경우도 몇몇 유럽인 자본가들이 농장을 운영하고는 있었지만 주민의 대다수는 중국인이 차지하였다. 보호령 말레이연방에서는 페락Perak과 셀랑고르Selangor가 두드러졌다. 페락의 경우도 중국인의 수가 압도적으로 많았지만 농장경영주를 비롯한 유럽인이 366명 있었으며, 쿠알라룸푸르를 중심도시로 하는 셀랑고르

지역에는 357명의 유럽인이 농장주, 광산업자 혹은 수산업자로 활동하고 있었다. 페칸Pekan을 주도州都로 하는 파항Pahang에도 유럽인 자본가들이 있었으나 그 수효는 불명이며, 네그리셈블란Negri Semblilan 지역은 중국인 부자들이 장악했던 것으로 보인다. 끝으로 영국령 북北보르네오의 경우는 수도 산타칸Santakan에 목재업이나 수산업에 종사하는 유럽인이 131명 거주했으며, 라부안Labuan에는 30명 가량의 적은 인원이 관리, 회사원, 광산업자, 무역업자 등으로 살고 있었다.

스미스가 '네덜란드령 인도'로 표기하고 있는 지역은 오늘날의 인도네시아와 거의 일치하는 곳들로, 일반적으로 네덜란드령 동인도 혹은 동인도제도East Indies라고 불린다. 그런데 이곳의 서양인 숫자는 법적 지위와 관련한 독특한 제도로 인해 정확한 추산이 곤란하다. 즉, 인구는 크게 둘로 나뉘는데, 유럽인과 토착민이 그것이다. 그런데 유럽인에는 '유럽인과 동등하다고 간주되는 사람'이 포함된다. 유럽계 혼혈과 아르메니아인 그리고 일본인이 그들이다. 혼혈은 그렇다손 쳐도, 뒤의 두 부류는 유럽인으로 합산하기엔 문제가 있는 것이다.[9] 어쨌든, 1896년 말일 현재 동인도제도에서 "유럽인 및 그와 동등하다고 간주되는 사람"은 육군 17,532명과 해군 2,447명을 제외하고 63,883명이었다. 이 가운데 비非유럽인이 얼마만큼 포함되어 있는지는 알 수 없다. 또, 유럽계 혼혈이 실제로 어떤 대우를 받고 무슨 직업에 종사했는지도 파악하기 어렵다. 참고로 1년 전인 1895년 12월 31일 조사 기록을 보면, 유럽 태생 유럽인으로 네덜란드인 11,278명, 독일인 1,192명, 벨기에인 292명, 영국인 318명, 프랑스인 300명, 스위스인 184명 등이며, 기타 유럽 국가와 미국 등지 출신이 약간 있었다. 대략 14,.000명 정도이다. 그런데, "유럽인이나 혼혈인의 자손으로서 네덜란드령 인도에서 태어난 사람"이 48,999명이었다. 이 둘을 합산하면 이듬해 말년의 수치보다 조금 적게

---

9) 토착민의 경우도 '그들과 동등하다고 간주되는 사람'이 포함되는데, 중국인, 켈링인(토착원주민의 하나), 아랍인 등이 여기에 속한다.

나온다. 이렇게 볼 때 아르메니아인과 일본인의 수는 그리 많지 않았다고 할 수 있지 않을까. 결국 '네덜란드령 인도'의 유럽인 규모는 혼혈을 포함하여 대략 60,000명 정도였다고 할 수 있다. 그러나 다른 한편, 1896년 말일의 조사 결과에 근거한 각 주요 도시의 거류민과 관련해서는 명확히 '유럽인'이라는 표현을 쓰고 있으므로 이전의 통계들과의 균질성은 유지될 수 있으리라 본다.

현재의 인도네시아에서 유럽인 거류민이 가장 많았던 지역은 자바 섬으로, 사실상 집중되어 있었다고 해도 과언이 아니다. 이 곳 도시들 가운데 정부 소재지인 바타비아Batavia(오늘날의 자카르타Jakarta) 9,423명, 수라바야Surabaya 6,988명, 세마랑Semarang 3,555명, 총독 관저가 있던 보이텐조르흐Buitenzorg(오늘날의 보고르Bogor) 1,500명 등 도합 21,466명이 거류했는데, 이는 저자가 소개하는 7개의 주요 도시 내 유럽인 거류민 전체(25,771명)의 83%를 차지한다. 이 네덜란드 식민지의 유럽인들은 대부분 전·현직 정부 관리이며, 그 외에 농장주, 광산주, 공업가, 무역상 순으로 소수를 점하고 있었다. 이러한 양상은 거의 모두 무역에 종사하던 중국인이나 아랍인의 경우와 큰 대조를 이룬다.[10] 자바 섬 다음으로는 수마트라에 유럽인이 많았는데, 최고위 관료들이 거주하는 작고 아름다운 현대식 도시 메단Medan에 1,829명 그리고 풍부한 식물군과 쾌적한 거리가 있는 '네덜란드령 인도에서 가장 아름다운 곳' 파당Padang에 1,640명이 각각 거주하였다. 그 외엔 셀레베스Celebes(오늘날의 술라웨시Sulawesi) 섬의 수도인 개항장 마사카르Makasar의 전용 거류지에 836명의 유럽인이 있었다.

이상과 같은 검토를 토대로 19세기 말엽 즉, 1890년대 동아시아의 서양인 거류민 규모에 대해 다음과 같이 정리할 수 있을 것이다. 첫째, 서양인들이 가장 많이 거주했던 지역은 동남아시아였다. 인도차이나에

---

10) 당시 이곳 동인도제도에 거주하던 중국인과 아랍인은 각각 50만과 25,000명 정도였다.

6천 이상, 현재의 싱가포르와 말레이시아에 약 5천, 현재의 인도네시아에 (2만에 달하는 군대 병력을 제외하고도) 약 6만 등 적어도 7만 명 이상의 서양인 거류민들이 존재하였다. 이는 네덜란드 동인도회사(1602년 설립)의 예에서 보듯, 이 일대의 제국주의 열강이 일찍이 침탈에 나섰고 이후 오랜 세월에 걸쳐 정착, 경영해 왔기 때문으로 보인다. 둘째, 서구 열강의 가장 치열한 쟁탈 대상이 되고 있었던 중국에는 총 2만이 좀 넘는 서양인 거류민들이 존재하였다. 이미 식민지로 전락한 두 곳을 제외하면 그 수효는 약 1만 1천으로 추산되는데, 그 절반 이상이 개항장 상하이에 몰려 있었으며 그 외에 일정 규모 이상의 외인 거류지들도 즈푸, 샤먼 등 전통 있는 항구도시였다. 셋째, 극동 지역의 서양인 거류민은 상대적으로 매우 희소한 편이었다. 한국의 경우 그 규모는 200명을 초과하지 않았을 것으로 보이며, 일본 거주 서양인들도 5천에는 못 미쳤을 것으로 추정된다. 이러한 수치는 인구 등을 고려할 때 다른 지역보다 월등히 낮은 수준이다.

3. 특권적 삶과 그에 대한 저항

식민지에 거주하는 서양인들은 기본적으로 지배자의 위치에 있었으며, 자연히 다양한 특권을 누릴 수가 있었다. 그리고 그들이 이를 이용해서 종종 경제적 이익을, 더러는 종교적 목적을 열심히 추구했음은 이론의 여지가 없다. 또 소수이긴 해도 교육이나 의료행위를 통해 봉사활동을 펼치는 이들도 있었다. 하지만 사람의 일상이 그런 것들만으로 다 채워지는 것은 아니리라. 누구나 그렇겠지만, 머나먼 이방 동아시아에서 살게 된 서양인들이 가급적 편안하고 풍요로운 삶을 원했을 것임은 두말할 나위가 없다. 그들은 자신들에게 익숙한, 그리고 쾌적한 생활환경을 능력껏 만들어갔다. 이렇게 해서 '선진적인' 근대 서양식 도시가

전前근대 동아시아에 만들어지게 되었다. 또한 그들은 그들만의 친숙한 공간을 꾸리고 생활해가는 과정에서 예상치 못한 이익을 얻기도 했다. 일부 조계지에서의 부동산 가격 폭등으로 인한 횡재가 그것이다. 하지만 이따금 곤란하고 불행한 사태를 맞이하기도 하였다. 이 또한 자연스럽고 당연한 현상이지만, 피정복 식민지 대중의 불만과 분노가 간혹 유혈의 저항으로 나타났던 것이다.

1) 근대 서구 도시의 이식

동아시아의 식민지나 조계에서 생활하던 서양인들은, 먼 옛날 고대 로마인들이 그랬던 것처럼, 모국에서의 생활환경을 낯선 땅에서 재현하고자 했다. 그 결과 그들 눈에 황량하고 척박하기 그지없던 벽촌이 점차 세련된 서구식 근대 도시로 탈바꿈하게 되었다. 그 기본 구성 요소를 개략적으로 정리해보면 다음과 같다.

- 거리: 널찍한 도로와 보도, 경계석, 배수시설, 해안도로, 전등·가스 등
- 주거: 정원, '멋진'집, 전기
- 위생: 급수전·수도, 병원
- 여가·문화: 공원, 극장, 식물원, 도서관, 박물관, 공설운동장, 수영장
- 관광: 호텔, 카지노
- 종교: 교회당(가톨릭, 영국교회, 개신교)
- 교육: 각급 학교
- 언론: 영자지(英字紙) 등, 외국어 신문·잡지
- 사교: 각종 클럽(스포츠/독서/음악/사회봉사…)
- 자치회: 협의회·평의회

이 요건들을 거의 완벽하게 만족시켰다고 볼 수 있는 곳으로는 홍콩

과 상하이 둘을 꼽을 수 있다. 저자가 묘사하고 있는 이 서양인 거류지의 모습을 간략히 엿보기로 하자.

상하이에는 1849년부터 영국인들이 본격적으로 정착했는데, 첫 거류민은 여성 7명을 포함하여 100명이었다. 현재 영·미국인 거류지 사이의 쑤저우 개천에는 7개의 다리가 있으며, 프랑스 조계는 8개 가교에 의하여 다른 거류지와 연결된다.(···중략···)

거류지 전면의 갯벌을 매립하여 지면을 높이고 잔디와 관목을 심어서 아름답고 널찍한 산책로를 조성하였다. 영국과 프랑스 조계의 해안도로는 동양에서 가장 멋지다. 거의 모든 외국인 주택은 매우 넓은 정원을 가지고 있으며, 잘 설계되어 감탄사가 나올 만큼 훌륭히 보존된 공원이 영국 대사관 전면에 세워졌다. 다양한 꽃과 양치식물을 두루 갖춘 온실이 있다. 공설 운동장 또한 배수로와 잔디 관리가 철저하며, 화단도 있어 단지 운동만을 위한 곳이 아니다. 거류지는 전신을 통한 화재 경보 체계가 잘 갖춰져 있다. 정화된 물이 적절한 가격에 끊임없이 공급되고 있다. 전등은 1882년 도입되었고, 141개의 아크등(arc-lamp)이 주요 거리와 해안도로 및 부두에 세워졌다. 다양한 건축 양식의 뛰어난 건물들도 상하이 외국인 거류지의 자랑거리이다. 1869년 8월 문을 연 트리니티 성당은 유럽 밖의 근대교회 건축 중 가장 탁월하다고 한다. 13세기 고딕 양식으로... 프랑스 조계에는 1862년에 세워진 훌륭한 성 요셉 성당이 있고, 쑤저우 개천에는 연합개신교회가(···중략···)

원난로에는 미국감리교 교회, 성공회 예배당이 한 곳씩 있으며, 푸동(浦東)에는 매우 아름다우며 위치가 좋은 선원 교회(Seamen's Church)가 있다.

예수회 신부들이 세운 유서 깊은 선교회 건물에는 자연사박물관, 천문대, 기상 관측소가 딸려 있다. 상하이 클럽은 영국 해안 도로 끝의 크고 정교한 건물이다. 1864년에 개장하였으며, 다채롭고도 신기한 역사를 거쳐 왔다. 그 근처에는 최근에 지은 훌륭한 프리메이슨 회관이 있다. 라이시엄 극장(Lyceum Theatre)은 700명이 앉을 수 있는 멋진 건물로, 1874년 1월에 개장하였다. 프랑스 조계의 공설시장은 크고 잘 지어져 있으며, 위생 설비가 완벽하다. 외국인을 위한 병원이 하나 있고, 1877년에 완공된 시립요양소도 있다. 또한 현지인을 위한 병원 몇 곳과 전염병 전문 시립병원 세 곳, 백신과 혈청을 갖춘 시립보건소 한 곳이 있다. 2만 권의 장서를 갖춘 회원제 도서관, 박물관, 왕립아시아학회 지부, 프리메이슨 클럽,11) 선원회관, 중국인을 위한 과학기술대학, 해군도서관 및 박물관이 있다. 관악대는 당국으로부터 급료를 받으며, 여름이면 공원에서 매일 낮에 공연을 연다. 1.25마일 코스의 승마클럽, 포르투갈인 클럽, 세관클럽 등이 있다. 또한 포니 페이퍼 헌트(pony paper hunt)12)와 크리켓, 사격, 요트, 야구, 라켓볼, 골프, 스케이팅, 축구, 수영, 기타 다양한 스포츠클럽이 있으며, 교향악단과 합창단, 영국인 및 프랑스인 아마추어 연극클럽, 기타 오락과 휴식을 위한 여러 기관들이 있다.(…중략…)

애초에 영국 영사가 지명한 "3명의 강직한 영국 상인"으로 구성된 도로·배수로 위원회는 1855년 선거제 시협의회가 되었다. 그리고 상하이외국인사회를 위한 평의회(Council for the Foreign Community of Shanghai)를 구성, 현재 다양한 국적의 위원 9명이 활동… 1879년 11월 〈토지 규정〉을 개정하기 위한 거류민 위원회가 위촉되었다. 프랑스인 조계는 1862년 독립 의회가 임명되었는데… 이 국제적인 시스템이 다년간 저렴한 비용으로 훌륭하게 작동한 덕에 상하이는 '모범 거류지(The Model Settlement)'라는 명성을 얻었다. (미국 조계) 홍커우(虹口)의 애스터 하우스(Astor House)와 영국 조계의 센트럴(Central), 프랑스 조계의 식민지 호텔(Hôtel des Colonies), 그 외에도 많은 2등급 저택들이 호텔급 편의시설을 제공한다. 일간지는 5개로, 조간 ≪북중국 데일리 뉴스(North China Daily News)≫와 ≪상하이 데일리 프레스(Shanghai Daily Press)≫, ≪중국의 메아리(L'Echo de Chine)≫, 석간 ≪상하이 머큐리(Shanghai Mercury)≫와 ≪차이나 가제트(China Gazette)≫이다. 주간지도 4개

---

11) 익명의 사회봉사 기능을 하는 비밀사교클럽인 이것은 상하이에 10~11개 있었으며, 회원은 500명이 넘었다. 1876년 북중국 지역 총본부가 상하이를 근거지로 해서 결성되었다.

12) 사냥과 크로스컨트리 경주를 결합한 경주로, 말 대신 조랑말을 타고 한다.

있는데, ≪동아시아 로이드(Ostasiatische Lloyd)≫와 ≪북중국 헤럴드(North China Herald)≫, ≪중국 제국(Celestial Empire)≫, ≪더 유니언(The Union)≫ 등이 있다…

홍콩은 근대 서양식 도시라는 면에서 실은 상하이보다 훨씬 등급이 높다고 할 수 있다. 이미 1846년에 무도회장을 갖춘 홍콩클럽회관을 개장한 이 식민지 도시는 유럽인용 및 중국인용 정신병원 각 1개, 대학 3개, 고아원 6개 이상, 여성보호소, 여성 전용 테니스장인 여성레크레이션클럽Ladies' Recreation Club 등을 갖추고 있음을 볼 때 의료, 교육, 사회복지 및 여성에 대한 배려 측면에서 매우 선진적인 면모를 지녔다고 하겠다.

그러나 전체적으로 보면 동아시아에서 위 두 곳만큼 세련된 서양식 도시를 이룬 외국인 거류지는 흔치 않았던 것 같다. 인도차이나 최대의 외국인 거류지 사이공과 정부소재지로서 '동양풍의 프랑스 도시'에 거의 근접해 있던 하노이, 싱가포르, 자카르타 정도가 상하이에 비견될 만한 수준에 있었다. 그 다음으로는, 스미스의 묘사 내용을 종합적으로 놓고 볼 때, 중국의 텐진, 그 인근의 베이다이허 그리고 한커우, 퉁킹의 하이퐁, 말레이 반도의 조호르, '비단결 같은 담뱃잎'으로 유명한 수마트라의 메단, 끝으로 일본의 요코하마와 나가사키 정도를 꼽을 수 있을 듯하다. 이 도시들의 서양식 멋과 세련됨이 그들만의 작은 세계에만 속할 뿐으로, 주위 현지인들의 공간은 거의 모두 비교조차 할 수 없을 정도로 열악했다.

2) 거류지 부동산의 빛과 그림자

대운하로 유명한 텐진에서는 '외국인들의 출현과 함께' 부동산 가격이 폭등하는 사태가 발생하였다. 기존의 사업장을 확장하거나 또는 신규 사업이 속속 등장한 데에 주된 원인이 있었지만 외국인의 급증도 거기에 일조를 했을 것이다. 북재하의 경우처럼 토지의 임대 등에 관해 자치기구에서 규정을 만들고 감독하는 외국인 사회들이 일부 있었지만 그렇지 않은 곳도 많았던 것 같다. 한국의 제물포에서도 그런 일이 나타났다. 현지 영국 영사는 1896년도 정례 보고서에서 다음과 같이 적고 있다.

 13년 전 초라한 오두막 15채가 전부였던 제물포가 이제는 규모 있고 번성하는 상업 중심지가 되었다. 쇄석(碎石)을 깐 넓은 도로와 멋지고 웅장한 건물들이 들어섰고, 거의 일본인과 중국인으로 구성된 6~7천 명의 외국인을 수용하고 있다. 중국인 및 일본인 거류지는 만원이며, 그 외 일반 외국인 거류지의 땅값도 엄청나게 올랐다.

국제도시 상하이는 이 문제와 관련해서도 극적인 사례를 보여주고 있다. 1849년 영국과 프랑스 조계가 출범한 뒤 미국인들이 합류하여 소주 운하 북쪽의 홍커우 일대에 정착하였다. 그런데 1896년에 이르러 영·미국인 거류지의 땅값이 1880년에 비하여 각각 3배, 5배로 높아졌다. 거류지로 쓰던 땅은 원래의 소유주에게서 당시 시세의 2배가 넘는 1무 당 약 50달러에 매입했던 것인데, 이후 어떤 필지들은 1무에 1만~1만 6천 달러에 거래되어 왔다.[13] 땅값 상승세는 이후 계속되고 있었는데, 외국의 보호 아래 안전한 투자하기 원하는 현지 자본의 유입,[14] 수많은 공장의 건설, 일자리를 찾아오는 인구의 대량 전입 등이 원인으로 지적되었다. 여기에 현지인들의 거류지 토지 매입도 한몫을 거들고 있었다. 실제로 외국인 거류지 안팎의 외국인 주택 중 최고급 집들에는 은퇴한 중국인 고위관리와 부자상인들이 살고 있었으며, 이들은 거류지 내 토지도 꽤 많이 사 들이고 있었다. 1899년에 거류지 영역의 대규모

13) 당시 중국의 모든 토지는 명목상 중국 황제의 소유지만, 매년 1무(畝. 6무는 대략 1에이커 =1,224평) 당 약 1달러 50센트에 해당되는 구리 동전 1,500개를 세금으로 내면 영구적으로 임차할 수 있었다.
14) 1853년 8월 삼합회(三合會) 폭동이 발생했을 때도 외국인 거류지로 피신하려는 사람이 많아서 땅값이 매우 큰 폭으로 오른 적이 있었다고 한다.

확장을 촉구하는 청원서가 결국 받아들여질 수 있었던 것도 중국인 고위관리들의 지원에 힘입은 바 컸다. 이렇게 해서 강둑 너머의 푸둥 역시 외국인들이 임차하였는데, 그 무렵 영국인 거류지의 오래된 승마장과 크리켓 운동장이 엄청난 가격에 팔려서 주주들의 몫을 모두 지불한 뒤에도 거금을 남길 수 있었다.

그러나 반대로, 국지적인 경기후퇴와 그에 따른 땅값 급락으로 손해를 보는 경우도 없지 않았다. 유서 깊은 무역항인 광저우는 아편전쟁 패배 후 체결된 난징조약의 이행을 거부하다가 다시 무력으로 굴복 당하고 1857년부터 4년간 영국·프랑스 연합군에 의해 점령된 적이 있었다. 이때 두 서구 열강은 32만 5천 달러라는 거금과 2년의 세월을 들여 샤멘다오沙面島 갯벌 위에 각기 전용 거류지를 조성하였다. 인공 섬이 생기고, 그 섬의 북쪽과 도시 사이에 운하가 건설되었으며, 견고하고 널찍한 석조 제방이 세워졌다. 그런데 광저우는 이후 그보다 북쪽 지역에 개항장이 증가하면서 무역거점으로서의 중요성을 크게 상실하게 되었으며, 그 결과 1861년에 그 필지들을 엄청난 가격에 매입했던 상인들 가운데 많은 수가 광저우에서 완전 철수해야만 했다. 그리하여 1900년 현재 이곳에서 외국인들에 의한 무역은 제한적으로만 이루어지고 있었던 것이다.

3) '위험한' 식민지 주민들

19세기 말엽, 동아시아에 거주하던 외국인들은 간혹 식민지 대중의 저항에 부딪혀 목적하는 바를 충분히 성취하지 못하기도 했으며, 드물지만 생명의 위협을 느끼는 경우도 있었다. 실은 어렵지 않게 예상할 수 있는 광경일 것이다. 이는, 스미스에 따르면, 특히 중국에서 두드러지게 나타난 현상이었는데, 그 가운데 몇 가지만 간략하게 예를 들자면 다음과 같다.

- 1889년 2월 5일, 전장에서 어마어마한 반란이 일어나서 외국인 거류지의 주택과 건물의 절반가량이 파괴되었다. 전장은 양자강 하구에서 내륙으로 150마일 떨어진 곳으로, 대운하가 강으로 흘러드는 지점에 위치한 인구 14만의 개항장이다.

- 1898년 5월 9~10일, 징저우(荊州)에서 심각한 반외세 폭동이 일어났다. 세관, 세관선박, 외국인 위원회(Foreign Board) 사무실, 일본 영사관 등에 화재가 났으며, 외국인 가까스로 목숨을 건진 거류민들은 항구 밖으로 쫓겨났다. 세관은 같은 해 7월 1일 다시 문을 열었지만, 영국영사관은 1899년 1월 철수하였다. 징저우 인구는 7만을 조금 넘는다.

- 1891년 6월, 우후에서 엄청난 반(反)선교사 폭동이 일어났다. 인구 8만으로, 안후이성을 흐르는 양쯔강변의 우후에는 영국인 거류지가 지정되어 있지만 외인 주택은 없다.

- 1895년 8월 1일, 푸저우 인근의 화산(華山)에서 무시무시한 선교사 살해 사건이 일어나 성인 9명(8명은 여성)과 아이 2명이 목숨을 잃었다. 푸젠성 성도인 푸저우는 현지 대중의 외국인 공격이 간혹 발생하므로 거주하기에 적합하지 않은 곳이다.

- 1899년 말, 프랑스 조차지 광저우만에서 프랑스 해군 소위 2명이 공격을 받고 피살당했다. 프랑스인 거류지 건설과 관련된 사건으로, 프랑스는 현지 육해군을 강화하여 보복에 나섰고, 중국인 300여 명이 죽임을 당하였다.

- 1899년 6월 22일, 윈난성 남동부의 멍쯔에서 반란이 일어나 세관과 프랑스 영사관이 약탈당했다. 멍쯔는 통킹과 접경하는 인구 1만 2천의 촌락인데, 여기서 사업을 시작한 외국 상인은 아직 없다.

위의 사건들은 각각 경제적 이해관계, 종교적 정체성, 민족적 자존심 등의 맥락에서 접근해 볼 수도 있을 것이다. 그러나 당시 상황에서 이 요인들은 개별적으로 작용했다기보다 복합적으로 작용하는 경우가 더 일반적이지 않았을까 한다. 말하자면, 아편전쟁 이래 끊임없이 서구 열강의 간섭과 침략에 시달리는 가운데 자부심과 울분, 분노와 자존심이 한데 섞여 누적되어온 결과로 보이는 것이다. 이와 관련하여 저자 스미스가 인구 2만이 채 되지 않는, 후난성의 관문 웨저우에 대해 기술하고 있는 개인적 소견은 다분히 이율배반적이기까지 하다.

티벳이 탐험가에게 그러하듯, 후난성은 외국 상인들에게 금지된 땅이다. (…중략…)

이곳 사람들 또한 다른 어떤 중국인보다 야만스럽게 흉포하다는 평판이 있다. 그들은 확실히 독립적이며, 지난 40년간 자신들이 제국에 바친 많은 군인들의 혼들림 없는 용기가, 그리고 거만한 은둔의 산물인 완고한 무지가 자아내는 모든 감정을 동원하여 외세에 반대한다. 그러나 30년 이상의 경력자로서 최근 후난성을 여행한 한 선교사는 그들의 늠름하고 자존심 강한 성품에 깊은 감명을 받고 돌아왔으며, 다른 선교사들의 같은 생각이었다. 그들은 대단히 애국적이다. 그러나 그 애국심은 제국 전체에 대한 것이라기보다 후난성을 향한 것이다.

이 지방은 다양한 종류의 부를 풍부히 지니고 있다. 하지만 주민들은 자부심에서 나오는 겸양을 보이며 "산 세 군데, 물 여섯 곳, 경작지 하나"가 전부라고 말한다.

4. 결론

이상에서 스미스의 1900년도 저작 *European Settlements in the Far East*를 토대로 19세기 말 동아시아의 서양인 거류민들의 실상을 개략적으로 살펴보았다. 본고의 당초 목적이 그들의 당시 현황에 대해, 무언가 심층적인 고찰을 하기보다는, 전체적으로 폭넓게 스케치해보는 데에 있었으므로 여기서는 본문의 내용을 요약, 정리하는 것으로 대신하고자 한다.

1890년대 동아시아의 서양인 거류민 집단은 규모 면에서 동남아시아 지역이 두드러졌던 것으로 나타났다. 오늘날의 베트남, 싱가포르, 말레이시아, 인도네시아 등지에 어림잡아도 7만이 넘는 서양인들이 거주하였다. 그 뒤를 이어 서구 제국주의 열강의 쟁탈전이 치열했던 중국이 이미 식민지화된 곳 둘을 포함하여 2만을 약간 상회하는 서양인 거류민들을 포용하고 있었다. 이에 비해 극동 지역에는 상대적으로 미미한 규모의 서양인들이 거주했던 것으로 보인다. 이와 같은 동아시아 내 서양인 거류민의 지역별 편차는 제국주의 본국과 식민지 관계의 역사성, 무력과 매력, 도전과 응전의 상호관계 등에서 비롯된 것으로 보는 것이 적절할 듯하다.

한편, 서양인 거류민들의 동아시아 거주는 전근대적 농촌에 세련된 서구식 근대 도시를 이식하는 과정을 수반하였다. 그로 인한 외관의 변신은 홍콩, 상하이, 사이공, 자카르타, 싱가포르 같은 식민지 혹은 조차지에서 가장 충실하고 선명하게 이루어졌으며, 반면 극동 지역이나 여타 지역의 내륙, 변방 지대에서는 그 정도가 (아직은) 미미한 편이었다. 서양인의 동아시아 거류는 무역이나 산업 분야 외에 부동산이라는 생활경제와 관련해서 흥미로운 결과를 낳기도 하였다. 상하이와 홍콩, 심지어 제물포에서 외국인 거류지 및 그 인근의 땅과 주택의 가격이 급등하는 현상이 나타났으며, 반대로 예기치 못한 정책의 영향으로 부동산 가치가 급락하는 사례도 있었다. 끝으로 서양인 거류민들은 제국주의의 첨병으로 혹은 동반자 내지 편승자로서 식민지 대중의 불만을 사고, 때로는 물리적 공격을 당하기도 하였다. 이는 어디서나 쉽게 예상할 수 있었던 현상이지만 19세기가 저물어가는 시점에서 그것은 주로 중국에서 상대적으로 많았던 것으로 보인다. 그 원인은 여러 가지를 꼽을 수 있겠지만, 네덜란드의 지배를 받았던 '동인도제도'의 경우 이른바 '도덕정치'에 입각한 제국주의 본국의 식민지 정책이 가져다준 효과도 없지는 않았을 것이다.

2부 한국 개항도시의 형성과 네트워크

한국의 '수호통상修好通商' 확대와 개항도시의 성격

이영호李榮昊

1. 서론

서양이 동아시아 국가들의 항구를 개방하고 국교를 수립함으로써 화이체제華夷體制는 위기를 맞고 청일전쟁에 의해 그 종말을 고한다. 화이체제에서 국제법질서로 넘어가는 과정에서 서양 각국과 동아시아 각국이 겪는 논리적, 물리적 대결의 극적인 현장은 1860년대 이후 1894년까지의 '조선'이었다.[1] 조공국의 처지에 있던 류큐琉球가 일본의 오키나와현으로 편입되고, 베트남이 프랑스의 보호령이 된 이후, 조선은 화이체제의 최종적인 붕괴현장이었다. 조선의 개방을 둘러싼 갈등과 교섭은 동아시아적, 세계사적 연관과 모순의 정점에 위치하고 있다.

화이체제의 균열과 근대적 국제법질서의 형성에 관하여는 일찍부터 많은 연구가 진행되어 왔다. 조선을 중심으로 볼 때 세 가지 연구경향을

---

* 인하대학교 인문학부 사학전공 교수. 이 글은 2011년 12월 1~2일 인하대학교 한국학연구소가 주관한 '2011 동아시아 개항도시 국제학술회의'에서 한국 측 기조발제를 위해 기왕의 연구성과를 바탕으로 개괄적으로 작성한 「한국의 개항도시와 동아시아」를 수정 보완한 것이다.
1) 국호는 '조선', '대한제국', 그리고 '일제하의 조선'인데, '조선'과 '한국'을 혼용하기로 한다.

찾을 수 있다. 조선을 개방한 일련의 과정을 일본이 화이체제를 깨면서 조선을 중국의 속국으로부터 독립시켰다고 보는 일본중심적 견해가 일찍부터 나왔다.[2] 조선이 서양 각국과 조약관계를 체결한 것을 '중국과 일본, 조선 사이에 성립된 조규條規체제' 안에 조약체제를 편입시킨 것으로 평가하는 중국중심적 시각도 있다.[3] 이와는 달리 세계사적 관점에서 동아시아와 서양의 조약관계를 문명권 사이의 세계관 충돌로 보면서 조선과 일본의 수호조규 체결을 교린질서의 해체로, 조선이 서양 각국과 조약을 체결한 것을 사대질서의 해체로 이원적 단계적으로 파악하는 견해도 있다.[4]

화이체제가 조약체제의 도전을 받아 해체되어 갈 때 그것을 조선중심으로 사고하면 1866년 프랑스, 1871년 미국의 조선침공이 중요하다고 생각한다.[5] 이때부터 화이체제, 즉 책봉–조공관계의 국제적 의미가 본격적으로 시험받기 시작하기 때문이다. 서양국가들과 청 사이에 전개된 '조공국'의 국제적 위상에 대해 논란과 청의 태도는 화이체제의 균열을 초래했고, 일본은 이를 활용하여 조선개방을 추진했던 것이다.

2. 화이체제의 균열과 수호관계의 재편

1842년 난징조약, 1858년 톈진조약에 의해 청은 서구 열강에 완전히 개방되어 불평등한 조약체제에 놓이게 되었다. 일본도 1854년 이후 서

---

2) 奧平武彦, 『朝鮮開國交涉始末』, 京城帝國大學法學會叢刊 1, 刀江書院, 1935; 田保橋潔, 『近代日鮮關係の硏究』, 朝鮮總督府中樞院, 1940; 渡邊勝美, 『朝鮮開國外交史硏究』, 東光堂書店, 1941.

3) 浜下武志, 『朝貢システムと近代アジア』, 岩波書店, 1997; 金旼奎, 「근대 동아시아 국제질서의 변용과 淸日修好條規(1871): 條規體制의 형성」, 『대동문화연구』 41, 성균관대 대동문화연구원, 2002.

4) 金容九, 『세계관 충돌과 한말 외교사 1866~1882』, 문학과지성사, 2001.

5) 권혁수도 프랑스와 미국의 조선침공에 대한 청의 대응이 화이체제 몰락의 시작으로 보고 있다. 권혁수, 『근대 한중관계사의 재조명』, 혜안, 2007 참조.

구 열강에 개방함으로써 조약체제를 수용하였다. 이러한 사태는 종래의 화이체제에 동요를 가져오면서 동아시아 질서의 재편을 초래하였다. 일본이 메이지유신明治維新 이후 1871년 청·일간의 수호조규를 체결하여 대등한 청일관계를 구축함으로써 화이체제에 균열을 가했다. 일본은 1874년 대만을 정벌한 뒤 1879년 청에도 조공하던 류큐를 한 지방으로 편입하였다. 책봉조공관계에 있던 베트남은 프랑스의 보호국으로 전락하였다. 1876년 조선과 일본이 불평등한 수호조규를 체결하여 조선을 자주국으로 공표함으로써 화이체제의 붕괴는 피할 수 없게 되었다.

1876년 조선과 일본 사이의 수호조규가 조선개방의 기점이 되는 것은 사실이지만 그 이전 1866년 프랑스, 1871년 미국이 조선을 침공하는 과정에서 화이체제의 균열을 보게 되는 점을 중시하지 않으면 안 된다. 조선의 해양적 고립성은 19세기 서양 이양선의 지속적인 출몰에도 불구하고 1866년 이전까지는 굳건하게 견지되었다. 그러나 조선의 천주교 박해를 원인으로 하여 일어난 1866년 프랑스의 조선침공은 '조공국'의 지위, 전쟁과 외교를 수행하는 주권국가의 주체성 문제를 야기하였다. 이때부터 조선의 개방을 둘러싼 열강 사이의 대결과 타협이 본격화되었다.

조선의 천주교 박해와 제네럴셔먼호 소각사건을 해결하고자 할 때 프랑스와 미국은 조선이 청의 '조공국'이라는 전통적 동아시아 국제관계의 문제에 직면했다. 서양국제법의 관점에서 '조공국'이 어떤 지위를 가지는지 규정하기 어려웠다. '조공국'이 '책봉국'의 속국이라면 청이 중재 또는 해결해 줄 수 있을 것으로 보고 청에 이 문제의 해결을 요구하였다. 그러나 청은 처음으로 맞게 된 '조공국'의 국제법적 지위 문제에 대해 속국임을 주장하면서도 문제해결에 나서지 않고, 서양이 조선을 침공할 경우 무력개입할 의사도 없고, 다만 서양의 교섭과정과 원정계획을 조선에 통보하여 청의 조공국으로 살아남기를 기대하는 입장이었다.6) 즉

---

6) 김용구, 앞의 책, 2001, 제2장; 권혁수, 「1866년의 병인양요에 대한 중국 청정부의 대응」, 「1871년의 신미양요와 중국 청정부의 대응 연구」, 『근대 한중관계사의 재조명』, 혜안, 2007.

청은 "조선이 비록 속국이지만 일체의 정교금령政敎禁令은 모두 조선이 주지하고 중국은 이에 관여하지 않는다"라는 입장을 취하였다.[7] 화이체제가 손상되고 있지만 새로운 국제법질서에 어떻게 적응할 것인지 청도 방법을 못 찾고 주저하고 있었다. 이러한 자세는 서양 각국에 대하여 조선이 청의 '조공국'이지만 청의 영토는 아니라는 점을 인식시켰다.

프랑스는 천주교 선교사와 교도의 살해에 대해 죄를 묻고 '조선왕의 무조건 항복'을 받아낸다고 하면서 조선을 침공하였다.[8] 강화도를 점령한 프랑스 군대가 내건 한글 방문榜文은 다음과 같다.

조선국 백성들아 잘 들으라. 우리가 너희를 친자식같이 여기고 조금도 살해하지 아니하고 천주교도를 살육한 죄로 조신(朝臣)만 멸하고 복되게 할 것이니, 놀라지 말고 이 글을 바삐바삐 전하여 보게 하여라. 병인년 9월 일 프랑스 수륙대도독 로즈[9]

프랑스 함대는 천주교 선교사와 교도를 살해한 조선정부를 전복하여 조선국 백성을 해방시키겠다는 입장을 보인다. 반면 강화도 순무영巡撫營에서 프랑스 함대에 보낸 격문은 조선이 서양 각국의 배가 조선연안에서 어려움에 처할 때 '교린의 예禮'로써 식량과 의복을 제공하여 왔는데, 조선어를 익히고 조선복으로 위장하고 숨어들어와 조선의 예의와 풍속을 어지럽히는 선교를 자행하므로 처벌하는 것은 당연하다며, 교린체제하에서 국법과 영토를 엄중히 수호할 것을 선언하였다.[10]

---

7) 『淸季中日韓關係史料』 2, no.125, 대만 중앙연구원근대사연구소, 1972, 167쪽. "朝鮮雖係屬國 一切政敎禁令 皆由該國主持 中國向不過問"

8) 「韓佛關係資料」, 『교회사연구』 2, 한국교회사연구소, 1979, 256쪽.

9) 『仁川文化研究』 8, 인천광역시립박물관, 2010, 85쪽.

10) '傳檄洋舶都主'(『인천문화연구』 8, 81~82쪽): 하늘의 이치를 거스른 자는 반드시 망하고 국법을 어긴 자는 반드시 죽임을 당한다. 하늘이 백성들을 세상에 내려 보냄에 이치로써 순하게 하고 나라의 영토는 법으로써 지키게 하였다(夫逆天理者必亡 而違國法者必誅 天降民人 理以順之 國則封疆 法以守之).

프랑스와 미국의 조선침공은 주권국가 사이의 근대적 전쟁은 분명 아니었다. 프랑스·미국의 본국과 동아시아 현장 사이에도 상당한 견해 차이가 있었다. 동아시아 현장의 외교관과 함대사령관 사이에도 불화가 있었다. 본국 외무성·해군성과의 교감 하에 조선을 침공하고 차후 외교 교섭이나 식민지배의 문제까지 계획한 것은 아니었다. 이들 침공은 동아시아에 파견된 외교관 및 함대사령관이 주동적으로 실시한 무력활동으로서 동아시아적 맥락에서 작동된 의미가 더욱 컸다.11) 그렇지만 조선의 입장에서는 외침에 대비하여 정부와 왕실의 피난처로 구축한 국방의 요새 강화도를 프랑스와 미국의 함대가 점령한 사실은 국가 전체의 위기를 가져온 전쟁의 상황으로 인식하지 않을 수 없었다. 화이체제를 벗어난 것은 아니지만 국가, 영토, 백성을 보호하기 위한 사활을 건 전투에 나서는 것은 당연하였다.

화이체제 밖의 오랑캐 서양세력이 '조공국'을 무력 침공했는데 '책봉국'은 군사를 동원하여 지원하지 않았다. 명은 16세기말 일본의 침공을 받았을 때 원군을 보내왔다. 청은 서역정벌을 단행하기는 했지만 '조공국'의 국제관계에 개입하여 군사적 행동에 나선 적은 없었다. '책봉국'의 이러한 태도는 '조공국'의 국제적 지위를 인식하는 가늠자가 되었다. 서양국이 선교와 통상 문제를 가지고 직접 조선을 방문, 공격하는데 대하여 '책봉국'과 '조공국'의 합의된 대처방안은 존재하지 않았다. 프랑스와 미국의 조선침공과 그 전후의 외교적 교섭과정은 화이체제 하 청과 조선의 모순적 관계가 드러나는 계기가 되었다. 이렇게 하여 서양 열강은 화이체제의 균열을 경험하고 그 해체를 추구해 나갔다. 프랑스와 미국의 조선침공을 둘러싼 교섭과정에서 확인된 '조공국'의 위상과 그로 인한 화이체제의 균열은 이후 조선개방을 둘러싼 열강 사이 대결과 타협의 방향을 규정하였다. 일본은 이 과정에 주목하면서 기회가 오

11) 김용구, 앞의 책, 82~88쪽.

기를 기다렸다.

일본은 조선개방의 방안으로 먼저 청과 조약을 체결하여 대등한 관계를 구축한 뒤 조선에 개항을 요구하는 방법을 채택하였다. 이 경우 무력을 사용해도 청이 개입할 수 없을 것으로 판단하였다.[12] 일본은 1871년 9월 청과 대등한 관계의 수호조규를 체결한 뒤 격이 한 단계 낮은 서계書契(외교문서)를 조선에 보내어 굴종을 강요하였다. 동시에 조선의 '정교금령'에 간섭하지 않는다는 청의 방침과 일본 국내의 정한론征韓論을 활용하여 조선에 대한 무력시위로 개방을 유도하였다. 일본의 이 같은 조선정책이 서양의 동아시아정책과 분리된, 동아시아 상호간의 전통적 화이체제의 재편성을 의미하는 것만은 아니었다. 프랑스와 미국의 조선침공과 '조공국'의 지위논쟁을 경험한 일본이 서양과 동일한 논리 위에서 펼친 조선정책이었다. 일본은 1875년 5월 군함 세척을 파견하여 부산항에서 무력시위를 벌이고 그 중 운요오호는 9월에 강화도에서 무력충돌을 유도하였다.

강화도사건을 계기로 일본은 청과 조선, 양 방향으로 화이체제의 해체를 꾀하였다. 일본이 1874년 대만침공을 지렛대로 삼아 외교교섭을 통해 류큐 영유권을 확보한 것과 같은 전술을 조선에도 적용하였다.[13] 즉 일본은 먼저 강화도사건에 대해 청의 책임을 추궁하고 청이 책임을 회피하자 조선이 청의 속국이 아니라는 것으로 결론지었다. 1871년 청일수호조규에 나오는 청의 '소속방토所屬邦土'에 조선이 포함되는지의 여부를 놓고 청·일은 공방을 벌였다. 일본은 조선이 청에 조공하더라도 속방은 아니며 청이 책임을 질 수 없으면 조선은 독립국이라고 주장하였다. 결국 청은 조선은 비록 속방이지만 모든 정교금령은 스스로 행하여 왔으니 일본과 수호하는 일도 조선이 주지하라고 하여 수호조규 체결을 용인하였다.[14]

---

12) 崔德壽 외, 『조약으로 본 한국근대사』, 열린책들, 2010, 26쪽.
13) 쟝팅푸(1933), 김기주·김원수 옮김, 『淸日韓外交關係史』, 민족문화사, 1991 참조.

일본은 프랑스, 미국 등 '서양문명국'과 마찬가지의 수법으로 청의 '조공국'인 조선을 화이체제에서 분리하고자 하였다. 명칭은 '조규'지만 서양과 체결한 '조약'과 동일하며 체결과정도 서양의 통상조약 요구의 흐름과 분리될 수 없는 것이었다.[15] 수호조규는 서양 각국이 조선과 체결하려던 조약의 원형과 멀지 않은 것이었다.

일본과 조선의 수호조규로 인해 조선에 대한 '종주권' 상실의 위기를 맞게 된 청은, 1879년 일본의 류큐병합에 직면하면서 일본의 조선침략을 예방할 수 있는 방안으로 서양 각국과의 조약체결을 조선에 권유하였다.[16] 서양과의 조약체결을 추진하는 과정에서 청은 조선을 속방이라고 조약에 규정하려 하였지만 속방과는 조약을 체결할 수 없다는 서양의 입장에 막혀 이를 실현할 수 없었다. 1882년 5월 미국과 최초의 '수호통상조약'을 체결한 이후 영국, 독일, 러시아, 프랑스 등과도 차례로 수호통상조약이 체결되었다. 서양 각국과의 조약은 불평등조약이었지만 중국의 '속방론'에서 벗어나는 계기가 되는 것이기도 하였다. 프랑스와 미국의 조선침공에서 시작된 조선의 국제법질서로의 편입은 일본과의 수호조규, 미국 등 서양 각국과의 수호통상조약을 통해 첫발을 떼어놓게 되었다.

그런데 1882년 7월 임오군란을 진압하기 위해 조선에 출동한 청군이 대원군을 체포하여 청에 압송하는 등 조선에서 무력을 행사하여 정국을 장악하게 되면서 청은, 조선에 대해 '속방론'을 실현할 기회를 잡았다고

---

14) 金容九, 앞의 책, 188~192쪽, 237~238쪽; 浜下武志, 앞의 책, 114~120쪽; 권혁수, 『19세기말 한중관계사연구』, 백산자료원, 2000, 제2장 「李鴻章의 초기 조선인식과 강화도조약」.

15) 조약체결과정을 담고 있는 申櫶의 『沁行日記』(김종학 옮김, 푸른역사, 2010)에는 條約과 條規의 용어를 구별 없이 광범하게 사용하고 있다. 조선이 서양 각국과 체결한 조약명은 모두 '修好通商條約'으로 되어 있는데 이는 일본이 서양 각국과 체결한 조약명칭과 동일한 것이다. 프랑스, 미국, 영국 등 서양 각국은 조선과 조약을 맺을 때 일본과 체결한 것과 같은 조약을 맺고자 하였다. 특히 미국은 1854년, 1858년 일본과 맺은 수호통상조약을 참조하여 조선과 1882년 수호통상조약을 체결하였다.

16) 姜相圭, 「일본의 琉球병합과 조선문제의 부상」, 『19세기 동아시아의 패러다임 변환과 한반도』, 논형, 2008 참조.

보았다. 1882년 10월 1일 청이 톈진에서 조선에 일방적으로 강요한 상민수륙무역장정商民水陸貿易章程이 바로 그것이다. 이것은 국가 간의 관계를 규정한 조약 또는 조규가 아닌 '장정章程'의 형식을 취하고,[17] 전문에서 "조선이 오래도록 번봉藩封을 받았고 모든 전례典禮에 정해진 규정이 있다. (…중략…) 장정은 중국이 속방을 우대하는 뜻에서 나온 것이므로 각국이 똑같이 이익을 보는 것은 아니다"라고 하여, 서양의 국제법질서의 침투를 견제하면서 전통적 화이체제를 강화하려 하였다. 즉 청은 육로를 통한 전통적인 조공무역을, 육로와 해로 및 항구를 통해 시행하는 것으로 변경한다는 취지로 '수륙무역'의 장정이라 하여[18] 화이체제를 재편성하면서도 불평등한 기본골격을 유지하려 하는 한편 총독과 같은 상무위원의 파견 등 식민지화의 방향을 모색하였다.

이미 1880년 주일 청국공사 허루장何如璋은 청의 조선정책으로 세 가지를 제시했는데, 첫째 조선을 청의 한 군현으로 삼는 것을 상책, 감국대신監國大臣을 파견하는 것을 중책, 서양과 조약체결을 권유하는 것을 하책이라 하였다.[19] 청은 미국 등 서양 열강과의 조약체결을 조선에 권유하여 하책을 실행하였고, 상민수륙무역장정에 의거해 감국대신을 파견하여 내정에 간섭하는 방식으로 중책을 실행하였지만, 청일전쟁의 패배로 조선의 식민지화는 성공하지 못하였다.

서양 각국과는 주권국가로서 조약을 체결하고 중국에는 속방이 된다는 것은 모순적 상황이었다. 이러한 상황에 대해 김윤식金允植은 조선은 청에 대하여는 속방이고 각국에 대하여는 자주라는 양편론兩便論으로 해석하고, 유길준兪吉濬은 조선은 청에 조공을 바치는 증공국贈貢國이지만 속

---

17) 金旼奎, 「근대 동아시아 국제질서의 변용과 조선: 조규체제의 성립과 와해」, 한국사연구회 편, 『한국사의 국제환경과 민족문화』, 경인문화사, 2003, 190쪽.

18) 청이 육로로 국경을 맞댄 지역에 대해서 별도의 통상장정을 마련한 것은 1862년 러시아와의 육로통상장정에서 보이고, 조선과는 1883년 奉天與朝鮮邊民交易章程, 吉林朝鮮商民貿易地方章程을 맺고, 1886년 프랑스와 越南邊界通商章程을 맺었다.

19) 宋炳基 편역, 『개방과 예속』, 단국대학교출판부, 2000, 220쪽.

국은 아니고 그러면서 다른 한편 서양 각국과 대등한 조약을 체결하고 있는 모순된 상황을 양절체제兩截體制라고 하였다. 화이체제 하의 '조공국' 과 국제법질서 하의 주권국가의 중첩이라는 모순된 조선의 국제적 지위를 표현한 것이지만 청에 대한 서양 각국의 견제를 배경으로 주미조선 공사관을 개설하는 등 조선은 주권국가로서의 위상을 획득해 나갔다.

일본에 의한 조선의 개항은 청·일의 대립, 서양의 개입, 조선의 반발에도 불구하고 일본의 주도권이 관철되는 계기였고 그것이 한국 개항도시의 특성에 반영되어 있다.

3. 개국·개항·수호통상의 개념

서양이 동아시아 국가들의 항구를 개방하고 국교를 수립한 과정을 한국에서는 흔히 '개국開國', '개항開港'이라는 개념으로 표현하고 있다. 그렇지만 당시의 조약에서는 이러한 명칭을 찾아보기 어렵다. 오히려 일본이 서양 각국과 체결한 조약의 이름은 '수호통상조약修好通商條約'이고 이에 준하여 조선도 서양 각국과 수호통상조약을 체결하였다. 1876년 일본과 조선이 체결한 수호조규도 내용면에서 수호통상조약과 다를 바 없다. 1882년 청이 조선에 상민수륙무역장정을 강요한 예외가 있지만 개국, 개항의 개념과 함께 '수호통상'의 의미를 검토할 필요가 있다.

'개국'은 '쇄국'의 대극에 위치한 개념으로 일본에서 미국과 조약을 체결한 1854년 이후 적극 사용되기 시작하였다.[20] 일본인 학자들은 일찍부터 조선에 대하여도 개국의 개념을 사용하였다. 대표적인 예를 든다면, "개국이란 쇄국고립하여 대등한 관계로 구미제국과 공적인 교통을 수용하지 않았던 국가가 구미제국을 평등병행의 국가로서 승인하여

---

20) 金容九, 『세계관 충돌과 한말 외교사 1866~1882』, 문학과지성사, 2001, 69~70쪽.

구주국제단체의 법규 하에 외교관계를 설정하고, 피아 인민의 통상을 허용하고, 국제단체사회에 그 일원으로서 가입하는 것"이라는 개념 규정을 볼 수 있다. 즉 '개국'을 외교관계의 수립과 통상관계의 창설이라는 의미로 규정한 것이다.[21] 서양과의 만남과 교류를, 국가의 기원이나 새로운 왕조의 개창을 의미하는 '개국' 또는 '건국'의 개념에 견주었다.[22] 사대교린관계에 놓여 있던 조선의 대외관계를 쇄국으로, 그 붕괴의 시작인 서양과의 교류를 개국으로 개념 규정한 것이다. 개국개념은 일본에서는 적극 활용되었으나[23] 현재 한국의 역사학자와 역사교과서는 이 개념의 사용을 그다지 좋아하지 않는다.

　'개항'은 외국상선에게 항구나 포구를 개방하는 것을 의미하므로 국교 수립의 하위 관계를 표현하는 개념이다. 1858년 일본은 미국과 맺은 통상조약의 한 항목에서 '일본개항의 장소'라고 소극적으로 '개항'을 표현한 이후, 1871년 청과 수호조규를 체결하면서 '개항장'이라는 표현을 여러 번 적극적으로 사용하였다. 그러나 청에서는 개항장이란 표현을 전혀 쓰지 않고 '지정각구指定各口'라 하였다. 그런데 일본이 주도한 조선과의 1876년 수호조규와 그 부록에서 '개항의 시기開港ノ期'라 표현하면서도 '개항장' 대신 '지정각구', '통상각구通商各口'(일본은 '통상각항通商各港')라 표현한 것은 청을 배려한 표현이라고 볼 수 있겠다. 조선 측 사신도 일본측과 문답하면서 '신개항설관조관新開港設館條款', '개항통상사開港通商事'를 언급하여[24] 조선 측에서도 소극적이나마 개항이란 표현을 사용하고 있었고, 1879년 9월 조선정부가 일본에 보낸 서한 '원산진개항예약결정서한元山津

---

21) 奧平武彦, 『朝鮮開國交涉始末』(1935), 刀江書院, 1969 재간행, 序 및 4쪽.

22) 일본은 청일전쟁에서 승리하여 청연호의 사용을 금지하면서 '개국'으로 표현했는데, 그것은 조선왕조의 개국기원이었다. 조선이 조약을 체결하여 개방한 것을 개국으로 표현한 모순은 여기서도 볼 수 있다.

23) 渡邊勝美, 『朝鮮開國外交史研究』, 東光堂書店, 1941; 原田環, 『朝鮮の開國と近代化』, 溪水社, 1997; 田中彰, 『開國』, 日本近代思想大系 1, 岩波書店, 1991 참조.

24) 申穩, 『沁行日記』, 김종학 옮김, 푸른역사, 2010, 451쪽.

開港豫約決定書翰'에도 '개항'을 표현하였다. 그러나 조선 측의 기록에 이러한 개항의 용례가 흔한 것은 아니다. 1882년 청이 조선과 맺은 상민수륙무역장정에서는 '통상구안通商口岸'의 표현이 사용되었는데 조선은 오히려 이 용어를 선호하여 서양 각국과의 조약에서도 적극 사용하였다.25)

이렇게 보면 '개국'과 '개항'은 일본에서 적극적으로 사용된 개념이고 조선에서 일본의 영향력이 강화됨에 따라 그 용어도 수용되어 식민지시기에는 광범하게 사용되었다. 조선의 항구에 대한 일본 측의 수많은 역사서와 여행기는 '개항'이란 표현을 광범하고 보편적으로 사용하였다. 한국의 역사교과서는 항구의 개방을 넘어 국가 '문호의 개방'과 같은 의미로 '개항'의 개념도 수용하고 있다.

'수호통상'의 표현은 조약의 명칭에 등장한다. 동아시아 각국이 서양과 체결한 조약의 명칭을 살펴보면 [표 1]과 같다.

[표 1] 동아시아 각국과 서양 사이에 체결된 조약

각국	종류	명칭	체결국	연도
청	조약	난징조약	영국	1842
	장정	5개항구통상장정	영국	1843
	장정	5개항구무역장정	미국, 프랑스 각각	1843
	장정	상하이조지장정	영국	1845
	조약	톈진조약	러시아, 미국, 영국, 프랑스 각각	1858
	장정	통상장정선후조약	영국, 프랑스, 미국 각각	1858
	조규	헤이룽장통상조규	러시아	1859
	조약	통상조약	독일	1861
	장정	통상장정선후조약	독일	1861
	장정	육로통상장정	러시아	1862
	조약	화호무역조약	포르투갈	1862
	조약	화호무역조약	스페인	1864
	조약	화호통상조약	브라질	1881

25) 孫禎睦, 『한국개항기 도시변화과정연구』, 일지사, 1982, 54~60쪽 참조.

일본	조약	화친조약	미국	1854
	조약	수호통상조약	미국, 네덜란드, 러시아, 영국, 프랑스 각각	1858
	장정	무역장정	미국, 네덜란드, 러시아, 영국, 프랑스 각각	1858
조선	조약	수호통상조약	미국	1882
	조약 장정	수호통상조약, 부속통상장정	영국, 독일, 이탈리아, 러시아, 프랑스, 오스트리아, 벨기에, 덴마크 각각	1883~1902
	장정	육로통상장정	러시아	1888

* 출전: 王鐵崖編, 『中外舊約章彙編』 제1책, 三聯書店出版, 1956; 日本 外務省, 『締盟各國條約彙纂』, 1884; 大韓民國 國會圖書館 立法調査局, 『舊韓末의 條約』, 1964~1965.

영국은 처음 청과 조약을 체결하여 국교를 맺은 후 통상장정으로 보완하였고, 미국과 프랑스는 무역장정에 국교의 개설과 통상을 위한 규정을 통합하여 체결하였다. 1856년 애로호 사건 이후 서양 각국은 각각 1858년 톈진조약에 이어 무역절차를 규정한 통상장정선후조약을 별도로 맺었다. 일본은 미국과 '화친조약'을 맺어 '개국'한 이후 서양 각국과 '수호통상조약' 및 '무역장정'을 체결하였다. 영어로 친선amity과 무역 commerce을 내용으로 하는 '수호통상'의 개념은 1858년 일본과 미국 등 5개국과의 조약에서 처음 등장한다. 청이 포르투갈, 스페인과 맺은 화호무역조약이나 브라질과 맺은 화호통상조약도 수호통상조약과 같은 의미이다. 톈진조약 이후 이런 개념으로 정형화된 것으로 보인다.

1866년 이래 프랑스, 미국, 영국 등은 조선과 조약을 체결할 경우 일본과 맺은 것과 같은 형식의 조약을 체결하려고 하였다. 특히 미국은 일본과 체결한 1854년, 1858년 조약을 참조하여 조선에 대해 난파선 보호조약과 무역관계조항을 요구할 계획을 세운 적도 있다. 미국의 이러한 입장은 1882년 조선과 '수호통상조약'을 체결하는 것으로 귀결되고 서양 각국에도 확대되었다.[26] 이렇게 하여 조선과 서양과의 조약은 일본과 서양 사이의 조약을 모방하여 모두 '수호통상조약'이라 하였다. 일본과 조선은 서양 각국과 조약을 체결할 때 모두 '수호통상조약+통상장

26) 金容九, 앞의 책, 109쪽, 113쪽, 134쪽, 358쪽.

정'의 형태를 취하였다. 조선은 서양문명국화를 추구한 일본을 매개로 화이체제에서 국제법질서로 이동해갔고 그런 사정이 조약의 명칭과 형식에 반영되어 있다.

그러나 조선이 국제법질서에 편입되는 것은 앞에서 논의한 것처럼 화이체제의 재편성을 전제하지 않으면 안 되었다. 청과 일본이 서양과 조약을 체결하여 국제법 질서에 강제 편입된 것은 동아시아 국가 간의 새로운 조약 체결을 통해 불가피하게 화이체제의 재편성을 초래하였다.

[표 2] 동아시아 각국 사이에 체결된 조약

체결국	종류	명칭	연도
청과 일본	조규	수호조규	1871
	장정	통상장정	1871
일본과 조선	조규	수호조규	1876
	장정 등	부록, 무역규칙, 통상장정 및 해관세칙	1876~1883
청과 조선(대한제국)	장정	수륙상민무역장정	1882
	장정	펑톈(奉天)조선변민교역장정	1883
	장정	지린(吉林)조선상민무역지방장정	1883
	조약	부산전선조약	1886
	조약	원산전선조약	1891
	조약	통상조약	1899

* 출전: [표 1]과 같음.

서양 국제법질서의 영향을 받으면서 동아시아 각국 사이의 국제관계는 화이체제의 균열 속에서 여러 가지 굴절현상을 겪는다. 일본은 청과 대등한 관계의 '수호조규+통상장정'을 체결하여 수교하였지만, 일본은 조선에 불평등한 수호조규를 강요하였다. 조선에 강요된 수호조규는 청·일간의 수호조규와 명칭이 같음에도 불구하고 내용은 대등하지 않고 오히려 명칭의 상이에도 불구하고 서양과 체결한 수호통상조약에 나타난 불평등성과 다른 점이 별로 없다. 조·일간의 수호조규에서 "예부터 우의가 돈독한데 최근 양국의 정의가 미흡하여 구호舊好를 중수하여 친목을 굳건하게 하려 한다"는 표현을, 조선은 "300년 동안 수신사를 보내서 수목修睦하고 왜관을 설치하여 호시互市한 것"의 연장선에서 이해하였지만, 일본은 국제법 질서에 의거한 개관開館과 통상이라고 주장하였다.27) 일본 입장에서는 '수호'는 항구의 개방에 그치지 않고 근대의 국제법질서 하에서 공관의 설치를 통한 주권국가 사이의 국교의 수립―불평등하지만―을 의미하였다. 중국식 표현인 '화호'가 아니라28) 일본식 표현인 '수호'를 조선에 적용한 것은 조선의 외교관계가 청에서 벗어나 일본의 영향력 안에 놓이기 시작한 것을 상징한다. 이로써 조선을 둘러싼 청·일간의 대립은 1894년 청일전쟁 때까지 격화되어 간다. '수호'가 국교의 수립과 확대, 또는 문호의 개방을 의미한다면 '통상'은 항구의 개방, 즉 개항장의 설치를 의미한다.

서양 국제법질서와 충돌하면서 동아시아 화이체제의 재편성을 추구한 일본의 영향력이 '수호통상' 개념의 성립과 전개에 투영되어 있다. 조선이 화이체제의 균열이 가속화되는 가운데 일본의 자장 안에서 서양 국제법 질서에 편입되는 양상을 '수호통상' 개념의 정착과정을 통해 확인할 수 있다.

4. 통상확대와 개항도시의 형성

일본에 의한 개항과 청의 속방화정책은 개항장의 권력구조에도 영향을 미쳤다. 1876년 수호조규에 의해 부산, 원산, 인천 3개 항구의 개항이 이루어졌다.29) 부산의 경우 왜관을 폐지하고 거기에 조계(거류지)를 설치

---

27) 『沁行日記』, 129쪽, 189쪽.
28) 청에서는 포르투갈, 스페인, 브라질과의 조약에서 '화호'로 표현하였고, 톈진조약의 전문에도 '화호'(미국, 프랑스)로 표현하였다.

하였다. 왜관을 조계로 바꾼 것이 아니라 쓰시마 도주島主의 중개에 놓여 있던 교류방식을 폐지하고 일본 외무성의 지휘를 받는 영사관을 설치하여 새로운 관계를 구축하였다.[30] 난징조약에 의해 종래 광둥의 상관商館과 공행公行제도가 폐지되면서 개항장에 조계가 설치되고 새로운 무역관계를 형성한 청의 경우와 마찬가지다. 왜관의 전통이 있었기 때문에 부산이 개항한 뒤 일본인의 진출이 활발하여 조계를 채우고도 모자라 조계 밖으로 확산되었다. 부산에는 청국전관조계가 설치되었지만 유명무실하고 사실상 일본인 중심 도시로 전개되었다.

인천의 경우 일본에 의해 개항되었지만 청과의 상민수륙무역장정이 체결되고 청의 상무위원이 상주하게 됨으로써 청이 주도권을 쥐었다. 청은 별도로 인천화상지계장정仁川華商地界章程을 체결하여 청국의 권리를 확대하였다. 청은 인천을 조선속방화를 강화할 근거지로 삼았다. 청은 인천을 중심으로 부산, 의주, 원산 등을 연결하는 전신체계를 갖추어 정보의 유통을 장악함으로써 조선에서 청의 이익을 실현할 수 있었다. 인천의 청국전관조계는 청의 조선정책을 집행하는 실질적인 중심지 역할을 하였다.

그러나 청일전쟁에서 일본이 우세를 점하면서 상황은 일변하였다. 개항장 네트워크 판도가 변화하였다. 대한제국은 1897년 목포와 진남포, 1899년 군산, 마산, 성진을 개항하였다. 조약의 체결 없이 대한제국정부 스스로 개항을 결정하였지만 일본의 지속적인 요구와 일본의 주도권 행사에 의해 일본의 무역 네트워크가 전국적인 규모로 확장되는 의미를 지녔다.

---

29) 개항의 과정과 개항장에 대하여는 奧平武彦, 「朝鮮の條約港と居留地」, 『朝鮮社會法制史研究』, 경성제국대학법학회논집 9, 1937(『朝鮮開國交涉始末』, 1969 수록); 田保橋潔, 「近代朝鮮に於ける開港の研究」, 『小田先生頌壽記念朝鮮論集』, 1939; 이현종, 『한국개항장연구』, 일조각, 1975; 김용욱, 『한국개항사』, 서문당, 1976; 孫禎睦, 『한국개항기 도시변화과정 연구』, 일지사, 1982; 高秉雲, 『近代朝鮮租界史の研究』, 雄山閣出版, 1987 참조.

30) 田代和生, 『新・倭館: 鎖國時代の日本人町』, ゆまに書房, 2011 참조.

조선의 개항장은 중국과는 달리 부산을 제외하면 전혀 교역이 이루어
지지 않던 한적한 어촌의 포구에 항구를 건설하여 개항장으로 형성한
특징을 지닌다. 종래의 대하천을 중심으로 한 유통망이 붕괴하면서 개
항 이후 새롭게 개항장 네트워크가 형성되었다. 즉 금강, 영산강 유통망
이 붕괴하면서 군산항, 목포항이 이를 대신하였다. 한강 유통망은 경인
철도의 부설에 의해 붕괴하였다. 1899년 경인철도를 비롯하여 경부, 경
의철도 등이 건설되면서 개항장의 유통중심지로서의 역할은 내륙의 거
점도시와 경쟁하는 상황이 되었다. 그렇지만 내륙의 철도무역과 경쟁하
면서도 개항장은 대외무역 뿐 아니라 연안무역에서도 중심적인 역할을
하면서 개항도시로 발전해 나갔다.

조선의 개항 상황을 살펴보면 [표 3]과 같다.

[표 3] 조선의 開港과 開市

종류	지역	개방시기	조계	근거
개항장	부산	1876	일본과 청의 전관조계	수호조규(일본)
	원산	1880	일본과 청의 전관조계	수호조규(일본)
	인천	1883	일본과 청의 전관조계, 각국공동조계	수호조규(일본)
	목포	1897	각국공동조계	대한제국정부 법령
	진남포	1897	각국공동조계	대한제국정부 법령
	군산	1899	각국공동조계	대한제국정부 법령
	마산	1899	일본전관조계, 각국공동조계	대한제국정부 법령
	성진	1899	각국공동조계	대한제국정부 법령
	용암포	1904		대한제국정부 법령
	신의주	1906		
	청진	1908		
개시장	한성	1882	잡거	상민수륙무역장정(청)
	양화진→용산	1884	잡거	상민수륙무역장정(청)
	의주, 회령	1882	청	상민수륙무역장정(청)
	경흥	1888	러시아	육로통상장정(러시아)
	평양	1899	잡거	외국공사의 선언

이처럼 수호통상의 확대에 의해 설정된 개항장의 도시를 '개항도시'라고 규정할 때 내용적으로는 근대도시 또는 식민도시의 성격을 지닌다. 여기서는 자본주의의 원리가 작동하는 근대도시의 측면이 일본인 중심의 식민도시 속에서 전개되어간 양상을 살펴보고자 한다.

먼저 개항도시의 근거가 될 조계와 개항장에 대한 개념을 정리할 필요가 있다. 조계와 개항장은 어떤 관계에 있는가? 그 개념과 범위를 둘러싸고 조약해석상에 차이가 있다. 청은 개항장을 곧 조계로 보고 조계 경계선을 봉쇄하려는 입장인데 반하여, 서양은 외국조계는 개항장의 일부라고 하여 조계 밖에도 개항장을 상정하고 이를 행정도시와 일치시켜 특권의 범위를 확대하고자 하였다.[31] 조선의 경우 조계로부터 10리 안에서는 토지와 가옥의 소유가 가능하였고, 여행할 수 있는 범위는 처음 조계로부터 10리로 제한되었다가 50리, 100리로 확장되었다. 개항장의 범위를 조계가 속한 행정구역을 포함하지 않는다 하더라도 외국인의 토지와 가옥의 소유가 가능한, 조계로부터 10리 이내는 포함해야 할 것이다.

일본은 한국을 보호국으로 삼은 뒤 한국이 외국과 맺은 조약을 모두 폐기하면서 조계를 폐지하는 수순을 밟았다. 1914년 조계제도를 완전히 폐지하고 일반 행정구역에 편입하였다. 이때 조계와 개항장이 있었던 지역에는 내륙의 군과는 달리 부제府制를 실시하였다. 부의 행정적 범위는 조계와 그 바깥의 개항장을 포함하는 지역으로 극히 축소되었다. 인천의 경우 조계 중심의 부내면府內面과 그 바깥 개항장의 범위에 해당하는 다소면多所面만을 인천부仁川府로 삼았다. 항구와 조계는 조선인의 거주지역을 피하여 한적한 어촌 내지 포구를 개발하는 형식으로 추진되었으므로 원래부터 개항도시는 완전한 신도시로 건설된 것이다. 이렇게 하여 일본인이 주도권을 차지한 조계와 이를 둘러싼 10리 정도의 개항장

---

31) 植田捷雄, 『支那に於ける租界の研究』, 巖松堂書店, 1941, 576~590쪽.

으로 구성된 개항도시가 '식민도시'로 전환하였다.

개항도시의 특성을 인구와 토지를 중심으로 살펴보기로 한다. 먼저 1930년경 개항에서 기원한 식민도시의 국적별 인구는 [표 4]와 같다.

[표 4] 개항도시의 국적별 인구분포(1930년)

지역	부군(府郡)	일본인	조선인	중국인	기타	합계
인천	인천부	11,758(17.3)	52,971(77.7)	3,372(4.9)	36(0.1)	68,137(100)
	부천군	1,302(1.6)	79,436(95.7)	1,189(1.4)		81,927(100)
부산	부산부	47,761(32.7)	97,558(66.8)	737(0.5)	42(0.0)	146,098(100)
	동래군	2,997(2.8)	102,887(97.1)	75(0.1)	3(0.0)	105,962(100)
원산	원산부	9,260(21.7)	32,241(75.4)	1,218(2.8)	41(0.1)	42,760(100)
	덕원군	576(0.9)	60,644(98.1)	561(0.9)	31(0.0)	61,812(100)
목포	목포부	7,922(22.8)	26,335(75.9)	416(1.2)	16(0.1)	34,689(100)
	무안군	1,422(0.7)	189,093(99.2)	77(0.1)		190,592(100)
군산	군산부	8,707(33.1)	16,894(64.2)	718(2.7)	2(0.0)	26,321(100)
	옥구군	2,935(2.8)	102,654(96.9)	288(0.3)	9(0.0)	105,886(100)
진남포	진남포부	5,333(13.9)	32,073(83.8)	887(2.3)	3(0.0)	38,296(100)
	용강군	969(0.9)	102,729(98.5)	657(0.6)		104,355(100)
마산	마산부	5,587(20.0)	22,183(79.6)	102(0.4)	7(0.0)	27,879(100)
	창원군	7,368(4.8)	144,773(95.1)	82(0.1)		152,223(100)
합계	개항장 계	96,328(25.1)	280,255(72.9)	7,450(1.9)	147(0.1)	384,180(100)
	주변부 계	17,569(2.2)	782,216(97.4)	2,929(0.4)	43(0.0)	802,757(100)
경성	경성부	105,639(26.8)	279,865(71.0)	8,275(2.1)	461(1.1)	394,240(100)
	고양군	3,967(2.0)	194,386(97.4)	1,288(0.6)	42(0.0)	199,683(100)
평양	평양부	20,073(14.3)	116,899(83.1)	3,534(2.5)	197(0.1)	140,703(100)
	대동군	2,296(1.4)	156,402(97.8)	1,314(0.8)	1(0.0)	160,013(100)

* 출전: 朝鮮總督府, 『朝鮮國稅調査報告』, 1930.

개항도시의 성격을 지닌 부제 실시 지역의 인구는 일본인 중심 사회를 형성하고 있다. 도시인구의 1/4 정도가 일본인 인구이다. 부산과 군산에 일본인이 많아 1/3에 달하고, 진남포에 적은 편이며 인천에도 비율상 많은 것은 아니다. 전체적으로 중국인은 일본인의 1/10에 미치지 못하지만 그중에서도 인천에 가장 많다. 서양인의 수효는 매우 적다. 조선인 인구에 비하여 일본인이 1/4에 불과하다고 볼 수도 있지만 사회적 지위의 질적 차이를 반영하면 비율의 의미는 달라진다. 개항초기부터 일본인이 도시의 주인이었고 중심부를 형성하였다. 이들 개항도시에는 일본영사관을 중심으로 각종 도시시설이 형성되어 도심을 이루고, 항구와 철도가 연결되고, 그 외곽에 도심에 노동력을 제공하고 보조기능을 수행하는 조선인사회가 형성되었다. 조선인사회와 연결된 주변부의 일본인 비율은 2% 정도에 불과해 개항도시의 구심력의 강도를 알 수 있다. 내륙 중심도시의 경우 경성부에는 일본인이 개항도시와 비슷하게 거주하지만 평양부는 그에 훨씬 미치지 못한다.

토지조사사업에 의해 사정이 이루어진 결과는 인천부에서만 볼 수 있는데, 국적별 토지소유를 살펴보면 [표 5]와 같다.

[표 5] 인천부의 국적별 토지소유 실태(1910년대)　　　　　　　　　　　　　면적단위: 평

소유자 국적	조계 지역		외곽 지역		인천부 합계	
	필지(%)	면적(%)	필지(%)	면적(%)	필지(%)	면적(%)
일본 회사	131(46.0)	37,172(22.0)	1,152(34.7)	672,946(46.3)	1,283(35.5)	710,118(43.8)
중국	56(19.6)	7,349(4.4)	174(5.2)	76,814(5.3)	230(6.4)	84,163(5.2)
서양	63(22.1)	70,779(42.0)	208(6.3)	201,074(13.8)	271(7.5)	271,853(16.8)
조선	0	0	1,667(50.1)	280,673(19.3)	1,667(46.2)	280,673(17.3)
국유 공공	35(12.3)	53,288(31.6)	123(3.7)	221,717(15.3)	158(4.4)	275,005(16.9)
합계	285(100)	168,588(100)	3,324(100)	1,453,224(100)	3,609(100)	1,621,812(100)

* 출전: 『토지조사부』, 인천부.

조계지역은 일본인이 소유한 필지가 46%로 압도적으로 많지만 면적은 22%로, 서양인과 정반대를 구성하고 있다. 다른 항구와 달리 각국공동조계가 있었던 인천에서 서양인의 토지가 많은 점은 인천개항도시의 뚜렷한 특징이다. 조계 외곽의 인천부 지역에서는 일본인의 필지수와 면적수가 압도적으로 많다. 다만 조선인의 필지수도 절반을 넘지만 소

유지는 20%에 미치지 못하는 영세한 소유규모를 보인다. 인천부 지역 전체를 보면 일본인이 필지와 면적에서 압도적이어서 35.5%의 일본인과 일본회사가 43.8%의 토지를 소유하고 있다. 서양인과 조선인의 소유 면적은 비슷한데 서양인은 1인당 366평, 조선인은 168평으로 조선인의 면적이 훨씬 영세하다. 식민지 시대가 되어 국유와 공공의 땅도 일본인의 손에서 집행된다는 점을 고려하면 인천부의 토지는 40%의 일본인이 60%의 토지를 관리한다고 볼 수 있다. 적지만 중국인의 토지소유가 존재하고 있는 점도 인천의 특징이다.

인천의 경우 중심부는 서양인과 일본인, 외곽은 일본인이 토지를 다수 소유하며, 조선인은 외곽지역에서 영세한 토지를 소유하여 밀집된 마을을 형성하고 있음을 보여준다. 이러한 토지의 국적별 소유구성은 다른 개항장이 일본인 중심 도시이면서 외곽에 조선인이 포진하고 서양인과 중국인이 거의 없는 것과는 상이한 특징이다.

5. 한국 개항도시의 특성

한국의 개항도시는 철저하게 조선인이 살지 않는 한적한 포구를 항구로 개발한 특징을 지닌다. 개항장이 발전하면서 그것은 개항도시의 모양을 갖추는데 부제의 실시에 의해 근대도시로 발전하고 그것은 일본인 중심의 식민도시의 성격을 지니게 되는 것이다. 1914년 서울, 대구, 평양의 내륙 전통도시를 제외하면 개항장이었던 부산, 인천, 원산, 목포, 군산, 진남포, 마산, 성진, 청진이 부로 편성되었다.

이들 개항도시는 일본인사회를 중심으로 형성, 개편, 발전되었다. 항구를 한편으로 하고 철도를 끌어들이며 도로를 개설하는데 그 중심에는 일본영사관과 공공기관, 은행, 상업무역기관 등이 포진하였다. 그리고 유흥가, 시장이 들어서고 그 외곽에 조선인주거지가 형성되었다.

처음 개항도시의 중심은 완전히 '소일본小日本'으로 출발한다. 인천에 대한 묘사를 살펴보면 다음과 같다.

인천이 개항한 지 어언 16년, 인천에 건너와 살고 있는 일본인이 4천 명에 이르고 연간 무역액이 1천여만 엔에 이른다. 게다가 과반수는 상업에 종사하고 있고, 거류지에는 사무소도 있고, 은행도 있고, 상업회의소도 있으며, 학교와 사원과 신문사도 있고, 행정·상업·교육 등의 기관들도 거의 갖추어져, 완연한 '작은 일본'을 이루고 있다.

혼마치는 인천의 긴자 거리로서, 중국거류지에서 각국거류지에 이르는 사이를 일직선으로 가로지르고 있는데, 폭이 넓고 평탄하여 상가가 즐비하게 늘어서고 기와집이 줄지어 있으며, 은행과 회사들이 있다. 인천우편국은 우에초의 하늘에 우뚝 솟아 있고, 조금 떨어져 있는 일본영사관은 위풍당당하게 할거해 있으며, 경찰서는 영사관 구내에 있고, 소학교는 야마테 거리에 있다.[32]

불과 20년 전 개항되기 전만해도 그저 "갈대만이 우거진 황량한 곳"이었는데, 이제 혼마치(本町), 카미마치(上町), 야마테(山手) 등 이름만 들어도 정겨운 동네에는 일본식과 서양식 집들이 즐비하게 늘어서 있다. 이곳은 영사관, 우편국, 은행, 회사, 학교, 병원에서부터 무역상과 잡화상에 이르기까지 거의 모든 기관이 정비된 또 하나의 작은 일본으로 인구가 5천이 넘고 우리 일본인의 자치에 의해 조성되어 있다.[33]

한국에 유일하게 각국공동조계가 설치되어 외국인과 그 토지소유가 상당히 많은 인천에서조차 일본인 중심으로 도시가 형성되었다. 일본인

---

32) 小川雄三, 『新撰 仁川事情』, 朝鮮新報社, 1898; 김석희 옮김, 인천대학교 인천학연구원, '머리말' 및 16쪽.

33) 小川雄三, 『仁川繁昌記』, 朝鮮新報社, 1903; 김창수·전경숙 역주, 『인천 1903』, 인천대학교 인천학연구원, 2006, 14~15쪽, 24쪽.

거류지의 도시구조는 일본과 똑같아 '소일본'이라고 하였다. 혼마치, 미나토마치港町 등 일본도시 어디에나 있는 거리명칭을 붙여 인천이 일본이나 다름없다고 독자들에게 실감나도록 소개하고 있다. 일본 정명町名은 한국 개항도시 어디서나 비슷하게 붙여졌다. 개항도시의 경우 소일본의 성격은 식민지시기에 더욱 진전되었다.

개항장의 외국인 조계 밖에는 전국에서 몰려든 상인과 노동자들이 조선인 거주지를 형성하였다. 인천의 경우 조선인 거주지는 크게 두 부분으로 나뉜다. 조계지를 인접해서는 상업지구가 형성되고, 그 외곽 북쪽으로 조선인 마을이 들어섰다. 인천의 1898년 외동과 답동 호적을 보면 상업인구가 절대적으로 많다. 397호 중 순검 등 관직에 있거나 양반이나 평민 등이 22호, 노동계통 10호, 공업계통 4호, 농업 4호를 제외하고는 상업으로 직업을 기재한 호가 288호, 객주나 거래물건을 기재한 상인들이 69호로 상업인구가 90%에 이른다.[34] 외동과 답동은 외국인 조계와 인접한 조선인 거주지이다. 이전 거주지가 밝혀진 128호 가운데 인천 관내에서 이주한 11호, 서울 45호, 경기도 33호, 기타 각도 37호로 인천항 주변의 수도권에서 이주한 사람들이 71%에 이른다.[35] 1898년은 인천이 개항된 지 15년이나 되어 개항 초기 부산이나 경상도, 평안도 등 원거리에서 상인들이 이주했던 것과는 다른 양상이다. 이처럼 조선인 거주지는 외국인 조계 인근에 상업지구가 형성되고 그 외곽에 개항장 노동자 등 조선인 밀집 거주지가 형성된 양상을 보인다.

개항도시가 신도시로 시작되면서 주민구성도 매우 다양하였다. 인천의 경우 일본인이나 조선인이나 모두 혼성적 특징을 보인다.

인천부의 거주민은 일본인, 조선인을 막론하고 대부분이 타지에서 이사 온 사람들로서 대대로 살아온 토박이는 극히 적다고 한다. 따라서 인정, 풍속

---

34) 『戶籍: 京畿仁川港畓洞』 1898년 6월; 『仁川港戶籍臺帳: 外洞』 1898년 6월.

35) 임학성, 「인천지역의 조선시대 호적자료에 관한 기초적 연구(I)」, 『인천학연구』 2-1, 2003.

같은 것도 다양하여 일본인을 놓고 말하면 야마구치식, 나가사키식, 오사카식이 제일 많고 조선인측을 놓고 말하면 부산식, 제주도식, 또는 황해도식, 충청도식이 가장 두드러진 것 같다. (…중략…) 주민들도 여러 지방에서 온 사람들이기 때문에 재래 사회계급의 분별이 크게 혼란해지는 것이 보인다. 예를 들면 사회 상층계급인 양반과 하층계급인 상민의 분별은 더더욱 없다. 따라서 하층사회에 있어서 개인적 충돌이 자주 발생한다.[36]

　미개척지가 개항장이 되어 도시로 성장하였기 때문에 식민도시 인천의 주민구성은 전혀 새롭게 이루어졌다. 일본의 여러 곳에서 이주하여 온 일본인들은 출신지의 풍속을 그대로 간직하였고, 조선인도 각도에서 진출하여 풍속을 달리하였다. 전통이 없기 때문에 사회계층간의 질서도 존재하지 않았다. 식민도시에서의 직업과 생존방식에 따라 민족적 경제력에 차이가 발생했지만 그것은 출신지역의 차별은 아니었다. 인천의 주민구성은 전통사회와 단절되면서 전국성, 국제성의 특정을 지녔다.
　인천 이외의 개항도시도 유사한 성격을 지닌다고 생각되지만 여기서 자세히 논할 여유는 없다. 개항도시의 성격에 대해서는 이중도시론이 거론되어 있다. 개항도시 내에서 지배-피지배를 야기한 일본인과 조선인의 공간분리로 인하여 이중성이 나타난다고 지적한다. 개항도시가 중심의 일본인사회와 외곽의 조선인사회로 공간적으로 구분된 특징을 지닌다는 것이다. 이러한 공간적 차별은 식민권력의 정치적 기획에 의하여 일본인 거주지역은 근대적 서구적 성격을 지닌 도시로 개발되고 조선인 거주지역은 낙후된 상태로 방치하는 방식으로 차별화됨으로써 식민지배의 타당성을 과시하기도 한다. 공간적 분리는 정치·경제·사회적 구분을 나타내는 이중도시로 표현된다는 것이다. 이러한 현상이 많은 도시들에서 남촌의 근대적 일본인 거주지, 북촌의 전통적 조선인 거주

---

36) 今井猪之助, 『仁川鄕土資料調查事項』 하, 1915; 이동철 외 옮김, 인천대학교 인천학연구원, 11~12쪽.

지의 이미지를 낳았다.[37)

이중도시론은 식민시대에 신도시로 개발된 대부분의 근대도시에서 볼 수 있지만 개항도시는 그 선두에서 모델이 되었다. 그러나 결과적으로는 이중도시의 성격을 지닐지언정 개항도시가 한적한 포구에 신도시로 개발되었던 점에서 처음부터 이중도시로 기획된 것은 아니다. 개항장의 치외법권 지대가 형성되고 개항장의 무역에 종사하는 상인과 노동자가 모여들어 조선인사회를 형성하였다. 바다에 면한 항구와 그를 에워싼 조계지, 조계지 밖 외국인과 한국인의 상업활동지역, 그리고 그 외곽에 조선인마을이 형성되는 방사선형 구조다. 이러한 구조는 처음부터 기획된 것이 아니라 개항기 내내 변화를 겪으며 점진적으로 확산된 것이다. 따라서 조계에서 출발한 일본인 중심의 도심지와는 달리 외곽의 조선인마을은 전통시대의 낙후성, 전근대성을 더욱 부각시키게 된다.

한국의 개항도시는 조선인 거주지역이 아닌 새로운 포구에 건설된 조계, 그리고 조계로부터 내륙방향으로 10리의 범위를 중심으로 형성되었다. 일본인이 주도권을 쥐고 일본인도시로 건설되었다. 인천의 사례에서 보면 1/4 정도의 일본인이 절반 이상의 토지를 소유하고 도시의 핵심기능을 모두 장악하였다. 조선인은 공간적으로 외곽에 포진하고 하층계급을 형성하였다. 그 후 개항도시는 전형적인 식민도시로 변모하였다. 해방 후 남한의 경우 개항도시는 일제 잔재 지우기에 의하여 그 식민성이 배제되는 방향으로 도시계획이 추진되기도 했지만, 오늘날에는 외곽으로 신도시가 개발되면서 조계를 낀 구시가지는 역사문화유적지구로 보존되고 있다.

---

37) 손정목, 『일제강점기 도시화과정 연구』, 일지사, 1995, 제7장 「일본인의 도심부 점거와 남촌·북촌 현상」; 고석규, 『근대도시 목포의 역사 공간 문화』, 서울대학교출판부, 2004, 서장 「도시공간의 이중성과 신파성」; 박찬승, 「목포의 식민지 근대성과 이중도시」, 『동아시아, 개항을 보는 제3의 눈』, 인하대학교출판부, 2010.

개항기開港期 부산항釜山港의
조선인과 일본인의 관계 형성

차철욱車喆旭·양흥숙梁興淑

1. 서론

지금까지 개항기 연구는 식민지의 전 단계, 혹은 준비단계로 인식되어, 식민지시기와 유사한 정치적 경제적 관계가 작동한다고 이해하는 경향이 많았다. 개항 자체가 자본의 이동과 확장의 산물이라는 점에서 이런 논리를 완전히 부정할 수는 없다. 하지만 식민지 단계에서 확인할 수 있는 다양한 형태의 권리 상실을 개항기와 곧바로 연결시키기 위해서는 몇 가지 해결되어야 할 과제들이 남아있다. 개항기와 식민지시기를 구분하더라도 '근대 일본'은 동일하게 상정해 둔 채, 개항기 조선의 내재적 발전을 강조하고자 하는 논의들이 많았다.

본고는 개항기 개항장에서 생활했던 구성원들의 다양한 관계와 그 속에서 형성되던 생활양태와 인식이 식민지시기의 식민자와 피식민자의 관계와 동일했을까에 의문을 제기한다. 개항장을 지배와 피지배, 수탈과 피수탈의 관계만이 아니라 다양한 출신의 사람들이 만나고 섞이면

* 부산대학교 한국민족문화연구소 교수·부산대학교 한국민족문화연구소 HK전임연구원. 이 글은 『한국학연구』 26(인하대학교 한국학연구소, 2012)에 실렸던 내용을 수정·보완한 것임.

서 만들어내는 '섞임의 공간'으로, 이질적인 문화들이 충돌하고 타협하는 공간으로 이해하려고 한다.

개항기 부산을 언급할 때 가끔은 조선시대 초량왜관草梁倭館이 있었다는 사실을 잊은 채 여느 개항장과 동일하게 인식하는 경우도 있다. 부산에는 1407년 왜관倭館이 설치되고 오늘날의 부산 자성대공원 옆 범일동 일대에는 일본인[항거왜인恒居倭人]들이 마을을 이루며 살았다. 임진왜란 이후 현 부산 동구청 일대의 두모포왜관豆毛浦倭館, 1678년부터 1876년 개항까지 용두산공원 주변에 초량왜관이 존속했다. 부산 지역의 사람이 일본인을 만나고, 일본인에 대한 소문을 듣고, 일본인과 거래를 통해 왜관 출입을 하면서, 비경제적인 관계까지 형성하였다. 또한 왜관 운영을 위해 부산 사람들은 필요한 군역軍役과 잡역雜役을 지면서 왜관과 일본인의 존재는 이미 익숙한 것이었다. 부산 사람과 왜관 일본인이 관계를 맺은 것이 무려 500년의 시간이었다. 조선인과 일본인의 관계는 시간의 흐름 속에서 교차되고 누적되었다. 초량왜관이 존속하던 시기에 조선인과 일본인의 일상적인 관계는 점차 밝혀지고 있다.[1]

부산 개항장의 특징은 조선후기 왜관시기 양국 사람들의 관계가 개항 후에도 지속되고 있다는 점이다. 양쪽 관계의 연속은 개항이라는 목적에 부응하는 상품거래와 문화관계에서 잘 드러나고 있다. 본고는 개항장 부산의 조선인과 일본인을 일본인전관거류지專管居留地라는 동일한 공간에서 생활하는 구성원이라는 관점에서 이들이 어떻게 섞이면서 새로운 모습을 나타내는가에 관심이 있다.

---

1) 김동철, 「조선후기 통제와 교류의 장소, 부산 왜관」, 『한일관계사연구』 37, 한일관계사학회, 2010; 양흥숙, 「'범죄'를 통해 본 조선후기 왜관 주변 지역민의 일상과 일탈」, 『한국민족문화』 40, 부산대학교 한국민족문화연구소, 2011.

2. 장벽의 해체와 공간의 열림

왜관은 외교와 무역의 장소로서, 조선과 일본의 사절과 상인이 만나는 공간이었다. 그러나 조선인과 일본인은 '약조約條와 금조禁條의 제정', '왜관 경계 설정', '금표禁標 입목立木', '왜관 출입 제한', '상인수 제한' 등 '통제'라는 기본 정책에서 자유로울 수는 없었다. 조선인과 일본인은 각각의 경계를 넘지 말라는 규정이 18세기 중엽 이후까지도 여러 약조나 규칙의 제1조에 기록되는 것도 왜관 출입을 엄격히 하려는 통제책의 일환이었다. 그러나 매일 아침 왜관 정문 밖에서 열리는 조시朝市, 왜관 안에서 열리는 3.8일장, 그 외에도 업무 건으로 부산 지역사람들은 왜관을 일상적日常的으로 출입하였다. 일상적인 관계는 경제적, 비경제적 관계까지 확대되었으며 지역 사람들에게는 왜관에서의 거래, 일본인과의 관계가 생리生理 즉, 생활을 유지하는 방도였다. 왜관은 일본인은 물론 조선인에게도 일상의 공간, 삶터였다. 그러므로 2m 높이의 담장으로 둘러싸인 왜관 대신에 근대 개항 후 전관거류지가 설치되어도, 조선인에게는 거류지가 차단된 공간이거나 크게 낯선 풍경은 아니었을 것으로 생각된다.

개항 후 새로 조성된 조선의 거류지로 이주한 일본인에게는 더욱 그러하다. 거류지는 이미 200여 년 동안 일본인들(대마도인)이 살았던 공간[초량왜관]이었으므로, 거리와 경관 등에서는 일본화가 많이 진행되어 있었기 때문이다. 조선의 어느 지역보다도 부산의 거류지가 익숙하게 여겨졌다. 「병자수호조규丙子修好條規」 제1관에 부산이 일본인 전관거류지의 대상지임을 밝히는 것은 당연한 일이었다. 제4관에는 부산 초량이 유래由來의 양국 통상 지역이었음을 밝혀두고 있다. 「병자수호조규부록丙子修好條規附錄」에는 부산 개항과 거류지 조성 내용이 보다 구체적으로 담겨 있다. 제3관에 왜관의 수문守門과 설문設門을 철폐한다고 하여, 종래 왜관을 둘러싼 공간 통제를 풀겠다는 의미가 강하게 들어있다. 수문([그림 1]의

아래쪽 동그라미)은 왜관의 정문으로 200여
년 동안 조선 군인인 수문군관守門軍官이
경계를 서고 있었고, 열쇠도 조선 측에
서 관리한 통제의 핵심이었다.

『조선귀호여록朝鮮歸好餘錄』 제1권 「백
영제차百詠題次」 중 「변문철의邊門徹矣」란
시에, 수문은 「병자수호조규」 체결 이후
일본 측에서 여러 차례 수문 철폐를 건
의하여 1876년 12월 16일에 마침내 철
폐되었다고 한다. 그래서 1877년 1월부
터 점차 조망이 시원하게 되었다 한다.[2]

설문([그림 1]의 위쪽 동그라미)은 부산진에
서 초량왜관으로 올 때 지나는 문으로
왜관의 초입에 위치한다고 할 수 있다.
설문을 지나면 왜관이 있어서 설문에도
조선 군인이 경계를 서고 있었고 그 출

[그림 1] 1783년 왜관도(卞璞 作)

입에 제한을 가하고 있었다. 조선인이 왜관 쪽으로 가는 길에서 검속檢束
과 기찰譏察을 하는 1차 관문이었다. 일본인이 왜관에 체류하면서 활동
한 공간은 대부분 수문 안이며, 일본인이 자주 출입하던 조선인 역관
건물도 수문과 설문 사이에 있었기 때문에 일본인이 설문을 벗어나는
경우는 거의 없었다. 설문을 나서는 것은 특별히 허가받은 경우에만 가
능하였다. 그래서 개항과 함께 일본인의 활동을 제한하였다고 여겨지는
수문과 설문을 우선 철폐한 것이다. 또한 「병자수호조규부록」 제4관에
나와 있는 일본인 간행이정間行里程과 관련해서도, 통제의 상징인 두 문을

---

2) 石幡貞, 「邊門徹矣」, 『朝鮮歸好餘錄』, 日就社, 1878; 허경진, 「일본 시인 이시바타 사다(石幡貞)
   의 눈에 비친 19세기 부산의 모습」, 『인문학논총』 15-1, 경성대학교 인문과학연구소, 2010,
   61~62쪽.

없애야 했다. 그런데 수문과 설문을 없애는 것은 비단 일본인과 관계된 것은 아니다. 왜냐하면 조선인 역시 일본인과 더 많은 거래, 교류를 위해서는 '통제의 표상'인 설문과 수문이 걸림돌이었기 때문이다.

초량왜관 시기에 두 문을 지키고 있는 군인의 눈을 피해 왜관 담장을 넘는 일은 예사로운 일이었다. 19세기 중반 자료로 알려진 『표민대화漂民對話』에는 조선인 아이들이 일본인에게 떡과 엿을 팔기 위해 매일 왜관을 출입한다는 내용이 있다. 전라도 뱃사공이 울산을 가다가 왜관 안을 구경하였다는 기사도 있다.3) 『표민대화』는 당시 일본에 표류한 조선인과 일본인 통역관 사이에 이루어진 대화를 모은 표류 당시의 문답기였다. 그러므로 표류민이 들었던 내용, 그들이 체험한 내용 등을 적은 것이다. 당시 왜관의 상황이나 아이들에 대한 기록은 양국민의 일상적인 공간으로 왜관이 변하고 있음을 보여준다. 조선 당국의 왜관 통제가 조금 약화되었다고 여겨지는 19세기 중반의 상황인데, 조선 조정과 동래부가 제정해 놓은 각종 규칙을 크게 벗어나지 않는 행위, 즉 밀무역이나 불법적인 정보 누출 등의 사안이 아니라면 조선의 일반 백성들도 왜관 출입이 가능했다는 것이다.

그러므로 「병자수호조규부록」 제3관은 수문과 설문이라는 통제의 상징물을 없앰으로써 거류지(왜관), 초량과 부산진까지 통제 없는 구역을 확보한 것이다. 그런데 1881년에 그려졌다고 알려진 「포산항견취도浦山港見取圖」에는 수문은 없어지고 그 자리에 일본 제일국립은행第一國立銀行이 그려져 있으나, 설문은 '舊サイ門'이라고 표기되어 있고 아직 건물이 남아 있는 상태로 그려져 있다([그림 2]의 왼쪽 동그라미).4)

또한 「부산구조계조약釜山口租界條約」(1877) 또는 「부산항거류지차입약서

---

3) 片茂鎭, 『漂民對話』, 불이문화, 2006, 107~108쪽, 119~120쪽.

4) 부산광역시, 『부산고지도』, 2008, 238~239쪽. 「포산항견취도」는 1881년에 그려졌다고 하나 (장순순, 「새로 발견된 왜관지도: 浦山港見取圖」, 『한일관계사연구』 16, 한일관계사학회, 2002), 그림 속의 건물들이 세워진 연대를 살펴보면 1881년이라고 확정하기 어려운 부분이 있다. 포산항견취도는 현재 부산근대역사관에서 찾아볼 수 있다.

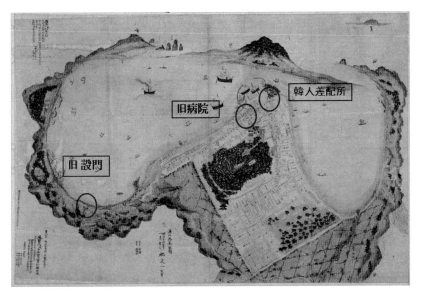

[그림 2] 浦山港見取圖

釜山港居留地借入約書」의 내용을 요약하면 '옛 재판가裁判家를 제외하고 조선에서 만든 2동의 건물은 일본에서 만든 옛 개선소改船所와 창고 6동과 교환하여 양국 관민官民이 사용한다. 이후 조선 정부에 소속이 될 가옥 7동은 황색으로 윤곽輪廓하여 그 차이를 분명히 한다. (…중략…) 그 외 지기地基, 도로道路, 구거溝渠는 모두 일본 정부가 보호·수리하고, 선창은 조선정부에서 수리한다'라고 하여, 전관거류지 내에서 조선 측이 공간을 활용할 가능성이 높아졌다. 이 조약에 첨부된 지도([그림 3])에는 초량왜관의 동관 3대청이라고 불리우는 관수가館守家, 개시대청開市大廳, 재판가가 진하게 색칠되어 있다. 이 세 동의 건물은 조선에서 지은 건물로 초량왜관 시기에도 건물의 수리는 모두 조선에서 담당하였다. 이 세 동의 건물 중에 재판가를 제외하고 관수가와 개시대청을 일본 측에서 사용하고, 일본에서 만든 선창가의 개선소와 창고 등을 조선에서 사용할 수 있도록 하였다. 그리하여 관수가가 곧 일본관리관청으로 사용될 수 있었다. 개시대청 역시 거류지 내의 공공건물로 사용되었다.

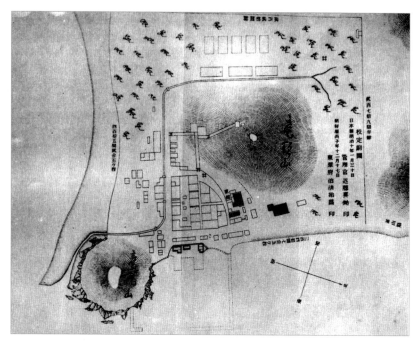

[그림 3] 釜山港居留地借入約書 附圖(김승·양미숙 편역, 『신편 부산대관』, 선인, 2010, 53쪽)

「포산항견취도」에는 왜관 개시대청과 무역품 창고가 있는 자리가 구병원舊病院으로 표기되어 있다([그림 2]의 가운데 동그라미). 구병원은 1877년 2월에 개원한 제생의원濟生醫院을 가리킨다. 『부산부립병원소사釜山府立病院小史』(1936)에는 일대관옥一代官屋 자리에 제생의원을 세웠다고 하였다.[5] 초량왜관에서 개시대청과 일대관옥은 붙어 있는 건물이고 특히 「포산항견취도」에서의 구병원 구역은 개시대청, 일대관옥, 개시대청에 딸린 창고 건물을 모두 포함하고 있다. 관수가터가 일본이사청日本理事廳(영사관), 개시대청터가 병원으로 이용되지만 재판가가 공공건물이 아닌 중야상점中野商店으로 바뀌는 것[6]과는 차이를 보인다. 관수가, 개시대청, 재판

---

5) 서용태, 「1877년 釜山 濟生醫院의 설립과 그 의의」, 『지역과 역사』 28, 부경역사연구소, 2011, 248~250쪽.

6) 재판가터에 中野商店이 들어서는 것은 釜山府, 『釜山の古蹟及遺物』, 1936, 28쪽.

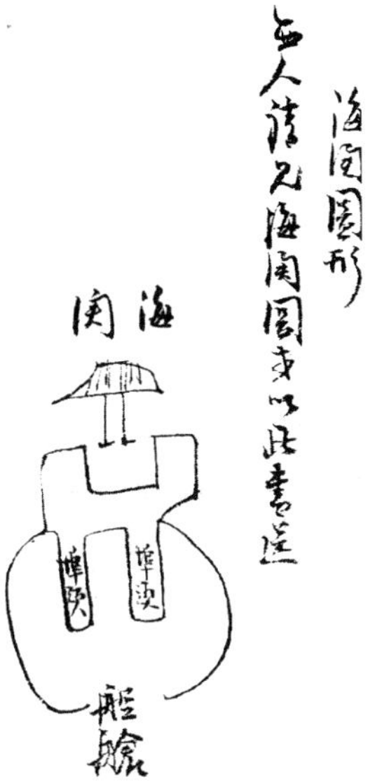

[그림 4] 『해은일록』에 삽입된
해관 그림과 위치

가의 공간 전용은 「부산구조계조약」에서 기인
한 것이 아닌가 생각된다.

반대로 조선 측은 왜관에서 일본 선박의 출
입을 살피던 개선소와 주변 창고들을 사용할
수 있게 되었다. 개선소와 해안 창고가 있는 곳
은 조선후기 이래로 유일하게 왜관의 항구로
개발되어 있던 곳이며 개항 후 북항 및 남항이
개발되기 전까지는 가장 중요한 항구였다. 개
선소는 거류지 가장 남쪽에 있었는데 그 자리
에 1883년 부산해관釜山海關이 들어서게 된다.
1883년 부산감리서釜山監理署 서기書記 민건호閔建
鎬가 쓴 『해은일록海隱日錄』7)에는 1883년 9월 제
정된 해관감리설치사목海關監理設置事目이 맨 처음

기사로 적혀 있는데, 사목의 날짜 다음에 해관의 도형이 그려져 있다.
[그림 4]에 그려져 있는 해관의 위치가 옛 초량왜관의 개선소가 있던
곳이다.8) 이것은 1886년에 초량왜관 그림을 베껴서 다시 그린 「부산포
초량화관대회도釜山浦草梁和館大繪圖」에서도 확인할 수 있다[그림 5] 참조).

흥미로운 점은 해관이란 곳은 초대 해관장부터 해관 구성원이 대부분
외국인이란 점이고 조선의 감리서監理署와는 밀접한 관련이 있다는 점이
다. 감리서 구성원의 월급이 해관세海關稅에서 충당되고 감리서는 통상과
관련한 총괄업무를 담당하였다.9) 그러므로 해관의 장부를 정리하고, 부

---

7) 『해은일록』은 1883년 부산감리서 서기로 임명된 민건호(閔建鎬)(1843년생)가 1883~1914년
   까지 쓴 일기이다. 일기에는 부산감리서와 해관 업무와 부산 다대포첨사로서의 활동도 기록
   되어 있다. 그는 1881년 신사유람단의 일행으로 일본에 다녀온 바도 있다. 『해은일록』은
   2006년 부산근대역사관에서 영인되었다.

8) 김재승은 부산해관은 1883년 7월 동광동 2가 3번지에서 개관하였다가 1885년에 오늘날
   부산데파트 자리로 옮겼다고 한다(김재승, 「부산해관 개청과 초대 해관장 W. V. Lovatt」,
   『국제무역연구』9-2, 국제무역학회, 2003, 6쪽).

9) 민건호, 「海關監理設置事目」, 『海隱日錄』.

산항 선박 출입의 상황을 파악하기 위해서는 항구와 그 옆의 해관에 감리서 구성원이 출입하는 것은 당연한 일이었다. 또한 감리서 구성원만이 해관을 출입하는 것이 아니라 하인을 대동하기도 하고, 친분이 있는 자와 함께 거류지 안으로 들어갔다. 또한 감리가 일본 영사와 공식적으로 만날 때에도 해관에 행차하였다.10) 선박이 출입하는 곳이므로 외국에 파견되었던 사절이 도착하는 곳이기도 하고 출발하는 장소이기도 하였다. 그러므로 인사와 배웅, 마중을 위해 조선인들이 해관에 들어갔다. 또한 해관에 출입한 조선인은 바로 감리서 등지로 돌아오는 것이 아니라 거류지 내의 일본인 관리, 역관, 의원 등과 만나기도 한다. 일본인 역관과는 업무 관련으로 만나기도 하지만 필요한 일본 물품을 부탁하는11) 등 친분관계에서 비롯된 만남도 많았다.

또한 「포산항견취도」에는 해관과 멀지않은 곳, 용미산 바로 아래인 입강정入江町에 한인차배소韓人差配所가 그려져 있다([그림 2]의 오른쪽 동그라미).

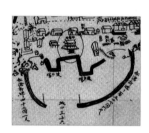

[그림 5]
釜山浦草梁和館大繪圖의
일부(부산광역시,
『부산고지도』, 229쪽)

차배差配는 여러 가지 뜻으로 사용될 수 있는데 '주인 대신에 세놓은 집·토지를 관리함'과 '일을 나누고 처리함'이란 뜻이 있다. 어떠한 뜻을 부여하더라도 한인(조선인) 관련 건물이라는 것을 알 수 있다. 부두와 가깝기 때문에 부두 노동자 혹은 일본인에게 고용된 조선인을 관리하는 건물이거나 거류지 내에서 가옥 임차가 많이 일어나므로 이 일과 관련된 조선인 사무소일 수도 있다.

이상과 같이 1876년 이후 일본인전관거류지가 설정되었다고 하더라도 일련의 조약, 규칙 등으로 하여 조선 관련 건물이 유지되었고 이곳을 기반으로 많은 조선인이 거류지 안에서 활동할 수 있었다. 이것은 전술

---

10)『해은일록』, 1883년 12월 25일.
11)『해은일록』, 1884년 3월 6일.

한 바와 같이 초량왜관 시기 조선인들이 왜관 안을 출입하던 것에서 기인한다고 할 수 있으나 위의 여러 가지 조치로 인해 다른 개항장보다는 조선인과 일본인과 관계가 더 가까워질 수 있었다고 생각된다.

3. 개항장 상거래와 상인의 섞임

1) 개항장 상거래 방식

개항기 거래형태를 이해하기 위해서 개항전 초량왜관의 관행을 비교 검토해보자 한다. 1789년 제정된 「접왜절목接倭節目」에는 '개시일開市日에 물화를 교역하는 것은 정식이 있다. 그런데 근래 감영, 통영, 수영, 동래부, 부산진 등 각처에서 왜물倭物을 무역하여, 개시일이 아닌데도 임역任譯(조선인 역관)에게 명하여 그것을 하게 한다. 그러므로 점퇴點退 때 거간居間이 폐해를 입는 단서가 되는 것이 많다. 왜물의 외상은 사형에 관계된다. 지금부터는 일체 이를 막는다. 모든 왜물화倭物貨는 개시일이 아니면 절대로 출문出門할 수 없는 것을 임역에게 분부하여, 불시에 무역하는 규정은 일체 엄금한다.'라는 조항이 있다.[12] 18세기 후반 왜관에서의 무역을 설명한 것인데 일본 물품을 사들이는 데 지방관청이 주도적으로 나서는 것, 정해진 개시일이 아닌데 무역을 하는 것, 관청 무역의 대리자가 역관이며, 거간이 따로 존재하는 것, 일본 물품을 외상으로 사들이는 것이 주목된다. 18세기 후반 지방 재정을 마련하기 위해 경상도 지역의 관청에서 일본과의 무역에 본격적으로 관여하였을 것으로 생각되는데, 일본 물품을 외상으로 사들이되, 중간에서 역관이 거래를 주선하고 있었다. 역관이 17세기 이후 대일무역對日貿易에 주도적으로 관여해오고

---

12) 김동철, 「18세기 중엽 이후 대일무역의 변화와 節目의 제정」, 『동양한문학연구』 33, 동양한문학회, 2011, 202쪽.

있는 점은 주지의 사실이다. 또한 외상거래가 발각될 때에는 사형으로
처벌한다고까지 하여 외상거래의 근절을 강력하게 표명한 것인데, 이는
당시 외상거래가 만연되어 있었다는 것을 반증한다. 일본인 역시 자신
들과 익숙한, 친분이 있는 역관이 매개되어 거래가 진행되므로 외상거
래를 활발하게 하였을 것이다. 외상은 물건을 먼저 지급하는 것도 있고,
물건값을 먼저 지급하는 경우도 있었다. 1683년에 세워진「약조제찰비
約條制札碑」에는 일본인의 돈을 먼저 받고 조선 물품을 납입하는 '노부세路
浮稅(왜채倭債)' 거래에 대한 금지 조항이 들어 있다.

이와 반대로 피집被執이라고 하여 조선 상인들이 조선 물품을 먼저 왜
관의 일본 상인들에게 넘기고 이후에 물품값을 받는 거래 형태도 있었
다. 물품을 먼저 잡히고 물품 값을 받는다는 의미이다. 특히 피집은 일
본 측에서 가장 인기가 많았던 조선의 산삼을 먼저 구매하기 위하여
일본 상인들이 먼저 다투어 외상으로 사들였다.[13] 이러한 물품 납입과
물품값 지급이 동시에 일어나지 않고 그 시기를 달리하는 거래는 상인
들 간의 신뢰가 전제되지 않으면 불가능한 것이었다. 부산지역에서 왜
관이 수백 년 존속되면서 조선인과 일본인은 장기간 일상을 공유하게
되고 거래 매개자들이 대부분 왜관 주변에서 조일관계 업무를 담당하는
자들이기 때문에 이러한 거래방식은 사라지지 않았다. 조선후기 왜관에
거주한 일본인은 모두 대마도인들이었고, 개항 직후 전관거류지로 이주
해온 일본인 중에는 대마도인이 많았기 때문에 중세의 상거래 방식이
근대 이후 계속 이어질 수 있었다.

개항 이후 일본 상인이 곡물을 매입하는 방법에는 조선인 객주의 손
을 통해 매입하는 것, 무역상의 점원이 산지에 가서 사들이는 것, 신용
있는 조선인에게 상당한 착수금을 대부하여 사들이는 것, 무역상들에게
자금을 빌려 산지에서 사들이는 것, 매일 거류지로 조선인이 수송해 오

---

13) 양흥숙,「17~18세기 譯官의 對日貿易」,『지역과 역사』5, 부산경남역사연구소, 1999, 144~146
쪽.

는 소규모의 미곡을 매입하는 것 등이 있었다.14) 이러한 거래 방식 중
조선인 객주와 신용 있는 조선인을 매개하는 것은 일본상인이 조선인을
중요한 거래 파트너로 인정하지 않으면 안 된다. 무역상 점원이 직접
산지에 가더라도 점원이 조선인이 아닌 이상은 조선인의 안내를 필요로
한다. 또한 개항기라고 해도 개항을 직접 체험하지 못한 곡물 산지에서
조선 상인이 아닌 일본 상인이 곡물을 거래하는 것은 쉽지 않았다. 곡물
을 확보하는 것이 중요한 일이므로 자금을 조선인에게 선대先貸하는 일
이 일반적인 거래형태였다.

선대제 거래에서 조선상인의 영향력이 커질 수밖에 없었고, 자연 일
본 상인들은 판매를 서두르게 되었다. '안매고매安賣高買'라는 용어가 생
길 정도로 일본 상인들의 거래조건은 불리했다.15) 어쨌든 수입품을 빨
리 처분하고 일본으로 가져갈 수출품을 마련하는 것이 급선무였다. 그
래서 수입품을 판매하고 그 판매화폐로 수출품을 마련하는 것이 정상적
인 거래형태였으나, '사입대仕込貸'라는 거래관행이 유행했다. '사입대'는
그대로 풀이하면 '매입용 대출'이라는 의미로 조선 수출품을 구입하기
위해 일본 수입품을 먼저 대출해 주는 거래형태이다. 무엇보다 이와 같
은 거래관행은 일본 수입품 가격 하락을 초래하였을 뿐 아니라 수출품
의 품질이나 수량 등에도 나쁜 영향을 많이 미쳤다. 수입품 가격은 대체
로 대무역상들이 결정한 것으로 보인다.16) 수출물자 확보 때문에 이런
판매형식이 사용되었다. 1881년 현재 부산항으로 들어오는 수출용 미곡
의 경우 약 60~70%가 약정물約定物이라고 기록하고 있다.17) 약정물이란

---

14) 「三十年中釜山港貿易年報」, 『통상휘찬』 제100호 부록(1898.5.16)(하지영, 「개항기 조선상인과
   일본상인 간의 자금 거래와 곡물유통」, 『지역과 역사』 20, 부경역사연구소 2007, 158~159쪽).

15) 『東海經濟新報』 제53호, 1882년 2월 25일. 『東海經濟新報』는 1931년 일본 수상이 되는 犬養毅
   가 1880년 창간하였다. 신문의 성향은 철저하게 보호주의를 표방하여, 자유주의를 지향하는
   『東京經濟雜誌』와 논쟁을 하였다(최원규, 「일본 『동양경제신보』의 한국관계 기사와 대한인
   식(1895~1905년)」, 『한국민족문화』 30, 부산대학교 한국민족문화연구소, 2007, 64쪽).

16) 『東海經濟新報』 제7호, 1880년 10월 25일.

17) 『東京經濟雜誌』 62호, 1881년 5월 15일. 『東京經濟雜誌』는 자유주의 경제론자인 田口卯吉이

일본상인 측에서 조선상인에게 현금이든, 물품을 미리 건네고 수출물자를 확보했음을 의미한다. 상품 판매에서 외상판매[懸賣]도 존재했었다. 1903년 무렵 부산의 일본인 상인들이 외상판매의 문제점을 지적하면서 시정을 요구하는 것으로 봐18) 개항기 동안 이러한 상품거래 방식은 일반화된 것으로 보인다.

이러한 선대제를 비롯한 과도한 경쟁이 일본 상인들의 몰락을 가져올 것이라는 판단으로 부산의 일본인 단체의 보장두취保長頭取가 조심하라는 경고를 내리기도 하였다.19) 1881년 원산에서는 일본인 무역상들이 단합하여 이러한 상거래를 금지하도록 하였다.20) 원산에서는 엄격하게 외상판매를 금지하여, 이 규약을 어겼을 경우 제명까지 거론할 정도로 조선인과 경쟁에서 일본인상인의 피해를 막아보려고 하였다.

자금은 일본인만 대부한 것은 아니었다. 동래부 소속 통사通事였던 최재수崔在守는 개항 전인 1873년 부산항 일본상인 보가保家 등 21명에게 42,000여 냥이라는 자금을 대부하였다가 상환이 늦어지자 1890년 소지所志를 올렸다. 미수금 14,750여 냥을 상환받기 위한 것인데 판결은 동래 감리가 일본 영사에게 공문을 보내어 속히 상환이 될 수 있도록 해라는 것이었다.21) 최재수의 대부 건은 『해은일록』에도 나오는데, 1884년 7월 9일 감리서 서기 권재형權在衡이 통사 최재수의 부채 소송 건으로 일본 총영사관에 가서 소송을 재판하였는데, 동래부사의 뜻을 대행한 공적 임무라고 적고 있다.22) 개항 전의 부채 문제가 해결되지 못하고, 1884년

1879년 발행하였다. 조선의 정치 경제 문화와 관련한 기사를 많이 게재하였다(차철욱, 「『東京經濟雜誌』의 한국관련 자료와 사료적 가치」, 『한국민족문화』 30, 부산대학교 한국민족문화연구소, 2007, 3쪽).

18) 岡庸一, 『最新韓國事情』, 1903, 785~787쪽.

19) 管理官代理 直井鋌吉, 「商取引上の競爭を戒しむる布達(명치 12년 12월 15일)」, 『釜山府史原稿』 6권, 104쪽.

20) 「元山津貿易商同盟申合規則-19개조」, 『東海經濟新報』 제30호, 1881년 6월 25일.

21) 「捧標貸給錢 관련문제로 동래 거주민 최재수가 올린 소지와 처분」, 『所志謄錄 2』, 庚寅六月三十日(국사편찬위원회 한국사데이터베이스 『各司謄錄』 근대편, http://db.history.go.kr).

동래부사와 일본영사가 재판하는 데까지 이르렀고 그 이후에도 상환이 완전하지 못하자 통리아문統理衙門으로 소지가 올라간 사건이었다. 개항 전에 이루어진 대부 건이 16년이 지나도록 해결되지 않은 것도 중요한 사안이지만 막대한 거금이 조선인 통사로부터 나와서 일본상인 21명에 게 대부된 상황에 주목된다. 개항 전에 많은 일본상인과 대부 관계를 맺을 수 있었던 것은 언어를 통역하던 통사라는 직위와도 관련된다고 할 수 있다.

약정거래나 외상거래는 상호 견고한 신뢰를 기초로 하지 않으면 안 되었다.[23] 하지만 이러한 거래방식은 시장조건이나 약정 상대측의 여 건에 따라 모험성이 강했다. 상인 사이의 상호 신뢰가 항상적으로 잘 이루어진 것은 아니었다. 위 내용에서처럼 외상과 외채문제가 자주 발 생하였다. 그리고 조선인 상인이 일본인 상인에게 자본관계에서 종속화 되고 있음을 반증하는 것이었다.[24] 양자의 갈등이 심한 경우에는 물리 적인 충돌도 있었다. 1881년 8월 발생한 부산의 구포龜浦사건에서 중매 상과 무역상과의 관계를 확인할 수 있다.[25]

8월 18일 부산 무역상 구곡모(龜谷某)의 종업원 굴전충태랑(堀田忠太郞), 중매상 매야덕치(梅野德治) 외 2명 등 4명이 구포로 가 '거래 때 약간의 일로' 조선인과 논쟁이 있었고, 일본인이 조선인을 때렸다. 그러자 주변의 조선인들 2, 3백 명이 일본인 4명을 구타했다. 이들이 거류지로 돌아와 중매협약사仲買協

---

22)『해은일록』, 1884년 7월 9일.
23) 岡庸一,『最新韓國事情』, 1903, 778쪽.
24) 하지영, 앞의 논문, 186~187쪽.
25)「朝鮮 釜山浦의 變事」,『東京經濟雜誌』77호, 1881년 9월 10일. 이 내용은 일본의 여러 신문에도 등장하고 있다.『東京橫浜每日新聞』(9월 20일),『朝日新聞』(9월 11일),『東京日日新聞』(9월 6일) 등이다(山田昭次, 앞의 논문, 77쪽). 이외『朝野新聞』(1881년 9월 7일)에도 동일한 기사를 확인할 수 있다. 모든 기사 가운데『東京日日新聞』(9월 6일)의 것이 가장 빠르다.『東京經濟雜 誌』의 기사도 늦은 편이 아니다. 더구나 신문이 아닌 잡지의 발행이라는 점을 고려하면 아주 신속한 기사 전달임을 알 수 있다.

約社 사람들에게 통문을 돌려 모이게 해 3백여 명이 흉기를 들고 모였다. 이들이 19일 새벽 4시경 구포로 몰려갔으나 조선인들은 피신했고, 일본측 순사들이 이들을 진정시켰다.

위의 내용처럼 양측의 갈등은 개항기 선대제 거래방식의 일반화를 더욱 잘 설명하는 부분이다. 그리고 '대부'와 '외상'이 조선이나 일본 한쪽에서 이루어지는 것이 아니라 상호 관계, 신뢰 관계에서 형성되는 관습적이고 일상적인 거래 방식으로 진행되었음을 반증하는 것이라 하겠다. 상거래에서 일본인과 조선인의 신뢰는 상대방에 대한 인정을 의미하는 것이지, 반드시 양자 사이의 관계가 대등하다는 의미는 아니다.

2) 개항장 내 조선인-일본인 상인의 섞임

개항 이후 개항장 거래는 일본인전관거류지에서 이루어졌다. 일본인의 활동반경이 간행이정에 의해 제한되었다는 점, 일본인 상인들이 조선 내륙상황을 잘 파악할 수 없었다는 점에서 수동적인 상거래가 이루어질 수밖에 없었다.

조선인 상인들이 일본인 거류지로 들어오는 데는 제한이 없었던 것으로 보인다. 거류지로 들어가는데 주야가 없었고, 육로를 주로 이용했으나 배를 타고 해로를 이용해서 들어가기도 하였다.[26] 아무래도 거류지는 초량과 사이에 영선산, 구포와 사이에 구덕산, 하단과 사이에 대티고개가 있어 육로를 이용하기가 불편하였다. 그래서 바다를 이용한 해로 이용도 많았다. 개항기 조선인 선박이 거류지 정박시설을 이용한 사진들에서도 확인 가능하다.[27] 일본인 거류지에서는 조선인 선박의 왕래

---

26) 管理官 前田獻吉, 「鮮人の表物を無理に買入れるに付布達(1879년 11월 11일)」, 『釜山府史原稿』 6권, 102쪽.

27) 김재승·부산광역시 중구청, 『기록사진으로 보는 부산·부산항 130년』, 부산광역시 중구청,

를 북빈에서 남빈으로 제한하였다.[28] 아마 북빈을 수출입 항구로 활용했기 때문이다.

조선인 상인들의 거류지 출입은 자유로웠던 것으로 보인다. 하지만, 밀거래도 적지 않았다. 야간에 거류지 밖에 나가서, 길거리나 조선인의 문전에서 거래를 하다가 분쟁을 일으키기도 했다.[29] 심지어 콜레라로 교통이 차단될 때에도 조선인 상인들은 거류지로 왕래하였다. 물론 불법이었지만. 대표적인 사건이 1886년 7월에 있었던 김광엽, 김동이 사건이다. 두 조선인은 본정本町의 송본을오랑松本乙五郎 등을 방문하고 닭鷄을 몰래 살 것을 요구하였다. 그리고 며칠 뒤 또 몇 마리의 닭을 거류지 안으로 싣고 들어가 밀매를 할 계획이었다. 그 때 배를 선창에 세우고 상륙할 때 거류지의 소방부에 발견되어 상륙을 금지 당하자 격투가 벌어졌다. 그 과정에서 김광엽은 물에 빠져 익사하고, 김동이는 배를 타고 도망 나온 사건이다.[30] 정상적인 거래라기보다 불법적인 밀거래로 보인다.

밀거래가 어느 정도 성행하였는지는 정확하게 알 수 없으나 조선인 상인과 일본인 사이의 일반적인(밀거래가 아닌) 거래는 거류지 내 본정, 입강정 주변에서 이루어졌다.

당항(當港)의 본정(本町), 입강정(入江町) 쪽 같은 곳은 하물(荷物)의 퇴적과 조선 상인의 왕래가 빈번하여 통행도 자유롭지 않을 정도의 성황을 보인다. 또 중매상이 많이 주거하는 서정(西町)쪽도 미(米) 대두(大豆)를 산같이 쌓아 놓아 일반상인은 물론 중매상 등도 그 수익이 적지 않다고 한다.[31]

2005, 61~62쪽.
28) 管理官 前田獻吉, 「朝鮮船の貨物揚陸場爲押(1879년 12월 5일)」,『釜山府史原稿』6권, 102쪽.
29) 管理官獻, 「奸商人の取締の布達(1879년 2월 19일)」,『釜山府史原稿』6권, 100쪽.
30) 「釜山, 東萊に於ける彼我人民の私鬪事件」,『釜山府史原稿』6권, 341쪽.
31)『官報鈔存 通商報告』, 1890년 2월.

거류지 내의 본정, 입강정은 현재 부산의 중구 해안 지대(동광동과 광복동의 해안)로 왜관 시기의 선창이 있던 곳이며, 개항 이후에는 해관海關이 있었던 지역이다. 용두산을 기준으로 동쪽과 남쪽으로 조선인의 왕래가 많았다는 것이다. 서정은 현재 부산 신창동, 부평동 방향으로, 용두산 서쪽에 해당한다. 이곳에 중매상이 많아 항상 매입한 상품들로 거리가 붐비고 있었음을 확인할 수 있다. 이렇게 보면 왜관시기부터 상인들이 집중하고 있던 북항 부근에서 외교기관이 있던 서쪽, 남항까지 상거래가 이루어졌다.

거류지 내 상거래 공간은 수출 상품을 북항 선창까지 운반하는 운임을 통해서도 확인 가능하다. [표 1]은 거류지 내에서 노동하는 조선인들의 임금을 게시한 것이다. 조선인 노동자들이 일본인 상인들이 수집한 상품을 선창까지 운반하는 운임표이지만, 거류지 내 상품이 모이는 장소와 움직이는 방향을 확인할 수 있다. 그리고 조선인 노동자들의 거류지 내 활동 또한 짐작하는데 흥미 있는 자료이다.

[표 1] 조선인 고용 운임 규정

西館에서 파지장까지	6문
繩水通에서 파지장	4문
弁天 아래에서	3문
壹之橋下手에서	2문
本町 끝에서	4문
假官廳에서	3문
제일은행에서	2문
琴平町	2문
常盤町에서	2문
表浜藏에서	1문
南浜에서	3문

* 管理官 前田獻吉, 「朝鮮人雇傭賃銀の規定(1879.9.9.)」, 『釜山府史原稿』 6권, 95~96쪽.

파지장波止場에서 가까운 곳인 금평정, 제일은행은 운임료가 적고 먼

본정 끝이나 서관은 비싼 운임료가 적용되고 있다. 이곳은 앞서 조선인 상인들과 일본인 상인들이 주로 거래를 하던 곳이면서, 수출용 물자를 모아둔 곳이다. 이렇게 수집된 상품은 조선인 노동자들의 노동력에 의해 파지장까지 옮겨졌다. 조선인 상인과 조선인 짐꾼들이 거류지 안을 활보하고 있었을 모습을 상상할 수 있다.

이처럼 개항된 부산의 일본인 거류지는 조선인 상인과 조선인 짐꾼들의 왕래가 빈번한 열려있는 공간이었다. 여기에는 조선인과 일본인의 관계가 완전히 동등하게 존재한 것은 아니었다. 일본인-조선인의 관계가 상거래에서 대등한 구조도 존재했고, 그렇지 못한 경우도 존재했다. 고용, 피고용의 관계도 존재했다. 다만 양자 사이에 섞이는 과정에서 서로 필요한 존재했음을 인정할 필요가 있다. 본고에서는 일본인 거류지가 차단되지 않고 왕래가 빈번했다는 점을 강조하려고 한다.

4. 개항장 언어교육과 인식의 공유

1) 일본인 학교의 조선어 교육

거류지 내에서 조선(인)과 일본(인)의 섞임현상 가운데 문화적인 현상으로 언어를 검토해볼 필요가 있다. 거류지에 처음 등장하는 공립소학교에서 일본인을 상대로 조선어 강좌를 개설했다는 것과 일본어를 배우러 오는 조선인들을 학생으로 받아들인 사실에 주목할 필요가 있다.

거류지에서 체계적인 조선어 교육은 개항 전으로 거슬러 올라간다. 일본인의 조선어 교육을 거론할 때 중요한 인물은 아메노모리 호슈雨森芳洲이다. 그는 조선에 건너와 조선어를 습득하였고, 조선어 교과서인 『교린수지交隣須知』를 저술했다. 그의 요구로 1727년 통역양성기관인 '한어사韓語司'가 설치되었다. 이 기관 출신 통역사들은 19세기 양국 관계의 침체와 함께 활동이 줄었다. 1872년 일본의 조선침략과 함께 일본 외무성에서 대마도 이즈하라嚴原에 '한어학소'를 설치하였다.[32] 외무성의 이즈하라 한어학소 관리와 통제에 어려움이 있자, 1873년 10월 이즈하라의 어학소를 폐지하고 초량으로 옮겨 초량어학소를 설치하였다. 이곳에서 배출된 통역사는 일본 정부의 직접 관리를 받으면서 근대 조선과의 관계 정립에 활용되었다. 1876년 운요호사건 이후 병자수호조약을 체결하는 과정에도 한어학소 출신 통역사들이 활동하였다.[33] 이 무렵 거류지 내 초량어학소의 기능은 일본 정부의 조선진출에 필요한 통역사를 양성하는 정치적 성격이 강했다. 그런데 통역사 양성을 목적으로 하는 초량어학소는 1880년 일본 동경의 외국어학교에 조선어학과가 설치되면서 폐지되었다.

초량어학소의 교육은 부산영사관이 담당했는데, 김수희金守喜 같은 조선인도 교원으로 고용되었다. 김수희는 우라세 히로시浦瀨裕가 쓴 『재간 교린수지再刊 交隣須知』(1880) 서문에 강원도 선비라고 되어 있고 원래 8도 어음語音에 정통하였다고 한다. 우라세는 김수희 외에도 개정 작업에 경성의 학사 3명, 4명을 초청하여 이들이 부산에 오면 수정본을 보이고 정정을 하였다고 한다.[34] 그래서 김수희는 경상도 방언이 많이 포함된 『교린수지』 개정 작업에도 참여하고, 초량어학소의 교원이 된 것이다. 어떤 이유로 부산에 왔는지는 알 수 없다.[35] 우라세 히로시 역시 대마도 출신의 통역관으로, 일본 외무성이 고용한 조선어학 교수였다. 또한 부산 동본원사東本願寺에서 통역인으로 일하면서 포교 관련 어휘집을 저술

---

32) 정근식, 「구한말 일본인의 조선어교육과 통역경찰의 형성」, 『한국문학연구』 32, 동국대학교 한국문학연구소, 2007, 16~17쪽.

33) 大曲美太郎, 「釜山港日本居留地に於ける朝鮮語教育」, 『青丘學叢』 24, 청구학회, 1936, 152~153쪽.

34) 정세영, 「『再刊 交隣須知』 머리말 역」(국사편찬위원회 한국사데이터베이스 「근대 한일외교 자료」, http://db.history.go.kr).

35) 大曲美太郎, 앞의 논문, 158쪽.

하기도 하였다.36) 그래서 『교린수지』 개정작업을 담당하였고 조선인과의 관계 형성도 유리했다고 생각한다.

대신 거류지에 일본인들이 증가하면서 일본인 자녀들의 조선어 학습을 위해 거류지역민과 총대는 기존 조선어학소를 확대할 것을 부산 별원別院에 요구하였다. 부산 동본원사는 한어학사를 창립하고 사회활동을 위한 인력을 양성하였다. 그리고 1880년에는 부산영사가 거류민의 아동교육을 위해 외무성 관사(뒷날 상품진열관)를 무상 제공하여, 희제학교喜齊學校를 세우고, 한어과韓語科를 병설하였다. 이 학교에서는 3명의 교원 외 2명을 어학교수, 어학 조교로 하여 한국어교육을 중시하였다. 그런데 이들 교수와 조교가 감사監事와 사계司計(회계업무)를 겸직하여 한국어 교육이 부실해졌다.

그래서 1881년 1월에 학교사건學校事件이 일어났다. 학부모들이 어학교육의 중요성을 제기하면서, 학교 규정을 바꾸어 소학小學(교)과 어학語學(교)을 분리하자는 의견이 제출되었다. 그래서 3월에 수제학교修齊學校가 설립되었으나, 한어 학비 폐지, 한어 교수 폐지로 1887년 말까지 조선어 교육이 이루어지지 못했다. 결국 1888년 수제학교가 부산항공립소학교로 변경되었다. 심상과, 고등과로 구분하였고, 영어 간이과와 한어 속성과를 개설하였다. 조선어 교사는 부산해관 서기, 총대역소 서기 백정림白井林 등이 담당하였다.37) 국분철國分哲이 조선어과를 담당하였다. 1895년 부산공립소학교로 교명을 변경하고, 1905년 심상과尋常科, 고등과高等科를 나누고, 1902년에는 보습과補習科를 추가하였다. 1906년 부산공립소학교는 부산공립심상소학교, 초량심상소학교, 부산공립고등소학교, 부산공립고등여학교(여자 보습과), 부산공립상업학교(남자 보습과)로 나누어졌다.38) 이 학교의 교과목 가운데 조선어韓語는 고등소학과의 교과목 12

---

36) 奧村円心,「朝鮮國布教日誌」,『維新期の眞宗』(柏原祐泉 編), 同朋會, 1975, 457쪽(1878년 6월 24일 일기).

37)「共立小學校の朝鮮語科と其教師」,『釜山府史原稿』6권, 413쪽.

과목 가운데 영어와 함께 포함되어 있다. 한어는 회화를 주로하고 '처세에 필요한 지식'을 가르치는 것을 목적으로 하고 있다.[39] 부산공립소학교가 조선어 교육을 한 주요한 목적이 초량어학소처럼 일본의 조선 진출에 필요한 통역사 양성과는 거리가 있는, 일본인들의 일상생활 때문이었음을 잘 보여준다.

한편 1892년 공립부산상업학교가 창립되었다. 교장은 빈전홍도濱田弘道, 교원은 중곡민삼中谷民三, 국분철 등이 있고 상업과를 중심으로 영어와 조선어의 교육도 진행하였다. 그 후 규모가 축소되어 공립야학교로 명칭을 바꾸고 영어와 조선어를 교육하였다. 이 조선어의 교원은 천상입일랑川上立一郞, 국분철, 대석명大石明, 박교학朴敎學, 심능익沈能益, 변시중邊時中 등이었다. 천상입일랑은 통역관 출신으로, 1899년 마산포에 부산영사관 분관이 설치되었을 때 영사대리로 임명되는 일본인이다.

조선어 교원 가운데 특징은 일본인 외에 심능익, 변시중 등과 같은 조선인이 보이고 있는 점이다. 이들이 1898년 박기종이 설립하는 부하철도회사釜下鐵道會社의 중역으로 참여하고 있는 점에 주목할 필요가 있다. 박기종의 출신이 소통사(하급역관)였다는 점과 관련시켜 보면 이들이 조선어 교원으로 활동하는 점, 박기종이 설립한 회사의 중역으로 참여하는 점 등에서 역관 출신들로 짐작된다. 이 가운데 변시중은 1900년 무안감리서 주사主事, 1901~1902년에는 동래감리서에서 주사 생활을 하였다. 즉 일본인과의 관계가 고려되어, 외교 관료로 활동했던 것이다.

부산의 일본인 학교에서 조선어 교육을 위해 사용한 교재는 초량어학소 시절부터 『교린수지交隣須知』, 『인어대방隣語大方』 등 어학서 외에도 생도들에게 『최충전崔忠傳』, 『임경업전林慶業傳』, 『숙향전淑香傳』, 『춘향전春香傳』, 『옥교리玉嬌梨』, 『임진록』 등이 사용되었다. 조선의 풍습을 아는 동시에

---

38) 이송희, 「일제하 부산지역 일본인사회의 교육 (1): 일본인 학교 설립을 중심으로」, 『한일관계사연구』 23, 한일관계사학회 2005, 214쪽.

39) 相澤仁助, 『釜山港勢一班』, 日韓昌文社, 1905, 216쪽.

번역 자료로 삼기 위해서였다.[40] 『교린수지』는 아메노모리 호슈雨森芳洲의 저서이며 한자로 표기된 단어 아래에 한글과 일본어로써 그 단어의 용례를 기록한 책이다. 대표적인 한글 입문서로서 조선의 신분제도, 연중행사, 관혼상제, 의식주, 속담, 친척관계 등 조선의 문화, 풍속, 관습을 중시한 책이다.[41] 『인어대방』은 18세기 말엽에 조선인 역관 최기령崔麒齡이 편찬한 일본어 학습서이다. 조선어 교육을 위해 조선 측 일본어 학습서도 함께 교육한 것도 흥미로운 일이다.

아메노모리 호슈는 왜관에 왔을 때 조선어를 배우기 위해『숙향전』과 『이백경전李伯瓊傳』을 베끼어 매일 조선인 통사가 있는 곳에 가서 학습하였다고 한다. 또한『최충전』, 『임경업전』, 『옥교리』 등의 소설도 베껴 갔다고도 한다.[42] 교재로 사용한 조선 고전소설은 개항 이후 조선어 교육에도 영향을 미쳐 일본 외무성에 의해 활자본으로 인쇄되었다.[43]

『임경업전』은 1882년 부산에서 간행된 부산 일본거류민을 위한 신문인 『조선신보』에 번역 연재되었다.[44] 『조선신보』 제8호(1882년 4월 5일 발간)에 제1회분 내용이 수록된 후, 제9호, 제11호, 제12호에 수록되어 있다. 다음호에 또 게재한다고 하였으나 현재로서는 『조선신보』 후속호가 더 발견되지 않아 『임경업전』도 더 이상의 수록 여부를 알 수 없다. 수록된 『임경업전』에는 조선국朝鮮國 금화산인金華山人이 원저자, 일본국 노송헌주인鷺松軒主人이 역술譯述한 것으로 소개되어 있다. 노송헌주인은 일본어 역관인 보박번승寶迫繁勝이며, 이 사람은『교린수지』,『일한선린통화日韓善隣通話』를 번역하기도 하였다. 본문은 한자와 히라가나로 표

---

40) 大曲美太郎, 앞의 논문, 152쪽.

41) 南相瓔, 「日本人の韓國語學習:朝鮮植民地化過程に焦点をあてて」,『敎育學硏究』58 (2), 日本 金澤 大學, 1991, 12쪽.

42) 조희웅·松原孝俊, 「『淑香傳』 형성연대 재고: 일본측 자료를 중심으로」,『고전문학연구』12, 한국고전문학회, 1997, 121~122쪽.

43) 정병설, 「18·19세기 일본인의 조선소설 공부와 조선관: 〈최충전〉과 〈임경업전〉을 중심으로」, 『한국문화』35, 서울대학교 규장각한국학연구원, 2005, 29~33쪽.

44) 정병설, 위의 논문, 34쪽.

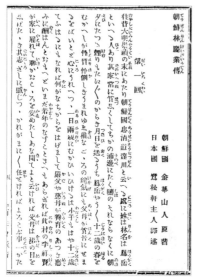

기되어 있고 한자 옆에는 전부 히라
가나로 일본어 발음이 표기되어 있
다.45) 『조선신보』 다른 기사에는 한
자 단어에 일본어 발음 표기가 없는
데 『임경업전』에만 유독 발음 표기
가 되어 있는 것이 다르다.

　제8호에는 『임경업전』을 수록하
는 편집자의 서문이 있는데, 서문에
는 『임경업전』을 보다 보면 임경업
의 간난신고艱難辛苦가 느껴지고, 조선
내지内地의 사정을 알게 하는데 도움
이 된다고 하였다.46)

[그림 6] 조선신보 제8호에 수록된
『임경업전』

2) 일본인 학교의 조선인 학생

　부산공립소학교는 1888년 초량왜관 시절의 동대청 위치에 학교 교사
를 신축하면서 조선인 아동의 입학을 허락하였다. 초기에는 10인 내외
에 지나지 않았지만, 1894년에는 30명 전후가 되었다. 이 학교에 다닌
조선인 학생들은 초량 방면에 살았던 것으로 보인다. 부산 주재 청나라
행정기관원들이 조선인 학생이 일본 거류지로 일본어를 배우러 가는
것을 방해했는데, 협박, 납치까지 이루어졌다고 한 기록과 청나라 영사
관이 초량 조선인 마을과 일본인 거류지의 중간에 위치했다는 점 등에
서 추측이 가능하다.47)

---

45) 『조선신보』 제8호, 1882년 4월 5일(한국고서동우회, 『조선신보』, 한국출판판매(주), 1984,
　　95~97쪽).

46) 정병설, 앞의 논문, 35쪽.

47) 「居留地の育英事業に就て」, 『釜山府史原稿』 6권, 376쪽.

조선인 학생들이 일본인 학교에 들어가는 것이 점차 늘어나는 추세였는데, 청일전쟁 후에는 부산 조선인들의 일본어 학습열이 더욱 증가하였다. 조선인 학생들이 증가하자 학교 측은 입학허가를 까다롭게 하는 규칙까지 만들었다. 조선인 학생들이 일본어 학습에 대한 열의를 반증하는 것이다. 1893년부터 학교 측은 규칙을 만들어 일본어 시험에 통과하고, 일본 아동과 함께 공부할 수 있는 자에 한해 입학을 허가하는 것으로 변경, 조치하였다.[48] 학교는 1894년 조선인 학생을 위해 야간 예습과를 두고, 일정한 자격을 얻은 학생을 본과에 진학시켰다. 아래는 변경된 규칙의 내용이다.[49]

1. 본과는 조선인의 자제로서 소학교에 입학하려는 자에 필요한 예습을 시키기 위해 이를 설치한다.
2. 본과의 연한은 만 1개년 이내로 하고, 소학교장의 인정에 의해, 소학교의 적당한 학급에 입학시키는 것으로 한다.
3. 수업시간은 당분간 매일 2시간으로 하고, 그 시한은 수시로 정한다.
4. 학생은 당분 월사금을 납부하지 않지만, 서적, 기구 등은 자신이 마련해야 한다.
5. 학생 입학기간을 격월 1일로 하고 재적 총원 50명을 정원으로 한다.
6. 본과에 입학한 자는 당분간 조선경찰서에서 일본거류지역장에 조회해서 그 승낙을 얻는 것으로 한다.
7. 본과 입학하는 학생은 10세 이상 18세 이하로 한다.
8. 소학교 규칙으로서 본 규칙에 저촉되지 않는 각 항은 모두 이것에 따른다.

한편 조선인의 일본어 교육열이 높아지는 과정에서 개교하는 학교가

---

48) 總代 阿比留護助, 「共立小學校の增築に就て(1893년 7월 29일)」, 『釜山府史原稿』 6권, 472쪽.
49) 「鮮人の日語研習增加と公立小學校の豫習科存置(1894년 5월 24일)」, 『釜山府史原稿』 6권, 563~564쪽.

부산개성학교였다. 박기종이 수신사로 동경에 가서 동경대학의 전신前身인 개성학교를 보고 돌아와 부산에 개성학교를 세웠다. 하지만 교사는 대부분 일본인들로 구성하였다.

[표 2] 부산개성학교의 학생 현황

연도	입학자	퇴학자	졸업생	연말재적
1896년	100명			–
1897년	–			–
1898년	40명	13명	7명(1회)	–
1899년	33명	51명	4명(2회)	–
1900년	63명	70명		–
1901년	17명	32명		–
1902년	53명	45명		–
1903년	150명	169명	10명(3회)	–
1904년	157명	86명		
1905년	311명	200명		99명
1906년	154명	96명		157명

* 釜山第二公立商業學校, 『釜山開成學校要錄』, 1934, 22쪽.

중도 퇴학자가 많아 졸업생은 적었다. 졸업생 또한 매년 배출하지 못했다. 그렇지만 입학자가 1903년 이후 급증한 것은 그만큼 일본이 제공하는 틀 이내이기는 하지만 근대 학문을 배우려는 부산 조선인들의 지향점을 이해할 수 있다.

3) 부산 거주 일본인의 조선인 의식

부산에 거주하던 일본인의 조선인 인식을 이해하기 위해, 하자마 후사타로迫間房太郎의 사례를 살펴볼 필요가 있다. 하자마는 일본 오사카 부근의 와카야마和歌山 출신으로, 1880년 이오이상점五百井商店의 지점장으로 부산에 건너온 무역상인이었다. 그는 부산에서 무역 이외에 부동산에 관심을 가졌다. 1898년 부산 인근에 위치한 마산이 개항되기 전, 러시아가 남하를 목적으로 마산의 중요한 장소를 매입할 계획을 세웠다. 개항 전에는 외국인의 토지 매입이 금지되어 있었다. 러시아가 마산에 군사 기지를 만드는 것을 두려한 일본이 이를 막기 위해 토지 매입에 탁월한 인물을 물색했다. 그때 부동산 매입가로 지목받은 자가 하자마였다. 결과는 하자마가 토지 매입에 성공하고, 러시아의 마산 기지 건설이 실패해 1905년 전쟁에서 일본이 승리할 수 있었다. 이 때문에 그는 일본 정부로부터 훈장을 받았다.

그의 부동산 투기는 부산 주변의 낙동강변 농경지와 부산의 주택지 혹은 공장부지를 대상으로 하였다. 그리고 경상남도 내륙의 낙동강변에서 농지를 주로 매입하였고, 이러한 흐름은 전라도까지 확대되었다. 그래서 하자마는 땅부자로 불렸다. 그의 토지매입의 꽃은 1928년 경상남도 김해시와 창원시에 걸쳐 있는 농장이었다. 이 농장경영은 오늘날에도 마을 사람들의 입을 통해 그의 이름이 전해져 오고 있을 정도로 유명하였다. 그리고 많은 소작료 징수에 불만을 품은 조선인 소작농민들의 저항이 있었던 곳이기도 하다.

하자마의 조선인과 갈등은 '차가업借家業'에서 잘 드러난다. 그는 부산 시내 중요한 장소에 주택지를 매입해 집을 지어 빌려 주었다. 식민지시기 부산은 인구가 급격히 증가하였다. 하지만 조선인들이 거주할 수 있는 주택은 그다지 넉넉하지 못했다. 조선인들은 대부분 경사가 급한 산비탈에 만든 불량주택에서 살았는데 한 언론의 표현에 의하면 '돼지우리'같았다.[50] 이런 집도 세賃를 내면서 살아야 했다. 이 대부분의 집들이 하자마의 소유였다. 부산의 조선인들은 주거권리를 확보하기 위해 부산의 행정력이나 의회의 힘을 빌어 대항해 보았지만, 얻는 것은 거의 없었다. 반면 그는 부산의 중요한 '성castle'으로 표현될 정도의 별장을 짓고 살았다. 하자마가 보여준 형태 가운데 식민자로서의 행보를 확인할 수 있다.

---

50)『개벽』제34호, 1923년 4월 1일.

한편 하자마는 식민자로서의 입장과 동시에 부산이라는 공간에서 생활하는 '부산 사람'으로서의 사고도 지니고 있었다. 하자마는 조선 지배를 위해 조선인으로부터 일본인과 일본이 신용을 얻어야 한다고 강조했다. 그 방법으로 먼저 병원을 설치해 일본인 의사로 하여금 조선인을 치료하게 하고, 그 치료를 신뢰의 출발로 하여, 다양한 사업을 경영할 것을 주장하였다. 그리고 여기서 얻은 신뢰를 바탕으로 조선인에게 양잠업을 장려해, 경제적인 이익을 줄 것을 강조하였다. 대부분 조선인의 중요 산업인 농업을 진흥시키기 위해 농사시험장을 만들어 지원하고, 이를 통해 조선인들이 부를 축적할 수 있도록 하자는 것이다. 그러면 일본의 생산품 소비를 가능하게 하고, 이것이 일본 산업과 무역에 이익을 가져다준다는 논리였다.[51]

하자마는 조선의 통치와 상업활동을 위해 조선어가 필요하다는 점을 강조하고 심지어는 1916년 부산 지역신문인 『부산일보』가 조선어판 (1917.2.6~ 10.4)을 포함한 신문을 발행하자 그동안 계속해서 주장해온 내용이라고 대찬성하고 있다.[52] 그리고 1916년 일본인상업회의소와 조선인상업회의소를 통합할 때에도 당시 반대 분위기에 대응해 통합을 강조하여, 조선인을 배제하기보다 포섭하려는 노력을 기울이고 있다.[53]

하자마의 이러한 논리는 식민지 지배가 시작되기 전이거나 혹은 초기 단계에서 확인할 수 있는 내용이다. 그렇지만, 우리가 관심을 가져야할 부분은 조선을 지배하러 들어온 일본인들이 조선인을 단순한 수탈의 대상으로만 보지 않고, 오히려 일본인들이 신뢰를 얻도록 노력할 것을 강조하고 있는 부분이다. 이러한 하자마의 기본적인 사고에서 [그림 7]에 보이는 '한복 입은 하자마'는 조선인으로부터 신뢰를 얻기 위한 상인의 이미지작업으로 보인다.

---

51) 岡庸一, 『最新韓國事情』, 1903, 1132~1136쪽.
52) 『부산일보』, 1916년 12월 29일, 2면.
53) 『부산일보』, 1915년 8월 16일, 2면.

[그림 7] 한복 입은 하자마

하자마는 실제로 정기두와 문상우 두 조선인을 점원으로 고용했다. 문상우를 동경 유학까지 보낸 뒤 경남은행 지배인으로 추천하였다. 정기두는 부산의 대표적인 미곡상으로 성장하며, 이후 부산상공회의소 특별의원까지 지내는 인물이다. 이처럼 하자마는 조선인과의 관계를 적극 활용했다.

부산의 조선인과 일본인이 갈등도 했겠지만, 서로 협력하는 모습을 가장 잘 보여주는 부분이 [그림 8]이다. 이 사진에 보이는 조선인은 윤상은, 문상우, 윤병준, 장우석, 이규직이고, 일본인으로 하자마, 오이케大池忠助, 고지마五島甚吉이다. 필자의 생각으로는 1912년 구포은행으로 전환할 당시로 보인다. 이 당시 구포은행의 임원은 두취頭取 이규직, 전무 장우석, 이사 김복태, 윤병준, 오이케, 감사 윤상은, 고지마, 상담역 하자마, 지배인 문상우 체제였다. 이 가운데 이사 김복태만 제외하면 사진에 보이는 인물과 1912년 구포은행 임원이 일치한다. 일본인들은 당시 부산에서 조선인이 설립한 또 다른 은행이었던 동래은행에도 참여하였다. 여기에 참여한 일본인들이 중심이 되어 설립한 부산상업은행도 경쟁체제로 영업하고 있었다.

윤상은은 은행업 등록을 위해서는 일정 규모의 자본금을 필요로 하였다. 이때 부산의 조선인과 일본인 자본가의 참여가 큰 폭으로 늘어난다. [그림 8]에서 보이는 임원들은 이러한 은행 체제의 변화에 따라 구성되었다. 그리고 1915년에는 은행이름도 구포은행에서 경남은행으로 변경하고, 본점 또한 구포에서 초량(부산 인근)으로 이동하였다. 본점의 위치 또한 일본인 마을이 가까운 조선인 마을(초량)의 끝자락(초량정 604)이었다.[54]

하자마와 윤상은을 연결하는 인물은 문상우였다. 문상우는 하자마의 점원이었는데, 그의 도움으로 일본 동경상고를 졸업한 후 한일은행에서 근무하다, 경남은행 지배인과 전무가 된다. 하자마와 윤상은의 사이에 문상우가 있었음을 알 수 있다. 식민지 부산이 부산

[그림 8] 뒷줄 왼쪽부터 윤상은, 문상우, 고지마. 아랫줄 윤병준, 장우석, 오이케, 하자마, 이규직

이라는 지역을 단위로 하는 경제인들 사이의 인적 네트워크에 의해 움직이고 있었음을 알 수 있다.

부산의 최고 부자 하자마 후사타로는 한편에서는 식민자로서 조선인의 토지를 탈취하고 조선인의 생존기반을 빼앗았다. 동시에 부산 사람으로서의 하자마는 부산에서 살아가는 조선인들과의 공생 논리를 지켜가는 모습도 동시에 확인할 수 있다.

5. 결론

근대 개항 이후 왜관이 있던 곳에 배타적 일본인전관거류지가 설정되었지만 실제로는 조선인, 외국인이 드나들 수 있는 공간이었다. 이는 조선인과 일본인이 각각 사용하던 중세 공간이 근대에 와서 서로 교차 사용된 것에 기인하였다. 또한 왜관을 둘러싸고 있는 담장과 문들이 철폐되면서 통행 제한의 상징물들이 사라졌다. 일본안의 통행 자유뿐 아니라 조선인도 거류자로 자유롭게 출입할 수 있도록 하였다. 조선인과

---

54) 차철욱, 「구포[경남]은행의 설립과 경영」, 『지역과 역사』 9, 부경역사연구소, 2001, 13~16쪽.

일본인에게 열려진 공간이 제도적으로 마련됨으로써 이를 기반으로 사람이 이동하고 물품이 이동하게 되었다. 전관거류지이긴 하지만 조선인과 일본인이 섞일 수 있는 공간이 된 것이다.

조선인과 일본인이 만나게 되는 계기는 거래와 관련된 것이 많았다. 왜관시기에 무역품을 조달하고 납품하는 데에는 물품 구입대금을 미리 주거나, 물품을 먼저 주고 물품값을 후불로 받는 거래 방식들이 일반적이었다. 또한 조선인과 일본인이 거래를 하기위해서는 역관 층의 매개(알선)도 필요하였다. 이러한 거래 방식은 개항기에도 그대로 이어졌다. 거류지 공간은 특별한 구조물로 차단되어 있지 않았으므로 조선 상인이 주야로 거류지로 들어왔고 조선 상인의 통행에는 육로와 해로 모두 이용되었다. 일본 상인이 조선 상인에게 자금을 선대하는 방식, '매입용대출(사입대仕込貸)'처럼 조선 물품을 구입하기 위해 일본 수입품을 먼저 대출하는 방식, 신용 있는 거간居間을 통해 거래하는 방삭 등이 일반적으로 시행되었다. 특히 '매입용 대출'은 왜관 무역에서도 이루어지던 거래 관행으로 대마도인들이 가장 많이 하는 상거래 방식이었다. 이것은 왜관에 파견되어온 일본인들은 전부 대마도에서 파견된 사람인 것과도 무관하지 않다. 또한 개항 초기 거류지에 이주하는 일본인들은 대마도인이 다수를 차지하고 있었으므로 이러한 거래방식들이 유지되었다. 이러한 거래는 대부분 상호 신뢰를 바탕으로 하지 않으면 안 된다. 조선인 부채, 일본인 부채 문제가 중요한 외교 문제가 되기도 하지만 그만큼 경제 관계들이 밀착되어 있었음을 반증한다.

섞이는 공간에 거래 관계가 많아지면서 조선인과 일본인은 점차 더 다양한 문화 '섞임'을 나타내었다. 거류지 내 교육시설에도 이러한 섞임이 나타났다. 거류지 어학소에 조선어 교육이 이루어지고, 조선인 교사가 채용되고, 조선의 고전소설이 교재로 사용되었다. 거류지 내 일본인 학교에 조선인의 입학이 허용되었다. 조선인이 일본어 학교를 세우기도 하였다. 개항 초기 부산에서 뿌리를 내린 하자마 후사타로는 일본인 식민자들의 일반적인 모습인 수탈의 양상을 보이기는 하지만, 다른 한편에서는 동일한 공간에서 살아가는 조선인과의 신뢰관계를 구축할 것을 강조하였다.

개항기 부산에서 발견할 수 있는 조선인 일본인 사이의 섞임 현상은 전근대적인 전통이 유지되는 가운데 상호신뢰를 전제로 하는 것이었다. 상호신뢰란 현실적인 역관계를 전제로 한 상호인정이란 의미이다. 이러한 현상은 식민지시기 식민자와 피식민자 사이의 관계와는 다소 차이가 있다.

개항 이후 부산의 일본거류지 사회와
일본인 자치기구의 활동

김승金勝

1. 서론

일제강점기는 한국근현대사의 원형을 제공한 시기로서 매우 중요한 의미를 갖는다. 이에 최근의 일제강점기 연구는 '수탈이냐 근대화냐'하는 이분법적 틀을 벗어나 그 시야를 제국과 식민, 동아시아와 근대 등과 같은 연구의 패러다임을 전환하면서 새로운 전기를 맞고 있다.[1] 이런 맥락에서 역사학은 물론이고 도시사, 사회사 등 다양한 분야에서 개항기와 일제강점기 연구들이 통섭론적 시각에서 많은 연구들이 시도되고 있다. 근대시기 재조일본인在朝日本人들은 우리 안의 또 다른 주체이면서 동시에 타자로서 존재한 대상들이었다. 따라서 그들에 대한 연구는 결코 이방인에 대한 연구가 아니라 우리 자신들에 대한 연구이기도 한 것이다. 그러나 재조일본인에 대한 연구는 이와 같은 중요성에도 불구하고 이제 걸음마를 떼기 시작한 단계이다.

---

* 한국해양대학교 국제해양문제연구소 HK조교수. 이 글은『지방사와 지방문화』제15권 1호 (역사문화학회, 2012)에 실렸던 것임.

[1] 일제강점기 연구에 대한 방법론적 고민들에 대해서는 김백영,『지배와 공간』, 문학과지성사, 2009 및 정연태,『한국근대와 식민지 근대화논쟁』, 푸른역사, 2011 참조.

본고는 이러한 문제의식에서 개항이후 부산거주 일본인들의 자치조직이었던 거류민회居留民會와 거류민단居留民團에 주목하고자 한다. 거류민회와 거류민단 연구는 기존의 개항장 연구에서 조금씩 언급이 있었다. 그러나 기존의 개항장 관련 연구들이 대개 거류지居留地와 조차지租界地 등을 둘러싼 법제적, 정치적 문제에2) 초점이 맞추어져 있었다. 따라서 정작 거류지에서 운영된 일본거류민들의 자치조직이었던 거류민회와 거류민단에 대한 연구는 턱없이 부족한 실정이다. 이는 거류민회와 거류민단을 직접적으로 다룬 논문이 필자의 우문한 탓도 있겠으나 1편 밖에3) 없다는 점에서 단적으로 알 수 있다. 각 개항장을 중심으로 설치된 일본인들의 거류민회는 1905년 3월 거류민단법 공포에 따라 그 명칭이 부산거류민단釜山居留民團과 같이 '지역명+거류민단' 형식으로 통일된다. 이렇게 개편된 각 지역의 거류민단은 1914년 부제府制 실시로 그 동안 30~40년간 운영된 자치기구로서 기능을 마감하게 된다. 1914년 거류민단이 폐지될 때 전국에는 12곳(부산, 원산, 인천, 경성, 마산, 목포, 군산, 진남포, 신의주, 평양, 용산, 대구)에서 거류민단이 운영되었다. 주지하다시피 이들 12곳은 모두 한국을 대표하는 근대도시로 성장하는 곳들이었다. 따라서 일본거류민회 또는 일본거류민단을 이해한다는 것은 재조일본인 그 자체만을 연구하는 것에 그치지 않고 한국근대 도시사회사 연구와도 밀접한 연관성을 갖는다고 할 것이다. 더구나 1914년 거류민단이 법제적으로는 폐지되었지만 거류민단이 갖고 있었던 각종 인적, 사회적 네트워

---

2) 대표적 연구로 李鉉淙, 『韓國開港場系研究』, 일조각, 1979; 孫禎睦, 『韓國開港期 都市變化過程研究』, 일지사, 1982; 孫禎睦, 『韓國開港期 都市社會經濟研究』, 일지사, 1982; 高秉雲 著, 『近代朝鮮租界史の研究』, 雄山閣出版, 1987 등이 있다.

3) 직접적인 연구로서는 山中麻衣, 「서울 거주 日本人 自治機構 研究」, 가톨릭大學校 대학원 국사학과 석사논문, 2001이 있다. 이외 거류민단을 부분적으로 언급한 연구는 송규진, 「일재강점 초기 '식민도시' 대전의 형성과정에 관한 연구 : 일본인의 활동을 중심으로」, 『亞細亞研究』 45, 2002; 이준식, 「일제하 군산의 '유력자' 집단과 지역 정치」, 홍성찬·최원규·이준식·우대형·이경란 공저, 『일제하 만경강 유역의 사회사』, 혜안, 2006 등이 있고 거류민단의 중요성을 지적한 연구는 홍순권, 「부산 도시사 연구의 기초적 검토」, 『부산의 도시 형성과 일본인들』, 선인, 2008 등이 있다.

크는 해체되지 않고 계속해서 일제강점기 지역사회의 중요한 지배원리로 작동하였다. 이는 거류민단 시기의 주도층들이 여전히 1920년대 지역의 여론주도 기관이었던 부협의회府協議會와 학교조합學校組合 등에서 활동한[4] 것을 통해서 확인할 수 있다.

본고는 이런 점들을 염두하면서 한국 최초의 개항장 부산에서 활동한 재부산在釜山일본인들의 자치조직이었던 부산의 거류민회와 거류민단의 형성과 변화과정, 각 시기 거류민회와 거류민단 구성원들의 출신지별 특성, 거류민회와 거류민단의 재정 현황과 주요 사업 등을 살펴보고자 한다.

2. 일본거류지 사회의 형성과 일본거류민의 경제활동

1) 일본거류민의 증가

1876년 2월 조일수호조규朝日修好條規를 통해 조선에서 무관세무역, 일본화폐통용, 영사재판권 등을 실현한 일본은 6개월 뒤 조일수호조규부록朝日修好條規附錄과 조일무역장정규칙朝日貿易章程規則을 체결하여 조선에서 일본인전관거류지의 실시와 근대적 자유무역에 따른 법제적 토대를 마련하였다. 이러한 법적 제도장치를 기반으로 일본은 1877년 1월 재차 '부산항거류지차입약서釜山港居留地借入約書'를 체결하여 과거 초량왜관草梁倭館 지역이었던 11만 평을 일본인전관거류지로 전환하였다. 이로써 조선인과 일본인의 자유무역 및 일본인들의 동래부東萊府까지의 통행을 현실화시켰다.[5] 이때부터 일본인들의 도항渡航과 부산거류가 본격화 되었다.

---

4) 일제강점기 부산지역 부협의회의 동향에 대해서는 홍순권, 『근대도시와 지방권력』, 선인, 2010 참조.

5) 초량왜관이 일본인전관거류지로 변경되는 과정에 대해서는 김의환, 『釜山近代都市形成史研

개항이후 부산거류 일본인들의 인구증가 현황을 보면 다음과 같다.

[표 1] 1876~1910년 부산항 호수와 인구

연도	일본인		조선인	
	호수	인구	호수	인구
1876	–	82		
1880	402	2,066		
1882	306	1,519		
1890	728	4,344		
1894	906	4,028		
1895	953	4,953		
1904	1,890	11,996		
1905	2,363	13,364		
1907	3,423	18,481	7,450	30,810
1909	4,284	21,697	4,555	19,824

* 자료: 김대래·김호범·장지용·정이근(2005), 「일제강점기 부산지역 인구통계의 정비와 분석」, 『한국민족문화』 26, 2005, 295~297쪽, 300쪽 참조.

조선후기 100여 명을 상회하던 초량왜관의 거주자들은 일본이 1872년 초량왜관을 쓰시마도주對馬島主 관할에서 외무성 직속관할로 바꾸게 되면서 일시 거주자들이 감소하게 되었다. 그 결과 1876년 초량왜관에는 80여 명의 일본인만 거주하고 있었다.[6] 그러나 개항이후 조선정부와 각종 규칙과 약서들을 체결하면서 1894년 청일전쟁이 일어날 시기에는 일본인 거류자들이 4,000여 명으로 증가하였다. 그리고 러일전쟁이 일어나는 1904년에는 12,000명이 넘는 거류민들이 부산에 상주하게 되었다. 이후 [표 1]에서 보듯이 부산거류 일본인의 증가는 러일전쟁 이후 빠른 속도로 증가하여 1910년 조선이 일제에 병탄될 무렵에는 22,000명

究』, 硏文出版社, 1973, 8~35쪽 참조; 아이 사키코, 「부산항 일본인 거류지의 설치와 형성: 개항 초기를 중심으로」, 『도시연구: 역사·사회·문화』 3, 2010, 9~19쪽 참조.

6) 초량왜관에는 1873년부터 이미 일본인 상인 80여 명만이 있었다(『朝鮮事務書』 25卷 一月三十日在韓奧義制ヨリ來信, 발송자: 奧義制 1874년 1월 30일).

이 거주하는 도시로 성장하였다. 1905년 자유도항령 이후 부산에 입항하는 선박들은 도항자들로 북새통을 이뤘다. 이들 도항자들의 다수는 나가사키長崎, 야마구치山口, 오이타大分, 후쿠오카福岡의 사람들이었으며 다른 지역 출신들은 손꼽을 정도였다. 부산으로 건너온 도항 노동자들은 어부, 막노동자土方, 하역노무자仲仕, 직공, 여자하인, 남자하인, 인력거꾼, 삯일꾼 등의 일을 주로 하였다.7) 이렇게 부산으로 건너 온 거류민들은 1910년이 되면 전관거류지專管居留地 지역뿐만 아니라 조선인들이 많이 거주하고 있던 초량지역까지 진출하게 된다. 1910년 당시 부산에 거주했던 일본인들의 지역별 거주현황을 보면 다음과 같다.

[표 2] 1910년 부산지역 거주지별 일본인 호수와 인구

지역	호수	인구	비율
부산진(釜山鎭)	130	473	2.15
고관(古館)	182	572	2.60
초량(草梁)	605	2,603	12.87
매축지(埋築地)	91	490	2.23
거류지(居留地)	1,722	9,942	45.33
신시가(新市街)	136	5,846	26.65
목지도(牧之島)	288	1,060	4.83
주갑(洲岬)	227	942	4.29
합계	3,381	21,928	100

＊자료: 「釜山の社會觀」, 『釜山日報』, 1910년 9월 25일자.

1910년 부산거류민 2만 2천여 명 가운데 절반에 조금 못미치는 1만명 정도는 원래의 전관거류지'에 거주하였으나 그 나머지 5,900명(27%)은 전관거류지의 서쪽 지역(현, 부평동, 부민동, 토성동 일대)에 있었으며 2,600명(13%)은 조선인들이 거주하는 초량지역에 흩어져 있었다.

---

7) 朝鮮實業協會, 『朝鮮之實業』第二號, 1905, 37~38쪽. 1905년 도항노동자들의 임금 현황을 보면 목수, 미장이, 석공, 큰톱장이(木挽), 벽돌공, 페인트공 등이 시간당 1원, 그 다음아 1일 임금으로 와공(瓦工)이 1원 40전, 표구사가 1원 20전, 인력거꾼이 80전 등을 받았다.

2) 일본거류민의 경제활동

[표 3] 1882년경 영업종목별 부산의 일본거류민[8]

본업＼겸업	무역상	국립은행	해운	선박도매	중개상	소매잡상	전당포	요리집	음식점	잡점잡업	제흥행	제공	일고	여인숙	대거마	유곽	한전수도소	계
무역상	43			3	2	25	3					1						77
국립은행		2																2
해운			1															1
선박도매	2			2	2									1				7
중개상	10				97		1		2				1					110
소매잡상	8				2	8						1						19
전당포	1						4											5
요리집								10	1									11
음식점							1		12									13
잡점잡업					2					16								18
제흥행(諸興行)											1							1
제공(諸工)						1						27						28
일용노동자(日雇)													36					36
여인숙																		0
대거마(貨車馬)																		0
유곽																8		8
한전수도소(韓錢受渡所)					1												1	2
計	64	2	1	5	106	34	9	10	15	16	1	29	37	1	0	8	1	338

* 자료: 外務省, 1882, 『通商彙編』, 224쪽.

[표 3]은 1882년 12월 당시 부산 거류일본인들의 직업별 호구 현황을 보여 주는 것이다. 1882년 12월 부산항 거주 일본인의 업종은 17 종류이었다. 먼저 본업을 기준으로 살펴보면 거류민들이 가장 많이 종사한 업종은 중매상仲買商, 그 다음이 일용 노동자日傭稼, 제공諸工 순이다. 제공은 메이지明治 초기 새롭게 생겨난 의자, 구두, 시계공과 같은 업종을 지칭하는 용어였다. 제공 다음으로 잡점잡업雜店雜業, 음식점, 요리점, 소매잡상 순으로 파악된다. 본업으로서 제일 많은 비중을 차지한 97호의 중매상은 전체 가호수 중 28.7%를 점했다. 여기에 무역상을 겸업으로 한 10호를 덧붙인다면 직간접의 중매상은 전체 호수 중에서 32%, 그 다음이 무역상으로 12.7% 차지하고 있었다. 그러나 본업의 무역상 이외 겸업으로 무역에 종사한 21호를 합친다면 실제 무역업 종사자의 비율은 18.7%였다. 그런데 이 당시 무역상과 중매상들은 대개 미곡米穀과 관련된 상인이 대부분이었다.9) 부산거류민들 사이에서 세 번째로 비중이 높았던 업종은 일용 노동자였다. 이들은 대개 날품팔이에 해당하는 일용 노동자日雇로서 전체 호수 중에서 10.6%를 차지했다. 일용 노동자의 뒤를 이어 잡화상에 해당하는 잡점잡업, 음식점, 요리점 순위로 파악된다. 거류민을 상대로 했을 소매잡상은 본업과 겸업을 합치더라도 그 비율이 높지 않았다.

이를 통해 1882년 부산거류 일본인의 경제활동에서 미곡관련 수출입 업종에 종사한 무역상과10) 조선인 객주로부터 곡물을 구입하는 중매상

---

8) 外務省, 『通商彙編』(明治十五年), 224쪽에 수록된 〈表〉는 在釜山日本領事館에서 보고한 1882년 12월 상황이다. 〈表〉의 수치는 일본인 수를 의미하는 것이 아니고 호수(戶數)를 뜻한다. 이는 釜山府, 「居留人民の營業別と戶數」, 『釜山府史原稿』第6部 第12卷 第7章 第2節에서도 확인할 수 있다. 본문 [표 3]은 원문의 잘못된 수치를 필자가 새롭게 합산한 것이다. 본문 [표 3]과 유사한 업종분류로서 1880년 12월의 보고도 있다.

9) 하원호, 「개항후 부산의 대외무역과 유통구조의 변동」, 『土林』 25, 2006 참조.

10) 1897년 무렵 부산의 일본 무역상은 일본으로 수출하는 화물을 매입하는 방법으로 ① 조선인 객주 혹은 일본인 중매상을 매개로 매입하는 방법 ② 점원이나 일본인 중매상을 직접 각 산지로 파견하여 매수하는 방법 ③ 무역상이 직접 조선상인에게 착금을 대부·예약하고 매수하는 방법 등을 활용하고 있었다. 이들 무역상, 중매상, 조선상인들 간의 거래에 대해서는 하지영, 「개항기 조선상인과 일본상인 간의 자금거래와 곡물유통」, 『지역과 역사』 20, 부경역사연구소, 2007 참조.

이 중심된 업종이었다. 그 다음이 일용 노동자들이었다. 일용 노동자들이 높은 비중을 차지한 것은 초량왜관이 전관거류지로 변경되면서 새로운 건축물 조성에 다수의 노동력이 필요한 것과 관련이 있었던 것으로 보인다. 당시 이들의 임금은 일본보다도 3배 정도 높았다.[11] 이런 이유 때문에 일용 노동자의 부산거주자 수가 높은 것으로 파악된다.[12] 그러나 이러한 업종 구성은 20여 년이 경과한 1905년이 되면 83종의 다양한 업종으로 늘어나게 된다. 1905년 부산거주 일본인들의 영업별 분포를 보면 다음과 같다.

[표 4] 1905년 부산의 일본거류민 영업별 분포

종별	인원	종별	인원	종별	인원
무역상	43	술판매업	37	여인숙	20
잡화상	94	중개상	26	은행	3
과자업	92	회조 도매업	20	램프상	3
철물업	17	곡물상	57	통조림상	7
담배업	18	목탄상	5	산채파는 업종	13
도기상	13	전등회샤	1	시계상	6
약종상	16	양복상	6	두부업	11
설탕상	5	재목상	5	정미소	2
건축도구상	4	하숙업	18	게다상	3
토목하청업	13	표구사	2	목수업	57
무기상	2	면상인	11	전당포	8
금속도장업	8	고물상	13	조화업	1
야채건어물업	36	대서업	6	세탁업	8
쇠고기업	6	방물장사	11	창고회사	1
포목점	22	된장상	2	도정기계제조업	2
간장상	3	재봉업	5	미장이업	4
어물상	23	야채절임업	3	석공업	6
철공업	9	요리잠	13	이발업	33

---

11) 木村建二, 『在朝日本人の社會史』, 未來社, 1989, 18쪽.

12) 外務省, 『通商彙編』(明治十五年), 224쪽. 〈表〉 참조. 참고로 이 시기 일용 노동자들이 각종 공사에 동원되었을 시설물들의 현황을 보면 관청 2호, 관사 12호, 공사(公舍) 1호, 병원 2호, 공립학교 1개, 신사(神社) 2개, 토장(土藏) 27호, 판고(板庫) 155호, 우물 50여 곳이 있었다.

통가게	9	상설흥행업	3	간장양조	9
석탄상	2	금은세공업	4	예기	239
찻집	2	톱질업	25	수산회사	1
해산물	2	과일상	3	우유업	3
궁중수리업	15	제등상	3	인력거	47
다다미직인	7	바구니직인	1	음식물행상	115
인쇄업	6	유흥장	3	신발공업	3
사진사	3	목욕업	0	인쇄업	4
염색업	3	음식점업	53	도선업	2
술양조	6	유예사장	2	합계	1,438

* 자료: 相澤仁助, 1905, 『韓國二大港實勢』, 日韓昌文社, 105~107쪽.

[표 4]를 통해서 1905년 부산의 일본거류민의 영업별 인구 조사에[13] 따르면 전체 1,438명 중에서 상위그룹의 업종은 예기 16.6%(239명), 음식물행상 7.9%(115명), 잡화상 6.5%(94명), 과자업 6.3%(92명), 그 다음 곡물상과 목수업이 각각 3.9%(57명), 음식점 3.6%(53명), 무역상 2.9%(43명), 중매상 1.8%(26명) 비율로 나타난다. 물론 이 분류에서는 미곡의 유통과 관련된 일본인 행상들은 빠져 있다. 당시 일본정부는 조선으로부터 미곡을 안정적으로 확보하기 위해 1885년 일본상인들이 조계租界 밖으로 나갈 수 있도록 조선과 법적 근거를 마련하면서 일본 행상들의 활동을 적극적으로 장려하였다. 그 결과 1897년 부산항에서는 개항장 밖으로 나가서 상행위를 할 수 있는 일본인 상인 138명 중 행상이 108명이 될 정도로 한때 일본인 행상들도 개항장 부산에 많이 거주하였다.[14]

그러나 일본인 행상들은 대개 빈약한 자본을 갖고 도항渡航했으며 정보 또한 부족한 상태에서 자신의 판단에 따라 독자적으로 상행위를 함으로써 장사에 실패하는 경우가 많았다. 따라서 그들 중 상당수는 본국

---

13) 相澤仁助, 『韓國二大港實勢』, 日韓昌文社, 1905, 105~107쪽. 1905년 인천의 영업별 인구 구성을 보면 전체 68업종 1,054명 중에서 잡화상 22.3%(236명), 각종 직공 13.5(142명), 음식점 7.7%(82명) 순이고 무역상과 중매상은 각각 1.5%(16명)와 1.3%(14명)로 낮게 나타났다.

14) 하원호, 앞의 논문, 167쪽.

으로 다시 돌아가는 경우가 속출하였다. 더구나 일본인 행상은 상호 과도한 경쟁을 하였으며 조잡한 물품을 고가로 조선인에게 판매함으로써 조선인들로부터 신뢰를 얻지 못했다. 게다가 일시에 폭리를 취하고 또 상표를 남용함으로 조선인에게 의구심과 불신을 심어주는 문제점들이 지적되기도 하였다. 따라서 일본인 스스로 이런 폐단을 극복하기 위해서는 행상들이 독립적으로 상업행위를 하기보다는 상당한 자산을 가진 유력상인들 혹은 군대와 연계해서 상업 활동을 하는 것이 바람직하다고 지적할[15] 정도로 이미 러일전쟁을 전후한 시기 일본인 행상들의 활동은 한계에 다다르고 있었다. 그 만큼 러일전쟁 이후 빈약한 자금만을 갖고서 일확천금을 꿈꾸며 도항하는 것만으로는 더 이상 자신들의 꿈을 실현시키기에는 어려움이 많았다.

어쨌거나 1905년 무렵이 되면 부산거류지에서 무역상과 중매상의 업종별 비중은 급격히 감소한 반면에 도시민의 삶에서 필요로 한 다양한 업종의 종사자들이 경제활동을 하였다. 그렇다면 개항 이후 부산으로 도항渡航한 일본거류민들은 주로 일본의 어느 지역 출신자들이 건너온 것일까? 1897년 당시 부산거류민의 출신지별 현황을 보면 다음과 같다.

[표 5] 1897년 부산거류민 일본출신지 현황

부현(府縣)	부산거주	비율	경성·인천·원산 거주	비율
나가사키 (長崎)	1,679	34.8	1,908	16.1
야마구치 (山口)	1,582	32.8	1,712	14.4
오이타 (大分)	365	7.6	605	5.1
후쿠오카 (福岡)	275	5.7	371	3.1
오사카 (大阪府)	155	3.2	272	2.3

---

15) 朝鮮實業協會, 「朝鮮における行商と巨商」, 『朝鮮之實業』 第二號, 1905, 29쪽.

구마모토 (熊本)	105	2.2	355	3.0
도쿄부 (東京府)	66	1.4	163	1.4
사가 (佐賀)	63	1.3	194	1.6
효고 (兵庫)	59	1.2	174	1.5
히로시마 (廣島)	59	1.2	251	2.1
기타	420	8.7	5,849	49.3
합계	4,828	100	11,854	100

* 자료: 『東邦協會會報』第38號 9月 78-80쪽(坂本悠一·木村建二, 『近代植民地都市釜山』, 2007, 24쪽 재인용).

1897년 당시 전체 재조일본인 16,682명 중 나가사키현 출신자가 21.5%(1,679명+1,908명), 야마구치현 출신자가 19.7%(1,582명+1,712명)로 이들 두 지역 이주자들이 전체 재조일본인 가운데 41%를 차지하였다. 특히 부산은 재조일본인 16,682명 중 28%에 해당하는 4,828명이 거주하였다. 그런데 부산거류민의 출신지를 보면 나가사키현이 34.8%, 야마구치현 이 32.8%, 두 지역을 합치면 67%가 이들 두 지역 출신들이 차지하였다. 따라서 당시 부산은 '작은 나가사키현 혹은 야마구치현'이라고 해도 과 언이 아닐 정도로 나가사키현과 야마구치현 출신자들이 많이 거주하였 다. 이들 두 지역 중에서도 나가사키현으로 분류된 범주에는 쓰시마 출 신들이 다수 포함되어 있었으며 야마구치현의 경우는 구마게군熊毛郡 출 신들이 많았던 것으로 이해된다.16) 그렇다면 1897년에 나타난 일본인 의 출신지별 현황은 이후 어떻게 되었을까? 그 추이를 1905년과 1910년 도를 비교하면 다음과 같다.

---

16) 木村建二는 1889년 자료를 통해 당시 23명의 무역상들의 출신지 중 7명이 나가사키현에 속하는 쓰시마 이즈하라 출신자이고 6명이 야마구치현의 구마게군 출신자임을 지적했다(坂 本悠一·木村建二, 『近代植民地都市 釜山』, 2007, 23쪽). 물론 무역상의 출신지와 부산거류 일반 민들의 일본 출신지를 기계적으로 일치시킬 수는 없을 것이다. 하지만 전후 사정을 볼 때 부산거류민들 중 나가사키현과 야마구치현 출신으로 분류된 일반 이주자들의 대개는 쓰시 마와 구마게군 출신들이 다수였던 것으로 보는데 무리는 없을 듯하다.

[표 6] 1905년~1910년 부산거류민 일본 출신지 현황

부현 (府縣)	1905년 남자	1905년 여자	1905년 합계	1905년 비율	1910년 남자	1910년 여자	1910년 합계	1910년 비율
야마구치 (山口)	1,487	1,654	3,141	24.25	2,519	2,247	4,766	18.58
나가사키 (長崎)	1,050	975	2,025	15.63	1,751	1,478	3.229	12.59
오이타 (大分)	488	468	956	7.83	770	671	1,441	5.61
후쿠오카 (福岡)	486	419	905	6.98	1,098	933	2,031	7.92
히로시마 (廣島)	359	323	682	5.26	1,047	871	1,918	7.48
오사카 (大阪)	342	280	622	4.80	526	467	993	3.87
사가 (佐賀)	283	143	426	3.29	550	413	963	3.75
거류민전체 (居留民全體)	7,125	5,823	12,948	100	14,235	11,406	25,641	100

* 자료: 1905년 수치는 相澤仁助, 1905, 『韓國二大港實勢』, 日韓昌文社, 278~279쪽. 1910년 통계는 釜山商業會議所, 1912, 『釜山要覽』, 66~68쪽.

　　1905년 당시 부산거주 일본인의 출신지별 현황을 보면 야마구치 24%, 나가사키 16%, 오이타 8% 순으로 이들 지역 출신자들이 부산거주 일본인들 중에서 48%를 차지하였다. 먼저 1897년과 1905년의 출신지 분포를 비교하면 첫째, 부산거류민 중에서 나가사키현과 야마구치현의 출신자 비율이 각각 감소하면서 이들 두 지역 출신자들이 전체 거류민에서 차지하는 비율이 67%에서 48%로 감소했다는 점이다.

　　둘째, 나가사키현 출신자들과 야마구치현 출신자들의 순위가 바뀌었다는 점이다. 1897년에는 나가사키현과 야마구치현의 인구수 차이가 크지 않으면서 나가사키현이 1위였다. 그러나 8년이 지난 1905년이 되면 부산거류민 중에서 야마구치현 사람들이 나가사키현 출신자들 보다 1천여 명 많은 1위를 차지하였다. 출신지별 구성에서 야마구치현과 나가사키현의 우위는 1910년도 통계에서도 마찬가지였다.

[표 7] 부산·인천·경성 거류지 자치기구 명칭

연도	부산	연도	인천	연도	경성
1876~1879.7	會議所	1887~1896.7	總代役所	1887~1897	居留民總代役場
		1896.8~1909	居留民役所	1901~1904	居留民役所
1879.8~1880.1	保長頭取役場			1905	民團役所
1881.1.12~1900	保長總代役所→居留地總代役所	1910~1914	居留民團役所	1906~1914	居留民團役所
1901~1904	居留地役所				
1905	居留民役所				
1906~1914	居留民團役所				

* 자료: 朝鮮實業協會, 1905, 『朝鮮之實業』 第三虎, 33~35쪽; 相澤仁助, 1905, 『韓國二大港實勢』; 山中麻衣, 「서울 거주 日本人 自治機構 硏究(1885~1914년)」, 가톨릭대학교 대학원 2001, 13쪽.

그러나 1905년과 1910년을 비교했을 때 이들 두 지역 출신자들의 비율은 40%에서 31%로 격감하고 있었다. 그리고 1905년 3위를 차지하였던 오이타현 역시 7.8%에서 5.6%로 그 순위가 5위로 하락하였다. 여기에 반해 후쿠오카현과 히로시마현 출신자들은 5년 사이에 각각 6.9%에서 7.9%, 5.3%에서 7.5%로 증가하였다. 후쿠오카현과 히로시마현 두 지역 중 증가 속도에서 히로시마현이 후쿠오카현 보다 빨랐다. 여기에는 러일전쟁 이후 부산으로 오게 되는 절영도絶影島(현 영도) 이주어촌移住漁村에17) 히로시마현 출신자들이 많이 이주했던 것과 일정 정도 관련이 있는 것으로 판단된다.

1910년 통계에서 드러난 부산거류 일본인들의 출신지별 순위는 이후 재조일본인의 전체 출신지 현황의 변동과 무관하게 일제강점기 동안 줄곧 고착화되는 양상을 보였다.18)

---

17) 부산지역 일본인 이주어촌(移住漁村)에 대해서는 김승, 「해항도시 부산의 일본인 이주어촌 건설과정과 그 현황」, 『역사와 경계』 75, 2010 참조.

18) 1930년도 부산거주 일본인 42,642명의 지역별 현황 역시 1910년과 동일한 순위로 1위 야마구치(山口) 15%(6,437명), 2위 나가사키(長崎) 11%(4,703명), 3위 후쿠오카(福岡) 8.7%, 4위 히로시마(廣島) 7.7%, 5위 오이다(大分) 5.2% 등으로 파악된다(김승, 「1920~1930년대 재부

3. 거류민회·거류민단의 조직과 활동

1) 거류민회·거류민단의 형성과정

개항 이후 한반도에 진출한 일본인들은 자신들이 거주하는 지역에서 자치기구들을 운영하였다. 그러나 그 명칭은 [표 7]에서 보듯이 시기별·지역별로 다양하게 사용해 왔다. 그러다가 1905년 3월 법률 제41호 거류민단법居留民團法 공포 이후 대체적으로 거류민의 자치조직에 대해서 지역의 명칭을 붙여 '○○民團'이라고 부르기 시작하였다. 부산은 최초의 개항장이면서 과거 조선시대부터 초량왜관이 있었던 곳이다. 따라서 부산은 여타 지역의 개항장과 다른 사회문화적 역사적 배경을 갖고 출발하였다. 이에 일본인 자치기구의 변천 또한 복잡한 양상을 보였다. 재조일본인 최초의 자치기구가 만들어졌던 부산거류민 자치기구의 변천과정을 살펴보면 다음과 같다.

일본정부는 1872년 초량왜관을 기존의 쓰시마 도주島主가 관장하는 형태에서 외무성이 직접 관할하는 곳으로 그 지위를 변경하였다. 그러면서 종래 정대관町代官 아래에 있던 용변소用番所의 용번用番으로 하여금 초량왜관의 보안과 자치를 맡도록 하고 상법商法과 관련된 사항은 상회소商會所에서 담당하도록 업무를 분장시켰다. 원래 용변은 어용번인御用番人을 줄인 말로 조선시대 초량왜관 때부터 쓰시마 도주 소씨宗氏의 어용御用을 위해 근무한 상인의 대표자를 일컫는 명칭이었다. 이들은 정대관에

(在釜) 일본경제인의 실태와 교역권의 특성」, 『해항도시문화교섭학』 4, 한국해양대학교 국제해양문제연구소, 2011, 38~41쪽). 1930년 부산거주 일본인와 야마구치현(山口縣)과 나가사키현(長崎縣) 출신자들이 차지하는 비율은 26%이었다. 이 수치 역시 1910년의 두 지역을 합친 31%에 비하면 5% 감소한 것이었다. 1910년도 부산의 출신지 순위는 전국의 출신지 순위와 일치하였다(朝鮮總督府, 『朝鮮總督府統計年報』(明治 44年度, 57쪽). 그러나 1930년이 되면 재조일본인(在朝日本人) 전체의 출신지 현황은 1위 야마구치, 2위 후쿠오카, 3위 나가사키, 4위 구마모토(熊本), 5위 히로시마, 6위 사가(佐賀), 7위 오이다 등의 순위로 바뀌게 된다(『昭化五年朝鮮國勢調査報告』 全鮮編, 第一卷 結果表, 64~65쪽).

소속된 알선자·주선자로서 정내町內 거류민의 안녕과 질서를 주된 업무로 하였다. 원래 용번은 여러 명이 있었는데 부산주재 관리관은 1879년 7월 20일 자치와 행적 사무에 관여하는 용번소의 의원을 12명으로 제한하고 상회소는 상법회의소商法會議所로 개칭하면서 상거래만을 전담하도록 했던 것이다.

그런데 이들 용번 중에서 거류민의 안녕과 질서 유지를 전적으로 담당했던 인물들이 견회역見廻役이었다. 견회역은 밤낮 없이 거류민의 동정을 살피고 초량왜관 내외의 정세를 정찰하여 상사上司에게 보고하는 것이 그 직무였다. 현재로 치면 일종의 경찰관에 해당하는 것이었다. 견회역에는 이들의 수장에 해당하는 견회역장見廻役長이 있었는데 1879년 5월 무렵 견회역은 15명 정도 있었다. 5월 당시 견회역장은 등전종성藤田種誠이었으며 9월 무렵에는 길등용작吉藤勇作이 맡고 있었다. 이들 견회역은 1880년 4월 영사관 경찰아 창설되면서 없어지게 된다.

한편 일본은 견회역의 폐지에 앞서 1879년 7월 새롭게 보장保長을 두어 정내町內의 안녕과 질서를 유지하도록 했다. 보장은 5~6인을 1조組로 하는 1보保의 장長으로 정내 안녕과 질서는 물론이고 관官의 행정명령을 거주민에게 통지하고 또 거주민들의 선악善惡을 직접 관리관에게 보고하는 업무를 담당 하였다. 당시 이들 보장은 관선官選으로 하였는데 부산에 21명이 있었다. 원래 보장이 담당한 업무는 민선民選 형태의 의원議員들이 맡고 있었는데 1879년 7월 관선으로 변경되면서 보장들이 선임되었던 것이다. 한편 부산주재 관리관은 1879년 8월 13일 종래의 용번을 폐지하고 새롭게 보장두취保長頭取를 두고서 그들에게 거류지의 질서와 교육 및 위생 등의 자치를 맡도록 하였다. 이어서 그해 9월 용번의 근무소였던 용번소 또한 폐지하고 보장두취가 업무를 보게 되는 보장두취역장保長頭取役場을 설처하였다. 보장두취역장이 곧 거류지총대역소居留地總代役所의 전신에 해당하는 것이다. 이후 거류지총대역소는 다시 부산거류민단역소釜山居留民團役所로 명칭이 변경되는 과정을 밟는다.[19]

한편 1879년 8월 21일 포달布達된 보장선거법保長選擧法에 따라 21명의 보장이 선임되었다. 보장선거법에 의하면 보장은 5~6호戶를 1조組로, 조마다 보장 1명을 두게 되어 있었다. 보장은 호주戶主 중에 품행이 방정한 21세 이상의 인물로 선임하였다. 단 호주로서 당선자가 없을 때는 동거인 중에서 1명을 뽑는 방식은 채택했다. 만약 조에서 당선자가 없을 때는 이웃한 조에서 뽑도록 되어 있었다. 초대 보장두취는 대창조大倉組의 지배인 고교평격高橋平格이었다.

당시 부산주재 관리관이 규정한 보장의 업무는 각종 행정명령의 관내 전달, 이리전貳厘錢의 출납, 각종 공유금의 보관, 호적의 관리, 유행병의 예방, 건물과 선박의 담보 및 각종 착용서와 매매에 서명 날인, 천재지변을 당한 궁박민窮迫民에 대한 보고, 효자, 절부, 기타 독행에 대한 보고, 공화共和학교 학자금, 유아아동의 취학권유, 거류인민의 인영부印影簿 관리, 거류지내 도로, 교량, 구거溝渠, 우물, 기타 수선하고 보존해야 하는 물건의 상태보고, 채무 불이행자의 재산을 채권자에게 양도하는 일, 도망·사망·절종絕宗의 재산처분 등 15가지 종류였다. 즉 보장두취의 권한은 일반 행정사무에서 위생에 이르기까지 거류자의 전반적인 사무를 관장하는 위치에 있었다.

종래 거류지의 공용시설에 필요로 한 비용은 수입화물에 부과세를 거두는 방식으로 공유적립금을 마련해서 용번소에 보관하였다. 그런데 보장두취를 두게 되면서 공유적립금 또한 1879년 9월부터 보장두취역장에 보관하게 되었다.

보장두치역장에서 근무시간은 오전 10시부터 오후 3시까지였다. 초대 보장두취 고교평격高橋平格은 취임한지 채 1개월이 못되어 동경으로 가게 되어 그 후임에 길부희팔랑吉副喜八郎이 보장두취대리 업무를 맡았다. 그러나 그 또한 취임 3개월 뒤에 부산주재 관리관 전진헌길前田獻吉을

---

19) 釜山府,「居留地 保安及自治機關」,『釜山府史原稿』第6部 第12卷 第7章 第2節, 83~86쪽, 92~93쪽.

수행하기 위해 동경으로 가게 되면서 천연정간川淵正幹이 보장두취대리를 맡았다.[20] 이처럼 초기의 보장두취 직책은 안정적이지 못했다.

이후 영사領事 근등진서近藤眞鋤는 1881년 1월 12일 '보장총대선거규칙保長總代選擧規則'을 제정해서 종래 관선이었던 보장두취를 민선으로 바꾸었다. 그리고 명칭 또한 보장총대保長總代로 개칭하였다. 이와 함께 보장두취역소保長頭取役所 또한 보장총대역소保長總代役所로 개칭하였다. '보장총대선거규칙'에 따라 초대 민선 보장총대로 아비류호조阿比留護助가 선임되었다. '보장총대선거규칙'은[21] 이후 다른 지역 거류지 또는 잡거지雜居地의 거류민회 관련 자치규정과 비교했을 때 거류민회규칙의 기원이 되는 것이었다. '보장총대선거규칙'은 비록 나이 제한은 없었지만 선거권자의 자격으로 자산의 소유자로 명시(제1조)하고 있었다.

보장총대선거규칙에서 규정한 선거권과 피선거권은 1878년 일본에서 실시한 신삼법新三法[22] 중 지방자치에 직접적으로 관련이 있었던 부현회규칙府縣會規則으로부터 일정 정도 영향을 받은 것으로 보인다. 첫째, 일본에서 실시된 부현회규칙府縣會規則에서는 부현회府縣會의 의원을 뽑을 수 있는 선거권이 만 20세 이상의 남자로 군구내郡區內에 본적을 두고서 부현내府縣內에 지조地租를 5원 이상 납부한 인물(제14조)로 제한되어 있었다.[23] 1881년 부산에서 실시한 '보장총대선거규칙'에서는 비록 나이 제한은 명시되어 있지 않았지만 재산의 유무는 선거권 제한에 기준이 되었다.

20) 釜山府, 「居留地 保安及自治機關」, 『釜山府史原稿』 第6部 第12卷 第7章 第2節, 86~88쪽, 90~91쪽.
21) '보장총대선거규칙'은 5조로 되어 있었다. 제1조 거류지에서 지소를 차지하거나 가옥주거(家屋住居)하는 자는 모두 선거권을 갖는다. 제2조 피선거인은 반드시 제1항에 한정하지 않고 본항(本港) 재류자(在留者)에게 모두 피선거권을 갖는다. 제3조 선거는 투표의 다수로 한다. 만약 다표자(多票者)가 사임할 때는 그 다음 순위의 다수자로 한다. 제4조 다표자라고 하더라도 영사(領事)로부터 인가를 받기 어려울 때는 그 이유를 막론하고 다시 차수자(次數者)로 한다. 제5조 투표는 봉표식(封表式)으로 하고 고봉(固封)한 채로 제출한다(釜山府, 「居留地 保安及自治機關」, 『釜山府史原稿』 第6部 第12卷 第7章 第2節, 156쪽).
22) 1878년 7월 제정되어 일본 지방자치제의 기원에 해당하는 신삼법은 군구정촌편제법(郡區町村編制法), 부현회규칙, 지방세규칙 등을 말한다.(芮種德, 「일본지방자치제의 法制에 관한 小考: 그 변천과정을 중심으로 하여」, 『法學論叢』 12, 1982, 45~48쪽).
23) 內閣官報局, 明治 11年, 府縣會規則 條文 13條, 『法令全書』, 13쪽.

둘째, 부현회규칙에서는 의원이 될 수 있는 피선거권자는 만 25세 이상의 남자로 부현내에서 만 3년 이상 거주하고 또 지조 10원 이상을 납부한 자(제13조)[24]로 제한되어 있었다. 이것 역시 부산의 '보장총대선거규칙'에서 피선거권은 거류지에서 지소地所나 가옥주거家屋住居자에게 한정하지 않고 부산항에 머무는 모두에게 피선거권이 주어져 있었다. 따라서 피선거권에서 일본의 부현회규칙과 부산의 보장총대선거규칙은 큰 차이가 있었다.

셋째, 민선民選임에도 불구하고 일본 영사로부터 인가를 받아야 한다는 점(제4조) 등이 보장총대선거규칙의 큰 특징이라고 하겠다. 그리고 보장총대규칙의 제2조를 통해서 보장총대는 재력만이 아니라 인품과 덕망의 소유자로서 거류민들로부터 신임을 받는 인물이라면 보장총대가 될 수 있었다. 이는 일본 본국에서 정치적 혹은 사회경제적으로 능력이 있는 인물이 비록 부산으로 도항한 이주기간이 길지 않더라도 보장총대가 될 수 있는 가능성을 염두한 결정으로 생각된다. 그럼에도 불구하고 보장총대선거규칙 제4조를 통해서 보장총대는 처음부터 일본 정부 또는 일본영사領事의 영향력에서 벗어날 수 없는 구도로 되어 있었다.

영사 근등진서近藤眞鋤는 1881년 선거가 있은 보름 뒤인 1월 28일 보장총대의 명칭을 폐기하고 거류인민총대居留人民總代로 개칭하였다. 민선民選의 절차를 거쳐 뽑힌 대표에 대해 지역적으로 '거류지에 거주하는 인민들이 뽑았다'는 대표성을 강조하기 위한 조치로 생각된다. 한편 일본 영사는 같은 날 '거류지편제가규칙居留地編制假規則'을 통해 제1회 거류민회 의원을 선거하여 의장 고교평격高橋平格, 부의장 등좌하위藤佐賀衛를 비롯해 21명의 의원을 선임하였다. 이로써 재조일본인 최초의 거류자치규칙과 자치기구가 출현하게 되었다. 1881년 1월 제정된 거류지편제가규칙은 그해 1881년 11월 '거류지편제규칙居留地編制規則'으로 개정되어 시행되

---

24) 内閣官報局, 明治 11年, 府縣會規則 條文 14條, 『法令全書』, 14쪽.

었으나 가규칙과 규칙의 구체적인 내용을 파악할 수는 없다.25) 그러나 부산거류민회에서 실시한 이들 규칙들의 내용은 이후 재외 일본거류민들의 자치운영과 관련해서 규범이 되는 것이었다. 이후 부산거류민회는 6년이 경과한 1887년 8월 전문 66조로 구성된 부산 거류지편제규칙을 개정하고 그해 10월부터 시행되었다.26)

1887년 8월 개정된 부산의 일본인 거류지편제규칙은 그 전문이 남아 있지 않다. 그러나 많은 조문들이 남아 있어 거류지편제규칙의 전체적인 내용을 이해하는데 무리는 없다. 부산거류지 보다 8개월 앞서 1886년 연말에 제정된 전문 26조의 인천거류지규칙과 부산의 거류지편제규칙을 비교하면 다음과 같다.

[표 8] 1886년~1887년 부산과 인천의 거류지규칙 비교

거류지	의원 선거권	의원 피선거권	의원수	의원, 의장, 부의장, 총대 각 임기
인천	25세 이상인 인물로 지소 또는 가옥의 소유자, 타인의 가옥을 차주(借主)한 자, 지소 및 가옥(家屋)을 소유한 은행, 회사, 조합 등의 지배인	좌동(左同)	10명	임기는 1년 6개월
부산	20세 이상의 남자로서 거류지내 지소를 차수(借受)한 자로서 그것의 지권(地券)을 가지고 있는 자 또는 그 지권을 가진 상회(商會) 혹은 조합의 지배인	25세 이상의 남자로서 거류지내 지소 100평 이상을 차수한 자로서 그것의 지권을 가지고 있는 자 또는 그 지권을 가진 상회 혹은 조합의 지배인	20명	의원의 임기는 2년. 매년 반수(半數) 개선. 의장과 부의장은 의원 중에서 뽑고 임기는 각기 만 1년. 총대의 피선거권은 거류지회 의원선거권과 동일하고 임기는 만 2년

* 자료: 京城府, 1936, 『京城府史』 第二卷, 1936, 583~588쪽; 釜山府, 「改正居留地編制規則」, 『釜山府史原稿』 第6部 第14卷 第2章 第1節, 354~358쪽.

첫째, 인천은 거류지회 의원의 선거권과 피선거권에 자격상 차별을 두지는 않았다. 그러나 부산에서는 선거권과 피선거권을 두고서 연령과 재산의 유무에 따라 차별을 두고 있었다. 즉 거류지회의 의원을 뽑을 수 있는 선거권은 20세 이상의 남자로서 일정 정도의 지소를 차지하였거나 혹은 그것을 소유한 자, 그리고 지소의 지권地券을 가진 상회 또는 조합의 지배

---

25) 釜山府, 「居留地 保安及自治機關」, 『釜山府史原稿』 第6部 第12卷 第7章 第2節, 157~158쪽, 311쪽.
26) 釜山府, 「改正居留地編制規則」, 『釜山府史原稿』 第6部 第14卷 第2章 第1節, 354~358쪽.

인으로 한정되어 있었다. 그리고 의원이 될 수 있는 피선거권은 25세 이상의 남자로 지소 100평 이상을 차지하였거나 그렇지 않으면 그것의 지권을 소유한 개인 또는 상회와 조합의 지배인에 제한을 두었다. 부산이 인천보다 의원의 선거권에서는 연령이 5세 정도 낮게 정해져 있었으나 피선거권에서는 인천 보다 더 제한적이었다. 이것은 부산이 인천보다 개항이 빨랐고 또 일본거류민의 인구수 역시 인천보다 많은 상황에서 거류지사회의 다양한 계서階序가 인천보다 빨리 형성된 개항장 부산의 특성이 반영된 결과로 판단된다.

둘째, 1886년 제정된 전문 26조의 인천거류지규칙에서는 의원, 의장, 부의장, 총대 등이 모두 임기 1년 6개월에 교체되는 것으로 되어 있었다. 그러나 1887년 개정된 부산거류지편제규칙에서는 의원의 임기는 2년으로 하고 이들 중 반수半數는 해마다 새로 뽑도록 되어 있었다. 그리고 의장과 부의장의 임기는 1년으로 하였으나 총대의 임기는 2년으로 되어 있었다. 총대의 임기가 의장과 부의장 임기보다 1년이 더 많은 것은 부산영사관을 통해 부산거류민회를 보다 더 안정적으로 장악하기 위한 행정적 편의주의의 결과로 보여진다.

셋째, 1887년 8월 개정된 부산의 일본인 거류지편제규칙 제35조에 의하면 거류지 의원 중에서 투표로서 공립학교 위원 2명, 공립병원 위원 2명, 수도水道위원 2명, 위생위원 2명 등을 선출하도록 되어 있었다.[27] 거류지사회에서 학교와 병원운영, 수도와 위생 등은 거류민회의 사업과 관련하여 비교적 예산 지출이 많은 항목들이었다.[28] 이런 이유들 때문에 1887년 8월 개정된 부산의 일본인 거류지편제규칙에서는 의원들 중 일종의 상임위원에 해당하는 위원들 2명씩을 학교, 병원, 수도, 위생 관련 부문 등에 두도록 하였음을 엿 볼 수 있다.

1887년의 8월 개정된 부산의 거류지편제규칙은 다른 어느 거류지에

---

27) 釜山府, 「改正居留地編制規則」, 『釜山府史原稿』 第6部 第14卷 第2章 第1節, 357쪽.
28) 본고 4장 1절 참조.

서도 볼 수 없는 거류지회의 운영과 관련된 세부적 내용을 담고 있었다. 이 규칙은 1893년 3월 29일 전문 46조의 내용으로 재차 개정되었다. 그 중에서 눈에 띄는 것은 당시까지 부산거류민회의 거류지규칙(본고 [표 8] 참조)은 의원의 선거권과 피선거권에 대해 지소의 차지 또는 그것의 지 권 소유, 특히 피선거권의 경우는 지소 100평 이상을 차지한 인물 또는 소유자로 피선거권을 제한하였다. 그런데 1893년 3월 개정된 부산거류 지규칙에서는 만 20세 남성으로 1년 지과금地課金을 납부한 자에게 선거 권이 주어졌으며 피선거권은 25세 남성으로 1년에 10원 이상의 지과금 을 납부할 수 있는 인물에게 한정되었다.[29]

이처럼 1893년 부산거류지규칙에서 1년 지과금의 납부를 갖고서 선거 권과 피선거권을 구분한 것은 1888년 일본에서 시제정촌제市制町村制를 실시하면서 마치 선거권을 주민에게는 주지 않고 공민公民에게 부여한 것과 맥락을 같이하는 것으로 이해할 수 있을 것이다.[30] 즉 선거권과 피선거권이 재산의 소유 유무에 따라 구분되는 것이 아니라 1년 지과금 의 납세액을 기준으로 구분되었다는 것은 거류지사회에서 거류민의 권 리와 의무가 한층 강화되었음을 의미한다. 다시 말해 선거권과 피선거권 이 단지 재산의 유무로서 주어지는 것이 아니라 유산자들이 납세의 의무 를 통해 거류지사회의 공공성公共性에 기여할 수 있어야만 그들 스스로의 권리를 획득할 수 있도록 제도적 장치를 마련하였음을 뜻한다. 이는 또 다른 측면에서 1893년 무렵이 되면 부산의 거류민회가 납세를 강화할 정도로 그 이전보다 상당히 안정되었음을 뜻하는 것이기도 하였다.

부산거류민회는 이후 1894년 거류인민총대를 거류만총대居留民總代로

---

29) 釜山府, 「新定居留地編制規則」, 『釜山府史原稿』 第6部 第14卷 第9章 第4節, 464~470쪽.
30) 1888년 실시한 일본의 시제정촌제(市制町村制)에서는 '주민'과 '공민(공민)'을 구분하였다. 시정촌에 거주하는 자는 주민인 반면 공민은 ① 만 25세 이상의 제국신민으로 공민권을 가지며 1호(戶)를 구성하는 남자 ② 2년 이래 정촌(町村)의 주민으로 되어 시정촌(市町村)의 부담을 분담하고 ③ 조세 또는 직접국세연액 2원 이상을 납부한 주민이 공민이 될 수 있었다 (芮鍾德, 앞의 논문, 50쪽 주) 30 참조.

개칭하였다. 1901년에는 총대역소를 재차 거류지역소居留地役所로 변경하고 거류민총대는 거류민장居留民長으로 각각 개칭하였다. 이때 거류지역소의 위치는 일본영사관 아래 서양식 가옥을 건축하여 민장民長 이하 수명의 서기를 두고서 거류민회 의원 25명을 통해 거류지의 재정, 교육, 위생, 토목, 소방, 묘지 등 모든 공공에 관련되는 일체의 사업을 관리하였다.31) 그러다가 1905년 거류지역소를 또다시 거류민역소居留民役所로 그 명칭을 바꾸었다. 여러 차례에 걸쳐 명칭변경을 거듭한 부산의 일본 거류민 자치기구는 1905년 3월 거류민단법의 공포와 1906년 7월 거류민단법시행규칙의 반포에 따라 1906년 통감부 고시 제76호에 의거해서 부산거류민단으로 새롭게 출발하였다.

그 결과 종래까지의 거류민역소는 부산거류민단역소로 바뀌고 거류민장은 부산거류민단장으로 개칭되었다. 그리고 공선公選된 민장은 관선으로 통감이 민장을 임명하였다. 이로써 부산거류민단은 통감부로부터 더욱더 공인되는 외형적 모습을 보여줌과 동시에 또 한편으로는 반관반민半官半民적 성격이 더욱더 강화되는 과정을 밟게 된다. 이 당시 부산거류민단의 범위는 암남반도 서쪽의 계곡으로부터 천마산, 구덕산, 신암산의 분수선에 의해 신계천의 오른쪽 연안 제2지류에 이르고 다른 쪽은 봉오산을 거쳐 흑기黑崎(현 용당, SK뷰 포함)에 이르는 지역을 경계로 하고 동백도冬柏島(일명 아치섬朝島, 현 한국해양대학교 소재의 섬)와 영도를 포함하는 곳으로 정해졌다.

부산거류민단은 총무, 서무, 토목, 징세, 회계, 수도 등의 6계六係로 운영되었다. 업무분장을 보면 총무는 각 계를 종합하고 서무는 교육, 위생, 호적, 병사를 담당, 토목은 공사건축의 설계, 공공건조물의 영선營繕, 징세는 민단세의 부과징수, 회계는 경비의 수지예산 편성, 재산의 관리를, 수도는 특별회계로서 수도의 부설, 급수, 수도요금의 징수 등을 담당하

---

31) 朝鮮實業協會, 『朝鮮之實業』第一虎, 1905, 5쪽.

였다. 그리고 민단장, 조역助役, 수입역收入役, 서기 등의 업무 분장이 있었다. 이와 더불어 자치기구의 법인격法人格,[32] 거류민회의 권한과 의무, 의원의 선거방법, 재정의 운영, 경비의 부과방법 등 일련의 제도 정비를 통해 일본 본국의 시제市制를 모방한 자치단체를 운영하게 된다.[33]

1906년 11월 제정된 부산거류민회회의규칙釜山居留民會議規則을 보면 거류민회의 회의는 의원의 반수 이상이 출석하지 못했을 때는 개회할 수 없었다. 그리고 거류민회 회의에는 모든 거류민들이 방청할 수 있었다. 단 필요한 경우에는 회의의 의결에 따라 방청을 금지할 수 있었다. 회의장에는 좌석순위의 번호가 있어 의원들을 호칭할 때는 성명을 부르지 않고 좌석의 번호를 사용하였다. 의원들이 발언할 때는 기립해서 먼저 자신이 앉은 좌석번호를 말하고 의장의 허락을 얻어서 발언할 수 있었다. 회의 중에는 의원끼리의 잡담이나 흡연 등, 정숙을 해치는 모든 행위는 금지되어 있었다. 그리고 회의 중에 의원이 퇴장할 때는 미리 의장에게 알려야 했다. 의결은 출석의원 과반수로 정했으며 만약 가부가 동일수 일 때는 의장의 결정을 따랐다.

의사결정 방식은 기립 또는 무기명투표 두 종류가 있었는데 의장이 상황을 보고 결정하였다. 거류민회의 회의에서 민장民長과 조역은 지정된 좌석번호 이외의 좌석에 앉았으며 의안에 대한 설명과 의견개진은 의장의 허락을 받아야만 가능했다. 회의장에 참석하는 방청객들 또한 모자나 외투를 착용할 수 없었으며, 우산과 지팡이, 나막신 등을 신을 수 없었다.[34] 거류민회의 회의는 매우 엄숙하면서 권위적 분위기 속에서 진행되었다.

---

32) 법인격은 거류민단의 법인화를 뜻한다. 여기에 대해서는 山中麻衣, 앞의 석사논문, 23~26쪽 참조.
33) 釜山甲寅會, 『日鮮通交史－近代記』, 1916, 113~114쪽.
34) 釜山居留民團役所, 「釜山居留民會議規則」, 『釜山居留民團例規類集』, 1909 참조.

2) 역대 거류민회·거류민단 임원과 의원議員 분석

[표 9] 1873~1914년 일본인 자치기구 임원

성명	출생지	생몰	도항시기	직업	직책	재위연도	경력
豊武七			1873년 이전	무역	用番	1873	鹿兒島의 漂民着釜 漂民에게 기부
					保長	1879.8	
阿比留久治	對馬島		1873년 이전	무역	用番	1873	鹿兒島의 漂民着釜 漂民에게 기부
櫻井覚兵衛			1873년 이전	무역	用番	1873	鹿兒島의 漂民着釜 漂民에게 기부. 1885년 무역상으로 계속 활동
三井善右衛門				무역	用番	1873	왜관거주 상인 중 先頭의 인물
浦瀨佐兵衛				무역	用番	1874	
齋藤治朗作					用番	1874	
櫻井覚兵衛				무역	用番	1874	上同
					保長	1879.8	
稊要助					用番	1874	
竹村善九郎					用番	1874	鹿兒島의 漂民着釜 漂民에게 기부
高木政太郎				무역	用番	1874	鹿兒島의 漂民着釜 漂民에게 기부
野田清三郎					用番	1874	
齋藤萬次郎					用番	1874	
青山繁治朗					保長頭取	1877~1878	
阿比留護助	對馬島 嚴原				用番	1877	對馬島 嚴原 藩士 總代 退任 이후 京城居住
					保長頭取役場의 書記	1879.8	
吉副喜八郎					2代保長頭取代理	1879.9	1873년 草梁倭館語學所 留學生(28歲). 1876년 조선수신사 일본행 때 동행. 1898년 1월 원산거류지회 총대 역임
川淵正幹					3代保長頭取	1879.12~1880.3	1905년 이전 釜山商業會議所 會頭
					總代		

阿比留護助	對馬島 嚴原			4代保長頭取 代理	1880.4~ 1881.1	上 同
				初代 民選 保 長總代	1881.1.20~ 1881.1.28	
				居留人民總 代	1881.1.28~ 1893. 11	
金井俊行	長崎	1850生	1894	總代	1894~1896	1850~1897. 1881년 2월 內海忠勝代理 長崎縣 少 書記官. 1886년 長崎 區長 으로 上下水道事業推進. 1894년 寶水川 上流에 高 遠見山溪谷에 堤堰築造. 伏兵山配水池에 送水함. 櫻川을 覆蓋 下水道로 使 用함.
佐原純一				總代	1896	
太田秀次郎				總代		1900년 2월까지 外務省 警 部로 근무하다 休職상태 에서 부산거류민 總代를 맡음. 1926년 만주 安東取 人所 理事長.
				民長	1899	
石原牛右衛門	丹波船 井郡 (京都)	1847生	1901	民長	1901~1906	岩手縣師範學校校長 (1886.3~1888.3),1890 년~1902년 1회~6회 衆議 員 連任. 1901년 부산거류 지회 초빙으로 民長 歷 任.1909년 純宗으로부터 勳章
栗屋端一				民長	1906	1908년 釜山軌道株式會 社 發起人
島田歸	京都	1851 ~1913	1893	民團長	1909~1913	1889년 국립제일은행 入 社. 1893년 제일은행부산 지점 부임. 1900년 日韓商 船會社發起人 및 사장. 日 本弘道會 釜山支部에서 活動. 1905년 居留民會議 長, 釜山商業會議所議員
大池忠助	長崎	1856生	1875	무역상, 해운업	保長	1879.8	민단장, 부산상업회의소 회두(1916~1918). 제국 의회 代議士, 경남도의원, 번영회장, 1907년 자본금 200만 원의 조선수산수출 주식회사 사장, 각종 회사 은행 중역
					民團長	1913	

* 자료:『駐韓日本公使館記錄』,『朝鮮事務書』24冊(1873년 11월 9일);『航韓必携』9冊; 釜山府,『釜山府史原稿』第6部 第12卷 第5章 第2節; 釜山出版協會, 1926,『釜山大觀』; 釜山日報社, 1934,『新釜山大觀』;釜山甲寅會, 1916, 『日鮮通交史』 및 국사편찬위원회 인물검색; 大曲美太郎, 1936,「釜山港日本居留地に於ける朝鮮語敎育」,『靑丘 學叢』第24號.

1873년~1914년까지 거류민 자치기구의 중요 임원을 보면 초량왜관~ 청일전쟁 직전까지 시기(1기), 청일전쟁에서 러일전쟁까지 시기(2기), 1906년부터 거류민이 폐지되는 1914년까지의 시기(3기)로 각 시기별 차별성을 발견할 수 있다. 1기는 용번의 용어 유래에서 알 수 있듯이 쓰시마 출신 인물들이 용번·보장두취 거류인민총대居留人民總代와 같은 부산거류민 자치의 수장首長을 독차지한 시기로 파악된다. 이는 1881년 1월 실시된 제1회 민선의 보장두취 선거에서 초대 보장두취로 쓰시마 출신의 아비류호조阿比留護助가 선임되어 1893년 11월까지 13년이 넘는 오랜 기간 동안 부산거류민을 대표하는 인물로 보장두취에 있었던 데서 알 수 있다. 그리고 이 시기에는 길부희팔랑吉副喜八郎과 같은 쓰시마 역관譯官 출신자들도 있었다.

길부희팔랑은 1873년 10월 16일 28세의 나이로 동료 역관 9명과 함께 부산항으로 건너와 조선어朝鮮語를 익혔다. 길부희팔랑을 포함한 이들 10 명의 학생들은 1876년 2월 부산항이 개항되고 그해 5월 조선수신사가 일본으로 갈 때 역관으로서 활동하게 된다.35) 길부희팔랑은 부산에 끝까지 머물지 않고 원산으로 이주하여 1898년 1월 거류지회 총대를 역임하게 된다.36)

개항이후 거류민들의 자치조직에서 우위를 보였던 나가사키·쓰시마의 지위는 2기부터 사정이 달라진다. 2기는 주로 행정, 경찰, 교육자와 같은 전문가 출신자들이 거류민 자치기구의 수장을 맡았다. 특히 석원반우위문石原半右衛門과 같은 경우는 일본에서 중의원衆議員을 다섯 번이나 역임할 정도로 영향력이 있는 인물이었다. 그는 부산거류민회의 요청에 의해 민단장을 맡고 있었다. 3기는 전문 경제인들이 거류민단 자치기구

---

35) 大曲美太郎, 「釜山港日本居留地に於ける朝鮮語教育」, 『靑丘學叢』 24, 1936, 148~153쪽.
36) 개항장 부산에서 활동하던 재부산일본인(在釜山日本人)들과 조선상인들의 인천, 목포 진출에 대해서는 오미일, 「開港(場)과 移住商人: 開港場都市 로컬리티의 형성과 기원」, 『한국근현대사연구』 47, 2008, 참조.

의 대표를 맡는 변화과정들을 볼 수 있다.

1879년부터 1904년 러일전쟁 직전까지 부산거류민 자치기구의 의원으로 활동한 인물들37) 중 출신지 파악이 가능한 인물들의 현황을 보면, 부산거류일본인의 인구동향을 보여주는 본고 [표 6]과 같이 나가사키현 출신자들이 가장 많았다.

그런데 이들 20명 중 쓰시마(14명), 잇키(3명) 출신들 또한 다수를 차지하고 있었다. 그 다음에 야마구치현 9명, 오사카 2명, 후쿠오카현 2명, 쿄토京都 1명, 미야자키현宮崎縣 1명 등의 순위로 파악된다. 한편 거류민회 의원들이 종사한 업종을 보면 쓰시마 출신들은 대개 미산가일梶山嘉一(1882년 8월~1887년 9월)의 경우처럼 미곡을 반출하려다가 1890년 방곡령 때문에 금지를 당한 사례에서 볼 수 있듯이, 미곡과 옥양목을 중요 품목으로 무역상 또는 중매상으로 활동하고 있었다. 야마구치현 출신들 역시 쓰시마·나가사키현 출신과 업종이 유사하였다. 그러나 상대적으로 쓰시마·나가사키현보다는 양조업, 잡화상, 방물점 등 업종의 다양성을 보였다. 오사카와 도쿄東京 출신자들은 무역에 한정되지 않고 제일국립은행 부산지점(십능상칠十菱常七, 1879년 9월~1880년 3월) 또는 오사카58은행(大阪58銀行) 부산지점장(북촌경계北村敬介, 1904년 8월~1906년 3월) 등과 같이 금융계통 지점의 파견원으로 부산에서 활동하는 인물들이 거류민회의원으로 활동하였다. 그렇다면 러일전쟁 이후 부산거류민단의원들의 모습은 어떠했을까? 1911년 2월 당선된 임기 2년의 부산거류민단 24명의 의원들을 분석하면 다음과 같다.

---

37) 1879년부터 1914년까지 거류민 자치기구의 의원 또는 수장을 역임한 249명의 명단(釜山甲寅會, 『日鮮通交史』, 1916)이 남아 있다. 이들 중 1879~1904년 기간 내에 의원을 역임한 인물은 200여 명이 된다. 이들 200여 명 중 현재 필자가 신원을 파악한 인물은 112명 정도이다. 이들 112명 중 출신지가 파악되는 인물은 현재 42명 정도이다.

[표 10] 1911년 2월 당선된 부산거류민단의원

이름	출신지	생년	도항시기	도항연령	직업	부협의원	상업회의소	학교조합	비고/기타 경력사항
迫間房太郎	和歌山	1860	1880	20	대지주	O	O		1884년 1월~1914년 3월 거류민단의원 역임. 약관으로 오사카의 오백정상점[五百井商店]에 입사하여 1880년 5월 이오이(五百井)상점 부산지점장으로 파견됨. 1904년 이오이(五百井)상점 부산지점이 폐쇄되자 독립해서 무역업과 토지가옥 경영을 시작함, 러일전쟁 때에 재산을 축적하여 1935년 현재 자산이 5천만 원을 넘는 조선재계의 중진으로 부산토지주식회사(釜山土地株式會社代表) 대표를 비롯해 각종 회사는 물론이고 경남도회의원, 도회의원, 각종 은행 회사 중역으로 활동
五島甚吉	山口	1861	1880	20	무역상 (곡물)	0	0		1896년 부산거류지민회의원, 1912년 부산상업회의소회두, 1921년~1935년 合名會社釜山精米所대표 및 대주주, 1921년~1927년 오도[五島]합명회사대표
山本純一	山口	1863	1887	23	양조업, ,포목업	0	0		부친 山本文藏는 1884년 부산으로 진출. 간장과 된장 양조업을 시작해서 이후 포목점까지 운영. 1925년 3월 사망
阪田文吉	福岡	1876	1905	29	무역상	0	0	0	1903년 10월 동경고등사범학교[東京高等師範學校] 이과 졸업, 1905년 가업을 이어 수출무역에 종사, 1906년 부산창고회사 취체역 역임, 도회의원, 부회부의장, 부산수산취체역, 부산곡물상조합장,
伊藤甚三郎							0		1898년 9월~1904년 7월 거류민단역소의원.1911년 부산상업회의소 상의원
香椎源太郎	福岡	1867	1906	38	수산업	0	0		보통중학을 다닌 후 쿠로다한(黑田藩) 주자학파(朱子學派)의 대가인 스기야마 칸엔(杉山觀園) 문하에서 한학을 배웠으며 가쯔 가이슈(勝海舟) 문하에서로 7년간 수학함, 부산상업회의소회두(1920~1935), 부산수산사장, 조선가스전기사장, 각종 회사 은행 사장 또는 중역, 조선의 수산왕으로 불릴 정도로 수산업에서 두각을 나타냄
和田野茂光	山口	1869	1897	29	의사				야마구치에서 보통학교를 수료, 19세에 의학에 뜻을 두고 복강의학교[福岡醫學校] 입학, 1888년 학제개혁의 결과로 동경제생학사[東京濟生學舍]로 옮김, 1891년 동경제생학사 졸업, 1892년 내무성 의술개업면장[免狀]을 받음, 동경 산용당병원에 들어가 실지를 연구, 1893년 복강병원 의원을 명받고 재근 중 동 병원 내과부장에 추천됨, 1897년 부산공공병원으로 전직, 병원장 하천동재[賀川東齋], 그 후임 평송[平松] 의학사를 보좌, 1899년 공립병원을 사직하고 남빈에서 화전야의원[和田野醫院] 개업, 1907년 화전야의원[和田野醫院](부산 행정 1정목 21. 내외과, 소아과) 대표
大池忠助	長崎	1867	1905	38	무역상, 해운업	0	0		민단장, 부산상업회의소회두(1916~1918), 제국의회 대의사, 경남도의원, 번영회장, 1907년 자본금 200만 원의 조선수산수출

이름	출신지	생년	도항시기	도항연령	직업	부협의원	상업회의소	학교조합	비고/기타 경력사항
									주식회사 사장, 각종 회사은행 중역
岩橋一郎	福岡				통관 운송업	0			자본금 10만원의 釜山運送事業合同(株) 중역, 자본금 50만원의 朝鮮運輸計算(株) 이사, 부산곡물수이출동업조합장(1926)
安武千代吉	熊本	1866	1906	69	변호사	0		0	1903년~1905년 熊本縣會議員 2회 당선. 熊本 변호사회 평의원, 변호사회장 역임
福田增兵衛	對馬島 嚴原		1871		무역업, 주조업		0		부산변영회 회원(1907년 4월 8일), 상업회의소 의원. 대청산을 개척해 큰 별장을 건설, 후쿠다양조장(福田釀造場) 경영, 1901년 설립한 釜山土木(合資) 중역, 朝鮮時報 株式會社 설립신청자
小宮萬治郎									1903년 4월~1913년 1월 거류민단 의원
萩野彌左衛門					무역상, 회조업	0	0		1879년 9월~1914년 3월 거류민단의원, 부산변영회회원명부(1908) 萩野商店 경영. 무역상 및 회조업(洋紙, 맥주, 우유, 외래품 직수입), 대판상선주식회사 부산지점 부산상선조[釜山商船組](변천정 1정목 6) 조장. 부산민단역소의원, 부산변영회간사, 1912년 부산상업회의소상의원, 부산부협의원
岡楳三郎	愛媛縣 宇摩郡	1878	1905		변호사	0		0	1904년 7월 경도법정대학[京都法政大學] 본과 졸업, 1905년 8월 조선으로 건너옴, 1908년 4월 부산에서 변호사업, 1910년 2월 부산거류민단 의원, 1911년 1911년 2월~1914년 3월 거류민단의원, 1914년~1917년 5월 부산학교조합 의원, 1915년 4월 부산학교조합 조합비 호별할 조사위원(서정, 대청정, 행정 지역 담당), 1916년 부산갑인회 회원, 1917년 6월~1920년 5월 부산학교조합 의원
竹下佳隆	長崎	1860	1885		농림업				1911년 2월~1913년 1월 거류민단의원, 1907년 3월 부산변영회 입회, 1917년 주식회사 부산상업은행 취체역, 1914~1917년 경상남도지방 토지조사위원회, 임시위원, 1921~1923년 부산수산주식회사 감사 및 대주주 등을 역임.부산부협의원이면서 경남도회의원을 역임한 竹下隆平의 父親. 竹下隆平은 어려서 부친을 따라서 조선으로 건너옴. 1908년 7월 동경농업대학[東京農業大學] 졸업 후 농림업을 경영함, 보수정 총대 등을 역임함,
三輪保吾	岡山	1866							1910년 부산민단역소 의원
河內山品之助	山口	1875				0		0	1916년~1919년 부산부협의회원
田端正平	和歌山	1859	1898		관리, 상품진열관장		0		도쿄(東京)에서 수학하고 외무성 취직, 1898년 서기생으로 부산영사관 근무, 1901년 부산상업회의소 이사장 역임. 1907년 현재 복호회 부장[伏虎會副長]. 명태어창고회홍사(明太魚倉庫會興社) 총무. 한국농사조합 조장. 일본인지주회장. 해원액제회[海員扼濟會] 평의원, 부산일본인상업회의소 부속 상품진열관 설립. 상품진열관관장 역임, 대구일본인회장 등 역임,부산상업회의소평의원(1932)

이름	출신지	생년	도항 시기	도항 연령	직업	부협 의원	상업 회의소	학교 조합	비고/기타 경력사항
岩鶴金之助									1908년 10월~1913년 1월 민단의원
堤貞之	福岡	1867	1905	38	교육가, 酒類·飮料水販賣業		0	0	1883년 7월까지 명선중학교[明善中學校]에서 수학, 1887년 복강심상사범[福岡尋常師範] 졸업, 1887년 구류미심상고등소학교[久留米尋常高等小學校] 훈도[訓導], 1896년 구류미시립상업학교 창립사무에 종사. 5월 동교 교유[敎諭], 1901년 교직에서 은퇴 후 실업계에 뛰어들어, 적송병합자회사[赤松餠合資會社] 지배인, 또는 구류미직물조합[久留米織物組合] 부조장 등을 겸무, 1905년 러일전쟁 시 福岡縣 청주판매 확장을 위해 도선[渡鮮]. 남빈정에서 청주, 음료수 판매업 경영, 1910년 3월 부산거류민단의원 당선, 1912년 재선, 1914년 3월 부산상업회의소 평의원 당선, 1915년 4월 부산상업회의소 특별평의원에 추거됨, 1915년 5월 1일 부산학교조합 의원 보결선거에 입후보하여 당선, 1916년 6월 부산상업회의소 상의원, 1917년 인삼주 제조 개시, 1918년 4월 부산상업회의소 상의원, 1920년~1921년 부산상업회의소 평의원, 1922년 4월 부산상업회의소 상의원, 1924년~1931년 부산상업회의소 평의원, 1935년 현재 부동산 매매금전대차주선업, 인삼주 제조업 경영
小澤宇三郎							0		1911년 2월~1913년 1월 거류민단의원, 1912년 부산상업회의소 평의원
磯村武經	金澤市	1861	1892	32	巡使, 목장경영		0		1892(1882년) 외무성순사로 조선에 들어옴, 1902년 부평정 4정목에서 목장 시작, 1908년 우유착취업[牛乳搾取業] 경영, 부산번영회 회원, 1910년 곡정 1정목으로 이동하여 30여 년간 우유판매에 종사, 1911년 민단의원(2회), 부산상업회의소의원, 1917년 부산상업회의소평의원, 1935년 磯村牧場運營, 우유생산판매업, 가월능향우회[加越能郷友會] 간사장
迫間保太郎									오이케 쥬스케(大池忠助), 고지마 진키치(五島甚吉), 사카다 분키치(坂田文吉), 토요다 후쿠타로(豊田福太郎), 하시모토 야사부로(橋本彌三郎)등과 부산미곡취인소 발기(1906?), 1913년 부산공동창고 주주, 부산수산 주주, 조선방직 주주, 1922년 사천군 경지소유 소작료착취로 소작쟁의 발생, 1933년 빈민구제구제 기부
岩崎新平	山口	1863			중매상, 무역상		0		1906년 10월~1914년 3월 거류민단의원. 보통학교를 마치고 상계[商界]에 들어감. 부산으로 와 중매상. 무역상이 됨. 부산기선주식회사 취체역. 곡물 및 해산물상. 부산상업회의소의원. 1921년~1933년 조선해조[朝鮮海藻]주식회사 대주주

* 자료: 釜山出版協會, 1926, 『釜山大觀』; 釜山日報社, 1934, 『新釜山大觀』; 釜山甲寅會, 1916, 『日鮮通交史』; 김승, 2011, 「1920~1930년대 재부(在釜) 일본경제인의 실태와 교역권의 특성」, 『해항도시문화교섭학』 4, 한국해양대학교 국제해양문제연구소, [부표 1] 참조; 홍순권 편, 2006, 『일제시기 재부산일본인사회 주요인물 조사보고』, 선인; 국사편찬위원회 인물검색 취합.

먼저 거류민단의원 24명 중 출생연도가 파악되는 16명을 보면 평균 출생연도가 1860년대 중반 무렵의 인물들이 다수를 차지하였다. 따라서 이들은 1911년 당시 평균 연령은 40대 중반의 연령층들이었다. 그리고 도항시기는 1880년대 일찍 건너왔거나 그렇지 않으면 러일전쟁 직후에 건너온 사람들이 다수였다. 상대적으로 청일전쟁을 기점으로 건너온 사람은 그렇게 많지 않았음을 볼 수 있다. 그 중에서도 야마구치현와 나가사키현長崎縣 출신자들은 일찍 부산으로 건너온 반면에 후쿠오카현 출신자들은 대개 러일전쟁 이후 도항하는 경향을 보였다. 출신지별로 보면 야마구치현 5명, 후쿠오카현 4명, 나가사키현 3명 순으로 파악된다. 이는 위의 [표 6]에서 나타난 거류민들의 출신지별 강세 지역과 대체적으로 일치한다. 이 중에서도 1905년 이후 후쿠오카현 출신자들이 크게 증가한 모습([표 6] 참조)이 1911년 거류민단 선거에서도 반영되고 있었다.

결국 부산거류 사회에 후발로 이주한 후쿠오카현 사람들이 기존의 나가사키현과 야마구치현 사람들의 틈 사이를 비집고 빠른 시기에 부산의 여론주도층으로 성장하였음을 알 수 있다.38) 이처럼 짧은 기간에 거류민의 상류 여론주도층에 후쿠오카현 출신자들이 진입할 수 있었던 요인 중에는 고등학력(판전문길阪田文吉, 향추원태랑香椎源太郎, 제정지堤貞之) 또한 중요한 요인으로 작용한 것으로 보인다.39) 이후 후쿠오카현 출신자들

---

38) 서울의 거류민회의원들을 보면 1880~1900년까지는 나가사키현 출신자들이 다수를 차지하였다. 그러나 1900년부터 변화를 보이기 시작하다가 1905년을 기점으로 나가사키현의 출신자들은 약화되고 그 대신 후쿠오카현과 사가현 출신자들이 대거 포진하는 양상을 보였다(山中麻衣, 앞의 논문, 〈부표 3〉 참조). 그런데 山中麻衣는 정작 자신의 논문 〈부표 3〉에서 나타난 결과와 다르게 서울의 거류민회의 의원들은 후기로 갈수록 '구마모토현과 사가현' 출신자들이 약진한 것처럼 기술하고 있다(山中麻衣, 앞의 논문, 8~9쪽). 필자가 보았을 때 사가현의 약진은 맞지만 구마모토현은 아닌 듯하다. 사가현 못지않게 후기로 갈수록 후쿠오카현의 진출이 더욱 두드러진다. 뭔가 분석에서 착오가 있은 듯하다. 참고로 서울지역 거류민회의 직업을 보면 서울이 개항장의 거류지가 아니고 내륙의 일본인잡거지(日本人雜居地)였던 만큼 무역상보다는 잡화상 계통의 업종이 주류를 형성하고 있었다.

39) 일제강점기 부산지역사회의 대표적 여론주도층이라고 할 수 있는 부산부협의회의원(釜山府協議會議員) 68명(1914~1934년)의 출신지별 분석과 도항시기를 보더라도 후쿠오카현 출신자들은 대개 러일전쟁을 기점으로 도항해 왔으며 부산부협의회의원에서도 가장 많은 의원을 배출하고 있었다. 참고로 부산부협의회의원 68명의 출신지별 현황을 보면 후쿠오카현

은 일제강점기 기간 동안 야마구치현 출신자들과 함께 계속해서 부산지역사회의 여론주도층으로서 그 지위를 유지하고 있었다. 여기에 비해 전체 인구구성상 상위에 속했던 나가사키현 출신자들은 시간이 지날수록 부산지역에서 영향력이 약화되는 모습을 보였다. 이런 양상은 1913년 봄에 있었던 거류민단 최후의 선거에서도 그대로 나타났다. 즉 거류민단 최후의 선거에서 기존의 24명 중 13명만이 재선되고 나머지 10명은 재선되지 못했다. 그 대신 새로운 거류민단의원 9명이 선임되면서 최후의 거류민단의원은 22명이 뽑혔다. 외형상 선거의 결과만을 놓고 본다면 1910년대 전반기 거류민사회가 매우 역동적이었던 것처럼 보일 수 있다. 그러나 그 속내를 보면 의원들의 이런 교체에도 불구하고 여전히 야마구치현와 후쿠오카현 출신자들이 우위를 차지하고 있었다는 점이다. 이런 지역적 특성 외에 [표 10]을 통해서 확인할 수 있는 것은 거류민단이 해체된 뒤에도 거류민단의원의 다수가 부산부협의회와 학교조합 등에서 활동을 하였다는 사실이다. 이런 점에서 거류민단은 개항이후 1910년 병탄에 이르는 시기까지 단순히 거류민들 자신의 자치단체적 성격에 머물렀던 것이 아니다. 거류민단은 거류지·잡거지 지역에서 '풀뿌리 식민지'를 구축하는 근간이 되었음을 확인시켜 준다.

4. 거류민회·거류민단의 세입세출과 주요사업

1) 거류민회·거류민단의 세입세출 현황

8명, 야마구치현(山口縣) 8명, 오가야마현(岡山縣) 6명, 나가사키현(長崎縣) 3명 순으로 파악된다. 이들의 도항유형은 대개 ① 본사 파견 점원형, ② 자본투자형, ③ 전쟁관련 군납형, ④ 적수공권(赤手空拳)형, ⑤ 회사 및 상점의 전문경영형 등으로 유형화 할 수 있다. 부산부협의회의원 68명의 도항시기와 출신지별 분석에 대해서 김승, 「1920~1930년대 재부(在釜) 일본경제인의 실태와 교역권의 특성」, 『해항도시문화교섭학』 4, 한국해양대학교 국제해양문제연구소, 2011, 〈부표 1〉 및 41~46쪽 참조.

[표 11] 1900년~1905년 부산의 거류민회 경상세입

과목	1900	비율	1901	비율	1902	비율	1903	비율	1904	비율	1905	비율
지과금 (地課金)	8,552	31.5	8,980	26.0	8,312	20.5	9,008	18.6	9,011	18.4		
가옥과금 (家屋課金)	–	–	–	–	–	–	–	–	1,255	2.6		
영업과금	5,030	18.5	7,225	20.9	7,597	18.8	7,875	16.3	10,264	21.0		
선거과금 (船車課金)	1,184	4.4	862	2.5	1,385	3.4	1,301	2.7	2,179	4.5		
선박위생비	352	1.3	1,014	3.0	375	0.9	375	0.8	–	–		
관외지소 공증 수수료	–	–	102	0.3	–	–	55	0.1	142	0.3		
소학교 수업료	2,307	8.5	2,220	6.4	2,195	5.4	2,593	5.4	3,431	7.1		
병원 수입	3,162	11.6	7,470	21.6	9,640	23.8	11,689	24.2	11,465	23.4		
통선(通船) 영업 특별과금	–	–	300	0.9	300	0.7	300	0.6	–	–		
증명수수료	1,876	6.9	60	0.2	107	0.3	109	0.2	–	–		
감찰료	82	0.3	–	–	273	0.7	262	0.5	–	–		
어시장과금	–	–	240	0.7	240	0.6	240	0.5	360	0.7		
잡종과금	4,257	15.7	5,936	17.1	9,153	22.6	14,211	29.4	10,469	21.4		
잡수입	371	1.4	203	0.6	392	1.0	370	0.8	352	0.7		
1905년도분 재산에서 생기는 수입											675	0.6
수수료											223	0.2
잡수입											1,532	1.4
학교수입											4,819	4.4
병원수입											12,016	11.0
거류지과금											74,676	68.5
수도수입											9,139	8.4
계	27,176	100	34,615		40,500	100	48,388	100	48,928	100	109,080	100

* 자료: 연도에 변경이 있음. 1905년도를 분기한 것은 일정한 항목으로 병기할 수 없기 때문. 1904년과 1905년은 예산을 나타낸 것이고 다른 연도는 결산액이다. 원(圓) 이하 생략(相澤仁助, 1905,『韓國二大港實勢』, 日韓昌文社, 62쪽.

1900~1905년 사이 부산의 거류민회 세입현황을 보면, 7,439원(1901~1900년), 5,885원(1902~1901년), 7,888원(1903~1902년), 540원(1904~1903년), 60,152원(1905~1904년)으로 세입이 증가하고 있었다. 특히 1905년도의 예산은 전년보다 6만 원이 많은 세입예산을 책정하고 있었다. 1905년도에 이렇게 많은 세입을 예상한 것은 뒤에서 보게되는 [표 14] 중 1905년도의 주요 사업이었던 부산심상소학교 재건축, 콜레라환자를 위한 피병원避病院개축, 대청산과 복병산 산록 배수공사, 소방시설 완성 등을 위한 공사비용과 밀접한 관련이 있었을 것이다.

1900~1905년 사이 부산의 거류민회 주요 세입을 보면 시기별로 차이는 있었지만 지과금, 영업과금, 병원수입, 잡종과금 등이 높은 비중을 차지하였다. 이들 중 1901년과 1902년에는 지과금과 영업과금이 경상세입에서 비중이 높았다. 그러나 1904년이 되면 이들 두 항목이 세입에서 차지하는 비율은 낮아지고 반면에 병원수입과 잡종과금의 비중이 높아지는 추세를 나타냈다. 각 세목의 내용을 보면 지과금은 지권대장地券臺帳의 기명자에게 부과한 것이고 영업과금은 상업과 공업의 두 종류로 각각 1등급(연액 300원 이내)에서 15등급(연액 3원 60전 이내)으로 나뉘어져 있었다.

그리고 상업의 범주에 속했던 양조업은 별도로 1등급(300원 이내)에서 5등급(60원 이내)에 따라 영업과금이 부과되었다. 그리고 잡종과금에는 요릿집(1등 연액 156원 이내~7등 36원 이내), 음식점(장어집, 식초요리, 소바집, 만두집, 고기요릿집, 조림요릿집, 국물요릿집 등, 1등 72원 이내~7등 9원 60전 이내), 목욕탕(1등 60원 이내~5등 18원 이내), 여성 미용을 포함한 이용理容(1등 60원 이내~7등 12원 이내), 상설연예장(인형극, 제문, 만담, 연극 등의 흥행 좌석, 1등 120원 이내~80원 이내), 유흥장(당구, 활, 1등 84원 이내~3등 36원 이내) 등이 해당되었다. 그리고 이들 각 항목에 대한 과액課額은 매년 부산거류지회에서 결정하였다.40)

----

40) 相澤仁助, 앞의 책, 72~77쪽.

1900~1905년 사이 부산거류민회의 세입 중에서 주목할 사항은 병원으로부터 거두는 수입이 있었다는 점이다. 여기서 말하는 병원은 한국 최초의 근대식 병원이었던 제생병원濟生病院(1877.2~1885.10)의 후신인 공립병원公立病院(1893.9~1906.12)을 뜻한다. 제생병원은 지석영池錫永이 개항장 부산에서 종두법을 배웠던 바로 그 병원이다. 제생병원은 1885년 10월 명칭을 공립병원共立病院으로 변경한 뒤 1893년 9월 공립병원公立病院으로 개칭하였다. 이후 1906년 12월부터 부산민단립병원釜山民團立病院으로 명칭을 변경하였다가 1914년 부제府制가 실시되면서 부산부립병원釜山府立病院으로 재차 그 명칭이 바뀌어 해방이 될 때까지 운영되었다. 원래 제생병원은 일본외무성으로부터 매년 5천 원의 운영비를 지원받았다. 그런데 병원의 운영 주체가 1885년 4월 일본육군성에서 일본거류민회로 이관되면서 운영 경비 또한 영사관의 일정보조금과 거류민회에서 지원하는 경비로서 운영되었기 시작하였다. 이 때문에 병원의 명칭 또한 1885년 10월 공립병원으로 바뀌게 되었다.[41] 위의 [표 11]를 보면 매년 부산거류민회의 경상세입 중 공립병원으로부터 들어오는 세입은 11.6~24.2%를 차지하였다. 1907년 당시 전국에는 10개(경성, 인천, 부산, 평양, 진남포, 군산, 목포, 마산, 원산, 대구)의 일본인 거류민단이 있었다. 그 중에서 거류민단 경상세입經常歲入 중 병원 경영을 통해 일정 정도 안정적인 재원을 마련할 수 있었던 곳은 부산거류민단과 원산거류민단 두 곳 뿐이었다.[42]

원산거류민단에서 운영한 병원은 1880년 5월 원산개항과 더불어 일본외무성에서 원산의 일본거류민과 한국인들을 회유할 목적에서 개설한 임시병원이었던 생생生生병원에서 시작된다. 생생병원에는 하루

---

41) 제생병원에 대해서는 김승, 「한국 근대의학 병원의 효시에 대한 연구」, 『부산대학교 의과대학 50년사』Ⅰ, 2005; 金貞蘭, 「開港期におけろ釜山の近代醫療施設: 濟生病院を中心として」, 『社會學雜誌』第二五號, 神戶大學社會學研究所, 2008; 서용태, 「1877년 釜山 濟生病院의 설립과 그 의의」, 『지역과 역사』 28, 2011 참조.

42) 1907년 원산거류민단의 전체 경상세입(經常歲入) 59,972원 중 병원수입은 6,301원으로 총 경상세입 중 10.5%를 차지하고 있었다(統監府, 『第一次統監府統計年報』, 1907, 237~238쪽).

40~50명이 찾을 정도로 문전성시를 이루었다. 생생병원은 부산의 제생병원과 마찬가지로 처음에는 해군성 관할이었지만 1884년 육군성 관할로 이관되었다. 이후 생생병원은 1885년 5월 부산과 마찬가지로 병원의 경영권이 원산거류민회에 불하되면서 공립병원共立病院으로 개칭되었다. 이후 병원의 명칭이 재차 공립병원公立病院으로 변경되었다.

그런데 1906년 당시 원산거류민단의 경상세입은 36,932원이었다. 이 금액 가운데 공립병원에서 제공되는 세입은 6,000원이었다.[43] 이 금액은 원산거류민단의 총 경상세입 중 16.2%를 차지하였다. 따라서 부산과 원산의 경우 시기별 차이는 있었지만 거류민단이 운영하는 병원으로부터 들어오는 세입이 고정적이면서도 안정적인 세입원이었음을 짐작할 수 있다. 다음으로 1900~1905년 사이 부산거류민회의 경상세출을 보면 아래와 같다.

[표 12] 1900~1905년 부산거류민회 경상세출

과목	1900	비율	1901	비율	1902	비율	1903	비율	1904	비율	1905	비율
사무소비	5,769	21.3	6,508	21.4	7,818	23.0	9,590	24.2	9,007	18.2	15,195	18.9
회의비	328	1.2	681	2.2	649	2.0	847	2.1	200	0.4	400	0.5
토목비	602	2.2	801	2.6	821	2.4	947	2.4	5,152	10.4	19,350	24.1
교육비	6,116	22.6	7,557	24.8	8,744	25.8	10,158	25.7	14,495	29.3	15,464	19.3
병원비	-	-	-	-	-	-	-	-	12,521	25.3	14,298	17.8
위생비	8,221	30.4	9,206	30.2	11,092	32.7	13,221	33.3	-	-	2,449	3.1
피(避)병원비	-	-	-	-	-	-	-	-	404	0.8	-	-
수도비	807	3.0	592	1.9	-	-	-	-	-	-	3,357	4.2
경비비	525	2.0	467	1.5	1,447	4.3	887	2.2	1,387	2.8	1,388	1.7
전염병 예방비	-	-	-	-	-	-	-	-	459	0.9	-	-

---

43) 高尾新右衛門, 『元山發展史』, 1905, 26쪽, 401쪽, 412쪽; 金斗鍾, 『韓國醫學史』, 탐구당, 1981, 472~473쪽.

항목												
신사비	223	0.8	309	1.0	466	1.4	476	1.2	496	1.0	544	0.7
공원비	46	0.2	9	0.02	5	0.01	–	–	–	–	–	–
묘지비	34	0.1	–	–	–	–	–	–	–	–	–	–
보시비 (報時費)	36	0.1	37	0.1	36	0.1	36	0.09	–	–	–	–
직원위로비	887	3.3	450	1.5	500	1.5	600	1.5	500	1.0	1,000	1.2
여비	559	2.1	570	1.9	1,137	3.6	1,270	3.2	300	0.6	–	–
접대비	535	2.0	894	3.0	489	1.4	199	0.5	500	1.0	500	0.6
구조비 (救助費)	–	–	111	0.4	32	0.1	52	0.1	100	0.2	300	0.4
잡지출	48	0.2	118	0.4	125	0.4	25	0.06	306	0.6	53	0.06
부수정 (富手町)부근 토공비 (土工費)	–	–	–	–	–	–	428	1.0	–	–	–	–
예비비	1,280	4.7	2,331	7.6	521	1.5	857	2.1	2,500	5.0	4,000	5.0
저수지부근 토지구입비	–	–	–	–	–	–	–	–	800	1.6	–	–
추가예산 초량분교비	–	–	–	–	–	–	–	–	419	0.8	–	–
1905년도 여비 보조비	–	–	–	–	–	–	–	–	–	–	240	0.3
1905년도 부수정(富手町)부근 토공비(土工費) 상환금	–	–	–	–	–	–	–	–	–	–	19,135	23.8
	27,022	100	30,448	100	33,882	100	39,592	100	49,546	100	80,257	100

* 자료: 相澤仁助, 1905, 『韓國二大港實勢』, 日韓昌文社, 63~64쪽.

1900~1905년 부산거류민단 세출 항목 중 높은 비중을 차지한 것은 사무소비, 교육비, 위생비 등이었다. 이들 세 가지 항목들은 다른 지역 거류민단의 세출에서도 역시 높은 비중을 점하고 있었다. 1909년 전국 각 거류민단의 경상세출 현황을 보면 다음과 같다.

[표 13] 1909년 전국 12개 거류민단의 경상세출 중요 항목

과목	경성	인천	부산	평양	진남포	군산	목포	원산	마산	대구	용산	신의주
사무	40,428	23,862	31,864	13,913	7,631	8,180	5,146	11,794	7,511	6,910	14,264	5,168
비율	23.8	29.9	23.7	37.6	46.4	29.5	29.9	33.6	32.0	34.4	26.8	45.1
교육	80,576	28,199	52,559	12,965	5,701	7,827	6,179	11,917	7,150	7,363	16,951	3,591
비율	47.5	35.3	39.1	35.1	34.6	28.2	35.9	33.9	30.5	36.6	31.8	31.3
위생	23,773	11,100	26,207	2,254	1,041	4,512	3,371	5,478	1,911	1,511	6,312	947
비율	14.0	13.9	19.4	6.10	6.33	16.3	19.6	15.6	8.1	7.5	11.8	8.2
전체	169,562	79,776	134,414	36,908	16,444	27,671	17,193	35,070	23,405	20,065	53,180	11,446
비율	100	100	100	100	100	100	100	100	100	100	100	100

* 자료: 統監府, 1909, 『第二次 統監府統計年報』, 571쪽~572쪽.

[표 13]은 1909년 경상세출만을 대상으로 중요 지출항목이었던 사무비, 교육비, 위생비 등을 비교한 것이다. 1909년 부산거류민단의 교육비 지출 중에서 경상세출로 지출된 교육비는 52,559원이고 임시세출로 지출된 교육비는 45,459원이었다. 따라서 둘을 합친 1909년 부산거류민단의 교육비 총세출은 98,018원이었다. 이 금액은 1909년 부산거류민단 총세출(경상세출+임시세출) 292,079원 중에서 33.5%를 차지하는 비용이었다.44) 물론 경상세출에 임시세출를 합쳐 총세출액을 갖고서 사무비, 교육비, 위생비 등의 지출항목들을 비교한다면 [표 13]과 약간 다른 통계 수치가 나올 것이다. 그러나 [표 13]과 같이 경상세출만을 놓고서 사무비, 교육비, 위생비 등을 비교하더라도 각 거류민단의 전체 지출 중에서 이들 세 항목이 차지하는 비중이 높았음을 짐작할 수 있다.

한반도에 일본거류민들이 증가함에 따라 자연히 거류민들의 자녀교

---

44) 統監府, 『第二次 統監府統計年報』, 1909, 571~572쪽.

육은 거류지사회에서 중요한 문제로 대두하였다. 특히 부산은 한국 최초의 개항장이었던 만큼 부산거류민들은 일찍부터 거류민들의 자제들을 위한 교육기관 건립에 착수하였다.45) 그 결과 부산에는 다수의 근대식 학교들이 건립되었는데, 그 결과 부산거류민단의 교육비 지출은 [표 13]에서 알 수 있듯이 경성(27.12%) 다음으로 가장 많은 비율(21.5%)의 경비를 지출하고 있었다. 그 다음으로 교육비보다는 비중이 낮았지만 위생비 또한 일정 정도의 경비지출이 있었다. 서울인 경성을 제외하고는 일본과 교역이 활발한 부산, 목포, 원산, 인천 등의 항구도시에서 위생비 세출이 비교적 높게 나타났다. 이는 선박을 통한 각 항구도시에서 콜레라46) 예방에 따른 경비지출로 보여진다.

그렇다면 부산거류민단의 전체 세입세출총액은 다른 거류민단의 세입세출총액과 비교했을 때 어떠했을까? 1907년부터 거류민단이 해체되는 1914년까지 전국의 거류민단 전체 세입세출예산총액과 부산거류민단의 세입세출예산총액을 비교하면 부산거류민단의 세입예산총액은 전국대비 평균 49.1%를, 세출예산총액은 전국대비 평균 46.8%를 각각 차지할 정도로 부산거류민단의 세입세출 예산은 매우 컸다. 물론 여기에는 1907년부터 1911년 사이 부산거류민단에 주어진 특별회계 때문에 이렇게 높은 수치가 나왔다.47) 하지만 거액의 특별회계가 부산거류민단에 주어진 그 자체가 다른 거류민단과는 비교되지 않을 정도로 부산거류민단이 전체 거류민단 중에서 차지하는 지위가 중요했음을 뜻한다.

----

45) 개항직후 통감부시기까지의 부산지역 일본인 학교에 대한 현황은 이송희, 「일제하 부산지역 일본인사회의 교육 (1): 일본인 학교 설립을 중심으로」, 『한일관계사학회』 23, 2005, 207~228쪽 참조.

46) 개항이후 일제강점기 전염병과 위생에 대해서는 신동원, 『호열자, 조선을 습격하다』, 역사비평사, 2004 참조.

47) 김대래·김호범, 「부산일본거류민단 재정 연구(1907~1914): 부산부재정의 성립과 관련하여」, 『지방정부연구』 10-2, 2006, 188쪽 [표 4]에 수록된 1907년부터 거류민단이 해체되는 1914년까지의 세입세출 금액을 필자가 평균화 했을 때 비율이다. 부산거류민단의 재정과 관련해서는 김대래·김호범, 앞의 논문에서 많은 도움을 받았다.

2) 거류민회·거류민단의 주요사업

[표 14] 1905~1910년 부산거류민단의 주요사업

번호	항목	완공연도	금액	비고
1	피(避)병원개축	1905	7,233	재래의 동(同) 병원이 협애하고 불완전하여 증개축을 통해 전체 정비
2	대청산·복병산 산록 배수공사	1905	8,196	배수시설이 매우 불완전해서 1일 강우에도 범람하여 가택을 침수시킴으로 정비
3	부산심상소학교 건축	1905	33,938	1903년 38,960원을 투자하여 신축한 교사가 1904년 12월 화재로 소실함으로 본교를 신축
4	소방시설완성	1905	6,669	증기펌프 2대를 구입하여 설치장소를 건립하고 1908년에 완용(腕用)펌프 2대를 증설, 소방수의 훈련을 거쳐 예상못한 화재에 대비
5	초량심상소학교 증축	1906	2,801	1905년 4월 경부철도회사에서 제공한 동(同) 교사가 협애하게 되어 교실 2개를 증축
6	부산심상고등소학교 건축	1906	39,072	소학교 아동이 증가하여 고등과의 수업연한을 연장하는 등, 심상소학교 건축 당시 이미 본교 신축의 필요성에 따라 동(同校)를 건축
7	병영이전	1907	30,000	민단에서 새로운 이전지를 매수, 이전 공비에 상기(上記)의 금액을 지출하고 1908년 3월 준공 인도, 옛 부지는 인수
8	상업학교신축	1907	32,559	토지의 상황 상업교육의 필요를 인식, 상업학교를 세워 수업을 시작한 것은 1906년으로 이에 학교를 신축
9	묘지이전	1907	21,217	당시 시가의 북쪽 방향으로 가택이 팽창하고 풍치상, 위치상 좋지 못함으로 아미산을 매수하여 그곳으로 이전
10	전관거류지내 도로 구거개축	1907	64,506	도로의 요철(凹凸), 비온 뒤의 진흙과 더불어 견딜 수 없는 배수 또한 불완전함으로 교통상, 위생상의 필요에 의해 이 사업을 이룸
11	용미산신사개축	1907	5,192	신사는 유래가 오래됨에도 당시 사우(社宇) 퇴폐하여 엄숙함을 잃어버림으로 이를 개축
12	부산심상소학교 牧島분교신축	1907	5,865	절영도에 학동이 점차 많아짐에 더해 통학 도선(渡船)에 의하더라도 풍랑이 있는 날에는 위험한 바 목도에 분교를 설치
13	연병장부지 교환	1908	10,000	민단에서 새롭게 연병장부지를 매수하여 제공, 그 대가로 옛 연병장을 교부함
14	嶺新里韓人 마을 퇴거	1908	3,271	부산시가 북쪽 높은 곳에 위치한 마을로 위생상 필요에 의해 퇴거료를 지불하고 이전함
15	감옥서 이전	1908	4,940	새로운 감옥서 부지를 하단고개 부근에 마련해서 민단에서 이를 매수하고 또 도로를 개통, 이를 제공한 대가로 3,500만 원과 원래 부지를 교부함
16	초량, 목도 양교 증축	1908	11,000	아동의 증가에 따라 필요한 일
17	초량,고관,부산진방면 도로측량	1908	–	동(同) 지방의 도로는 옛날 그대로 임으로 교통이 불편, 새롭게 개수할 필요 우선 그 측량을 완료함
18	공원설비	1908	2,217	오래된 소나무가 울창한 용두산에 종횡도로를 개통

19	제1수원함양림	1909	16,000	고원견수원지에 식수, 총면적 170여 정보 새로운 식수수 196만 그루 식수
20	건강진단소신축	1909	3,213	유곽을 부민동으로 이전해야 하는 것에 따라 부민동 부근에 신축
21	병원신축	1909	36,611	재래의 병원은 협소하고 불완전함으로 개축, 치료상의 만족을 얻도록 하는 동시에 신축설비를 완성
22	고등여학교신축	1909	36,500	고등여학교의 설립은 1906년이지만 교사는 부산심상고등소학교의 일부를 빌려서 사용함으로 새로운 교사를 신축
23	초량, 목도 양교 증축	1909	9,000	아동의 증가에 따라 증축
24	유곽이전	1910	70,000	시가의 팽창에 따라 원래 유곽의 소재지인 富民町은 중요지에 해당함으로 풍기상 폐해가 있어 유곽을 1910년 전부 이전함
25	사하면(沙下面) 신시가경영	1910	20,000	이사청령 신시가지 지정에 기초하여 7곳을 정리하고 도로는 시가의 교통체증에 대비해 1910년도 豫期대로 완료, 지주회에 인계함
26	수도부설	1910	1,000, 000	55,000명에 제공하는 수량을 얻을 수 있도록 계획하여 이전의 한국정부와 공동경영을 체결하여 공사를 한국정부에 위탁, 1910년 공사를 완전히 준공
27	영선산 착평매립공사	1909 ~1912	1,070, 000	항국 가까운 양 구릉을 착평하고 매립항 부지확보 한국정부에 위탁

* 자료 : 釜山商業會議所, 1912, 『釜山要覽』, 42~44쪽.

[표 14]를 통해 부산거류민단에서 다양한 사업을 수행하였음을 알 수 있다. 부산거류민단에서 경영한 주요 사업 중에서 가장 재원이 많이 소요된 사업은 영선산營鑄山착평공사사업이었다. 이 사업은 거류민단에서 일본제일은행으로부터 사업자금을 대차하는 방식으로 계약이 체결되었으며 구한국정부 탁지부 또한 부산거류민단의 차용금에 대한 원리금의 지불을 보증하고 또 민단채의 발행에 대해서도 승인한 것이었다.(27항) 1910년 현재 완공된 사업을 중심으로 경비지출을 보면 가장 많은 경비를 지출한 사업은 수도부설(26항)사업이었다. 그 다음으로 경비지출이 많았던 사업이 학교건축·증축(3항, 6항, 22항)이었다. 러일전쟁 이후 조선으로 오게 되는 일본인들은 대다수 영주永住를 목적으로 했기 때문에 가족을 데리고 도항하는 이주자들이 점차 증가하였다. 따라서 교육을 받아야 할 학령아동들 또한 날로 증가하였다. 앞서 지적했듯이 경성, 부산, 인천, 원산 등의 거류지에서는 이미 매년 수십 명의 소학교 졸업

생을 배출할 정도로 학교의 건축과 증축은 거류민회와 거류민단의 주요 사업 가운데 하나였다.[48] 단일 항목으로 많은 경비가 지출된 사업 중에는 유곽이전(24항)과 전관거류지내 도로구거개축(10항) 사항 등이 있었다. 전관거류지내의 도로 정비는 본고 앞의 [표 2]에서 확인할 수 있듯이 재부일본인들 가운데 절반이 거류지내에 거주한데 따른 도시정비 차원의 사업으로서 경비가 지출되고 있었다.

거류지에서 시행된 여러 가지 사업의 재원들은 거류민단에서 거류민들 대상으로 거두게 되는 세수稅收로서 충당하고 있었다. 부산거류지의 과금규칙課金規則 곧 부과금규칙에 따르면 영업자는 일시 폐업하더라도 당해 연도에 본인 또는 가족의 명의로 같은 장소에서 동일 업종을 영업할 경우에는 종전의 등급대로 세금이 부과되었다(제4조). 지과금은 지권대장에 기명記名된 것에 부과하고 가옥분담금家屋課金은 가옥소유자에게, 인두세는 연령 18세 이상 60세 미만의 사람에게 부과하였다. 그리고 영업과목은 상업과 공업으로 구별하고 각 등급에 따라 부과하였다. 단, 상업 중에서 양조업은 등급을 별도로 정하였다. 잡종과금은 앞에서 언급한 분담금課金에 해당하지 않는 것으로 종류에 따라서 부과하였다. 그리고 분과금의 등급 및 과액科額은 매년도 거류지회의 결의에 따라 정하였다. 이들 과금과 과액은 영업의 종류, 영업장소의 위치, 영업가옥의 대소 및 규모, 영업자본의 다소, 소득금의 다소, 고용인의 유무 혹은 그 수 등에 따라 여섯 가지 분류에 의해 결정되었다.

지과地課는 1등지의 경우 1평당 연액 37전錢 이내, 2등지는 30전 이내, 3등지는 24전 이내로 하였다. 가옥家屋은 1평당 건물의 경우 연액 18전 이내, 흙이나 회반죽을 칠한 집土藏과 판잣집板小屋은 각각 12전 이내, 인두세는 연액 1인당 2원 이내로 하였다. 영업의 경우 도매, 소매, 고도구古道具, 여인숙, 육운업陸運業, 회조업回漕業, 정미, 청부, 헌옷상古着商, 고금상古

48) 朝鮮實業協會,, 『朝鮮之實業』 第一號, 1905 12쪽.

金商, 하숙집, 대물업貨物業, 환어음, 전당포, 주장유酒醬油, 초양조업酊釀造業, 음식물류상, 이외 상업 등으로 분류해서 6개월마다 1등 300원 이내, 2등 216원 이내, 3등 156원 이내로 정하고, 4등~15등까지는 각 등급별 편차를 두어 4등은 연액 96원 이내로 해서 15등 3원 60전까지 구분하였다.[49]

그런데 인천은 1896년 이후 인구부과금을 일반 거류민의 두수에 부과해서 월세로 거두던 징수방법으로 운영하고 있었다. 그러나 그것이 번잡하고 수납하는데 어려움이 있어 1901년 인구분담금을 폐지하고 1903년부터 호수 할당으로 운영하기도 했다.[50] 한편 부산거류민단은 재산소유의 재정규모에서도 다른 지역보다 월등하게 안정적이었다. 예를 들어 1910년 당시 부산거류민단의 소유재산은 901,511원으로 전국의 거류민단 소유 총재산액 2,763,137원 중 32.62%에 해당하는 금액을 소유하고 있었다.[51] 부산거류민단의 재산은 1914년 부제의 실시로 거류민단이 해체될 때 학교조합學校組合의 재원으로 일부 승계되게 된다.

5. 결론

지리적으로 일본과 가깝고 조선시대 초량왜관이 설치되어 있었던 여러 가지 이점 때문에 부산은 한국 최초의 개항장이 될 수 있었다. 따라서 개항과 함께 초량왜관 지역의 11만 평은 근대법적인 일본인전관거류지로서 탈바꿈하게 되었다. 이에 많은 일본거류민들이 부산에 이주하게 되면서 개항 당시 80여 명이었던 일본인들은 1882년 1,500명 정도로 증

---

49) 朝鮮實業協會,『朝鮮之實業』第一號, 1905, 51~52쪽. 참고로 당시 한국에서 논의 경우 중등지는 1반보당(反步當) 지가(地價) 20원이었으며 조세(租稅)는 60전이었다(朝鮮實業協會,『朝鮮之實業』第二號, 1905, 48쪽).

50) 朝鮮實業協會,『朝鮮之實業』第三號, 1905, 35쪽.

51) 김대래·김호범, 앞의 논문, 187쪽; 發行未詳,『居留民團』, 2쪽 참조. 이 자료의 발행시기는 1911년으로 짐작된다. 인천은 재산소유액이 931,290원으로 33.7%, 서울은 412,190원으로 14.9%에 불과했다.

가하였다. 이들 일본인들은 주로 미곡과 관련된 중매상(32%), 무역업(18%) 계통에 다수 종사하였다.

이후 20여 년이 지난 1905년이 되면 재부산 일본거류민들의 업종은 다양화되고 그 중에서 상위그룹의 업종은 예기, 음식물행상, 잡화상 등이 상위를 차지하고 무역상과 중매상은 업종별 비중에서 그것이 차지하는 비율은 낮아졌다. 그리고 일본거류민들의 일본출신지 현황을 보면 1897년 나가사키현과 야마구치현 출신자들이 67%를 차지할 정도로 이들 두 지역 출신자들이 압도적으로 많았다. 이후 1905년 러일전쟁을 전후한 시기 부산거주 전체 일본인은 대략 13,000명으로 증가하였다.

그러나 이 중에서 야마구치와 나가사키를 합친 두 지역 출신자들의 비율은 40%로 감소하게 된다. 두 지역의 이런 감소추세는 1910년이 되면 31%로 더 떨어지게 된다. 그 뿐만 아니라 1897년까지만 하더라도 나가사키 출신이 제일 많았으나 1905년을 전후해서 야마구치 출신자들이 부산거류민 중에서 제일 많은 비중을 차지하는 변화가 나타났다. 그리고 1905년을 전후한 시기 또 다른 변화는 후쿠오카현 출신자들이 빠른 속도로 부산에 진출하였다는 사실이다. 이후 일제강점기 줄곧 부산은 전국적 상황과 달리 야마구치현, 나가사키현, 후쿠오카현 순으로 거류자들이 많이 거주하게 되었다.

일본거류민들의 증가에 따라 자치조직을 운영하기 위한 법규들 또한 정비되기 시작하였다. 그 결과 1879년 7월 자치사무와 행정을 담당하는 업무와 상거래 업무를 분리하여 전자는 용번소에서 후자는 상법회의소에서 관장하게 하였다. 이어서 그해 8월 보장선거법을 통해 21명의 보장과 그 수장에 해당하는 보장두취를 두게 된다. 이후 1881년 1월 보장총대선거규칙을 통해 관선이었던 보장두취를 민선으로 뽑기 시작하였다. 이것이 거류지 최초의 자치조직 운영이었다. 이후 1887년 8월과 1893년 3월 각각의 거류지편제규칙을 개정하면서 부산의 일본거류민 자치조직이 완비된다. 이런 과정을 거치면서 정비된 선거규칙들은 1878

년 이후 일본에서 실시된 신삼법新三法에 기초한 지방자치제도로부터 일정 정도 영향을 받고 있었다.

한편 자치조직의 제도적 정비과정 속에서 일본인 거류민회 또는 부산거류민단의 임원들을 분석하면 세 시기별 특징을 발견할 수 있었다. 첫째 초량왜관시기에서 청일전쟁직전까지의 시기(1기)는 주로 자치조직의 수장에 대한 명칭이 용변이었던 데서 알 수 있듯이 쓰시마 출신 상인들이 용변·보장두취·거류인민총대와 같은 호칭으로 불리면서 거류민 자치의 수장직을 다수 차지하였다. 둘째, 청일전쟁 이후 러일전쟁까지의 시기(2기)는 주로 행정, 경찰, 교육가와 같은 전문가 출신자들이 거류민 자치기구를 이끌었는데 이들의 출신지는 나가사키현과 야마구치현 출신이 다수였다. 셋째, 러일전쟁 이후 1914년 거류민단이 해체될 때까지의 시기(3기)에는 전문 경제인들이 거류민단의 대표를 맡는 변화과정을 확인할 수 있었다.

3기에서는 일본거류민회의 지도급 인물들은 야마구치현과 후쿠오카현의 활약이 두드러졌다. 특히 부산거주 일본인들의 출신지별 현황을 고려한다면 야마구치와 나가사키에 비해서 인구가 월등이 적었던 후쿠오카 출신들이 거류민단 임원에 다수 포진했다는 것은 이들이 러일전쟁 이후 빠른 시기에 기존의 야마구치현과 나가사키현 출신자들의 장벽을 뚫고 자신들의 영역을 구축했음을 알려 준다.

한편 부산의 거류민회와 부산거류민단의 경상세입세출 및 재정 상태를 보면 먼저 경상세입 부분에서 1901년과 1902년에는 지과금과 영업과금이 높은 비중을 차지하였으나 1904년이 되면서 병원수입과 잡종과금의 비중이 높아지고 있었다. 특히 부산의 거류민회와 부산거류민단의 경상세입 중에서 특징적인 것은 일본거류민회에서 운영하는 병원으로부터 들어오는 세입이 결코 적지 않았다는 점이다. 경상세출에서는 주로 거류민회와 거류민단의 사무소운영경비, 교육, 위생 등이 상위를 차지하였다. 1909년 부산거류민단에서 교육이 차지하는 경상세출은

39.1%를 차지할 정도로 서울 다음으로 세출 비율이 높았다. 이처럼 교육은 거류민단 지출에서 중요 부분을 차지하였다. 부산거류민단의 총세입세출액은 전체 거류민단 중에서 46~49%를 차지할 정도로 많았다. 물론 이는 특별회계에 따른 지원이 많았기 때문이다.

특별회계를 뺀 나머지 경상재정만을 본다면 매우 안정적인 경향을 나타냈다. 이처럼 부산거류민단은 특별회계를 지속적으로 지원받을 만큼 재정적인 측면에서도 다른 거류민단에 비해 우월한 지위를 갖고 있었다. 한편 부산의 거류민회와 부산거류민단의원들의 지방벌열地方閥閱은 거류민단 폐지와 함께 사라지는 것이 아니었다. 거류민단시기 각종 인적사회적 네트워크는 1920년대 각종 부협의회와 학교조합 등을 통해 화려하게 부활하고 있었다. 따라서 거류민회와 거류민단의 이해는 일제강점기 지역사회와 지배엘리트들의 동향을 파악하는 매우 중요한 키워드가 될 것이다.

개항 초기 목포항木浦港의 일본인과 해상海上 네트워크

최성환崔誠桓

1. 서론

　목포는 1897년 10월 1일 국내에서 네 번째 통상항通商港으로 개항되었다. 이후 항구도시로 비약적인 발전을 하였고, 오늘날까지 서남해의 중심 항구로서 그 명맥을 이어오고 있다. 그동안 국내 개항장에 대한 연구는 초창기에는 항구별 개항과정, 도시화의 모습 등에 대한 분야가 주류를 이루어왔다. 목포의 경우 개항문제와 함께 부두노동운동, 무역구조, 토지침탈 등에 대한 관심이 집중되었다. 최근에는 개항 이후 사회상, 공간문제, 거류민의 문제로 확대되고 있는 추세이다. 1997년 목포개항 100주년이 되던 해에 발간된『목포백년사』를 전환점으로 하여 새로운 연구들이 지속적으로 시도되고 있다.1)

＊ 목포대학교 도서문화연구원 HK연구교수. 이 글은『한국학연구』26집(인하대학교 한국학연구소, 2012)에 실렸던 내용을 수정·보완한 것이며, 2009년 정부(교육과학기술부)의 재원으로 한국연구재단의 지원을 받아 수행된 연구임(NRF-2009-361-A00007).

1) 대표적인 연구 성과로는 다음과 같은 단행본이 발간된 바 있다. 고석규,『근대도시 목포의 역사 공간 문화』, 서울대출판부, 2004; 목포백년회,『木浦開港百年史』, 1997; 배종무,『木浦開港史 研究』, 느티나무, 1994. 최근 5년간 발표된 주요논문은 다음과 같다. 최성환,「목포의 해항성과 개항장 형성과정의 특징」,『한국민족문화』39, 2011; 德間一芽,「개항기 목포 이주

본고는 개항 이후 목포항을 주도한 일본인 사회의 특성과 바닷길을 통해 더욱 넓어지고 확고해진 목포권 해상 네트워크를 살피는 것을 주 목적으로 하였다. 세부적으로는 첫째 개항배경으로서 목포가 지니는 공간적 특징에 대한 문제, 둘째 개항 이후 목포로 이주해 온 일본인의 양상과 일본인 사회 주도층에서 나타나는 특징, 셋째 목포의 상권·항로·사람들의 왕래를 통해서 본 해상 네트워크, 이러한 세 가지 측면에 연구 목적을 두었다.

연구범위는 1897년 개항부터 1910년까지 개항기 상황에 초점을 맞추었고, 필요에 따라 그 이후 기록에 나온 각종 통계자료들도 인용하였다. 주요 분석 자료는 일제강점기에 목포지방사를 정리하여 발간된 『목포지木浦誌』·『목포부사木浦府史』를 비롯하여 『목포상공회의소木浦商工會議所 통계연보統計年譜』·『통상휘찬通商彙纂』·『재한인사명감在韓人士名鑑』·『한국최근사정일람韓國最近事情一覽』 등 무역상황과 상업 활동을 살필 수 있는 기록들을 활용하였다. 영산포 출신 일본인 좌굴신삼佐堀伸三이 집필한 『영산포榮山浦에서의 일본인정日本人町의 형성形成』은 당시 목포권 일본인들의 상업 활동과 관련된 증언 내용이 많아 개항 이후 일본인들의 동향을 이해하는 데 많은 도움을 받았다.[2]

일본인의 도시 건설과 도시 생활」, 전남대 석사논문, 2010; 최창근, 「1920~30년대 목포 노동자들의 현실과 문학적 재현」, 『국어국문학』 154, 국어국문학회, 2010; 김자경, 「목포의 도시구조 형성과 특성에 관한 연구」, 전남대석사논문, 2009; 송현강, 「한말·일제강점기 목포 영흥·정명학교의 설립과 발전」, 『역사학연구』 35, 호남사학회, 2009; 염미경, 「개항장의 형성과 목포의 식민도시화, 그리고 일상생활의 재편」, 『호남문화연구』 42, 전남대호남학연구원, 2008; 한철호, 「대한제국기 목포항의 무역구조와 유통권의 변동(1897~1910)」, 『호남문화연구』 42, 전남대 호남학연구원, 2008; 김상욱, 「한말,일제강점기(1899~1929) 목포소방조의 결성과 활동」, 『역사학연구』 34, 호남사학회, 2008; 송현강, 「미국 남장로교 한국선교부의 목포 스테이션 설치와 운영(1898~1940)」, 『宗敎硏究』 53, 한국종교학회, 2008; 김주관, 「개항장 공간의 조직과 근대성의 표방」, 『지방사와 지방문화』 9-1, 역사문화학회, 2006; 박이준, 「목포 개항장 상인층의 존재양태와 그 성격」, 『지방사와 지방문화』 9-1, 역사문화학회, 2006; 고석규, 「근대도시 목포의 대중문화를 통해서 본 식민지 근대성」, 『지방사와 지방문화』 9-1, 역사문화학회, 2006.

2) 佐堀伸三은 1931년 영산포에서 태어났으며, 자신의 경험을 토대로 한국근대사를 집필하는 활동을 하고 있다. 일본 내 '영산포회' 회장을 지냈다.

2. 개항배경으로서 목포의 공간적 특징

목포는 개항을 계기로 근대 항구도시로 성장하였다. 그러나 비록 도시로서의 역사는 짧지만 개항 이전부터 항구적 기능을 해오고 있었고, 개항장으로서 성장할 수 있는 공간적 특징이 많은 곳이었다.[3] 목포가 개항장이 될 수 있었던 공간적 특징은 개항 이전 역사적 흐름 속에서 발견되는 특징과 개항 전후 외국인들이 인식한 특징으로 구분해 살펴볼 수 있다.

먼저 역사 속에서 나타나는 특징은 서남해 바닷길의 요충지로서 지속적인 기능을 해온 공간이라는 점이다. 흔히 목포 인근의 바다를 '서남해'라고 칭하며, 이 일대를 '서남권'이라고 한다. 해역을 칭하는 명칭에 서해와 남해가 혼합되어 있다는 특징이다. 역사적으로 서해는 중국으로 가는 길목이고, 남해는 일본과 연결된다. 이 두 가지 바닷길의 접점에 영산강이 있고, 영산강의 나들목에 목포가 있다.

목포는 그 위치상 넓고 비옥한 내륙지역으로 들어가는 입구에 있는 항구이자, 다도해 해상의 수많은 섬들과 배로 쉽게 연결할 수 있는 곳이다. 목포 앞바다는 영산강에서 출항한 후 섬을 징검다리 삼아 중국과 일본으로까지 진출할 수 있는 해로의 기점에 해당된다. 때문에 "이곳에서 바다로 들어가는 까닭에 목포라 한다"는 목포木浦의 지명이 만들어졌다.[4] 즉, 목포는 공간적으로 영산강과 서남해가 만나는 위치에 있는 포구이다.

이러한 지리적 특징을 지닌 목포는 고대부터 대외교역로의 길목이었고,[5] 연안과 도서들을 대상으로 물자 수송과 문화교류가 이루어지는

---

3) 목포의 개항 이전 항구적 기능에 대해서는 별도의 논고 「목포의 해항성과 개항장 형성과정의 특징」(『한국민족문화』 39, 2011) 중 '2장 목포의 海港性에 대한 검토' 부분에서 상세히 서술한 바 있다.

4) 『新增東國輿地勝覽』 권36, 무안현 관방 목포영조 "木浦營在縣南68里 (…중략…) 至此入海故通稱 木浦…"; 오홍일, 「목포의 지명유래에 대한 소고」, 『목포의 땅이름』, 목포문화원, 2003.

조운로漕運路였다. 『세종실록지리지世宗實錄地理志』에는 "하도下道의 조운漕運이 이곳을 경유하여 서울에 이른다."고 표현하고 있다.[6] 때문에 이 일대에 대한 왜구의 침입이 끊이지 않았고, 이는 수군진水軍鎭 설치의 근거가 되었다.

수군진 설치는 1439년 세종이 목포가 왜적침입의 요해처임으로 만호萬戶를 파견하여 병선을 주둔하도록 재가하면서부터 시작되었다.[7] 목포진木浦鎭은 1895년 폐지될 때까지 서남해의 바닷길을 지키고,[8] 이곳을 통해 올라가는 조운선을 보호·관리하는 역할을 하였다. 보다 구체적으로 목포는 호남湖南지방의 전세田稅·대동미大同米 등을 '임선상납賃船上納'하는 곳이었고, 이러한 기능은 개항시기까지 꾸준히 유지되었다. 때문에 기능면에서 목포진이 곧 목포항이었다고 보아도 무방할 것이다. 『전라도관초全羅道關草』[9]·『총관거함總關去函』[10] 등을 통해 "목포로 운반해 둔 쌀을 임선賃船에 싣고 서울로 수송"[11]한다는 내용들을 확인할 수 있다. 호남 인근 지역에서 거두어들인 세곡들이 목포로 옮겨져서 이곳에서 서울 등 타 지역으로 운송되는 상황이었다.

해로와 관련하여 목포의 공간적 중요성을 가장 잘 보여주는 사례는 정유재란시 이순신이 고하도에 수군진을 설치한 것이다. 1597년 이순신은 진도와 해남 사이 명량鳴梁에서 승리한 후 전력을 정비하기 위해 여러 지역을 물색하다가 그해 10월 29일 목포 앞바다에 있는 고하도로 진을 옮겼다. 이곳에서 군량미를 비축하고 전선과 군비를 확충한 뒤 다음해

---

5) 이중환, 이익성 옮김, 『택리지』, 을유문화사, 2009, 85쪽.

6) 한국고전종합DB(http://db.itkc.or.kr), 『世宗實錄地理志』 5책, 전라도.

7) 『세종실록』 권85, 21년, 1439년 4월 15일(임진).

8) 『고종실록』 권33, 32년, 1895년 7월 15일(계축).

9) 1886년부터 1895년까지 개항 이후의 對外 상황·제반제도·문물 변화에 따른 문제들에 관해 전라도지방에서 보고된 것에 대해 議政府에서 내린 關文을 모은 자료.

10) 1885년 3월 28일부터 1905년 11월 13일까지의 外部에서 總稅務司에 보낸 公文의 謄綴.

11) 『全羅道關草』, 1887년 5월 29일 完營에서 議政府로 보낸 문서.

2월 17일 완도 고금도로 진을 옮길 때까지 머물렀다. 고하도에 현존하고 있는 이충무공유허비12)에는 고하도의 해로상 특징이 "이 섬은 남쪽·서쪽으로 가는 바닷목에 놓여 있어 오른편으로는 경상도를 끼고 왼편으로는 서울로 연결되는 된다"13)고 기록되어 있다. 전란의 시기에 목포앞 바다 고하도에 수군진의 본영을 설치한 배경과 관련된 이 기록은 목포가 지닌 공간적인 장점을 가장 잘 표현하고 있다. 부산과 인천을 연결하는 중간 거점으로 개항된 목포항의 기능과도 역사적으로 상통하고 있음을 알 수 있다.

또한 목포개항을 전후하여 외국인들이 남긴 각종 기록을 통해서도 목포가 개항장으로서 지니는 공간적 특징을 살펴볼 수 있다. 먼저 일본인들의 인식이다. 1914년에 편찬된 『목포지』에는 목포의 위치와 지세에 대해 다음과 같이 기록하고 있다.

영산강의 하구에 있으며, 한반도의 최서남단에 위치한다. 원래 조선의 부(富)는 삼남(三南)에 있고, 삼남의 부는 조선의 과반을 차지한다고 전해지고 있으며, 마침 목포는 부원(富源)의 중심인 전라도에 있어 북쪽으로는 군산까지 108리, 동쪽으로는 여수까지 80리, 즉 두 곳의 중앙에 있어 이 사이를 거의 직각을 이루는 연안선의 돌단(突端)에 있으며, 전면에는 다도해(多島海)를 끼고 큰 바다에 이르며 후면으로는 호남평야의 광활한 옥토가 널려있다. 바다에는 무진장의 수산자원이 있고, 육지에는 풍부한 농산물이 있으며, 항구(港口)는 깊숙이 들어와 배후에는 유달산이 북풍을 막아주고, 전면으로는 영암반도를 바라보고 고하도가 항구를 가로막으니, 아마도 조선 전체 연안(沿岸) 중에 드물게 보는 양항(良港)이다.14)

---

12) 이순신의 고하도 행적을 기념하기 위해 1722년에 이순신의 후손인 李鳳祥이 주도하여 건립.
13) 목포문화원, 『木浦地方文獻錄』, 「고하도유허비」, 2002, 81쪽.
14) 목포지편찬회, 김정섭 역, 『木浦誌』, 목포문화원, 1991, 27쪽. 이하 국역 『木浦誌』로 약칭함.

전라도 곡창지대와의 관련성, 호남권의 주요항인 군산·여수항까지의 거리, 다도해의 수산자원과 농산물, 항구를 보호하는 유달산과 고하도 등 자연지리적 특성에 대해 매우 뛰어난 조건의 항구로 평가하였다.

목포항에 대한 관심은 일본뿐만이 아니었다. 상하이에서 서양의 선교사들에 의해 발간되던 『노스 차이나 헤럴드North China Herald』 지紙 역시 목포를 전망이 밝은 항구로 지목하면서 "목포항은 겨울에 얼지 않고, 영산강의 입구에 해당한다는 점"을 강조하였다. 『세인트 제임스 가제트 St. James'Gazette』지는 목포를 "한국의 지브롤터Gibraltar"라고 불렀다. 지브롤터는 스페인 이베리아 반도 남단에 위치한 전략적 요충지로 지중해와 대서양을 연결하는 항구이다. 항구뿐만 아니라 철도교통의 요충지로서도 언급되었다. 러시아의 경우는 개항 이전부터 목포를 시베리아 횡단철도의 가장 바람직한 종점으로 거론하고 있었다.[15]

목포가 지닌 공간적 특징은 선교활동을 목적으로 한 선교사들의 인식을 통해서도 살펴볼 수 있다. 비록 목포에 거주한 서양인들의 숫자가 많지는 않았지만, 목포를 전라남도 선교본부로 선택함에 있어서 목포가 지닌 장점들을 나름대로 분석하고 있었다.

목포에서 활동한 프랑스 신부 알베르토 데자이에Alberto Deshayes의 1898년 사목보고서에는 목포항의 지형적 특징에 대해 "서해안에 이곳처럼 훌륭하게 배를 정박시킬 수 있는 항구는 몇 개 되지 않는다. 목포의 바다는 길이 60리에 폭이 10리에서 20리에 달하고 있으며, 수심은 깊은 곳이 70피트, 낮은 곳이 55피트로 비교적 수심이 고르고, 움직이는 모래가 없으며, 사방으로부터 불어오는 바람을 막아준다"고 기록하고 있다.[16]

선교사들의 기록에는 목포항이 지닌 주변국이나 타 개항장과의 거리

---

15) 목포노회사편찬위원회, 『한국남장로교선교회 목포선교부 보고서(1895~1911)』 2집, 1997, 5쪽의 내용을 참조하여 인용함. 이하 각주는 『목포선교부 보고서(1895~1911)』로 약칭함.
16) 개항 후 목포성당의 초대신부를 지낸 Alberto Deshayes가 Mutel 주교에게 보낸 사목보고서 중 1898년 기록의 일부임(곽요셉신부 제공자료).

적 특징에 대해 다음과 같은 표현들이 남아 있다.

"일본에는 20시간, 중국으로는 이틀밖에 걸리지 않아 이처럼 좋은 조건을 지닌 곳도 흔치 않습니다."[17]

"새로운 항구인 목포항은 바다를 이용해 부산으로부터 단 하루면 도착할 수 있으며, 블라디보스톡과 나가사키의 거의 중간지점"[18]

목포가 일본과 대륙(중국)을 연결하는 국제적 항구로서 장점이 있음이 언급되고 있다. 이는 서남해 바닷길이 고대부터 한·중·일을 연결하는 국제 해로의 요충지였다는 점과 일맥상통하는 것이고, 이러한 지리적 장점은 목포가 개항장으로 선택되는 데 중요한 배경이 되는 것이었다. 국제적 장점 외에 공간상 내부적인 특징도 선교사들의 기록 곳곳에 언급되고 있다.

목포는 군산과 전주로부터 각각 육로로 110마일 되는 거리에 있다. 남동쪽으로 약 100마일 떨어진 곳에 좌수영이 있다. 좌수영은 또한 전주로부터 약 110마일 남쪽에 있으며, 목포로부터는 해로로 약 140마일 거리에 있다. 좌수영은 조선의 남쪽에 있으며, 부산으로부터 약 75마일 거리에 있다. 바로 위로는 커다란 강 입구가 있는데, 사람들의 말에 따르면 이곳으로부터 전주에 이르는 길의 절반을 배로 올라 갈 수 있다고 한다.[19]

전도활동을 위한 선교사 입장에서 목포항의 입지적 조건은 매우 매력적이었다. 강을 통해 조선의 전통도시인 전주로 올라가는 길의 상당부분을 배를 통해 갈 수 있다는 점을 지적하고 있다. 때문에 목포의 개항

---

17) 위의 주와 같음.
18) 『목포선교부 보고서(1895~1911)』, 7쪽 1897년 10월호.
19) 『목포선교부 보고서(1895~1911)』, 4쪽 1895년 9월 기록.

소식은 선교사들에게도 매우 중대한 일이었다. 목포를 하나의 전진기지로 삼아 강 위쪽으로 거슬러 올라가며 전도활동을 하는 것이 가능했기 때문이다. 특히 영산강은 목포가 개항장이 될 수 있는 가장 큰 장점에 해당되는 조건이었다. 선교사들의 기록에는 뱃길을 통해 내륙 지역과 연결된다는 점에 대해 다음과 같이 언급되어 있다.

전라도의 남쪽 해안에 있다. 목포항은 몽탄강의 입구에 위치해 있는데, 그 강은 전라도에서 가장 비옥한 농업지구를 가로 지르고 있으며, 그 강을 이용해서 매우 먼 곳까지 내륙으로 항해해 갈 수 있다.[20]

또한 무역항으로 발전할 수 있는 장점으로 전라도의 풍부한 물산과 목포 인근 지역에서 생산되는 다양한 특산물이 있다는 점도 지적하고 있다.

전라도는 가장 인구밀도가 높은 도(道)들 가운데 하나이며, 쌀, 면화, 담배, 죽공예품, 해산물 등의 풍부한 생산으로 유명하다. 모든 점을 고려할 때, 전라도는 한국의 기름진 경작지대임이 틀림없다. 토양은 다른 어느 도보다 비옥하며 기후는 가장 이상적이다. (…중략…)
100마일 반경안에는 적어도 30~40개의 갖가지 중요한 물품들을 생산하는 지방들이 있다. 그 생산품에는 대나무와 죽세공품, 쌀, 밀, 보리, 콩, 어류, 해초, 모시, 종이, 담배, 소금, 생강, 쇠가죽, 종이 부채, 면화, 면직물, 모시와 비단 옷감, 사금 가루, 질그릇, 감자, 인삼, 목세공품, 과일, 놋쇠 제품, 염료 등이 있다.[21]

이처럼 선교사들이 남긴 기록들에는 목포항이 지닌 입출구로서의

----

20) 『목포선교부 보고서(1895~1911)』, 19쪽 1899년 10월호 기록.
21) 위의 주와 같음.

위치적 장점과 농산물과 수산물을 비롯하여 각종 특산품 등이 주변 도시들에서 생산되고 있어 무역항으로 장점이 많다는 점이 공통적으로 인식되고 있다.

이상에서 살펴본 목포의 공간적 특징들은 목포가 개항되는데 중요한 배경이 되었다. 이러한 장점들은 일본정부의 현지조사를 통해서 검증되었다. 개항장으로서 적정성에 대한 조사 내용은 1895년 1월 주경성駐京城 일본사령관日本領事館의 일등영사一等領事 내전정퇴內田定槌의 보고서와 인천 일본영사관 서기書記 전간공작前間恭作이 1896년 10월 30일 목포 방문 후 제출한 보고서가 대표적이다. 둘 다 영산강과 관련하여 목포항의 장점을 언급하고, 당시 목포의 사정은 열악하나 앞으로 개항장으로 발전할 가망성과 도시로서 확장성 등을 높이 평가하였다.[22] 이러한 흐름 속에서 결국 목포는 인천과 부산을 연결하는 중간지점에 위치한 개항장으로서 낙점되었다.

3. 목포항의 일본인 이주와 주도층

목포가 개항된다는 소식이 알려지면서 각국의 관심이 증대하기 시작하였고, 인구수도 늘어났다. 그러나 일본인이 중심이었고, 다른 외국인의 수는 많지 않았다. 개항 초기 목포에 거주한 외국인들의 통계를 살펴보면 [표 1]과 같다.

---

22) 이와 관련된 세부내용은 기존 연구에서 다뤄진 바 있어 본고에서는 생략하였다. 다음의 논고들을 참조하기 바란다. 최성환, 「목포의 해항성과 개항장 형성과정의 특징」, 『한국민족문화』 39, 2011, 177~179쪽; 고석규, 『근대도시 목포의 역사 공간 문화』, 서울대학교출판부, 2004, 54~55쪽; 양상호, 「木浦各國共同居留地의 都市空間의 形成過程에 관한 考察」, 『建築歷史研究』 제4권 1호, 1995, 123~125쪽.

[표 1] 개항 이후 목포 외국인 통계

구분	일본인				청국인				구미인				합계			
	호수	인구			호수	인구			호수	인구			호수	인구		
		남	여	계		남	여	계		남	여	계		남	여	계
1897	45	164	42	206									45	164	42	206
1898	242	585	322	907	3	14		14	3	3		3	248	602	322	924
1899	230	539	333	872	10	42		42	3	6		6	243	587	333	920
1900	218	544	350	894	12	34	5	39	3	6		6	232	584	355	939
1901	251	549	391	940	18	48	5	53	4	7	1	8	273	604	397	1,001
1902	266	592	453	1,045	22	42	3	45	5	7	3	10	293	641	459	1,00
1903	332	782	635	1,417	16	46	4	50	5	8	3	11	353	836	642	1,478
1904	329	792	650	1,442	16	45	2	47	4	7	3	10	349	844	655	1,499
1905	367	1,173	848	2,020	22	65	2	67	4	8	4	12	393	1,245	854	2,099

* 국역『목포지』, 298~229쪽, 1913년 경찰서 연말 통계자료 부분 인용.

1897년 10월 1일 개항 당시 83명 정도에 불과하던 일본인의 인구수가 1897년 12월 말 기준 206명으로 크게 늘었다.23) 이후 일본인 이주는 계속해서 증가하게 된다. 반면 일본 이외의 외국인 숫자는 크게 늘어나지는 않았다.24)

목포항의 외국인 인구비율에서 일본인이 차지하는 비율은 95%이상이다. 인구 구성면에서 절대 우위를 나타내는 것이 목포항의 특징 중 하나이다. 목포가 각국거류지로 개항되었지만,25) 일본 이외에는 영사관을 개설하지 않았기 때문이다. 한편 개항 후 일본인의 비율이 압도적

23) 1898년 2월 4일 영사관보고서에는 1897년 개항 당시 목포거주 일본인 인구가 83명(남자 76, 여자 7, 호수 16)으로 파악되어 있다.

24) 1897년도 통계에 포함되지 않았을 뿐 소수의 외국인 선교사들이 목포에서 거주하고 있었다. 목포개항이 전망되면서 유진벨을 비롯한 선교사들은 이미 목포에 와서 활동하고 있는 상태였다. 1896년 3월부터 목포에 관련 부지를 매입하여 머물고 있었다.『목포선교부 보고서 (1895~1911)』, 5쪽 참조.

25) 목포항은 일본의 요구에도 불구하고, 이전 개항장의 관례를 깨고 전관거류지 없이 각국거류지로 개항되었다. 목포항 거류지의 특징과 관련된 부분은 다음의 논고를 참조하기 바람. 최성환, 앞의 논문, '4장 개항장 형성과정의 특징'.

으로 높기는 하지만, 전체적으로 볼 때 목포에 거류하는 일본인이 다른 개항장 지역보다 수적數的으로 그리 많은 것은 아니었다. 1906년 3월 기준으로 작성된 아래 [표 2]를 통해 비교해 볼 수 있다.

[표 2] 1906년 3월 말 在韓 일본인 호구표

지역명	戶數	人口
경성	3,274	13,026
인천	3,009	13,318
군산	649	2,758
목포	530	2,542
마산	524	2,066
부산	3,876	15,875
대구	726	2,367
원산	944	4,188
성진	105	460
평양	847	3,382
진남포	495	1,366
신의주	165	569
계	15,144	61,917

* 1908년 1월 1일자 통감부 자료, 『韓國最近事情一覽』에서 편집.

1906년 한국에 거주하고 있는 일본인의 4.1% 정도가 목포에 거주하고 있었다. 이는 오히려 목포보다 2년 늦게 개항된 군산보다도 더 적은 숫자이다. 그러나 목포인구의 전체 비율에서 일본인이 차지하는 비율은 꽤 높은 것이었다. 목포에 거주하고 있는 총인구수와 일본인이 차지하는 비율은 [표 3]과 같다.

[표 3] 1907~1910년 목포인구통계표

구분	일본인	조선인	중국인	구미인	계
1907년	2,851	3,532	77	6	6,466
1908년	2,863	5,252	69	9	8,193
1909년	3,097	5,675	71	10	8,853
1910년	3,494	7,076	75	10	10,655

* 1935년 木浦商工會議所 통계연보 중 木浦府戶口數累年表에서 부분인용.
1907년부터 조선인의 통계가 포함되어 있음.

목포거주 총인구 숫자로 볼 때 일본인 비중이 매우 크게 나타난다. 개항 초기에는 조선인 수와 비교해 거의 2:1 비율을 나타낸다.[26] 한편 앞의 [표 1]을 통해서 개항 초기 목포의 일본인 증가율을 살펴볼 수 있다. 개항이 되었다고 해서 매년 급속도로 상승된 것은 아니었다는 점이 확인된다. 개항 첫 해를 제외하고 이후의 증가율은 비교적 저조한 편이다. 인구 증가율에 대해서는 시가지 건설공사와 관련 주목할 만한 분석(양상호, 1995)이 나와 있다.[27] 목포의 경우 택지공매가 시작된 1898년 일찍부터는 목수와 일용잡부 등의 건설공사에 관계되는 사람의 수가 급격하게 증가하지만, 1899년 후반에는 오히려 감소되는 경향이 나타난다. 목포 개항 초기 시가지 형성에 필요한 많은 수의 건설인력이 목포로 이주해 오게 되면서 목포의 일본인 인구는 급증하게 되는데, 목포각국 거류지의 지형적 특성상 시가지 건설은 해벽공사가 완성된 후의 과제였다. 해벽공사는 1899년 6월에 착공하여, 1901년 5월에 완성되었다. 그 이후에도 여러 차례 해벽이 붕괴·함몰되는 일이 발생했고, 1909년 5월 세 번째 수축을 마치고 나서야 안정감이 생겼다.[28] 따라서 목포 개항 초기에는 기대보다 고용창출이 많이 이루어지지 않았다는 것이다. 양상호는 그로 인해 과잉되었던 건설인력들의 이주가 주춤해지고, 오히려 일본으로 돌아가는 경우도 생겨서 인구의 증가율이 감소하는 현상이 생긴 것으로 분석하였다.[29]

또한 인구 구성면에서 살펴볼 수 있는 부분은 일본인들의 본적별 분포이다. 목포에 거주하고 있던 일본인들을 출신지역별로 구분하면 [표 4]와 같다.

---

26) 1931년까지 3:1의 비율이 유지되다가 조선인의 수가 대폭 증가하는 1932년 이후는 5:1의 비율을 나타낸다. 1934년 상공회의소 통계연보 참조.

27) 양상호, 「木浦各國共同居留地의 都市空間의 形成過程에 관한 考察」, 『建築歷史研究』 제4권 1호, 1995.

28) 木浦府史編纂委員會, 『木浦府史』, 木浦府, 1930, 869~870쪽. 이하 『木浦府史』로 약칭함.

29) 양상호, 앞의 논문, 120~122쪽.

[표 4] 목포거주 일본인들 본적별 분포

1897년 12월		1898년 12월		1899년 11월		1900년 9월		1907년 12월	
長崎	63	長崎	257	長崎	248	長崎	223	山口	723
山口	46	山口	243	山口	209	山口	197	長崎	517
佐賀	13	大分	76	佐賀	72	佐賀	66	大分	140
大分	12	廣島	49	大分	41	大分	43	廣島	129
東京	10	熊本	41	東京	37	東京	35	大阪	124
福岡	9	佐賀	40	福岡	31	福岡	35	福岡	122
大阪	8	東京	32	大阪	29	大阪	31	熊本	115

* 『영사관보고서』, 『1907년 상업회의소 통계연보 제8호』 등을 활용하여 정리.

지리적으로 한반도나 목포에 가까운 나가사키현長崎縣, 야마구치현山口縣 등의 출신자들이 많다는 것을 알 수 있다. 나가사키현의 경우는 전통적으로 조선과의 교역에 역사적으로 친숙한 지역이다. 쓰시마번對馬番 같은 경우는 에도시대부터 조선과의 통상이 허가된 지역이었고, 부산이 개항된 1876년에 부산 거류 일본인 모두가 대마도 사람들일 정도였다. 또한 조선과 일본을 잇는 항로에 위치해 있었고, 그러한 장점은 목포 개항기에도 일본인이 목포로 이주하고, 상업활동을 하는 기반이 되었다.[30]

목포거주 일본인 가운데 특징적인 것은 야마구치현 출신자의 활동력이 강하다는 점이다. 개항 이후 점차적으로 야마구치현 출신자들의 비중이 더 높아져 갔다. [표 4]처럼 1907년에 이미 가장 많은 분포를 보이기 시작하는데, 1934년 말에는 일본인 통계 8,534명 중 1,383명을 차지한다. 이는 두 번째 비중인 나가사키현 출신자 976명보다 407명이 더 많은 수치이다.[31]

야마구치현 사람들의 이주 배경과 관련해서는 덕간일아德間—芽의 분석이 주목된다. 일본 내 야마구치현의 사회경제적 변화 상황과 맞물려 있다. 야마구치현 세토나이해瀨戶內海 연안 지역에는 많은 해상운송업자들이 활동하고 있었다. 그들은 에도시대 때 연공미年貢米를 항로를 통해

---

30) 佐堀伸三, 앞의 글, 14쪽.
31) 목포상공회의소, 『昭和九年統計年報』, 1934, 3~4쪽.

오사카에 운반하는 것으로 번藩에서 수입을 받았다. 그런데 메이지 유신 후 해상운송업자들은 번의 해체로 상황에 큰 변화가 일어났다. 오사카 상선을 비롯한 중소기선회사가 진출하여 경제적 타격이 컸고, 일본정부 는 해상운송업 중에도 대기업에만 특권을 주고 보호하였다. 따라서 해 상운송업에 종사하던 선장이나 수부 등이 조선도항에 활로를 찾아 목포 에 정착하게 된 것으로 보고 있다.32)

목포항 거류민의 인구구성상 절대다수를 일본인이 차지하게 되면서 목포항 내의 주도권을 일본인들이 장악하게 되었다.33) 개항 초기 목포 항 내 일본인 사회의 주도층을 형성한 인물들은 1905년 목포신보사에 서 발간한『재한인사명감』에 실린 자료를 통해 엿볼 수 있다. 이 책에는 당시 목포에 거주하고 있는 일본인사 18명이 소개되어 있다. 그 면모를 정리하면 [표 5]와 같다.

[표 5] 1905년 기준 재목일본인사 명단

이름	출생년	출신지	이전 정착지	목포 이주시기	직업	비고
西川太郎一	1867	但馬	부산 원산	1898	第一銀行 木浦出張所支配人	일본거류민회의장 상업회의소회두 목포흥농협회장
沖永榮助	1881	山口		1900	沖永木浦支店 主任	貿易 겸 回漕業 종사
大久保德造		長崎	부산		米穀商	
渡邊彌太郎	1863	島取			刺鹿大澤商會木浦店 委託販賣業	거류민회의원 상업회의소의원
松若兎三郎	1869	大分	沙市 (중국)	1902	木浦日本領事	동경대 법과대학 출신
龜島豊治					第一銀行支店長	부산·인천·진남포 경력
武內鶴太郎	1865	播州 赤穗	부산	1898	貿易兼汽船回漕業	仁川堀力商會汽船대리점

---

32) 德間一芽,「개항기 목포 이주 일본인의 도시 건설과 도시 생활」, 전남대 석사논문, 2010, 14쪽.

33) 목포각국거류지의행정은『鎭南浦及木浦各國租界章程』에 따라 목포각국거류지회가 1898년 4월 11일에 성립되면서 관장하게 되었다. 거류민 95%이상이 일본인으로 이루어져, 거류지회 의 대표를 일본영사가 맡아 실권을 장악하게 되었다.

谷村道助	1873	山口		1898	委託問屋(谷村商店)	상업회의소, 거류민회의원
高根信禮	1866	茨城	부산	1897	居留民長	거류민장 역임
中村義助	1875	愛知		1897	中村出張店 主任	貿易回漕 개시
南光當吉	1867	福井	부산	1900	大阪商船會社汽船取扱業	상업회의소 의원 거류민회 의원
氏永信一	1868	山口	원산	1903	郵遞局長	영산포우편수취소 신설
山本萬次郎	1884	大阪		1899	福又支店主任	수출입교역업무
福田有造	1866	對馬	부산		貿易商(福田商店)	상업회의소 부회두 거류민회부의장
佐藤適	1874	仙臺	홍콩	1904	大阪商船會社取扱店監督	일본거류민회 의원
木村健夫	1868	大阪	인천	1898	委託賣買業	상업회의소 회두 일본거류민회부의장
木村福治郎	1866	山口	부산	1898	阪田支店主任	거류민회, 상업회의소의원
森田金藏	1858	長崎	부산	1898	貿易商	면화수출

*『在韓人士名鑑』(中田孝之介 編, 木浦新報社, 1905년)에 소개된 내용을 토대로 편집함.

　　당시 주도층 인사들의 직종을 살펴보면 크게 3가지로 분류된다. 공직계통 4명(영사, 우체국장, 거류민단장), 은행업 관련 2명(제일은행 관련), 상업계통(미곡상, 상회 및 무역업) 12명이다. 전체적으로 다양한 직종이 분포되어 있다고 보기는 힘들다. 개항 초기 목포 일본인 사회의 주요 인사들은 우선적으로 필요한 공직자들과 은행관련 인물, 초기 형태의 무역을 통해 부를 형성한 인물들이 중심이 되었다.

　　이전 정착지를 보면, 부산에서 거주하다가 목포로 이주한 인물이 많다는 점이 주목된다. 목포개항이 논의 될 당시에 부산의 상인들은 부산무역에 적지 않은 타격을 주어 부산의 발전에 불리할 것이라며 목포개항에 반대하는 목소리가 높았다.[34] 목포개항 전에 이미 목포권 다도해의 해산물을 매입하고, 영산강을 소행하여 영산포 등의 쌀을 매입하는 등 전라남도는 부산상인의 경제권에 포함되어 있었기 때문이다.[35] 그

---

34) 국역 『목포지』, 32쪽.

만큼 목포는 부산이 가지고 있는 무역항 기능의 일부를 분담하게 된 측면이 강했는데, 막상 목포가 개항이 되자 부산에서 목포로 이주해온 사람들이 많았다.

[표 5]의 18명 가운데서 이전 정착지가 파악되는 인물은 12명이다. 그 중 8명이 부산에서 목포로 이주해 온 사람들이었다. 이들은 부산에서의 경험을 바탕으로 신설 개항장 목포에서 빠른 속도로 정착하였다. 따라서 개항 초기 목포의 상업은 부산 영향을 많이 받고 있었다. 개항과 동시에 목포로 이주한 상업인들은 부산의 상업인들과 지속적인 연결고리를 가지고 있었기 때문에 초창기 목포의 상업은 부산무역의 연장이라고 해도 과언이 아니었다. 부산에서 목포로 이주해오면서 활동기반을 마련한 상업인들의 대다수가 부산에 있는 일본기업의 출장원 자격으로 왔다가 나중에 독립한 경우가 많았다. 무역상의 경우는 자본력을 필요로 하고, 사회적 지위도 상위에 속하는 형태였으므로 이전 개항장이자 대일 무역의 중심이었던 부산 상인들의 지원이 있어야만 가능한 것이었다.[36] 목포개항 후 수출무역에 종사하는 이들이 조직한 '목포상화회'의 경우도 대부분 부산에서 활동하는 상인들이 중심이었다.[37]

물론 개항장 상업 활동의 특성상 구개항장에서 신개항장으로 새로운 이권을 찾아 이동하는 것은 당연한 현상을 볼 수 있다. 목포의 경우도 부산뿐만 아니라 먼저 개항된 인천에서 목포로 이주해 오기도 하였다. 그러나 그 영향력이나 비중에서 부산상인이 훨씬 컸다는 점이 목포항 이주 일본인의 큰 특징으로 파악된다.

대표적인 인물은 '후쿠다 유조福田有造'이다. 후쿠다 유조는 1866년 일본 대마에서 출생해서 청년시절 부산으로 건너가 개항장 상업 활동과 관련된 많은 경험을 쌓고, 한국의 사정에 대해 관심을 가져왔다. 그 후

---

35) 佐堀伸三, 앞의 글, 6쪽.
36) 위의 글, 19~22쪽 참조.
37) 국역 『목포지』, 146쪽.

목포 개항과 동시에 목포로 이주하여 '후쿠다상점福田商店'을 열고 독자적인 상업활동을 하면서 크게 성공하였다.[38] 목포 인사들 가운데 중진으로 자리 잡게 되면서, 이후 상업회의소 회장을 역임하는 등 목포 일본인 사회의 중심인물이 되었다.

목포에서 활동한 마쓰마에松前 집안의 경우도 부산과 목포의 긴밀한 관계를 보여주는 사례이다. 부산에서는 유사丏勇作가 기반을 다졌고, 그 분가인 다메노스케爲之助가 무역상으로서 목포그룹의 중핵이 되었다. 마쓰마에 다메노스께松前爲之助는 1905년 석유가 목포에 들어오게 되자 후지모리藤森·오오가와라大河原·히라오카平岡 등 3명의 무역상인과 목포석유판매조합을 설립하여 석유판매를 독점하였다. 1907년에 목포상공회의소 의원으로 선출되면서, 목포의 상권에 많은 영향력을 행사했다. 또한 마쓰마에상점松前商店은 동아연초東亞煙草의 특약점이 되어 무라카미상점村上商店과 함께 동아담배를 독점하기도 하였다.[39]

개항 이후 목포로 이주해온 사람들은 일본인뿐만 아니라 조선인들도 경상도 출신들이 많았다. 목포의 대표적인 인물인 정병조도 목포가 개항되자 18세의 나이에 부산에서 목포로 이주한 인물이다. 목포 객주회 대표를 맡기도 하고, 목포의 대표적인 상인으로 활동했다.[40] 현재 목포 온금동 유달산 자락에는 '慶尙道友會紀念會場(경상도우회기념회장)'이라 새겨진 큰 바위가 남아 있다. 이 유적은 당시 목포에서 활동하던 경상도 출신들이 1921년 이 일대에서 기념회를 치른 후 조성한 것이다. 그만큼 개항 이후 목포 상권에 부산(경상도)의 영향력이 컸음을 의미한다.

또한 [표 5]를 통해 일본정부 차원에서 이전 개항장에서의 경험이 있는 사람들의 이주를 권장했음을 확인할 수 있다. 특히 공직자들의 경우는 이전 개항장이나, 다른 나라에서 근무경험이 풍부한 사람들을 중심

---

38) 中田孝之介, 『在韓人士名鑑』, 木浦新報社, 1905, 180쪽.

39) 佐堀伸三, 앞의 글, 21쪽.

40) 임소영, 「유달산을 세 번이나 팔아먹은 정병조 〈상〉」, 2003년 5월 1일 항도신문 16쪽 특집기사.

으로 구성되었다. 공직자 가운데는 일본영사가 가장 중요한 위치에 있었다. 은행관련 인물들의 경우도 초기 목포항 형성과정에서 필요한 자금관리를 위해서 매우 중요한 역할을 했다. 목포 은행업무의 효시라고 할 수 있는 제일은행은 일반 은행업 외에 해관세의 수납을 취급하고, 일본영사관과 우체국의 공금을 보관하고 있었다.[41] 우체국장의 경우 이 시기 지역사회의 기관장으로서의 위치는 오늘날보다도 더 높았을 것으로 보인다. 목포로 이주해 온 일본인들이 가장 불편을 겪었던 부분이 통신연락과 관련된 것이었는데, 그만큼 개항 초기 목포항에서 통신업무는 중요한 부분이었다.

[표 5]에 등장하는 인물들이 목포로 이주해 온 시기는 개항 1년 후인 1898년이 7명으로 가장 많고, 주도층 인사들의 평균 나이는 1905년 당시 35세로 비교적 젊은 편이다. 출신지역을 볼 때 지리적으로 한반도에 근접한 지역출신 인사들이 많다.[42] 그 가운데 '야마구치현' 출신이 4명으로 비교적 다수를 차지하고 있다. 앞에서 언급한 것처럼 시간이 흐를수록 목포항에서 '야마구치현' 출신들의 영향력은 강화되었다. 목포에서 상업은 야마구치현 구마게군熊毛郡 출신자가 지배하여, 상공회의소 회원은 그들에 의해 엄선되어 회원으로 등록되는 것 자체가 어려울 정도였다. 특히 마쓰마에松前 일족들의 영향력이 컸다.[43]

[표 5]의 18명 인사들 중에는 거류민회와 상업회의소의 의원을 역임한 사람도 많았다. 거류민회 의원직을 역임한 사람이 9명, 상업회의소 의원을 역임한 사람이 7명인데, 이들은 대부분 중복되고 있다. 이는 이 시기 목포항 일본인 사회에서 주도층 인사가 되기 위해서는 거류민회와 상업회의소에서의 활동이 필수적이었음을 보여주고 있다.

---

41) 국역 『목포지』, 305~306쪽 참조.
42) [표 5]에는 일본인사 출신지역은 '縣'으로 소개된 경우도 있고, 또는 구체적인 '出身地'로 소개된 것도 있다.
43) 佐堀伸三, 앞의 글, 16쪽.

특히 상업회의소 의원을 지낸 7명의 인물은 모두 거류민회의 의원도 역임하였다. 당시 상업회의소 의원이 거류지 사회의 대표적인 주도층에 해당되고 있음을 의미한다.44) 상업회의소 창립시기부터 1905년 사이의 임원명단은 [표 6]과 같다.

[표 6] 목포 일본인상업회의소 임원 명단

임원 및 서기장	1900년	1901년	1902년	1903년	1904년	1905년
會頭	西川太郎一	木村健夫	西川太郎一	西川太郎一	西川太郎一	福田有造
副會頭	福田有造	福田有造	木村健夫	福田有造	木村健夫	木村健夫
常議員	藤森利兵衛	藤森利兵衛	藤森利兵衛	藤森利兵衛	藤森利兵衛	藤森利兵衛
	木村健夫	西川太郎一	福田有造	渡邊彌太郎 山野瀧三	山野瀧三	山野瀧三
	棚橋仙之助	平岡寅次郎	平岡寅次郎	木村健夫	福田有造	平岡寅次郎
	大河原源吉	棚橋仙之助 大河原源吉	大河原源吉	大河原源吉	谷村道助	谷村道助
	木村福次郎	木村福次郎	木村福次郎	木村福次郎	木村福次郎	木村福次郎
書記長	谷垣嘉市	谷垣嘉市	谷垣嘉市	谷垣嘉市	谷垣嘉市	谷垣嘉市 中田孝之介

* 목포지편찬회, 『목포지』, 1914, 162~163쪽을 토대로 편집.

당시 일본인상업회의소의 임원진은 7명(회두會頭 1명, 부회두副會頭 1명, 상의원常議員 5명) 내외로 구성되었음을 알 수 있다. 1900년부터 1905년 사이에 상업회의소의 임원을 지낸 사람은 총 11명이다. 그 중에서 6명이 [표 5]에 나오는 재목인사명단과 중복되는 인물이고, 6년 동안 계속해서 임원을 맡은 인물은 4명(후쿠다 유조福田有造, 목촌건부木村健夫, 등삼리병위藤森利兵衛, 목촌복차랑木村福次郎)이다. 장기간 상업회의소 임원을 맡은 이 네 사람 가운데서 [표 5]에 나오지 않는 인물은 등삼리병위 한 사람뿐이다. 등삼리병위는 해운업을 하면서 잡화를 취급했던 인물로 알려져 있다.45) 또 한

---

44) 개항 직후부터 일본인들의 상권옹호를 위한 단체들이 생겨나기 시작했다. 일본인상업회의소는 수출업자 중심의 木浦商話會와 수입상 중심의 雜貨商組合, 일용품 판매업자 중심의 小賣商組合 등이 통합하여 1900년 1월 25일 발족하였다.

사람 중요한 인물은 산야롱삼山野瀧三이다. 그는 일본 야마구치현 출신으로 1895년에 부산으로 이주해서 해운업에 종사하면서 부를 축적하였다. 1903년에 거류민회의원, 1914년에 목포부협의회 위원을 역임하는 등 목포 개항 초기 일본인 사회에 영향력 있는 인물 중 하나였다.

당시 상업회의소는 회두를 맡았던 인물이 다음해에는 상의원을 맡기도 하였는데, 사정에 따라 직책의 상하이동이 가능했던 것이 [표 6]에서 확인된다. 서기장書記長은 지금의 사무국장과 같은 역할이라고 할 수 있다. 초기 5년 간 서기장을 맡은 곡원가시谷垣嘉市는 원래 인천 조선신보의 기자를 지낸 인물로 목포에 와서는 목포신보의 창간과 운영에 관여하는 등 언론부분에서 많은 영향력을 행사했다. 1905년 목포신보사의 대표로서『재한인사명감』을 발행하였고, 1914년 발간된『목포지』편집위원을 맡기도 하였다. 1905년 이후 서기장을 맡은 중전효지개中田孝之介는『재한인사명감』의 저자이기도 하다. 상업회의소의 서기장은 목포지역과 한국의 정세에 밝은 인물들이 맡아왔다.

한편, 개항 초기 형성된 일본인 사회의 주도층들이 장기간 목포에 머물면서 활동하지는 않았던 것으로 보인다. 1921년 목포상업회의소에서 발행된『목포안내木浦案內』에는 당시 상공인들의 명단이 부록으로 실려 있는데, [표 5]와 [표 6]에서 살펴본 인사 중에서 이 명단에 포함되어 있는 사람은 불과 6명(산본만차랑山本萬次郎, 도변미태랑渡邊彌太郎, 산야롱삼山野瀧三, 등삼리병위藤森利兵衛, 후쿠다 유조福田有造, 목촌건부木村健夫)밖에 되지 않는다.[46)]

목포 개항 이후 형성된 일본인 사회 주도층이 장기간 거주하지 않은 요인은 두 가지 측면에서 살펴볼 수 있다. 첫째는 당시 주도층을 형성한 상공인의 특성상 대부분 이들은 개항이라는 특수경기를 노리고 신개항장인 목포로 이주해 왔을 가능성이 크다. 때문에 개항 이후 어느 정도의 시간이 지난 뒤에는 또 다른 지역을 찾아 이주해 간 것으로 볼 수 있다.

---

45) 植村鑑次郎,『木浦案內』, 木浦商業會議所, 1921, 23쪽 상공인명록 참조.
46) 목포상업회의소,『木浦案內』, 1921, 이 책에 수록된 상공인 명단 참조.

둘째는 한국 내 정치상황의 변화에 따라 일본인들이 내륙으로 이주했을 가능성이다. 개항장 거류지 내의 한정적인 상업 활동에 만족하던 일본인들은 1905년 이후 한반도에서의 정치상황이 일본 쪽에 유리하게 전개되면서, 한정된 개항장 지역을 탈피해서 내륙 깊숙이 본인들의 상업활동 터전을 옮겨가기도 하였다. 대표적인 인물로 하야희삼랑河野喜三浪은 출신지 구마모토에서 부산으로 건너갔고, 그 후 목포로 옮겨 장사를 하다가 다시 영산포로 옮겨 영산포에 일본인 마을을 형성하는 데 앞장섰다.[47]

1905년 한일협상조약韓日協商條約이 강제 체결되면서 일본인에 의한 토지 매수가 자유화된 것도 많은 영향을 주었다. 이후 목포에 있는 재력가들은 전라남도 곡창지대의 토지를 매입하여 직접 농사를 짓는 일에 관심을 갖기 시작했다.[48] 한국정부가 일본의 쌀 반출에 대해 "쌀 수출 금지령"을 내리게 되자, 그에 대항하여 일본인들은 자신들이 직접 토지를 매입하여 쌀농사를 경영하고, 보다 많은 쌀을 일본으로 이출移出하는 것을 꾀하게 되었다. 그 결과 목포항에 거주하던 일본인들이 나주 영산포 지방의 토지를 매수하여 그곳으로 이주하는 현상이 나타나기도 하였다.[49] 목포의 경우는 호남지역 쌀 반출을 주목적으로 개항되었다고 해도 과언이 아니었다. 그런데 2년 후 군산이 개항되었기 때문에 관련 상인들에게도 변화가 생겨났다. 목포에 거류하던 일본인들의 일부는 군산으로 옮겨가기도 하였다.[50]

---

47) 佐堀伸三, 앞의 글, 20쪽.
48) 위의 글, 36쪽.
49) 위의 글, 23~24쪽 참조.
50) 국역 『목포지』, 52쪽.

4. 목포항의 해상 네트워크

목포는 공간적으로 영산강과 바다가 만나는 길목에 위치한 포구이다. 개항 이전에도 조운로의 거점으로서 영산강을 통해 내륙과 연결되었고, 수군진의 운영을 통해 목포와 주변 여러 섬들이 연결되어 있었다. 『목포부사』에는 "목포만호木浦萬戸는 고하·비금·팔금·도초·기좌·안창·자은·장산·하의·암태·우이·흑산의 열두 섬을 관리하는데, 비금·팔금에는 영장領將을 분주分駐시켜 만호萬戸의 명을 받아 열두 섬의 병사兵事를 처리하게 하였다. 만호는 수군진영水軍鎭營의 장長일 뿐 아니라 진영鎭營 소재 지구의 일반 행정도 관장하였다."고 기록되어 있다.51) 때문에 이미 조선시대부터 목포는 주변의 다도해를 연결하는 네트워크 기능을 어느 정도는 지니고 있었다.

이러한 목포의 해상 네트워크는 개항을 계기로 더욱 확장되었다. 서남권 물류이동과 상업의 중심항구로 성장하였으며, 일본과 중국으로 연결되는 국제적인 네트워크를 형성하게 되었다. 이 장에서는 바닷길을 통한 해상 네트워크와 관련된 측면을 살펴보고자 한다.

먼저 목포항의 상권과 관련된 부분이다. 전라남도 중 북쪽 영광군과 장성군의 일부는 군산과 교차되는 특성이 있고, 전남 동부권의 구례·곡성·순천·여수·고흥·보성에는 부산의 세력이 미쳤다. 여수·순천·광양·구례 4군을 제외하고는 개항 이후 모두 목포의 상권 내에 있었다.52) 때문에 전남에서 생산되는 여러 물자들이 목포에 집산되고, 해상 네트워크를 통해 여러 경로로 이동되어 갔다. 전남의 물자 집산 상황을 정리하면 [표 7]과 같다.

----

51) 『木浦府史』, 19쪽.

52) 『木浦府史』, 556~557쪽.

[표 7] 전남의 물자집산 상황

開港場	物資集散地 主要經路	物資集散區域
釜山	河東(慶南)	求禮 일부, 光陽 일부
	麗水	麗水, 突山, 光陽 일부, 順天 일부, 興陽 일부
	筏橋	順天 일부, 寶城 일부, 興陽 일부
	海倉	寶城 일부, 興陽 일부, 長興 일부, 康津 일부, 海南 일부, 莞島 일부
木浦	海倉	寶城 일부, 興陽 일부, 長興 일부, 康津 일부
	海南	海南 일부, 康津 일부, 莞島 일부, 靈巖 일부
	濟州	濟州, 旌義, 大靜
	木浦	務安, 智島, 珍島
	榮山浦	羅州, 靈巖 일부, 綾州, 長城 일부, 潭陽 일부, 昌平 일부, 谷城 일부
	法聖浦	咸平, 靈光, 長城 일부
群山	茁浦(全北)	長城 일부, 潭陽 일부, 昌平 일부
	群山	昌平 일부, 谷城 일부, 求禮 일부

* 度支部 編, 『開港場 附近市場 經濟及交通關係 第1卷(釜山稅關報告)』, 163~164쪽 참조.

개항 이후 목포항은 해창·해남·제주·영산포·법성포를 아우르는 전남 최대의 무역항으로 발전하였다. 주변 무안·함평 등에 78개의 시장이 있었고, 이러한 시장에서 유통되는 물자들은 모두 목포항을 거점으로 이동되고 공급되었다.[53)]

목포항 상권이 활성화되기 위해서는 연안항로의 정비가 필요했다. 연안항로의 정비와 발달에 큰 영향을 준 것은 기선汽船의 등장이었다. 바람에 의지하는 전통적인 범선을 통한 운항도 이루어지고 있었지만, 기선이 보급되면서 목포를 중심으로 한 주변의 포구와 섬들이 연결되는 해상 네트워크 형성이 촉진되었다.[54)] 개항 후 목포 연안항로에는 호리상회堀商會기선과 다케우치회조부武內回漕部기선이 있었다. 호리상회기선은 인천에 본점을 두고 목포를 기점 혹은 기항지로 목포-진남포, 인천-경성鏡城,

---

53) 度支部 編, 『開港場 附近市場 經濟及交通關係 第1卷(釜山稅關報告)』, 165쪽.

54) 선교사들의 기록에 의하면 목포가 개항되기 전에 이미 한국정부도 세척의 작은 기선들을 가지고 있었으며, 그 배들이 3주마다 또는 매달 군산·목포·좌수영에 정박하였다. 그 배들이 개항장인 제물포와 부산을 오고 가기 때문에 공급물자와 우편물이 다른 지역으로 보내질 수 있었다. 그러나 활성화되지 못해 많은 불편함이 있었다. 『목포선교부보고서(1895~1911)』, 4쪽 1895년 9월 기록 참조.

제주도-만경대 간 정기선을 운영하였다. 이후 다케우치회조부는 제주도·추자도·지도·법성포·줄포 등으로 정기항로를 개설하였다.[55]

연안항로는 조선우선주식회사朝鮮郵船株式會社에 의해서 대폭 확장 되었다. 이 회사는 본점을 경성에 두고 1913년 정부의 특별지원을 받아 전남 다도해에 대한 항로를 크게 확장하였다. 당시 목포우선주식회사가 목포를 기점으로 운영한 항로는 [표 8]과 같다.

[표 8] 朝鮮郵船株式會社 木浦起點航路表

항로	운항빈도	주요경유지
木浦-群山線	매월 8회	지도, 법성포, 줄포, 위도, 군산
木浦-群山北島線	매월 4회	임자도, 안마도, 위도, 고군도, 군산
木浦-多島海南島線	매월 4회	우이도, 대흑산도, 매가도, 태도, 흑산도
木浦-珍島線	매월 10회	안창도, 우수영, 진도
木浦-飛禽島線	매월 10회	기좌도, 하의도, 비금도
木浦-荏子島線	매월 10회	자은도, 지도, 임자도
木浦-釜山外廻航線	매월 8회	추자도, 제주도산지, 제주조천, 제주성산포, 거문도, 여수, 거제도, 장승포, 부산
木浦-釜山內廻航線	매월 10회	우수영, 완도, 장흥, 흥양, 나로도, 여수(바꿔타는 곳), 노량진, 삼천포, 통영, 마산, 진해, 부산
木浦-濟州西廻航線	매월 5회	조도, 추자도, 제주도산지, 제주비양도, 제주모슬포, 제주서귀포
木浦-濟州東廻航線	매월 5회	소안도, 제주도산지, 제주도조천, 제주도금녕, 제주도성산포, 제주도표선리, 제주도서귀포
木浦-榮山浦線	매일 상호발착	몽탄진, 사포, 중촌포, 구진포, 영산포

＊국역 『목포지』, 238쪽 참조 편집.

개항장인 부산·군산과의 교류가 많았으며, 주변 다도해와 제주도를 연결하는 해상 네트워크가 형성되었음을 알 수 있다. 목포 해상 네트워크에는 바닷길을 이용한 것 외에 영산강을 이용한 것도 포함된다. 영산강을 통한 교류의 중심지는 영산포였다. 1906년 8월 무내학태랑武內鶴太郎이 소증기선 기념환記念丸을 운항하면서 목포와 영산포간의 정기항로가 개설되었다. 이후 1909년 부산에서 금강환錦江丸을 이 항로에 보내서 영

---

55) 국역 『목포지』, 240~241쪽.

산포 직항선이 발전하였다. 영산강은 전통적으로 목포권 다도해의 도서들과 내륙지역 간에 물류가 이동되는 기능을 해왔고, 목포가 개항되는 중요한 배경이 되기도 했다. 영산강을 이용한 네트워크는 영산포 외에도 영암, 무안 등 영산강 주변 도시와도 연결되어 있었다.[56]

영산포 항로가 활성화된 것은 영산강 연안의 개발에 힘입어 영산포를 중계기지로 주변지역에서 수송량이 증가한 결과였다.[57] 그러나 후대로 갈수록 변화가 있었다. 1912년 목포광주간 자동차의 개업이 있었고, 1913년 호남철도의 나주 송정리 개통이 있어 기선을 이용한 사람들의 왕래는 조금씩 줄어드는 현상이 생겼다. 육로교통의 영향을 받아 1915년 이후 영산강에서 기선 운항은 일시적으로 중단되었고, 1925년 이후 다시 영산포와 목포 간의 상호 취항이 재개되는 흐름이었다.[58]

목포를 중심으로 한 해상 네트워크는 개항 이후 목포가 상권의 중심지뿐만 아니라, 정보와 문화의 중심지로 변모하게 되는 역할을 하였다. 서남권의 섬들은 목포에서 출발한 기선을 통해서 외부와 소통할 수 있었다. 1901년부터 1906년까지 현 신안군 지도에서 유배생활을 한 김윤식의 일기인 『속음청사續陰晴史』에는 목포우편집배원이 지도에 들어와 편지와 함께 외부 소식을 전해주는 상황들이 잘 남아 있다.[59] 섬사람들에게 목포에서 정기적으로 들어오는 배들은 그들의 생활물자를 공급하는 생계의 수단이자, 외부 소식을 전하는 메신저였다. 개항 이후 목포중심의 해상 네트워크가 형성된 것이다.

목포항의 해상 네트워크를 통한 사람들의 실질적인 왕래는 주로 타지역 개항장과의 교류가 많았다. [표 9]는 1910년에 목포항을 출입한 타 지역 사람들의 통계이다.

---

56) 국역 『목포지』, 247~248쪽.
57) 佐堀伸三, 앞의 글, 31쪽.
58) 국역 『목포지』, 247~248쪽; 佐堀伸三, 위의 글, 31~32쪽.
59) 최성환 외 공역, 『김윤식의 智島流配日記』, 신안문화원, 2010, 48쪽 1901년 8월 7일 일기 외.

[표 9] 목포 對內國 諸港 여객거래별표

구분	來港				去港			
	조선인	일본인	외국인	계	조선인	일본인	외국인	계
부산	702	2,779	18	3,499	720	2,011	26	2,787
군산	232	631	29	892	292	709	29	1,030
마산	8	56	0	64	4	27	0	31
인천	2,013	3,176	199	5,389	1,628	1,754	171	3,553
진남포	7	42	2	51	15	47	0	62
경성	0	1	0	1	0	15	0	15
원산	0	0	0	0	1	2	0	3
신의주	0	0	0	0	0	1	0	1
용산	0	0	0	0	0	1	0	1
대구	0	0	0	0	0	1	0	1
대전	0	0	0	0	0	1	0	1
수원	0	0	0	0	0	1	0	1
不詳	0	5	0	5	52	0	0	52
총계	2,962	6,690	248	9,960	2,712	4,600	226	7,538

* 木浦商業會議所,『목포상업회의소월보 임시증간 1910년도 사무보고』, 1910, 38쪽.

　　부산·군산·마산·인천·진남포 등 왕래가 있는 지역은 모두 개항장이 었고, 부산보다도 인천에서 목포를 출입하는 사람들이 더 많다는 점이 특징이다. 실질적인 사람들의 왕래를 보여주는 교통 면에서는 공간적으 로 서해안권에 위치한 '인천-군산-목포'의 해상 네트워크가 더 활발하 게 이용되고 있었음을 알 수 있다. 앞장에서 살핀 것처럼 개항 초기 목 포항은 상업적인 면에서 부산 상권의 막대한 영향을 받았다. 사람의 이 동은 서해안권이 많았지만, 물류의 수이출 현황에서는 부산과의 거래가 많았다. [표 10]의 개항 초기 거래지별 수출입 대조표를 보면 알 수 있 다. 부산이 가장 많은 양을 차지하고 있어, 상권의 영향력에서는 부산의 비중이 컸음이 확인된다. 세부적으로 보면 수출의 경우는 인천항, 수입 의 경우는 부산항과의 거래가 많았다는 점이 특징이다.

[표 10] 개항 이후 목포항 거래지별 수출입대조표

구별		1898년	1899년	1900년
일본	수출	245,848원	512,011원	626,377원
	수입	162,475원	223,950원	357,874원
	계	408,323원	735,961원	984,251원
인천	수출	192,747원	163,796원	356,497원
	수입	134,623원	161,206원	174,173원
	계	327,370원	325,002원	530,670원
부산	수출	72,926원	70,192원	113,458원
	수입	342,432원	319,538원	270,085원
	계	415,358원	389,730원	383,543원
군산 기타 연안	수출	35,312원	100,994원	160,816원
	수입	6,258원	84,102원	165,040원
	계	41,470원	185,096원	325,856원

* 『木浦府史』, 570쪽에서 편집.

한편, 개항 이후 목포와 외국과의 국제항로는 일본의 오사카大阪·나가사키長崎, 중국의 다롄大連이 중심이 되었다. 목포·일본 간 국제항로는 오사카상선주식회사가 오사카와 인천仁川 간 기선을 1900년 10월 24일 이래 목포에 기항하게 되면서 공식적인 항로가 열리게 되었고, 이후 '오사카-인천'선과 '나가사키-다롄'선이 목포에 기항하게 되었다.60) 다롄 지역 경우는 1907년부터 목포쌀의 다롄수출이 시작되면서부터 활성화 되었다.61) 1912년 무렵 목포항의 대외 항로는 [표 11]과 같다.

[표 11] 1912년 목포 대외 정기항로

회사명	항로	선박수	운항빈도	기항지
大阪상선주식회사	大阪-仁川	4척	월 왕복16회	神戶, 下關, 부산, 목포, 군산
大阪상선주식회사	長崎-大連	2척	월 왕복8회	부산, 목포, 군산, 인천, 진남포
尼崎汽船	大阪-仁川	4척	월 왕복16회	神戶, 下關, 부산, 목포, 군산

* 국역 『목포지』, 234~235쪽을 참조하여 편집.

60) 국역 『목포지』, 234~235쪽.

61) 국역 『목포지』, 57쪽.

대외적인 항로의 경우는 목포의 무역상황과 밀접한 관계가 있다. 개항 이후 목포의 주요수출 품목은 쌀과 면화였다.[62] 그중에서도 가장 많은 양을 차지하는 쌀의 경우 대부분 일본 오사카으로 보내졌다. 때문에 목포는 개항 이후 오사카 지역과 가장 밀접한 교류관계를 가졌고, 쌀 시장은 오사카의 상황에 따라 많은 영향을 받았다.

1907년부터는 목포상인들이 만주에 관심을 가지기 시작했다. 목포쌀은 다롄을 비롯하여 멀리 용양·봉천 등에 이르렀다. 만주의 목포쌀 수입은 조선쌀 총수입액 중 약 4할을 점하였다. 조선쌀이 일본쌀과 맛이 비슷하고 가격이 저렴하여 만주의 일본인뿐만 아니라 중국인들이 주요 고객이 되었다. 또한 만주 지역 내 노동자들의 증가가 목포를 통한 쌀 수입이 증가되는 배경이 되었다.

1908년에는 러시아 블라디보스톡에도 목포쌀이 수입되었다. 이 일대에 거류하는 한중일 상인들의 식량으로 기존의 일본쌀 대신 조선쌀이 주목되면서부터였다. 그러나 블라디보스톡과 목포의 직항로가 개설되어있지 않아 목포쌀이 부산으로 옮겨져 블라디보스톡으로 보내지는 상황이었다.[63] 때문에 블라디보스톡으로의 수출은 많은 제약이 있었다.

보다 후대인 1930년대 목포항 수이출 쌀의 사향지仕向地는 일본의 경우 오사카, 효고현兵庫縣, 아이치현愛知縣 등 일본 전역으로 확대되었고, 관동저우關東州 다롄과 뤼순旅順, 만주국滿洲國 안동현安東縣과 펑텐奉川 등으로 확대되었다.[64] 목포쌀이 수이출된 일본과 만주지역의 연결 상황은 아래의 [그림 1]에 상징적으로 나타나고 있다.

---

62) 목포항 수출의 거의 전부라고 할 정도로 쌀과 면화가 매년 90% 이상의 비중을 차지하였다. 목포백년회, 『목포개항백년사』, 1997, 188쪽.

63) 국역 『목포지』, 354~355쪽.

64) 生地道太郎 編, 『木浦米肥紹介史』, 1936, 8~13쪽.

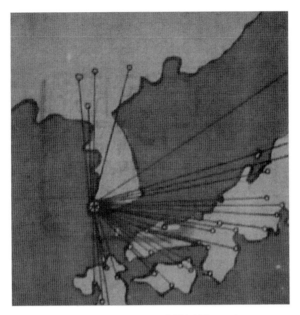

[그림 1] 1936년 발행 『米乃木浦』 표지

* 木浦商工會議所, 『米乃木浦』, 1936, 표지그림에서 발췌.

한일강제병합이 되는 1910년 당시 목포항의 정기 국외항로는 오사카 인천선, 나가사키조선선, 사가佐賀조선선, 한신阪神인천선이 운영되고 있었다.65) 1910년 일본 각 지역과 목포항 사이 실질적인 사람들의 왕래 상황은 [표 12]와 같다.

[표 12] 목포 對外國 諸港 여객거래별표

구분	來港				去港			
	조선인	일본인	외국인	계	조선인	일본인	외국인	계
大阪	2	314	0	316	10	496	0	506
神戸	37	303	12	352	1	139	0	140
門司	0	363	0	363	11	239	0	250
下關	3	976	1	980	6	608	3	617

65) 木浦商業會議所, 『목포상업회의소월보 임시증간 1910년도 사무보고』, 1910, 40쪽.

長崎	1	422	4	427	16	211	1	228
鄕浦	0	54	0	54	0	47	0	47
嚴原	0	18	0	18	0	22	0	22
唐津	0	2	0	2	0	7	0	7
勝本	0	20	0	20	0	0	0	0
東京	0	0	0	0	0	1	0	1
大連	3	30	4	37	3	27	7	37
安東縣	0	4	0	4	0	3	0	3
不詳	5	0	0	5	0	13	0	13
총계	51	2,506	21	2,578	47	1,813	11	1,871

* 木浦商業會議所, 『목포상업회의소월보 임시증간 1910년도 사무보고』, 1910, 38쪽.

　지리적으로 인접하고 정기항로가 개설되어 있는 지역 일본인들의 목포 왕래가 활발했음을 알 수 있다. 또한 목포의 대외 항로는 목포 거주 일본인의 출신지와도 관련이 있다. 앞장에서 살펴본 것처럼 나가사키현과 야마구치현 사람들이 목포에 많이 거주하고 있었고, [표 12]에서도 그 지역의 사람들이 목포로 가장 많이 왕래하고 있었음이 나타난다.

　1928년 기준, 목포를 거쳐 인천·부산·일본의 각 지방과 다롄·상하이·남양 등의 근해 항로를 취항하는 회사는 오사카상선주식회사·조선우선주식회사·아마가사키尼﨑기선주식회사·협동해운주식회사·일선해운주식회사, 다쓰마辰馬기선주식회사의 6개회사로서 증가했다. 사용선박은 107척, 기항회수 866회로 대폭 늘어났다.[66]

　그러나 정기항로와 사람들의 왕래에서도 나타나듯이 일본과 중국일부를 벗어나지 못했다. 쌀이출을 목적으로 개항된 항구에 대한 구미인의 관심도가 낮았고, 러시아의 경우 처음에는 목포에 넓은 영사관용 토지를 확보하는 등 관심을 보였지만 러일전쟁 패배 등의 이유로 목포에서 물러나게 되었다. 이는 목포가 쌀을 일본으로 이출시키기 위해 개항되었다는 태생적인 배경에서 기인한 개항장의 한계점으로 보인다.

---

66) 『木浦府史』, 566쪽.

5. 결론

본고에서는 목포 개항 초기 일본인과 해상 네트워크를 주제로 개항배경으로서 목포의 공간적 특징, 개항 초기 일본인의 이주와 주도층 양상, 목포항의 해상 네트워크에 대한 내용을 중심으로 살펴보았다.

연구결과는 다음과 같이 요약된다. 첫째, 개항배경으로서 목포의 공간적 특징 관련이다. 목포는 영산강과 바다가 만나는 길목에 위치한 포구로서 수군진의 설치, 조운로의 요충지, 정유재란시 고하도진의 설치 등을 통해 항구적 기능을 수행해왔다. 개항 당시에는 영산강의 길목이며, 호남곡창지대와의 근접성, 부산과 인천항과의 연결성, 항구도시로서 성장가능성 등이 높이 평가되었다. 이러한 공간적 특징은 일본 외에도 한국에 들어온 선교사들의 각종 기록에서 확인되었고, 선교활동을 위한 목적에서도 목포항은 매력적인 공간이었다. 목포는 개항장으로서 발전할 수 있는 가능성이 큰 공간적 특징을 지니고 있었고, 일본인들의 현지조사를 통해 그 가능성이 검증되어 개항하게 되는 흐름이었다.

둘째, 일본인의 이주와 주도층 관련이다. 목포는 일본인전관거류지가 아닌 각국거류지로 개항되었지만, 거류민의 대부분은 일본인이었다. 나가사키현과 야마구치현 출신자들이 많았는데, 지리적으로 근접한 이유와 함께 일본 내부의 경제사회적 변화와도 관련성이 있었다. 특히 야마구치현 출신자들은 목포의 상권을 장악하고, 목포 일본인 사회에 많은 영향을 주었다. 개항 초기 목포 상업은 부산의 영향력이 컸다는 특징이 있다. 인천, 부산 등 이전 개항장에서 신개항장인 목포로 이주해온 사람들이 많았다. 그 중에서도 목포상권을 장악한 대부분의 상인들이 부산을 거쳐 목포로 진출하여 지속적인 연결고리를 지니고 있었다. 또한 개항 초기 일본인 사회의 주도층은 개항장 형성에 필요한 공직자와 무역상 등이 중심이었다. 이들은 일본거류민회와 상업회의소의 임원을 맡아 영향력을 행사하였다. 한편, 목포항의 일본인 주요 인사들이 지속적으로 목포에 거주하는 비율은 그리 높지 않았다. 1905년 토지소유의 자유화가 되면서 내륙으로 이동하여 농사를 직접 경영하거나 군산 개항·개항장 특수경기 등이 그 원인이 되었다.

셋째, 목포항의 해상 네트워크 관련이다. 조운로의 요충지였던 목포는 수군진의 설치로 다도해의 섬들과 연결되는 해상 네트워크가 이미 존재하고 있었는데, 개항을 계기로 기선이 보급되고 목포쌀이 이출되는 것과 관련하여 해상 네트워크가 더욱 넓어지고 긴밀하게 발전하였다. 목포항은 전남물산의 집산지가 되었고, 목포쌀이 일본과 중국지역으로 이출되면서 국제적인 교류망을 형성하였다. 실질적인 사람들의 왕래는 국외는 일본지역이 중심이었고, 국내는 서해안권에 위치한 인천항 사람들의 왕래가 가장 많았다. 물류의 이동은 수출은 인천, 수입은 부산과의 거래가 중심이었고, 종합적으로는 상권의 영향력이 강한 부산이 많았다. 목포항의 해상 네트워크는 개항을 계기로 국제적으로 넓어지고 발전했지만, 쌀을 이출하는 것으로 목적으로 개항된 항구였기 때문에 그 범위가 일본과 중국을 벗어나지 못하는 한계점도 나타난다.

본고는 목포 개항 이후 형성된 일본인 주도층과 한국인들과의 관련성에 대한 부분이나 해상 네트워크에 있어서 쌀 이외 무역구조 등을 심도 있게 다루지 못한 한계가 있다. 부족한 부분은 차후 연구과제로 삼으며, 앞으로 개항 이후 목포의 내부적인 사회상과 주변 섬사람들과의 관련성을 분석하는 연구를 지속적으로 시도할 계획이다.

개항 이후 인천의 화교華僑사회와
동아시아 네트워크

: 산둥반도(山東半島)를 중심으로

이옥련李玉蓮

1. 서론

개항이후 동아시아 대외무역의 거점도시인 인천은 부산, 원산과 달리 한성의 관문으로 근대 중국무역과 일본무역을 담당하는 주요 항구도시로 자리매김 되었다. 특히, 인천은 부산, 원산과 더불어 일찍이 개항도시로 부각되면서 외국인의 이주와 활동이 두르러졌는바 1883년에 이미 외국인을 위한 거주공간이 정해졌고, 일본인의 대규모 이주에 이어 청국인의 왕래가 늘어갔다. 인천은 경인철도(1900), 인천항축조(1912) 등 제반 조건을 기반으로 1910년에 이르면 대외무역량의 28%를 차지하는 등 한국내 최대의 무역항의 기능을 담당한다. 무역의 발전은 상업의 발전을 이끌었으며 인천은 차츰 무역항도시로부터 상업도시로 그리고 공업지대로 발전한다. 결국 이는 국내외 노동자들의 대량 유입으로 이어졌다.[1] 이렇게 인천항은 동아시아 유통망의 한 축을 형성하면서[2] 동아

---

* 중국연변대학 외국어학원 부교수. 본 논문은 그 동안의 연구 성과를 종합하여 수정·보완한 것임.

1) 강덕우, 「仁川開港과 관련한 몇 가지 문제」, 『인천학연구』 창간호, 인천대학교 인천학연구원, 2002 참고.

시아의 인적·물적 네트워크 도시로 성장한다.

본고는 지금까지의 연구 성과를 기반으로3) 개항전후 인천화교사회의 형성과정과 화교들의 활동, 특히 인천화교사회와 산둥반도 네트워크를 고찰한다. 이는 개항도시 인천을 동아시아 이민의 도시라는 시각으로 고찰함으로써 개항도시 인천의 역할을 재조명함과 동시에 동아시아 네트워크라는 구조 속에서 인천 화교사회의 정체성에 대해 새롭게 접근할 수 있는 계기가 될 것으로 기대한다.

2. 인천의 화교사회 형성과 화교들의 활동

1) 인천의 화교사회 형성

개항초기 인천은 제물포라고 불렸으며, 전체 거주 인구가 약 5천명을 밑도는 작은 어촌마을이었다. 인천은 1883년에 개항되었는데, 이 시기는 1882년의 임오군란과 관련하여 청국의 압도적인 영향력이 관철되던 시기이기도 하다. 1883년 9월, 인천에는 최초의 조계지인 일본 조계지가 설립되었으며 이어서 1884년 4월에 인천 중구 선린동에 5,000여 평에 이르는 청국 조계지가 설치되었다. 그 해 10월에는 또 각국 공동 조계지가 설치되었다.

청국정부는 1882년의 임오군란 이후 무려 3,000명에 달하는 청군淸軍

---

2) 이영호, 「인천개항장의 '한국형 매판', 서상집의 경제활동」, 『동아시아, 개항을 보는 제3의 눈』, 인하대학교 한국학연구소, 2010, 40~45쪽 참고.

3) 김영신, 「開港期(1883~1910)仁川港의 對外貿易과 華僑의 役割」, 『인천학연구』 제2-1호, 인천대학교 인천학연구원, 2003; 정혜중, 「開港期 仁川 華商 네트워크와 華僑 정착의 특징」, 『중국근현대사연구』 제36집, 중국근현대사학회, 2007; 강진아, 「廣東네트워크(Canton- networks)와 朝鮮華商 同順泰」, 『사학연구』 제88호, 한국사학회, 2007; 이정희, 「해방초기 인천화교의 경제활동에 관한 연구」, 『인천학연구』 제9호, 인천대학교 인천학연구원, 2008; 김승욱, 「20세기 초(1910~1930) 인천화교의 이주 네트워크와 사회적 공간」, 『중국근현대사연구』 제47집, 중국근현대사학회, 2010.

병력을 조선에 파견하여 임오군란을 탄압하고 대원군을 납치하는 등 전통적인 조공관계와는 다른 새로운 적극간섭정책을 추진하기 시작했다.4) 이 시기 청국정부의 적극간섭정책은 주로 리홍장李鴻章이 입안하고 실행했으며 리홍장의 부수副手로 우따청吳大澂5)이 조선문제에 개입했다.6)

한편 청국은 1882년 8월, 조선과 조청상민수륙무역장정朝淸商民水陸貿易章程을 체결하였으며 그 전문에 조선에 있어서 청국의 종주권을 확고히 표명했다. 그리고 조선내에서의 치외법권, 내지통상권, 조선연혁에서의 운항순시와 어채魚採활동 등 특권을 취득함으로써 청상淸商의 조선이주와 더불어 청상들의 상업활동을 지원할 수 있는 기반을 닦아놓았다.

1883년 9월에는 총판조선상무위원總辦朝鮮常務委員으로 천수탕陳樹棠을 조선에 파견하였다. 천수탕은 먼저 서울에 상무위원 공서公署를 설치하고, 동년 11월, 인천에 상무위원 분서分署를 설립하여7) 리네이롱李內榮에게 영사사무를 관장하도록 하였다. 청국은 1884년 4월에 민영목과 인천구화상지계장정仁川口華商地界章程을 체결하였는바 이렇게 인천에 정식으로 청국 조계지를 설정하기에 이르렀다. 이는 인천화교사회가 형성되기 시작하였음을 시사한다.

한편 임오군란 때, 우창칭吳長慶(1883~1884) 제독을 수행해 온 40여 명 군역軍役 상인의 상업 활동은 초기 인천 화교사회의 구성과 형성에 중요한 역할을 했다.8) 그 뒤 1883년 11월과 12월, 청상 33명이 인천에서 영업허가를 받고 활동한 것으로 기록되었다.9) 특히 천수탕이 리홍장에게

---

4) 陳偉芳 저, 권혁수 역, 『청일갑오전쟁과 조선』, 백산자료원, 1996, 92~99쪽.

5) 吳大澂(1835~1902)은 중국 江蘇省 吳縣(현 江蘇蘇州) 사람으로서 본명은 大淳이고 자는 淸卿, 止敬이다. 1868년에 進士급제한 뒤 선후로 翰林院 編修, 陜甘學政 등 文職과 더불어 河北道 등 행정직을 역임하면서 청렴하고 성실한 행정관료로 평가 받았다. 1884년 5월 8일 吳大澂은 欽差會辦北洋事宜로 임명되어 당시 直隸總督으로서 北洋通商大臣을 맡고 있는 李鴻章과 더불어 북경의 안전을 비롯하여 중국 북부지역의 안보를 책임지는 중책을 맡았다(권혁수,『근대한중관계사의 재조명』, 혜안, 2007, 260~261쪽 참고).

6) 권혁수, 위의 책, 264쪽.

7) 中央研究院近代史研究所 編, 『淸季中日韓關係史料』 3권, 泰東文化社, 1972, 1666쪽.

8) 이옥련, 『인천화교사회의 형성과 전개』, 인천문화재단, 2008 참조.

보낸 보고서(1884.2.27)를 살펴보면 1883년 10월부터 인천항의 상무商務는 중국 무역선박의 빈번한 왕래로 번거롭게 되었다고 기록하고[10] 있듯이 1883년부터 청상들은 인천에서 본격적으로 활동하기 시작하였음을 말해준다.

1883년부터 1885년까지 인천에서 활동한 청상들의 출신지를 분석해 보면 중국 남방상인이 주류가 되어 인천화교사회가 구성되었음을 알 수 있다.[11] 그러나 1886년부터 인천의 화교사회는 점차 구성변화를 일으키기 시작했다. 이 시기의 화교사회는 중국의 남방상인과 북방상인을 포함하여 중국 내 각 지역의 상인들이 집합하여 활발한 경제활동을 진행하는 한편 서서히 산둥山東인 즉 북방北方인을 중심으로 한 화교사회로 이행하는 양상으로 타나났다. 이와 같은 상황은 청일전쟁 전까지 이어지며 그 뒤 20세기 20~30년대에 이르면 산둥화공華工들이 대거 인천으로 이주하는 상황을 엿 볼 수 있다.

한마디로 개항초기 인천화교사회는 인천구화상지계장정을 기반으로 본격적으로 형성되었으며 초기 광둥성廣東省, 저장성浙江省을 중심으로 한 남방상인이 주류가 되어 구성되었다. 그 뒤 1886년부터 본격적으로 산둥성을 중심으로 한 북방인이 주류를 이루며 인천화교사회가 구성변화를 일으킨다. 특히 초기 화교사회가 형성된 1883년부터 1894년까지 약 10년간, 인천을 중심으로 한 한국의 화교사회는 해외화교사상海外華僑史上 전례 없는 한국화교 역사의 '전성시대'로 자리매김 되었다.

2) 인천에서 화교들의 활동

청국은 조청상민수륙무역장정 체결 후, 천수탕을 주조총판조선상무

---

9) 中央研究院近代史研究所 編, 앞의 책, 1340~1341쪽.
10) 위의 책, 1356쪽.
11) 이옥련, 앞의 책을 참고.

위원駐朝總辦朝鮮常務委員으로 조선에 주재시켜 조선의 내정을 총괄적으로 조종하도록 하였는데, 이로부터 청국의 본격적인 조선에 대한 간섭정책이 시작되었다. 청국의 이와 같은 조선에 대한 정책은 국제정세에 대응하기 위한 것이었는데 특히, 조선에서 일본의 세력을 견제하기 위한 것이었다. 청국은 또한 종래 전통적인 중농경상重農輕商사상과 상관없이 조선에 진출한 청상에 대한 인신人身보호와 상업지원을 병행하면서 청상의 무역활동 즉 청상들의 경제세력 확장에 전력하였던바 이와 같은 사례도 해외화교사華僑史에서는 찾아 볼 수 없는 한국화교사회만의 특성으로 각인되었다.

이 시기 청국은 천수탕을 조선에 파견하여 청상의 상업정책을 수행함과 동시에 조선정부를 대신하여 외국과의 조약협상을 관리하도록 하였다. 1885년 11월에는 천수탕의 후임으로 위안스카이袁世凱를 서울에 상주常駐시켜 조선의 국정과 정치·외교를 철저히 간섭·통제하도록 하였다. 그 외 청국은 독일의 묄렌도르프paul Georg von Mollendorff, 穆麟德와 마젠창馬建常을 조선에 파견하여 조선의 정치와 외교에 관여하도록 하였으며 각종 의식儀式을 포함하여 청국의 권위를 강조하면서 조·청간의 속방屬邦관계를 이유로 청국에 대한 차별대우를 요구하였다. 청국의 이러한 조치는 과거 유교적 질서에 입각한 조·청 관계로부터 새로운 근대적 국제법 개념에 입각한 속방관계로 전환시켰다고 볼 수 있다.

이와 같이 청국의 조선에 대한 적극적인 간섭정책과 청상에 대한 상업지원 정책을 기반으로, 특히 개항도시 인천에 청국 조계지가 설치되면서 청국인들의 왕래는 눈에 띄게 빈번해졌고 이어서 무역상들이 인천으로 건너와 자리를 잡는 등 상거래가 활기를 띠었다. 청국은 또한 원세개의 부임기간 부산과 원산에 조계지를 설정함으로써 조선 내에 3개의 조계지를 소유하게 되었다. 아래 [표 1]을 통하여 알 수 있는바 이 시기 청국의 3개소個所 차지借地면적을 비교해 보면 부산이 가장 크고 다음으로 원산이고 인천은 가장 작다.12) 그러나 인천항이 지리적으로 중국(산

등성 등)과 가장 가까울 뿐만 아니라 동아시아에서 중요한 위치에 처해있는 원인으로 청상들은 위 3개의 조계지 중에서도 인천에서 가장 활발한 활동을 벌였다.

[표 1] 仁川·釜山·元山 淸國租界地 面積

租界地	借地面積	其他面積	計
仁 川	6,762.93	2,097.07	8,860.00
釜 山	20,771.80	4,917.61	25,689.41
元 山	8,341.70	849.40	9,191.10
合 計	35,876.43	7,864.08	43,740.51

* 출처: 「政府記錄保存所」, '居留地關係書類'.

위 표와 같이 인천은 부산, 원산을 포함하여 조선에서 면적이 가장 작은 청국 조계지이다. 그러나 이 시기 청상들의 무역활동은 주로 인천을 무대로 진행되었는바 청국정부는 인천에 이주한 청상들의 활동에 대하여 엄격하게 관리하는 대책을 강구하기 시작하였다. 예컨대 이 시기의 〈파원관리조선교섭통상사무장정派員辦理朝鮮交涉通商事務章程〉 제2조를 살펴보면 총판위원이 매년 연말이면 조선으로 이주해 온 청상인원수, 청상들이 납부한 수출입 세액을 상보詳報하고 총리각국사무아문에 자문咨文으로 확인을 청하도록 규정되어 있다.13) 이는 인천을 무대로 한 청상들의 활동이 활발하게 진행되었음을 설명해 준다.

아래 [표 2]를 통하여 1883년에 인천에서 활동한 청상들의 점포를 살펴보기로 한다.

---

12) 이현종, 『韓國開港場硏究』, 일조각, 1975, 255쪽.

13) 〈總署收軍機處交出李鴻章抄摺(附:派員辦理朝鮮商務章程)〉(光緒 9년 6월 25일) 문서번호 741, 『淸季中日韓關係史料』 3, 1172~1175쪽.

[표 2] 仁川 淸商 店鋪數 및 商人數(1883)

地域別	商店名	商店數	商人數
廣東幇商店	致中和 怡安 廣威隆	3家	17名
山東幇商店	永源棧 公和棧	2家	13名
	永隆順船一隻	1家(선박)	6名
浙江幇商店	載合順 公記	2家	18名
合計		7家	54名

* 출처:『淸季中日韓關係史料』3卷, 1339쪽. 참고작성.

위 표를 통하여 알 수 있는바 초기 1883년에 인천에서 활동한 청국인 점포는 광동상인 점포, 산둥상인 점포와 절강상인 점포로 기록되었다.[14] 그 중 산둥인이 경영한 상호商號는 영원잔永源棧과 공화잔公和棧이고 기타 선박회사 영륭순永隆順이 있다. 전체 직원수는 19명이며 이들은 주로 동향同鄕인으로 구성되었다.

통상通常 해외화교사회를 살펴보면 초창기에 먼저 동향인으로 조직된 단체를 결성하고 다음으로 동향단체, 그리고 그와 밀접한 관련이 있는 동업단체同業團體를 설립한다. 아울러 이러한 단체들을 총괄하는 상위上位 단체 즉 화교사회전체를 총괄하는 중화회관中華會館을 설립한다.[15] 한국 화교사회인 경우, 1884년 4월, 최초로 화상華商조직인 중화회관을 세웠으며 모든 화상은 자본의 대소를 불문하고 회관에 등록하고, 집조가 발급된 후 회관에서 집조를 수령하도록 규정했다. 그러나 일부 집조 발급을 받지 않은, 행적이 불분명한 화상들이 도처에서 문제를 일으키는 경우도 종종 발생하였다. 천수탕은 이에 대하여 고시문告示文을 잇달아 내걸고 1884년 7월 이후 집조를 소지하지 아니한 자는 유용游勇의 예에 따라 처벌할 것이며 유용 등을 은닉하는 일이 없도록 지시하였다.[16]

---

14) 中央硏究院近代史硏究所 編, 앞의 책, 3卷(826, 光緒10年 2月 11日, 附件 1, '光緒九年華商到漢城麻浦仁川三處人數'), 1338~1340쪽.

15) 橫浜開港資料館, 『橫浜と上海: 近代都市形成史比較硏究』, 1989, 433쪽.

인천으로 이주하여 활동한 청국인들은 상인 즉 청상 외 청국인 농민들도 포함되어 있다.『인천향토사료조사사항仁川鄕土史料調查事項』은 이 시기 인천의 신정新町은 청국인의 야채시장으로 알려져 있다고 기록하고 있다. 또한 청국인 농민들이 새벽 일찍부터 신정에 모여 각자의 야채를 판매하였는데 이곳의 야채시장은 인천시내의 유일한 야채시장이었다고 밝히고 있어[17] 이 시기 청국인 농민들도 인천에서 활발한 활동을 하였음을 말해준다. 그 외 인천화교들이 경영하고 종사한 업종은 상업 외 여관업도 있었는데 예컨대 1915년의 기록에 따르면 춘양관春陽館여관, 개풍開豊여관과 홍성화興盛和여관 등이 있었다.[18]

인천에서 청국인들의 활동은 자녀교육을 위한 화교교육 분야에서도 나타나는데 이 시기 화교들의 자녀에 대한 교육은 각자 가정에서 자녀교육을 진행하는 것과 학교교육 두 가지로 나뉘었다. 학교교육으로 공립학교 한 곳과 서당 한두 곳이 있다. 예컨대 1915년 4월 조사에 따르면 화교공립양등兩等 소학교가 있었는데, 이 학교는 인천 거류지 중화회관 내에 위치하고 있었다. 이 학교는 2학급으로 편성되었으며 고등 1, 2학년과 초등 1, 2, 3, 4학년이 있었다. 생도는 고등과 8명, 초등과 32명이 있었으며 졸업연한은 고등과가 2년이고 초등과는 4년이다. 1915년 현재 이 학교의 교원은 주인 1명 외, 영사관 인원들이 의무로 교수하였다고 기록하고 있다.[19]

한편 인천의 화교학교華僑學校는 일제시기 일본의 강압적인 정책으로 인한 영향을 심하게 받았다. 예컨대 중일전쟁으로 휴교하였던 인천화교소학교仁川華僑小學校는 왕자오밍汪兆銘[20] 정권시기 다시 개교하였었는데,[21]

---

16) 〈陳樹棠의 告示文(光緖 11년 정월 14일)〉;〈 陳樹棠이 防營 吳 統領 및 營務處 袁에 보내는 咨文 및 移文(光緖 11년 정월 13일),「陳樹棠: 호조집조 01」, 116~117쪽

17) 今井猪之助,『仁川鄕土資料調查事項』上, 이동철 외 옮김, 인천대학교 인천학연구원, 2007, 377쪽.

18) 今井猪之助, 위의 책, 359쪽.

19) 今井猪之助, 위의 책, 326쪽.

일제는 화교소학교에서 황국신민皇國臣民의 정신을 체득한다는 명분으로 황국신민체조體操를 실시하였으며22) 일부 화교들의 반발에도 불구하고 오색기와 일장기를 걸 것을 강요하였다.

3) 인천의 청국 조계

일본이 인천에 전관조계를 설정(1883.9.30)하자 청국은 1884년에 인천구화상지계장정仁川口華商地界章程을 체결하여 일본 전관조계 서쪽의 땅 5,000여 평을 구획해 청국전관조계를 설정했다. 그러나 실지로 청국 조계내의 토지공매는 1885년 8월에 시작되었다. 이로부터 인천항을 중심으로 청상과 일상日商은 치열한 상권경쟁을 벌렸는데, 청일전쟁 전까지는 청국의 정치적 위세를 기반으로 청상들의 세력이 빠르게 성장하였는바 인천항의 상권은 제 분야에서 청상들이 거머쥐는 양상으로 나타났다. 그러나 1894년 청일전쟁에서 청국의 패배로 인하여 인천을 포함하여 한반도에서 청상들은 상업경쟁에서의 우위를 일상에게 빼앗겼으며 결국 수많은 청국인들은 꼬리에 꼬리를 물고 귀국하였다. 청국인들이 귀국하면서 청국 조계는 일본인들이 임대하여 거주하였으며 점차 '잡거지'로 변화하였다. 전쟁 뒤 청국인들은 다시 인천으로 돌아와서 상권회복을 도모하지만 전전戰前 청상들의 우위를 회복하기에는 역부족이었다.

청일전쟁 뒤, 인천에서 청군과 청상의 지위, 그리고 청상들의 생활에 대해 청말淸末 인사 쉬위엔휘許寅輝23)는 『객한필기客韓筆記』24)에 상세하게

---

20) 汪兆銘(1883~1944)은 원세개 통치시기 프랑스로 유학하였으며 귀국 후 1919년 孫中山의 영도하에 上海에서 잡지 『建設』을 창간하였다. 1921년 손중산이 光州에서 非常大統領 취임시, 왕자오밍은 廣東省교육회장으로 있다가 항일전쟁기간 일본에 투항하여 漢奸으로 전락하였다.

21) 『每日申報』, 1938년 1월 22일.

22) 『每日申報』, 1938년 4월 1일.

23) 許寅輝는 江蘇 上元縣(현재는 南京江寧에 속함) 사람으로 淸 光緖 19년(1893년) 봄에 조선주재 영국총영사 禧在明의 요청으로 조선주재 영국영사관에서 문서 정리와 번역 업무를 담당했다. 그의 신문은 청국정부 관원이었다.

기록하고 있다. 이는 청일전쟁에서 청국의 패배에 따른 청상의 정치적 지위와 위태로운 생활을 반영한 사료이다. 쉬위엔훼는 조선 주재 영국 영사관에서 근무한 특수한 신분을 가진 청국관원이었다. 그는 조선 화교와 청국 병사들의 안전을 위해 많은 도움을 주었다. 이 시기 청국인들은 영국 영사관에서 발급한 증명서를 통행증으로 사용했기 때문에 신변 안전과 생활상의 불편을 어느 정도 해결했다.

한편 청국인들의 생활은 국제 관계에 따라 조청통상조약이 새로 체결되는 1899년 9월 11일까지 영국영사의 관할 하에 놓여 있었다. 그 뒤 청국 영사가 다시 돌아와 취임하였고 경성에도 청국 영사가 주재함에 따라서 청국인 무역상들의 위상도 높아가기 시작했다. 1902년, 영사 쉬위인즈許引之[25] 때에는 순포청에 수십 명의 순포가 있었고 또 여러 명의 일본인을 순포로 채용하여 전문적으로 청국거류지의 질서와 안전을 도모하였다. 따라서 청일전쟁 뒤, 청국인들은 다시 인천으로 돌아와 이주 생활을 이어가는 양상으로 나타났다. 아래 [표 3]을 통하여 청일전쟁 뒤, 인천 화교인구의 변화를 살펴본다.

[표 3] 淸日戰爭 후 仁川港 淸國人數 變化

연도	호수(호)	인구(명)	연도	호수(호)	인구(명)
1897	157	1,331	1904	237	1,063
1898	212	1,781	1905	311	2,665
1899	222	1,736	1906	186	1,254
1900	228	2,274	1907	414	1,373
1901	239	1,640	1908	383	2,041
1902	207	956	1909	419	2,069
1903	228	1,160	1910	524	2,806

* 출처: 『仁川府史』, 7쪽.

24) 許寅輝의 『客韓筆記』(長沙出版, 1906)는 청일전쟁 전후에 발생한 주요한 사건을 기술한 사료이다. 작가는 이 시기 晚淸, 조선, 일본 등 3자의 관계에 대해 기록했으며 갑오전쟁사, 旅韓華人, 중한 관계 등 여러 측면에서 이 시기 역사적 사건에 대해 기록하고 분석한 것으로 재한 화교 사회를 연구함에 있어서 사료적 가치가 있는 귀중한 古書로 평가받고 있다.

25) 許引之(1875~1924)는 晚淸人士이고 二品官銜이다. 청일전쟁 후 인천총영사로 있었으며 淸末明初 중국 杭州지역의 역향력 있는 인물이다.

앞의 [표 3]을 통하여 청일전쟁 전후 인천의 청국인수 증감 상황을 살펴볼 수 있다. 표와 같이 청국인의 호수는 1897년의 157호에서 1910년에 이르면 다시 524호로 기록되어 전후 많은 청국인들이 다시 인천으로 돌아와 이주생활을 이어가고 있음을 알 수 있다.

1911년 청국은 국호를 중화민국으로 개칭하였고 장흥張鴻[26]이 인천주재 영사로 취임되었다. 1914년 인천의 청국거류민 호수는 284호, 인구는 1,554명인데 이것을 일본인과 비교해 보면 약 10분의 1에 지나지 않는바[27] 이 시기 위축된 청국인 사회를 말해준다.

청국인의 인천에서의 이주 생활은 한편 사회적으로 물의를 일으키기도 하였는데 이 시기 청국인을 포함하여 인천거류민이 형사사건에 연루된 상황은 아래와 같다. 형사사건에 연루된 것을 국적별로 구별하면 일본인에 관한 것이 54건(76명)이고 조선인에 관한 것이 200건(149명), 청국인에 관한 것이 18건(22명)이다. 가장 범죄가 많은 것은 일본인과 조선인의 절도사건이다. 다음으로 일본인의 도박과 횡령사건이고 조선인의 사기, 공갈 및 상해傷害, 횡령 사건이다. 청국인인 경우, 아편담배에 관한 범죄가 총 건수 중 절반이상을 차지하였고 다음으로는 도박과 세법위반이다. 그리고 이들 범죄인의 연령을 분석하면 일본인은 30세 이상 40세 미만의 자, 조선인은 20세 이상 30세 미만의 자이고 청국인은 40세 이상 50세 미만의 자가 가장 많아[28] 인천에서 활동한 청국인들의 연령층을 40세~50세로 추정한다.

---

26) 張鴻(1867~1941)은 江蘇常熟人이다. 1906년 이후 일본의 長崎, 神戸 그리고 인천의 영사로 근무하였으며 1916년에 고향으로 돌아와 현립 도서관 관장직을 맡는 등 활발하게 활동하였다.

27) 今井猪之助, 앞의 책, 54~55쪽.

28) 今井猪之助, 위의 책, 65~66쪽.

3. 인천의 화교사회와 산둥반도 네트워크

1) 개항초기 인천과 산둥반도의 인적 네트워크

『청계중일한관계사료淸季中日韓關係史料』는 1883년 11월부터 청상 33명이
인천에서 상업 활동을 진행하였으며 이들은 정식으로 영업허가를 받고
인천에 상주常住 및 왕래하면서 무역업에 종사하였다고 기록하였다.[29]
그 중, 산둥출신 청상들의 이주 상황을 [표 4]를 통하여 살펴보면 전체
33명 중, 3명으로 10% 미만이다. 이는 개항초기 인천의 화교사회가 산둥
인이 아닌 중국 남방상인이 중심이 되어 구성되었음을 말해준다.

[표 4] 仁川에 常住·往來한 山東人의 姓名(1883.11~12)

年月	姓名	出身地	姓名	出身地	人數	其他
1883.11	許世昌	山東沂照縣人	賀廷山	山東盛水縣人	2	
1883.12	林鎭江	山東蓬萊縣人			1	
合計					3	

* 출처: 『淸季中日韓關係史料』4卷, 1796~1797쪽.

앞에서 언급했듯이 청국은 1884년에 '인천구화상지계장정仁川口華商地界
章程'을 체결함으로써 정식으로 인천에 청국 조계지를 설정하게 되었으
며 따라서 인천으로 이주한 청상인수는 전에 비하여 수적으로 크게 급
증하였다.[30] 1884년에는 202명이 인천에서 활동하였는데 그 중, 산둥출
신 청상들이 이주한 상황을 [표 5]로 살펴본다.

---

29) 中央研究院近代史研究所 編, 앞의 책, 4卷, (983, 光緖11年 3月 29日, 附件5, '謹將遵査光緖九年11月
分起至10年12月分常住仁川已領執照商人姓名籍貫列呈'), 1796~1797쪽.

30) 中央研究院近代史研究所 編, 앞의 책, 4卷, (983, 光緖11年 4月 初3日, 附件 5, '光緖十年份仁川華商
姓名籍貫'), 1796~1803쪽.

[표 5] 仁川 山東地域 淸商姓名(1884)

年月	姓名	出身地	姓名	出身地	姓名	出身地	計
1884.1	張詩緒	山東福山縣人	馬國鳳	山東黃縣人	蕭流仙	山東蓬萊縣人	
	紀鍾池	山東蓬萊縣人	馬國官	山東黃縣人	梁日永	山東蓬萊縣人	
	楊和甫	山東蓬萊縣人	馬國慶	山東黃縣人	劉仁今	山東蓬萊縣人	
			馬元寶	山東黃縣人			10
1884.2	于化亨	山東福山縣人	王景州	山東福山縣人	孫百泉	山東雟海州人	3
1884.3	周玉德	山東蓬萊縣人	馬富景	山東蓬萊縣人	喬振東	山東長淸縣人	
	周玉書	山東蓬萊縣人	謝以時	山東蓬萊縣人	王景文	山東黃縣人	
	宋 玉	山東蓬萊縣人	王景林	山東福山縣人	李慶玉	山東黃縣人	
	盛洪茂	山東蓬萊縣人	王新實	山東黃縣人	蘇詠麟	山東福山縣人	
	楊可許	山東蓬萊縣人	畢樹之	山東文登縣人	張維信	山東文登縣人	
	苗萬淸	山東文登縣人	戚印堂	山東文登縣人	初學開	山東雟海州人	
	谷萬德	山東文登縣人	谷萬方	山東文登縣人	雟漢山	山東雟陽縣人	
	畢建仁	山東文登縣人	黃同言	山東文登縣人	王豊亨	山東藍山縣人	
	苗興寬	山東文登縣人	于明良	山東文登縣人	趙 福	山東海陽縣人	
	王連生	山東文登縣人	呂芳洲	山東文登縣人	王 見	山東福山縣人	
	畢如春	山東文登縣人	谷萬擧	山東文登縣人	李芳亨	山東黃縣人	
	傅學仁	山東文登縣人	黃擧仁	山東文登縣人	唐瑞元	山東黃縣人	
	徐德明	山東文登縣人	宋致和	山東文登縣人	王 瀛	山東黃縣人	
	李云成	山東文登縣人	鄒慶冬	山東文登縣人	王庚臣	山東蓬萊縣人	
	宋 升	山東文登縣人	蘇邵吉	山東福山縣人	張聲甫	山東蓬萊縣人	
	李振東	山東文登縣人	包宋卿	山東福山縣人	蘇子卿	山東福山縣人	
	姜 鋪	山東文登縣人	梁國楨	山東文登縣人	李寶士	山東福山縣人	
	姜延譜	山東福山縣人					52
閏 5	王增起	山東海陽縣人	劉 麟	山東黃縣人	孫有賢	山東平都州人	
	封守昆	山東黃縣人	高汝通	山東黃縣人	劉福全	山東黃縣人	
	王廷官	山東黃縣人	張永盛	山東黃縣人	王克敏	山東萊陽縣人	
	張學士	山東蓬萊縣人	張汝霖	山東蓬萊縣人	王顯昭	山東掖縣人	
	杜福臨	山東濰縣人	譚占魁	山東濰縣人	袁守約	山東定陶縣人	
	王炳奎	山東平度州人	王家椿	山東平度州人	翟 塾	山東掖縣人	
	黃守賢	山東寧海縣人	王玉麟	山東萊陽縣人	劉 豊	山東濰縣人	
	曲從善	山東掖縣人					22
1884.7	周衣賢	山東膠州人	王淸明	山東福山縣人			2
1884.8	王有成	山東平度州人					1
合計							90

* 출처: 『淸季中日韓關係史料』4卷, 1796~1803쪽.

위의 표를 통하여 알 수 있는바 1884년 인천의 청국 조계지가 설정된 후, 인천에서 활동한 청상인수는 그 전해인 1883년에 비하여 큰 차이를 보이고 있으며 전체 202명으로 기록되었다. 특히 산둥상인이 90명으로 기록되어 전체 45%를 차지하고 있다. 월별로 이들 청상들의 이주와 출신지를 분석하면 2월에는 주로 절강상인, 3월에는 산둥상인, 4, 5월에는 광동상인이 이주한 것으로 기록되어 시기별로 같은 지역출신 상인들이 동향인으로 구성되어 집단적으로 이주하였음을 말해 준다. 특히 산둥성 펑라이현蓬萊縣, 황현黃縣, 그 외 원덩현文登縣 등 3개 지역인들의 이주가 눈에 띄게 많은바 개항초기 1884년에 인천으로 이주한 산둥성의 청국인들은 주로 동향인으로 구성되었음을 알 수 있다.

1885년인 경우 인천에서 활동한 청상은 50명이며 전부 중국 남방지역 상인들로 구성되었다. 그러나 1886년부터 인천의 화교사회는 산둥인이 다수를 점하는 양상으로 나타나는데 아래 [표 6]을 통하여 인천으로 이주하여 활동한 산둥지역 각 현의 청상들의 상황을 살펴본다.

[표 6] 1886년 仁川에서 활동한 山東人

姓名	出身地	姓名	出身地	姓名	出身地
王錫威	山東新太縣人	于連士	山東蓬萊縣人	馬志謙	山東黃縣人
張有賢	山東平度縣人	王昌太	山東蓬萊縣人	王克敏	山東黃縣人
對克正	山東黃縣人	舒立仁	山東莒	劉吉士	山東黃縣人
張汝霖	山東蓬萊縣人	劉安邦	山東黃縣人	劉安梁	山東黃縣人
劉安民	山東黃縣人	趙成先	山東福山縣人	王浩琴	山東黃縣人
劉志祿	山東黃縣人	劉吉松	山東黃縣人	王 鳳	山東招遠縣人
劉 照	山東黃縣人	成延福	山東黃縣人	王學恩	山東黃縣人
劉延文	山東黃縣人	徐明聲	山東黃縣人	趙玉奎	山東黃縣人
劉文起	山東黃縣人	劉長茂	山東黃縣人	王中九	山東招遠縣人
楊國仁	山東招遠縣人	高汝通	山東黃縣人	劉吉桂	山東黃縣人
高汝亨	山東黃縣人	高汝禮	山東黃縣人	高汝發	山東黃縣人
劉金湯	山東福山縣人	王義增	山東招遠縣人	許世昌	山東莒
姜恒巳	山東寗海縣人	何景曲	山東寗海縣人	于 方	山東文登縣人

張學詩	山東文登縣人	仲延齡	山東黃縣人	高汝興	山東黃縣人
李連開	山東寗海縣人	封仁香	山東寗海縣人	劉文令	山東寗海縣人
王是敏	山東寗海縣人	潘作智	山東福山縣人	王吉先	山東榮成縣人
劉超元	山東黃縣人	劉吉元	山東黃縣人	劉公田	山東黃縣人
隨明遷	山東膠州人	趙朋湖	山東諸城縣人	李自倫	山東榮成縣人
解天武	山東黃縣人	徐全之	山東黃縣人	姜中心	山東黃縣人
劉德雲	山東萊陽縣人	石玉堂	山東齊東縣人	蕭脉	山東福山縣人
呼德章	山東蓬萊縣人	趙如蘭	山東黃縣人	楊雙奎	山東寗海縣人
紀立東	山東蓬萊縣人	王樹茂	山東蓬萊縣人	劉厚田	山東蓬萊縣人
廷雲清	山東濰縣人	王學智	山東蓬萊縣人	鞠明魁	山東蓬萊縣人
張延令	山東濰縣人	王文海	山東福山縣人	張寶山	山東福山縣人
乙 慶	山東長淸縣人	侯德熙	山東棲霞縣人	侯元和	山東棲霞縣人
張會甲	山東蓬萊縣人	李光明	山東蓬萊縣人	侯元順	山東棲霞縣人
劉安淸	山東黃縣人				
合 計				79名	

* 출처: 『淸季中日韓關係史料』4卷, 2209~2220쪽.

위 표를 통하여 알 수 있는바 1886년에 인천에서 활동한 청상인수는 205명이며 산둥상인이 79명으로 39%를 차지하였다. 특히 산둥 황현인 黃縣人이 33명으로 가장 많았다. 산둥 황현이란 현재 산둥 룽커우시龍口市를 가리키며 옌타이에 속한다. 특히 황현에서도 유劉씨성을 가진 사람이 15명으로 기록되어 주목된다. 이는 중국인이 중요하게 여기는 혈연·지연과 같은 인적 네트워크가 작용한 것으로 분석된다. 그 외 산둥 평라이현인이 11명이다. 특히 1886년부터는 산둥인을 중심으로 한 북방인의 진출이 눈에 띄게 급증하는데 이 시기부터 인천화교사회와 산둥반도 네트워크가 본격적으로 형성되기 시작했음을 시사한다. 이는 다른 한편 인천의 화교사회가 북방인이 주류를 이루는 화교사회로 구성변화하고 있음을 말해준다.

2) 20세기 초반 산둥화공의 인천이주

산둥은 중국 화베이華北의 동부에 위치하고 있으며 서쪽은 황하이평원黃淮平原에 접하고 동쪽은 황해黃海, 발해渤海와 접하고 있는 반도형半島形 지형이다. 산둥 경내로는 황하, 운하運河와 같은 하류가 흘러 지나고 있어 토지가 비옥하고 수리자원이 풍부하다. 그 외, 산둥연해는 해안선 길이가 긴 요인으로 자오저우만膠州灣·룽커우만龍口灣과 같은 항만이 많아 세계 각지와의 해상 네트워크 형성이 용이하다.[31]

한편 산둥성은 지리적 원인으로 역사상 황하의 범람을 비롯한 노재澇災·충해蟲害와 같은 자연재해가 해마다 발생하였으며 재해지역으로도 유명하다. 특히 산둥성과 허베이성河北省은 1912년부터 1939년 사이 해마다 끊임없이 자연재해의 피해를 받고 있어 피해자만 무려 100만 명에 이를 정도이다. 이와 같은 상황은 자연이 쌀값의 등귀騰貴를 초래하였으며 아울러 이 지역민의 해외이주를 유도하기도 하였다.

그 외 산둥 지역의 사회·경제적 역사배경은 산둥인의 해외이민을 추진하였다. 예컨대 1904년~1910년 동안 남아프리카로 이주간 계약화공은 주로 중국 산둥·허베이 2성을 중심으로 한 북방인들이었고 다음으로 광둥과 푸젠福建 지역민들이다. 그 중, 1904년부터 1906년까지의 통계를 살펴보면 남아프리카로 간 화공은 전체 63,811명인데, 그 중 홍콩으로 출국한 자는 1,741명이고 친황다오秦皇島로 출발한 자는 43,258명이며 옌타이煙臺로 출발한 자는 14,675명, 톈진天津으로 출발한 자는 4,137명이다. 중국역사상 해외화교들의 이민행렬을 살펴보면 광둥성과 푸젠성이 줄곧 가장 많은 숫자로 기록되었었지만, 1904년부터 1910년 동안 남아프리카로 이주간 계약화공들은 주로 중국 북방 즉 허베이·산둥과 하남성 출신자들이 주류를 이루었다.[32]

---

31) 安作璋 主編, 『山東通史』(近代卷) 上册, 山東人民出版社, 1994, 3쪽.
32) 吳鳳斌, 『契約華工史』, 南昌: 江西人民出版社, 1988, 416쪽.

이와 같이 산둥인의 본격적인 해외이주는 1910년대를 전후하여 이루어졌는데, 특히 1911년을 전후하여 산둥성에서는 해마다 35만 명이 해외로 이주하였다. 그 중 약 10만 명은 동북을 거쳐 블라디보스톡으로 이주하였다. 1927년부터 1937년까지는 연평균 100만 명이 이주하였는데, 그 중, 25~30%가 육로로 러시아·조선·몽고로, 또 일부는 교동膠東반도에서 출발하여 해로로 러시아·조선·일본 등지로 이주하였다.

산둥화교는 화공과 화상의 두 가지로 나눌 수 있는데, 초기는 화공 즉 잡공雜工·용공傭工·차부車夫 등 노동자의 신분으로 이주생활을 시작하며 그 뒤 거주국에 정착하면서 잡화상·음식점·무역상·금융업 등을 경영하는 화상의 신분으로 이주생활을 이어간다.

산둥화공의 조선 도래渡來는 1920년대 초부터 본격적으로 급증하는 추세를 보이고 있다. 이는 여러 가지 요인에 따르겠지만, 가장 중요한 원인은 앞에서 언급한 산둥지역의 자연재해와 정치, 사회와 경제적 배경을 꼽을 수 있다. 그 외 1910년 한일합방에 이어 조선총독부는 한반도의 식민지 건설을 본격적으로 진행하는데, 이는 산둥인의 조선이주를 간접적으로 추진한 원인이라 할 수 있다. 이러한 내적·외적 요인으로 산둥인은 혈연·지연 등 인적 네트워크를 형성하며 지리적으로 가장 가까운 한반도로 이주하였다. 이 시기 언론매체의 표현을 빌리면 실로 '밀물처럼' 한반도로 몰려왔다.

산둥화공은 구체적으로 다음과 같은 루트를 거쳐 한반도로 건너왔다. 1) 산둥 즈푸芝罘에서 출발하여 인천항 혹은 진남포에서 하선下船하였는데, 이 루트를 이용한 자는 주로 산둥반도 선단부지역先端部地域의 주민들이다. 2) 교제철도膠濟鐵道를 이용하여 먼저 칭다오靑島에 도착하고 다시 칭다오에서 배편으로 인천항 또는 진남포에 도착하였는데, 이 루트는 주로 산둥반도 내륙부內陸部의 주민들이 이용하였다. 3) 룽커우龍口를 출발점으로 해로海路·육로陸路로 다롄大連·안둥安東(현 요녕서 단동)에 도착하고 다시 안둥에서 다이옌對岸에 위치한 신의주로 건너갔다. 이 루트는 주로

라이저우만萊州灣 연안지역 지역민들이 이용하였다. 4) 그 외, 청조말기淸朝末期이래 대규모의 이민정책과 해마다 일어나는 화베이지역의 천재天災·전화戰禍·인화人禍로 인하여 만주滿洲로 이주했던 산둥인 중, 친인척들의 소개로 두만강을 건너 한반도로 이주해온 경우도 있었다.[33]

이와 같이 산둥인은 육로·해로로 한반도로 건너왔다. 특히 1920년 말에 이르면 북쪽 신의주에서부터 남쪽 부산에 이르기까지 '청의靑衣입은 고력군苦力群이 구석구석' 없는 곳이 없을 정도로 산둥인의 이주가 많았다고 이 시기 신문자료에 기록하고 있다.

1920년대 한반도로 도항한 산둥화공은 대체로 인천항을 이용하여 입항入港하였다. 특히 1920년대부터 인천항을 통해 이주한 산둥화공 인수가 급증하였는데, 이 시기 인천에서 조사한 통계 자료에 따르면 1923년 1월부터 3월까지 인천항에 산둥노동자 1만여 명이 이주해 생활하고 있다고 기록하고 있다.[34] 1924년에도 인천항을 통해 산둥노동자가 6개월에 2만여 명이 이주한 것으로 집산되어 예년보다도 크게 증가되었다고 밝히고 있다.[35] 1925년에는 3월 중에만 5천여 명이 인천항으로 입국하였다. 이와 같이 인천항을 통해 많은 중국인 노동자들이 입국하는 상황은 다른 한편 노자쟁의勞資爭議가 많았던 인천노동계를 크게 위협하는 요소로 작용하였다.[36]

1927년 3월인 경우, 중국의 은값 폭락과 중국 내 동란으로 인하여 산둥화공의 내항來航수가 더 급증하였다. 산둥 스푸항芝罘港으로부터 인천항으

---

33) 千田稔·宇野隆夫共 編, 『東アジアと「半島空間」: 山東半島と遼東半島』, 思文閣出版, 1995, 316~318쪽.

34) 『東亞日報』, 1923년 4월 4일자. "조선인은 일본으로, 중국인은 조선으로 노동계의 큰 문제, 생활난으 로 쫓기고 있는 조선으로 중국인들이 3월말까지만 만여 명이 인천항으로 들어왔는데 4월에는 더욱 증가추세이다."

35) 『朝鮮日報』, 1924년 7월 7일자. 「仁川에 온 中國勞動者가 6개월간에 2만여 명으로 집산되어 예년보다도…많아 조선노동자의 타격」

36) 『朝鮮日報』1, 925년 4월 2일자. 「三月中 仁川에 온 中國勞動者 5천여 명으로 조선노동자는 차차 구축을 당하여 간다」.

로 들어오는 선박에는 매일 1,000여 명의 노동자들이 입국하였다.[37] 1927년 1월부터 4월까지만 인천에 상륙한 산둥노동자는 무려 2만 명을 돌파하였으며 이어서 5월에도 6,000명이 입국하였다고 기록하였다.[38]

이와 같은 양상은 해마다 증가하는 추세로 나타났다. 결국 1928년에 이르러 산둥화공들의 이주가 급증하는 양상에 대비하여 조선총독부는 거주제한 또는 노임문제 등 대책을 세워 산둥화공들의 조선입국을 제한하기 시작하였다. 그럼에도 불구하고 인천세관통계자료에 따르면 1928년 1월부터 10월 중순까지 28,906명이 이주하였다고 통계하고 있다. 그중, 2월부터 3월까지의 통계만 17,000여 명에 이르렀다. 특히 연초인 2~3월에 산둥화공의 이주가 급증하는 원인은 한반도로 이주한 산둥화공들의 다수가 '계절이민'이라는 특성을 가지고 있기 때문이다. 1927년까지는 보통 배 한편에 8백 명 내외에 불과하였지만, 1928년부터는 1,000명이상을 웃돌고 있다고 기록하고 있다.[39]

실제로 1910년에 조선에 거주한 중국인은 11,800여 명이었는데, 1927년의 통계에 따르면 6만 명 노동자를 포함하여 전체 중국인 수는 10만 명으로 급증한다.[40] 물론 이는 언론보도를 통한 통계이므로 정확성이 결여되어 있지만 분명한 것은 이 시기 중국인 노동자의 이주가 눈에 띄게 급증하였다는 사실이다.

1920년대 중반부터 중국노동자들이 급증하는 현상은 조선노동시장을 위협하였을 뿐만 아니라 조선노동자와의 갈등관계를 조성하기에 이

---

37) 「中國人勞動者 매일 1000여명씩 渡來」, 『每日申報』, 1927년 3월 3일자.

38) 『朝鮮日報』, 1927년 5월 12일자.

39) 『東亞日報』, 1928년 3월 19일; 『東亞日報』, 1927년 3월 1일, 「中國人勞動者 2만여 명 渡來하는데 當 局者는 視而不見」; 『東亞日報』, 1927년 4월 10일, 「侵入하는 中國人 3월에만 만여 명으로 朝鮮勞 動界 큰 威脅」; 『東亞日報』, 1928년 4월 3일, 「昨年中에만 勿驚! 6千人」; 『朝鮮日報』, 1927년 5월 6일, 「中國動亂의 影響 七千苦力 越境殺到로 조선노동계의 絶對威脅」; 『朝鮮日報』, 1927년 5월 12 일자에 京畿道 保安課에서 인천항에 하륙하는 중국고력의 수를 조사한바 4월 중 인천항에 하륙한 「中國勞動者는 六千名이고 1월 이래로 2만 명을 돌파」하였다고 보도하였다.

40) 『朝鮮日報』, 1928년 12월 6일자, 「時評: 中國人勞動者問題」.

르렀다. 아래 1926년부터 1933년간 한반도로 이주한 중국인 노동자 인수를 살펴보면 [표 7]과 같다.[41]

[표 7] 中國人 移住勞動者 人數의 增減狀況

年度	人數	增減	備考
1926年末	26,829人		
1927年末	27,766人	增 937人	
1928年末	30,106人	增 2,340人	
1929年末	33,427人	增 3,321人	原資料, 3320.
1930年末	35,362人	增 1,935人	
1931年末	19,658人	減15,704人	
1932年末	22,737人	增 3,079人	
1933年末	22,294人	減 443人	

* 출처:『帝國議會 說明資料』, 300~301쪽.

위 표가 설명하듯이 1928년부터 중국인 노동자의 이주는 해마다 평균 2~3만 명을 웃돌고 있다. 이와 같은 상황은 다른 한편 조선노동자의 생계를 위협하는 존재로 각인되었다. 그리하여 노동기회를 침탈당한 노동계에서는 생존권을 지키기 위하여 중국인노동자를 추방하자는 목소리가 높아갔다.[42] 경기도에서는 도내道內만이라도 중국노동자의 입도入道를 금지하려고 1927년 10월 25일 '도내경찰서장회의道內警察署長會議'에 부의附議로 입도를 금지할 방침을 세웠다.[43]

여론에서도 이미 '연년年年커가는 고력苦力의 세력勢力에 대한조선노동자朝鮮勞動者의 반성反省이 긴요緊要'하고 '노동계勞動界를 침식侵蝕하는 고력에 대항對抗'해야 한다는 목소리가 높아가고 있었다. 또 '고력에게 잠식蠶食되는 인천의 노동계'의 심각한 사태를 호소하면서 산둥고력의 도선渡鮮에 따른 악영향을 설명하였다.[44] 아울러 '연속살도連續殺到하는 고력군群에

---

41) 民族問題研究所 編, 『帝國議會 說明資料』, 한국학술정보(주) 간행, 300~301쪽.
42) 『朝鮮日報』, 1925년 4월 3일자, 「時評」.
43) 『朝鮮日報』, 1927년 10월 25일자.

대하여 정부에서 그들의 입국을 제한해야 한다'든지 '선금 받고 고력군들이 승야도주乘夜逃走'했다는 기사들이 언론에 자주 게재되면서 중국인 노동자 문제는 이 시기 한반도의 '대사大事'로 거론되었다. 다시 말하면 화교 또는 중국인은 '문제 집단'으로 인식되었으며 '화교배척'감정이 점점 확산되기 시작했다. 특히 3·1운동 이후, 조선노동운동이 고조되면서 중국인노동자문제는 조선노동계의 당면 해결책 중 하나로 대두 되었다.

3) 화공의 '방帮'조직과 산둥반도 네트워크

한편 조선으로 건너온 산둥노동자들은 혈연·지연에 따라 결합된 관계인 '방帮'을 중심으로 활동하였다. 1920~30년대 조선에서 활동한 산둥노동자들의 이주생활을 살펴보면 중국인 노동자의 자치조직인 '고력방帮'을 형성하여 집단생활을 하였음을 알 수 있다. '고력방'은 보통 특정 인물인 파두把頭를 선출하고 그 휘하에 적게는 십여 명, 많게는 수백 명의 회원을 두면서 네트워크를 형성하였다.[45]

한반도에 이주한 산둥화공들의 조직은 주로 동향인으로 구성되었으며 초기에 선출된 파두는 동향촌村의 유력자이다. 파두는 노동자들의 대외노동체결을 전담하였으며 그 외 노동자들의 취직, 숙식 등 모든 생활을 책임졌다. 여기에 지출되는 비용은 노동자들의 매달 임금에서 일정액을 지불하는 것으로 해결하였다. 파두는 직접 노동현장에서 일하지 않고 노동자들을 위한 대외업무만 수행하였으며 인천과 산둥반도 네트워크를 활용하여 수시로 노동자들을 모집할 수 있는 관계망을 형성하였다. 이와 같이 파두의 능력에 따라 '방'조직이 커질 수 있고 노동자들의 취업범위도 넓어질 수 있었다. '방' 내에서 노동자와 파두의 관계는 상

---

44)『每日申報』, 1926년 10월 28일자;『每日申報』, 1925년 5월 17일자;『每日申報』, 1925년 5월 6일자 참고.

45) 王正廷,『朝鮮華僑槪況』, 1930, 24~25쪽.

호부조의 관계였다.[46]

산둥화공들은 일단 '방'조직에 가입하면 반드시 '방'의 제반규칙과 제도를 지켜야 했으며 위반 시에는 그에 따른 처벌을 받았다. 그러나 노동자가 현재의 '방'조직에 불만이 있거나 혹은 파두에게 불만이 있을 경우에는 수시로 '방'을 이탈할 수 있었으며 다른 '방'에 가입할 수 있었다. 단, 한 사람이 동시에 두 개 혹은 두 개 이상의 '방'에 가입할 수 없었다. 그리고 '방'과 '방'은 엄연한 규칙이 있는바 상호 상대방의 활동지역을 방애하지 않는 것을 원칙으로 하였다.[47]

조선에서 활동한 산둥노동자들은 이와 같은 네트워크를 이용하여 인천으로 입국하면 자연히 이들 '방'조직에 가입하였는데 우선 동향조합에 가입하였다. 혹은 동향인인 파두가 직접 산둥현지에 가서 노동자들을 모집한 경우도 있었다. 특히 신의주는 산둥노동자들이 일찍부터 활동한 지역인데, 1920년대 초반에 이미 천여 명의 노동자들이 이 지역에서 일하고 있었다. 이 시기 규모가 큰 '방'은 수백 명의 회원을 소유하기도 하였다.

능력 있는 파두는 더 많은 노동시장을 점령함으로써 '방'조직의 확대를 도모할 수 있었으며 아울러 경제적 이익을 창출할 수 있었다. 특히 동향인으로 결성된 경우 노동자들의 정서를 정확하게 파악할 수 있었으므로 청부업자의 입장에서는 능력 있는 파두를 유용하게 활용하는 것이 노무관리상의 중대한 문제로 인식되었다. 1920년대의 '방'조직은 조선 내 많은 지역에 확산되었다. 분포특징은 육로로 이주한 경우, 신의주를 중심으로 분포되었고 해로로는 진남포를 중심으로 평양까지, 그 외, 인천을 중심으로 서울지역에 확산되었다. 이와 같이 중국인 노동자가 급증한 원인은 임금이 저렴하고 노동효율이 높다는 특징을 꼽고 있다. 이는 노동현장에서 청부업자들이 가장 선호하는 조건이기도 하다.

---

46) 秦裕光, 『旅韓六十年見聞錄: 韓國華僑史話』, 臺北中華民國韓國研究學會, 1983, 42쪽.
47) 이옥련, 앞의 책, 164~165쪽.

아래 1923년 조선 각지의 노동자들을 대상으로 임금비교표를 통하여 업종별, 지역별 한·중·일 노동자들의 임금 차이를 살펴보기로 한다.[48) 한·중·일 3국 노동자들의 임금차이는 특정된 업종에 따라 다소 차이를 보이고 있는데 가작대공家作大工인 경우, 서울에서는 일본인이 3.62전이고 중국인은 2.22전이며 조선인은 2.17전이다. 석공石工은 일본인이 4.45전이고 중국인은 2.72전이며 조선인은 2.52전이다. 평인족平人足은 일본인이 2.45전이고 조선인이 1.02전이며 중국인은 1.00원이다. 이와 같이 일본인의 임금은 업종을 불문하고 조선인과 중국인에 비하여 훨씬 높았다.

한마디로 산둥노동자들은 인천의 화교사회와 산둥반도 네트워크를 형성하며 1920년부터 대폭적으로 한반도로 건너와 제 분야에서 활발한 활동을 벌였다. 이들은 자체조직인 '고력방'에 가입하여 각종 노동현장에 투입되었으며 노동효율이 높고 임금이 낮다는 특성으로 청부업자들의 환영을 받았다. 따라서 "도시의 모든 건축공사로부터 지방 수리조합의 토목공사에 이르기 까지 중국인이 점령하고 있다"는 상황을 초래하였다.[49) 이는 다른 한편 조선노동계를 크게 위협하였으며 조선노동자와의 갈등관계를 초래하였다. 그리하여 중국인노동자의 입국을 제한하고 공사장에서 중국인노동자의 고용을 제한하는 등 제반조치를 요구하는 다시 말하면 중국인노동자들을 배척하는 양상으로 변화하면서 중국인 노동자들은 한반도 사회의 '문제집단'으로 각인되었다.

한편 중국인 노동자들은 조선노동자들이 업주의 노동조건·임금인하 등 제반 조건에 불만을 느껴 파업을 단행 할 때, 조선노동자들의 대리노동력으로 사역使役되기도 하였다. 따라서 여러 측면에서 산둥노동자들의 조선노동시장 진출은 조선노동자에게는 불리한 존재로 인식되었다. 그 외, 산둥노동자들이 종사할 수 있는 업종은 다양한데 이 부분도 조선노동자의 취직에 큰 영향을 주었다. 예컨대 산둥노동자들이 종사한 업종은

---

48) 善生永助, 『朝鮮の人口研究』, 朝鮮印刷株式會社出版部, 1925, 154쪽.
49) 『朝鮮日報』, 1930年 3月 25日자.

주로 토목·건축·항만하역·화물운반·차부車夫·채농菜農·그리고 광산업
등 이었다.

아래 1930년의 조사 자료에 근거하여 이 시기 산둥노동자의 업종별
인수 상황을 [표 8]을 통하여 살펴본다.[50]

[표 8] 1930年 朝鮮 內 苦力의 業種

業種	勞動者人數	業種	勞動者人數
築路工人	4500人左右	運搬物件工	800人左右
石工	3500人左右	製造門戶工	800人左右
平常勞工	3000人左右	泥水匠	800人左右
工造屋木工	2500人左右	煉瓦職工	600人左右
礦工	1000人左右	鐵屬鑄造工	700人左右
砌造瓦屋工人	750人左右	鍛冶工	700人左右
彫刻工	800人左右		

* 출처: 『朝鮮華僑』, 23쪽.

위 표에서 알 수 있는바 이 시기 산둥노동자들은 주로 도로건설장·석
공·목공木工, 그 외, 일반노동에 가장 많이 사역된 것으로 나타났다. 그
중 조각공彫刻工·단야공鍛冶工·주조공鑄造工과 같이 전문기술을 요하는 업
종은 사역자수使役者數가 적은 것으로 기록되었다.

한편 산둥노동자들은 작업효율이 낮을 경우, 시간적 구애 없이 장시
간 노동할 수 있었으므로 결국 노동량의 성과로 보면 조선노동자에 비
하여 상당히 많은 노동량을 완성할 수 있는 것으로 알려졌다. 산둥노동
자들이 소유한 이러한 장점은 일제시기 한반도의 식민지건설 현장에
있어서 가장 적합한 적임자로 선정되었다.

반면 같은 시기 산둥성 농가인 경우, 중·장년층이 해외로 노동이민을
떠난 상황이므로 연로한 부녀자들이 농사일을 도맡아 해야 하는 실정이

---

50) 王正廷, 앞의 책, 23쪽.

었다.[51] 특히 1901년 의화단義和團진압 이후, 열강의 침략이 가속화되면서 이 사건의 진원지震源地였던 산둥성에 대한 경계警戒가 강화되었는바 따라서 산둥성의 남성들 중, 신변의 안전을 목적으로, 혹은 생계를 목적으로 해외로 이주한 자가 적지 않다. 이들은 지리적으로 가장 가까운 한반도를 선택하였으며 특히 인천화교사회와 네트워크를 형성하며 "계절이민"의 형식으로 한반도에서의 이민생활을 엮어갔다.

한마디로 인천화교사회와 산둥반도 네트워크는 산둥인이 한반도로 도래渡來하는 양상을 추진하였으며 이는 다른 한편 한국화교사회만의 특성을 구성함에 있어서 중요한 역할을 하였다. 그러나 다른 한편 이들 산둥노동자들의 이주는 앞에서 언급했듯이 조선의 노동시장을 위협하였으며 조선노동자와의 갈등관계를 초래하기도 하였다. 특히 산둥인은 정치·경제·문화 등 제 분야에 따른 요인으로 해외화교사회에서 거부巨富·거상巨商자리는 차지하지 못했지만, 부지런하고 검소하고 의지가 강한 특성으로 노동현장에서 호평을 받았다. 1920~30년대 산둥노동자들의 조선이주는 한국화교역사의 한 페이지를 장식해 놓았다. 산둥노동자들은 계절이민으로부터 점차 한국사회에 적응하면서 소규모 상업을 경영하는 상인으로, 일부는 규모가 큰 무역업을 경영하면서 화상으로 한국사회에 정착하기에 이르렀다.

4. 결론

본고에서는 개항이후 인천항으로 화교들의 이주와 인천화교 사회의 형성과정을 고찰하였다. 특히 인천화교사회와 산둥반도 네트워크의 형성과정을 화교 상인들의 이주와 화교노동자들의 이주 즉 인적 네트워크

---

51) 秦裕光, 앞의 책, 40쪽.

를 통하여 살펴보았다. 결과 아래 몇 가지로 요약할 수 있다.

첫째, 인천으로부터 출발한 초기 한국 화교 사회는 광둥성, 저장성을 중심으로 한 남방상인으로 구성되었으며, 이후에는 산둥반도 네트워크를 형성하면서 산둥성을 중심으로 한 북방인이 주류를 이루며 인천화교사회가 구성변화를 일으켰다. 초기 화교사회가 형성된 1883년부터 1894년까지 약 10년간 한국화교사회는 해외화교사상 전례 없는 한국화교들의 '전성시대'로 자리매김 되었다.

둘째, 청국은 조청상민수륙무역장정朝淸商民水陸貿易章程 체결 후, 천수탕을 주조총판조선상무위원駐朝總辦朝鮮常務委員으로 조선에 주재시켜 조선의 내정을 총괄적으로 조종하도록 하였는데, 이로부터 청국의 본격적인 조선에 대한 간섭정책이 시작되었다. 청국은 종래 전통적인 중농경상重農輕商사상과 상관없이 조선에 진출한 청상에 대한 인신人身보호와 상업지원을 병행하며 청상의 경제세력 확장에 전력하였다. 물론 이는 조선에서 일본의 세력을 견제하기 위한 것이었다. 아울러 청국의 조선에 대한 정책은 이 시기 청상의 무역활동을 적극적으로 지원해 주었는데, 이와 같은 사례도 해외화교사에서 찾아 볼 수 없는 한국화교사회만의 특성이라 할 수 있다.

셋째, 개항초기 인천의 화교사회는 주로 중국 남방상인을 중심으로 한 화교사회로 구성되었지만 1886년부터는 본격적으로 산둥출신 지역민의 인천이주가 눈에 띄게 급증하는 양상으로 나타났다. 다시 말하면 인천의 화교사회는 산둥반도와의 네트워크를 통하여 산둥출신 지역민이 대폭 이주하면서 산둥지역민이 중심으로 된 화교사회로 구성변화가 나타났다. 특히 1910년에 이르면 한반도로 이주한 중국인은 11,800여 명 이었는데, 1927년의 통계에 따르면 6만 명의 산둥화공을 포함하여 전체 중국인 수는 10만 명으로 급증하였다. 이와 같이 인천화교사회와 산둥반도의 인적 네트워크는 산둥출신 지역민이 90%를 차지하는 한국화교사회만의 특성을 형성하였다.

한마디로 개항도시 인천은 개항초기 화교들의 이주와 화교사회의 형성으로 중국 산둥반도를 연결하는 네트워크 역할을 하였다. 인천으로부터 시작된 산둥반도를 중심으로 한 네트워크는 그 뒤 한반도와 중국, 일본을 중심으로 한 동아시아를 연결하는 네트워크로 확장되었다고 해도 과언이 아니다. 이와 같이 개항도시 인천은 또한 산둥반도를 연결하는 인적이동과 물적이동, 아울러 상업의 중심항구도시로 성장하면서 한국과 중국 나아가 세계로 연결되는 국제적인 도시로 성장하였다.

　인천과 산둥반도의 해상 네트워크에 대하여 보다 심층적으로 연구하기 위해서는 현재 많은 과제들이 남아 있다. 이 부분에 대한 연구는 앞으로의 연구과제로 삼으면서 이와 관련된 연구를 지속적으로 진행할 계획이다.

일제하日帝下 조선 개항장 도시에서 화교의 정주화定住化 양상과 연망緣網의 변동

: 인천, 신의주, 부산을 중심으로

김태웅金泰雄

1. 서론

화교華僑가 한국 땅에 첫발을 내딛은 계기는 1882년 '조청상민수륙무역장정朝淸商民水陸貿易章程'의 체결이었다.[1] 이때 입국한 화교들의 대부분은 상인으로서 점차 활동 반경을 넓혀갔다. 이후에는 화교 노동자라 할 화공華工과 화교 농민들도 유입하거나 이주하여 생계를 유지했다. 이러한 양상은 개항 직후부터 외국인 거류가 허용되었던 개항장 도시에서 두드러졌다.[2]

이들 화교는 세계 여타 지역의 화교와 마찬가지로 조선 지역에서도

---

* 서울대학교 역사교육과 교수. 본 논문은 『한국학연구』 26집(인하대학교 한국학연구소, 2012)에 실렸던 내용을 수정·보완한 것임.

1) 王正廷, 『朝鮮華僑槪況』, (中) 駐朝鮮總領館, 1930, 3쪽; 王恩美, 『東아시아現代史 속의 韓國華僑: 冷戰體制와「祖國」意識』, 東京, 三元社, 2008, 45쪽; Kirk W. Larsen, *Tradition, treaties, and trade: Qing imperialism and Chosŏn Korea*, 1850~1910, Harvard University Press, 2008, pp. 106~107.

2) 이에 관해서는 문은정, 「20세기 전반기 馬山地域 華僑의 이주와 정착」, 『大邱史學』 68, 2002; 金泳信, 「開港期(1883~1910) 仁川港의 對外貿易과 華僑의 役割」, 『인천학연구』 2-1, 인천대학교 인천학연구원, 2003; 김영신, 「日帝時期 재한화교(1910~1931): 仁川地域 華僑를 중심으로」, 『인천학연구』 4, 인천대학교 인천학연구원, 2005 참조.

자국인 인구의 지속적인 증가와 동아시아 무역 규모의 확대에 힘입은 나머지 친인척親姻戚과 동향同鄕 조직을 근간으로 삼아 정주定住 연망緣網이라 할 지역내地域內·지역간間 연계連繫 조직組織과 동업별同業別 조직 등으로 발전되거나 확장되었고, 상권商圈 또는 상호 연대를 유지·발전시키거나 조선 노동계에 적지 않은 영향을 미치기도 하였다. 나아가 이는 이러한 연망을 기반으로 운동하는 사회자본社會資本의 확장을 촉진하고 효율성을 제고하였다.

그런데 화교들의 이러한 정주 연망은 인구 동태와 지역적 특성, 국내·외 정세의 변동 등에 크게 영향을 받았다. 왜냐하면 정주 연망의 확장과 고밀도화는 인구의 증가와 정주화 및 정세의 안정이 수반되지 않는다면 안정성과 지속성을 유지할 수 없기 때문이다. 따라서 본 연구는 조선 개항장 도시에서 드러나는 화교의 정주 연망 자체보다는 이러한 연망의 기반을 형성하거나 영향을 미치는 제 요인들을 집중 분석하였다.

이에 본 연구는 다음과 같은 순서로 작업하였다. 물론 이 작업에서는 정주화 문제와 연망의 상관도에 초점을 맞추었다.

우선 1920~30년대를 중심으로 개항장 도시에서 드러나는 화교 인구 구조의 변화를 추적하였다. 물론 여기에는 출생, 사망, 유입, 유출 등 양적 변화를 보여주는 인구 규모를 고려하였다. 그리고 성별 인구, 연령별, 지역 및 사회·경제적 분포상황을 나타내는 인구 구조를 통해 사회·문화적, 경제적 변화를 추적하고자 하였다. 그리하여 이러한 분석 결과에 바탕을 두고 개항장 도시 화교의 정주화 문제를 검토할 수 있었다. 자료는 주로 『조선총독부통계년보朝鮮總督府統計年報』와 『조선국세조사보고朝鮮國勢調査報告』 등 각종 통계자료를 활용하였다.

둘째, 이러한 연망이 지역별로 양상을 달리할 수 있음을 염두에 두고 연망을 지역별로 분석하고자 하였다. 그리하여 화교의 대표적인 해상 유입지로서 중국에 지리적으로 근접할뿐더러 경성부京城府와 가장 가까운 인천부仁川府, 러일전쟁을 맞아 개시開市된 무역시로 중국과 국경으로 접하여 화교가 제일 많이 거주하였던 신의주부新義州府, 개항이 가장 빨랐지만 중국보다는 일본에 근접하여 일본인 상인의 영향력이 강했던 부산부釜山府 등의 지리적·경제적 특성이 화교의 정주화와 연망에 미친 영향을 파악하고자 한다.

끝으로 1931년 만보산사건萬寶山事件과 만주사변滿洲事變에 이어서 발발한 1937년 중일전쟁中日戰爭 등으로 인해 화교의 이러한 연망이 어떻게 변화했는지를 추적하고자 한다. 일련의 이러한 정치적 사건들은 단지 인구 증감과 무역 규모에 영향을 미치는 것에 그치지 않고 화교 사회를 균열龜裂시킴으로써 연망을 동요시켰기 때문이다.

요컨대 이 작업은 일제하 재조선在朝鮮 화교 연망華僑緣網의 기반을 이루는 여러 요인들을 분석함으로써 이 시기 화교 연망의 지역별 양상 및 특징과 역사적 변동의 상관성을 이해하는 데 조금이나마 도움이 될 것이다. 나아가 이러한 작업은 1945년 8월 이후 동아시아 국제정세의 변동과 냉전질서의 구축 속에서 재한 화교들의 처지와 그 변화를 규정하는 역사적 요인들을 추출하는 실마리가 될 것이다.

2. 화교의 정주화 경향과 연망의 확장

조·청간에 1882년 '조청상민수륙무역장정朝淸商民水陸貿易章程'이 체결된 뒤, 동향 조직을 중심으로 저장방浙江幇, 산둥방山東幇, 광둥방廣東幇, 장시방江西幇 등이 결성되었다.3) 이후 청일전쟁 등의 여러 정치·군사적 사건에도 불구하고 1899년 9월 한청수호통상조약韓淸修好通商條約의 체결로 화교들의 신분상 지위가 안정되는 가운데 다시 한번 화교들의 활동이 활발해졌다.4) 당시 광둥성廣東省 출신으로 인천에 거점을 마련하고 있었던

---

3) 이에 관해서는 李正熙, 「近代朝鮮華僑의 社會組織에 關한 研究」, 『京都創成大學紀要』 10, 2010; 김희신, 「淸末(1882~1894) 漢城華商組織과 그 위상」, 『中國近現史硏究』 46, 2010.

동순태同順泰 탄제성譚傑生의 경우, 전주全州, 강경江景 등지에 분호分戶를 설립한 데 이어 군산群山 개항開港에 맞춰 이곳에도 분호를 설립하였다.[5] 동순태는 이미 전주와 강경 방면에서 사금砂金, 곡물穀物을 출매出買하였고 그 밖에 자력이 있는 화교상인들이 점포를 설치하여 직물류와 잡화상을 영업하고 있었던 터였다.[6] 이는 여타 화교상인들도 마찬가지였다.

화교들의 이러한 유입은 이후 일제의 대한제국 강점에도 불구하고 두드러졌다. 특히 중국 산둥 방면에서 화교들이 들어왔다.[7] 물론 일제는 강점 이전부터 통감부령을 통해 이들 화교의 유입을 통제하고자 하였다. 예컨대 신의주, 평양, 진남포, 경성, 인천, 군산, 목포, 마산, 부산, 원산, 성진, 청진 등 12개 구舊 거류지居留地에 한정하여 이들 화교에게 거주居住 취로就勞의 자유自由를 인정하였다.[8] 그 밖의 지역에서는 노동 종사의 목적으로 거주하는 경우는 지방장관의 허가를 요하는 것으로 정하였다. 그러나 일본인 자본가의 요구로 인해 이러한 입국 제한은 사실상 무용지물이 되었다. [표 1]은 1910년대 재조선 화교의 인구 변동을 보여준다.[9]

---

4) 이은자, 「韓淸通商條約 시기(1900~1905), 중국의 在韓 치외법권 연구」, 『明淸史硏究』 6, 2006.

5) 同順泰에 관해서는 강진아, 「韓末 債票業과 同順泰號: 20세기 초 동아시아 무역 네트워크와 한국」, 『中國近現代史硏究』 40, 2008; 「근대전환기 한국화상의 대중국 무역의 운영방식: 『同泰 寶號記』의 분석을 중심으로」, 『東洋史學硏究』 105, 2008; 이시카와 료타로, 「조선 개항 후 중국인 상인의 무역활동과 네트워크」, 『역사문제연구』 20, 2008; 金泰雄, 「日帝下 群山府 華僑의 存在形態와 活動樣相」, 『지방사와 지방문화』 13-2, 2010.

6) 朝鮮總督府, 『朝鮮에서 支那人』, 1924, 115~116쪽.

7) 이옥련, 『인천 화교 사회의 형성과 전개』, 인천문화재단, 2008, 149~155쪽.

8) 『朝鮮總督府官報』 제1호, 制令 제2호 '居留地의 行政事務에 관한 件', 1910년 8월 29일; 朝鮮總督府 警務局 保安課, 『高等警察報』 3, 1936. 이와 관련하여 김영신, 앞의 논문, 210~211쪽; 堀内 稔, 「植民地朝鮮에서 中國人勞動者(4) 1934年 中國人勞動者의 入國制限問題」, 『무궁화通信』 209, 무궁화의 모임(日本 神戶市), 2005, 1쪽; 朴俊炯, 「近代韓國에서 空間構造의 再編과 植民地雜居空間의 成立: 淸國人 및 淸國租界의 法的 地位를 中心으로」, 早稻田大學 博士學位論文, 2012, 201~206쪽 참조.

9) 1910년과 1916년을 비교할 때, 일본인이 87% 증가하였다면, 화교는 43% 증가하였다. 당시 조선인은 23% 증가하였다(京城商業會議所 編, 『朝鮮經濟年鑑』, 1917, 442~443쪽). 이후에도 증가 사정은 마찬가지였다.

[표 1] 1910년대 在朝鮮 華僑의 人口 變動

	1911	1913	1915	1917	1919
호수	2,889	3,875	3,821	4,722	5,218
인구	11,837	16,222	15,968	17,967	18,678
화교가 전체 인구에서 차지하는 비율(%)	0.09	0.11	0.1	0.11	0.12
남성	11,145	15,235	14,714	16,241	16,987
여성	692	987	1,254	1,726	1,691
성비(남/여)	16.11	15.44	11.73	9.41	10.05
계	11,837	16,222	15,968	17,967	18,588

* 출전: 朝鮮總督府, 『朝鮮總督府統計年報』, 각 해당연도.

[표 1]을 보면 1919년에 화교 인구가 점증하는 가운데, 화교 인구의 비율도 증가하고 있음을 확인할 수 있다. 또 남성들이 여성들에 비해 훨씬 많다는 점에서 가족 단위로 유입하지 않고 남성이 단신으로 유입하거나 또는 부부 단위로 유입하고 있음을 추정할 수 있다. 그러나 1910년대 후반으로 갈수록 1919년을 제외하고는 여성의 비율이 높아졌을 뿐더러 1915년의 경우와 같이 유입 입구의 감소에도 여성 인구가 오히려 증가하였음은 남성들이 여성들을 동반하여 유입하고 있음을 보여준다.

한편, 화교들의 거류 분포도 12개 부府에 한정되지 않고 그 밖의 지역으로 확대되었다. 즉 화교들은 고양군高陽郡 동막東幕을 비롯하여 100여 개 중소 도시에 거주하였다. 이 중에는 100명을 넘는 지역도 존재하였다. 예컨대 1916년에 청주淸州(127명), 강경江景(182명), 예산禮山(141명), 수안遂安(352명), 수안 홀동笏洞(166명), 의주義州(147명), 운산雲山 북진北鎭(820명), 용암포龍巖浦(377명), 동점銅店(322명) 등에 거주하였다.10) 이들 지역은 포구라든가 광산 지역들로 화공을 비롯한 많은 화교들이 노동력을 팔거나 상품을 거래하기 위해 거류하는 곳이다.

이러한 추세는 1930년에 가면 더욱 두드러졌다. [표 2]는 이를 잘 보여준다.

---

10) 朝鮮總督府, 『朝鮮總督府統計年報』, 1916; 朝鮮總督府, 앞의 책, 1924, 3~22쪽.

[표 2] 1925년과 1930년 화교의 성별·연령별 현황

年度 年齡	1925			1930		
	總數	男	女	總數	男	女
總數	58,057	51,883	6,174	91,783	78,125	13,658
성비(남/여)		8.40			5.72	
0~4 歲	2,146	1,111	1,025	5,037	2,476	2,561
5~9 歲	1,512	726	786	3,497	1,699	1,798
10~14 歲	2,083	1,504	570	3,287	2,137	1,750
0~14 歲	5,741 (9.9)	3,341 (6.1)	2,381 (38.6)	11,821 (12.9)	6,312 (8.1)	5,509 (40.3)
15~19 歲	7,577	7,132	445	10,357	9,318	1,039
20~24 歲	10,096	9,495	601	15,032	13,749	1,283
25~29 歲	9,560	8,933	627	15,990	14,389	1,601
30~34 歲	8,417	7,747	670	11,987	10,697	1,290
35~39 歲	6,937	6,395	542	10,384	9,332	1.052
40~44 歲	4,507	4,175	332	6,956	6,231	725
45~49 歲	2,601	2,375	226	4,740	4,282	458
50~54 歲	1,340	1,217	129	2,454	2,153	301
55~59 歲	764	662	102	1,206	1,018	188
60~64 歲	306	263	49	519	407	112
15~64 歲	52,105 (89.7)	48,394 (93.3)	3,723 (60.3)	79,625 (86.8)	71,576 (91.6)	8,049 (58.9)
65~69 歲	103	81	22	249	183	66
70~74 歲	43	32	11	60	37	23
75~79 歲	37	17	20	15	10	5
80歲 이상	22	18	4	13	7	6
65歲 이상	205 (0.4)	148 (0.3)	57 (1.0)	337 (0.4)	237 (0.3)	100 (0.7)

* 출전: 朝鮮總督府, 『朝鮮簡易國勢調査報告』, 1925; 『朝鮮國勢調査報告』, 1932; 善生永助, 『朝鮮의 人口硏究』, 朝鮮印刷, 1925.

먼저 남녀 성비를 보았을 때, 1930년에 들어와 남녀인구의 차이가 급격하게 줄어들고 있다. 이는 남성들이 단신으로 유입하기보다는 여성을 동반하고 유입하였음을 보여준다. 특히 유소년의 인구 비율이 증가하고 있음에 유의할 필요가 있다. 1925년에는 유소년인구에 대한 생산가능인

구(15~64세)의 비율이 9.08인 데 반해 1930년에는 6.74로 줄어들었다. 이는 화교 가장들이 유소년들을 동반하고 유입하였음을 말해준다. 그리하여 경성, 인천, 진남포, 신의주, 원산 등지에는 영사관 내에 서당 정도의 수준이지만 중화국민학교中華國民學校가 설립되었다.[11] 또한 생산가능 인구의 비율이 줄어드는 반면에 비생산가능인구非生産可能人口와 비경제활동인구非經濟活動人口가 증가하고 있다. 이 중 주부를 포함한 여성들이 무업자無業者 중에서 차지하는 비율이 63.2%에 달하고 있다. 아울러 화교들의 출산율이 높아지고 있다. 이는 화교들이 계절에 맞추어 일시적으로 거류하여 노동하기보다는 점차 가족을 동반하여 유입한 뒤 일정한 곳에서 세대를 구성하고 생활하는 정주자가 증가했음을 의미한다.

한편, 조선총독부의 공식적인 거류 인구로는 잡히지 않지만 수많은 화공들이 유입하였다. 그 중 대표적인 도시는 인천부와 신의주부였다. 전국 규모의 입항자와 출항자의 차이를 산출하면 1924년에는 18,619명 (입항자와 출항자 각각 29,220명과 10,551명)인 반면에 1927년에는 14,709명(입항자와 출항자 각각 36,644명과 21,935명)이었다.[12] 당시 1924년에서 1927년 사이에 이러한 차이를 누적하면 33,328명에 달하였다. 이는 결국 조선 국내에 잔존하여 정주 인구로 전화할 가능성이 높다. 그렇다면 조선 국내에 남은 화교들은 계절 노동자로서 중국과 조선을 왕래하기보다는 상업이나 농업, 공업 분야에 종사하여 정주 생활을 영위하였다고 하겠다. 또 이들 중의 일부는 인천 채소시장의 기원을 열었을 뿐더러 다대한 채소를 재배하여 시장에 공급하는 농업종사자였다.[13] 심지어 1920년대 군산부에 정착한 어느 화교 후손의 회고에 따르면, 포목점보다 농사일로

---

11) 朝鮮總督府, 앞의 책, 1924, 46쪽; 楊昭全·孫玉梅, 『朝鮮華僑史』, 中國華僑出版公司, 1991, 287~293쪽.

12) 吉田壽三郎, 「朝鮮에 出入하는 支那勞動者의 槪況」, 『朝鮮鐵道協會會誌』 7, 1928, 15쪽.

13) 인천채소시장은 1887년에 2명의 화교가 인천 多朱面에서 재배하여 시장에 판매함으로써 시작되었으며 이후 화교들에 의해 장악되었다. 『東亞日報』, 1924년 4월 20일; 『東亞日報』, 1924년 12월 3일; 『東亞日報』, 1924년 11월 17일; 『朝鮮每日新聞』, 1929년 12월 7일 참조.

훨씬 더 돈벌이가 좋았다.[14]

그리하여 이들 화교는 친인척이나 동향 출신出身에 근간한 이주移住 연망을 통해 조선 국내에 유입하였지만[15] 이후 이러한 이주 연망은 현지에서 이미 고력방苦力幇이나 향방鄕幇 형태로 결성된 정주定住 연망과 결합하여 또다시 내부 연망을 강화할 수 있었다. 그리고 이러한 연망은 상호 연관된 결절結節의 집합集合으로 지속성持續性과 안정성安定性을 전제로 하였다.

우선 동향 조직이라 할 향방이 결성되어 있었다.[16] 이러한 조직은 화교들이 생존전략의 일환으로 정착지에서 결성한 연망의 근간이었다. 대표적으로 경방(베이징北京, 즈리直隸), 광방(광둥廣東), 남방(광둥廣東 이외의 산지잉즈江), 북방(산둥山東) 등을 들 수 있다.[17] 경방의 경우, 이미 동래 등지에서 금융업에 종사할 정도였다.[18] 또한 광방은 동순태로 대표되듯이 일찍부터 활동하면서 청국의 대조선對朝鮮 차관借款에 깊이 관여하기도 하였다.[19] 그 회관은 태평정太平町에 두었다. 남방은 그 회관을 서소문정西小門町에 두었다.[20] 북방 역시 상업뿐만 아니라 금융업에도 진출하여 실적을 올리

---

14) 국사편찬위원회 편, 『한국화교의 생활과 정체성』, 2007, 321~322쪽.

15) 화교의 이주 연망과 경로에 관해서는 鄭惠仲, 「開港期 仁川 華商 네트워크와 華僑 정착의 특징」, 『中國近現代史硏究』 36, 2007; 김승욱, 「20세기초(1910~1931) 인천 화교의 이주 네트워크와 사회적 공간」, 『中國近現代史硏究』 47, 2010; 「19세기 말~20세기 초 仁川의 운송망과 華僑 거류양상의 변화」, 『中國近現代史硏究』 50, 2011 참조.

16) 鄕幇을 幇口 또는 行幇이라고 부른다. 대부분이 동향 출신이라는 지연을 유대로 만들어진 조직으로서 길드적 성격이 강했다. 이에 관해서는 전인갑, 『20세기 전반기 상해사회의 지역주의와 노동자: 전통과 근대의 중층적 이행』, 서울대학교출판부, 2002, 59~60쪽; 이병인, 『근대상해의 민간단체와 국가』, 창비, 2006, 79~89쪽 참조.

17) 이러한 鄕幇은 조선 내 지역별로도 조직되어 중앙의 향방 산하에 놓여 있었다. 인천부의 경우, 山東商人을 중심으로 '仁川 北幇會'가 존재하였다(朝鮮總督府 京城地法 檢事局, 『思想에 關한 情報(8)』, '中國 漢口 僑務委員會가 仁川華商商會 등으로 보내는 통신'(1938. 2. 9)).

18) 『東萊港報牒』(奎 17867-2), 1책, 1897년 1월.

19) 金正起, 「朝鮮政府의 淸借款導入(1882~1894)」, 『韓國史論』 3, 1976, 434쪽; 강진아, 『동순태호: 동아시아 화교 자본과 근대 조선』, 경북대학교출판부, 2011, 69~79쪽.

20) 이후이기는 하지만 1935년 현재 서소문정에 거주하는 화교의 인구가 1,635명으로 경성부 여러 町洞 중에서 가장 많다. 특히 조선인과 일본인 거주자의 인구가 각각 451명과 642명인 점을 감안하면 화교 거주자의 인구는 많은 편이다. 이 점에서 서소문정은 '支那人街'라고 불릴 만하다. 따라서 이곳에 회관을 설립한 것도 화교들이 다수 거주한다는 점과 관련된 것으로 보인다. 다음으로 화교의 인구가 많은 지역은 태평통 2정목으로 904명에 이른다.

기도 하였다. 그 회관은 수표정水標町에 두었다. 이들 동향 조직 중 상당수 조직이 1940년대 전반까지도 존속하였다. 그리하여 1910년대에 이들 동향 조직은 특정 상점을 중심으로 여러 지역에 영업점을 설립하여 수입품을 공급하고 판매케 하였다.[21] 이 중 포목상의 경우, 중국 본점과 연계하여 제품을 수입한 뒤 조선 내 중개업자 조합을 통해 조선인 상인들에게 공급하였다.[22] 특히 이들 화교의 정주定住 연망은 본국 객방客幇의 경우와 마찬가지로 여전히 친인척이라는 혈연적 요소에 근간하였다. 예컨대 동순태 탄제성의 경우, 친인척을 불러와 상점의 직원 또는 분호의 주인으로 근무하게 하였다.[23] 요컨대 이러한 동향별 조직은 중국 국내의 객방이 조선 국내로 연장되어 적용된 동향별 연망의 근간이라 하겠다.

또 경성부에는 1901년 이 지역 화교 상인들에 의해 조직된 중화상회中華商會가 자치조직으로 이미 존재하였다.[24] 초기에는 지역 화상들의 자치적 조합형태로 출발하였지만 이후 상무총회商務總會를 거쳐 중화상회로 명명되었는데 중화민국中華民國의 상무총회령商務總會令에 의해 설립 근거를 갖게 되었다.[25] 이를 화상총회華商總會라고도 한다.[26] 이 단체는 거류민단

경성부 정동별 화교 거주자와 관련하여서는 朝鮮總督府, 앞의 책, 1924, 51쪽; 京城府, 『朝鮮國勢調查』, 1936, 100~120쪽 참조.

21) 京城府, 『京城府史』 3, 1934, 515쪽.

22) 이에 관해서는 李正熙, 「植民地朝鮮에서 中國人의 商業네트워크: 吳服商을 中心으로」, 『全球化下華僑華人轉變』 10, 中華民國海外華人硏究學會, 2007; 「近代朝鮮에서 山東幇華商의 通商網: 大手吳服商을 中心으로」, 『新戶華僑華人硏究會創立20周年記念誌』 10, 神戶華僑華人硏究會, 2008.

23) 강진아, 앞의 책, 113~123쪽.

24) 朝鮮督府, 앞의 책, 1924, 51쪽. 물론 중화상회의 연원은 1884년 5월까지 소급된다. 그러나 상인들의 자치조직이라기보다는 청 정부가 적극 간여하여 설립하였다는 점에서 이후 중화상회의 성격과 다르다.

25) 해외 각지의 화교상인들이 商會를 설립할 수 있었던 근거는 이미 청정부가 1904년에 '商會簡明章程' 26조를 반포하여 각성으로 하여금 신속하게 상회를 설립하도록 명령한 데 두고 있다. 이후 중국 각지에는 상무총회가 설립되었으며 해외 각지에도 화교 상인들을 중심으로 中華商務總會가 설립되었다. 이후 민국 정부도 이러한 기조를 이어받아 상회 설립을 권장하였다. 그리하여 동향별, 동업별 조직의 한계를 극복할 수 있는 단서를 열 수 있었다. 이에 관해서는 馬敏, 辛太甲·候杰 옮김, 『중국근대의 신상』, 신서원, 2006, 184~191쪽; 김영신, 앞의 논문, 10~11쪽 참조.

26) 이 단체는 中華總務商會로도 불린다. 이에 관해서는 朝鮮總督府, 『朝鮮에서 支那人』, 1924,

居留民團 또는 상업회의소商業會議所와 같은 조직으로 의사를 결정하고 화교들의 자치 활동을 지원하거나 해당 지역의 사회단체를 허가함으로써 명실공히 정주 연망의 정점을 이루었다.[27] 그 회관은 경성부 본정本町에 소재하였다. 그 밖에 이런 류의 단체는 인천, 평양, 원산, 진남포, 부산, 군산, 신의주 등에서도 결성되었다.[28] 신의주부의 경우, 회원이 십수 호戶밖에 지나지 않지만, 이러한 조직이 신의주에 내주來住한 지 2년도 안되어 일본인들의 상공회의소보다 먼저 결성될 정도로(1909) 상업경영에 대한 단결력이 자발적이며, 조직적인 사회단체였다.[29] 그리하여 1920년대 초반에 이르면 그 회원이 124호로 증가하였다.

다음 중화상회의 사업을 보면, 소학교 경영, 가옥과 거주인 조사, 상업쟁의商業爭議 조정調停 및 재판회원裁判會員의 의뢰에 의한 재산의 정리, 상업발전상의 편의 및 지도, 이주移住와 생사生死의 사무, 진휼, 영사관으로부터의 통달고시通達告示 등을 담당하였음을 확인할 수 있다.[30] 아울러 이러한 사업에 지출되는 경비는 회원들로부터 징수되는 부과금으로 충당하였다. 부과금은 지역마다 다르지만 대개 각 상점의 매상고에 따라 등급이 결정되었는데 인천이 가장 높아 매달 11원 50전 내지 50전이며 그 밖의 지역은 4~5원 내지 50전이었다. 이처럼 지역 화상총회는 화교들의 지역 자치단체로서 지역 내 중국 상인들의 연합기관이라 하겠다.[31]

또한 이 단체가 중심이 되어서 재조선중국인在朝鮮中國人 도제학교徒弟學校 계획을 수립하기도 하였다.[32] 즉 매년 4~5만 명씩 내주하는 화공들이 무학無學인 까닭에 화교 사회의 발전에 불편이 있다고 판단하였기 때문

51쪽 참조.

27) 위의 책, 51쪽.

28) 朝鮮總督府, 앞의 책, 1924, 45~46쪽.

29) 朝鮮總督府, 『朝鮮部落調査報告』第一冊, 1924, 43~44쪽.

30) 위와 같음.

31) 『中外日報』, 1927년 8월 3일.

32) 『東亞日報』, 1929년 1월 27일.

이다. 이러한 시도는 단순 노동자인 고력들을 훈련시켜 전문적인 직인職
人으로 양성함으로써 화교 사회의 유동성을 줄이는 동시에 화공들의 정
주화를 유도하려는 시도로 보인다. 그 밖에 화상총회의 사업에는 현지
중국 영사관이 개입하기도 하였다.

한편, 화상총회는 중국 국민당이 조선 각지에 국민당 지부를 설치하
는 데 매개 고리가 되었다. 우선 1918년에 이미 주거즈밍諸葛子明, 인밍깡
殷鳴剛이 처음으로 삼민주의三民主義를 선전하며 당을 조직할 필요성을 역
설하였다.[33] 그러나 1924년 광둥廣東에서 국민당을 개조할 때에 발의자
두 명이 중국으로 돌아가면서 이러한 시도는 유야무야하게 되었다. 이
어서 국민당군이 한커우漢口를 점령하고 상하이를 함락하면서 재경 화
교들도 여기에 자극을 받아서 재래의 당무를 곽청廓淸하려던 차에 중국
국민당 일본 동경지부東京支部가 1927년 3월 화상총회에게 중국 국민당
경성지부京城支部를 설치할 것을 권유하자, 이에 동순태의 탄제성, 화상총
회의 쩡웨이펀鄭維芬과 금곡원金谷園의 쩌우쓰샨周世顯 등 유력한 상인들이
주도하여 경성지부를 설치하고 1927년 4월 17일 발회식發會式을 거행하
였다.[34] 또한 사무소는 태평통太平通 이정목二町目에 소재하였던 광둥동향
회관廣東同鄉會館에 두었다. 그리고 집행위원회를 개최하여 광둥인廣東人의
단결을 공고히 하고 중국 내·외 국민당원들에게 연락함으로써 삼민주
의를 실현한다는 목표를 설정하였다. 당시 탄제성은 중국국민당 경성지
부 정감찰위원正監察委員이었으며 요리집 금곡원의 주인인 쩌우쓰샨은 중
국국민당 경성지부 정집행위원正執行委員이었다. 그 밖에 20여 명의 화상
들이 여러 임원을 맡았다. 아울러 화교들이 다수 거주하는 조치원, 공주,
광주, 평양, 함흥, 원산, 청진 등의 지역에 국민당 분서가 설치되었는
데[35] 여기에도 화상들의 역할이 컸을 것이다. 국민당원의 숫자는 1927

---

33) 八判洞人(필명), 「華僑訪問記」, 『東光』 16, 1927.

34) 京城地法 檢事局, 『思想問題에 關한 調査書類』, '支那 國民黨 京城支部 設置에 關한 件'(1927.5.4).

35) 조선 내 국민당 지부 설치에 관해서는 이정희, 앞의 논문(2010), 97~102쪽 참조.

년 4월 경성지부 설치 당시에는 80여 명이었으나[36] 4년이 지난 1931년에는 3,000여 명에 이르렀다. 이는 화교들의 이러한 정주 연망을 국민당의 지원 아래 훨씬 강화할 수 있는 계기가 되었을 것이다. 그리고 국민당은 이러한 기반에 근거하여 혁명자금을 모집하기 위해 국민당원을 조선 각지에 침투시키기도 하였다.[37]

인천부의 경우, 중화상무총회中華商務總會가 있으며 임원을 포함하여 37명의 회원이 가입하였다.[38] 부과금은 최고 11원 50전이었다. 여기에는 중국에 본점을 둔 동순태를 비롯한 지점들의 풍부한 자금이 투여되었다. 가족 동반의 규모를 보여주는 화교소학교가 존재하였는데 학생이 93명에 이르렀다.

신의주부의 경우, 여타 지역과 마찬가지로 중화상회가 설립되었으며 회원은 25명이었다.[39] 이러한 수치가 신의주부 자체 화교 인구에서 차지하는 비중을 인천부와 비교하면 적은 편이라고 하겠다. 신의주부 화교 인구에 비해 적다고 하겠다. 신의주부 화교상인이 인천 화교상인보다 적기 때문이다. 그리고 부과금은 최고 17원이었다. 소학교의 학생은 57명이었다.

부산부의 경우, 중화상회가 1908년에 가서야 설립되었는데 직물상으로만 회원이 구성되었으며 26명에 지나지 않았다.[40] 포목상만이 특화되어 조금 두드러질 뿐 다른 업종이 1880년대 초반이래 줄곧 일본 상인의 상권에 밀려 성장하지 못했기 때문이다.[41] 화교소학교가 설립되지 않아 아동을 본국에 귀환시켰다. 연망의 형성에 일정한 인구 이상이 거

---

36) 八判洞人(필명), 앞의 글.

37) 『東亞日報』, 1927년 2월 16일.

38) 朝鮮總督府, 『朝鮮에서 支那人』, 1924, 73~74쪽.

39) 위의 책, 189~190쪽.

40) 위의 책, 139~140쪽.

41) 조세현, 「개항기 부산의 청국 조계지와 청상(淸商)들」, 『동북아문화연구』 25, 2010, 515~517쪽. 이러한 사정은 1930년대에도 마찬가지였다(『東亞日報』, 1933년 5월 26일).

류해야 함을 보여준다 하겠다.

한편, 화공들도 방幇을 조직하여 그들의 권익을 지키고자 하였다. 이
중 화교 미숙련노동자라 할 고력苦力은[42] 동업별보다는 동향별로 방을
조직하였다.[43] 왜냐하면 특정 기술이 없는 가운데 동향 출신이라는 상
호 친밀도가 훨씬 높아 방의 목적을 실현하는데 유리하였기 때문이
다.[44] 특히 언어, 습속을 달리하는 조선에서 무학인 그들은 이 방을 통
해서 혜택을 입었다. 즉 이들 조직은 1인의 두목 즉 고력두頭의 밑에서
십수 인 또는 수십 인이 일정의 질서에 따라 노동하는 조직으로 되었다.
따라서 이러한 고력두는 고력들을 통솔할뿐더러 직접 고향으로 가서
이들을 모집하기도 담당하였다.[45] 또한 조직 규약이 엄격하여 하나의
고력방에 가입한 이상 다른 고력방에서 겸하여 일하는 것은 불가능하였
다. 아울러 고력두는 쿨리들로부터 임금의 일부를 받아 고력방의 운영
과 본인의 생계에 지출하였다. 또 그는 쿨리들을 대표하여 기업가의 대
표와 노동 계약을 체결함과 함께 일정한 독점권을 가질 수 있었다.

한편, 방에 소속된 화공이 실업失業을 할 경우에는 그의 숙식문제를
방에서 해결해 주기도 하였다. 그리고 당시 화공들의 노동생산성이 조
선인 노동자들의 경우보다 훨씬 높은 이유가 이러한 방의 기능과 매우
밀접하였다는 점에서 이러한 방은 화공들의 훈련 기관이기도 하였다.
따라서 이러한 방이 일시적으로 거류하는 계절 노동자뿐만 아니라 정주
화공들에게도 커다란 영향을 미쳤을 것이다. 나아가 이러한 사회단체가
화공들 사이에서도 연망이 확충될 수 있는 기반을 제공하였음을 보여준

---

42) 苦力은 미숙련노동자를, 華工은 중국인 노동자를 총칭하는 명칭으로 여기에는 전문적 기능
을 가진 職人이 포함된다. 이에 관해서는 송승석, 「제국일본의 화공(華工)과 식민당국의 화공
정책: 식민지 조선과 타이완을 중심으로」, 『中國現代文學』 50, 2009, 224쪽.

43) 이 점에서 중국 국내의 노동자 조직과 매우 유사하였다. 중국 국내 노동자 조직의 地緣的
特性과 운영에 관해서는 전인갑, 앞의 책, 59~63쪽; 이병인, 앞의 책, 79~89쪽 참조.

44) 조선총독부, 앞의 책, 1924, 54~55쪽.

45) 이옥련, 앞의 책, 165쪽; 盧泰貞, 「1920년대 在조선 중국인노동자의 실상」, 성균관대학교
석사학위논문, 2009, 15~16쪽 참조.

다. 그 밖에 동향별로 조직되지 않고 동업별로 조직된 음업공회飲業公會, 이발공회理髮公會, 수공방手工幇 등 동업별 방도 존재하였다.[46]

이처럼 재조선 화교의 연망은 친인척 연망과 동향 연망에 기반하여 확장되고 고밀도화 되어 갔다. 그리고 이에 근간한 사회자본의 활성화도 높아져 갔음을 반영한다.[47]

그러면 3개 개항장 도시의 호구, 성별 비율을 통해 각 개항장 도시의 특징을 살펴보기로 한다. [표 3]은 1910년대~1920년대 전반 인천부, 신의주부와 부산부의 인구 현황을 보여준다.

[표 3] 1910년대~1920년대 전반 인천부, 신의주부, 부산부의 인구 현황

| 지역 | 인천부 | | | | 신의주부 | | | | 부산부 | | | |
| | 호수 | 인구 | | | 호수 | 인구 | | | 호수 | 인구 | | |
연도		남	녀	계		남	녀	계		남	녀	계
1911	484	–	–	1,581	130	–	–	1,241	34	–	–	168
1913	436	1,288	215	1,503	187	1,187	97	1,284	43	180	31	211
1915	243	911	214	1,125	193	1,216	136	1,352	47	189	21	210
1917	259	981	281	1,262	270	1,713	230	1,943	38	161	26	187
1919	198	617	176	793	332	2,100	330	2,430	41	162	29	191
1921	257	1,051	309	1,360	1,158	2494	456	2,950	49	217	14	231
1923	313	1,398	376	1,774	479	3,182	459	3,641	72	310	23	333

* 출전: 朝鮮總督府, 『朝鮮總督府統計年報』, 각 해당연도.

인천부의 경우, 1920년대에 들어가면서 여성들의 비율이 높아져 1923년에는 여성에 대한 남성의 비율이 3.7까지 이르고 있다. 1925년의

---

46) 朝鮮總督府, 앞의 책, 1924, 109~110쪽; 小田內通敏, 『朝鮮에서 支那人의 經濟的 勢力』, 東京, 東洋硏究會出版, 1924, 51~52쪽.

47) 社會資本은 퍼트남(Robert David Putnam)에 따르면, 사회구성원 상호간의 이익을 위해 조정 및 협동을 촉진하는 규범, 신뢰와 함께 연망으로 정의한다. 그리하여 사회자본은, ① 정보 공유의 역할을 하여 공식·비공식 제도가 정확한 정보를 제공하도록 하고, ② 개인의 상호작용으로 인해 구성원들 간의 신뢰를 회복하게 하는 조정 역할을 하며, ③ 집단적 의사결정을 통해 외부효과를 창출하는 역할을 한다. 따라서 사회자본의 활성화는 물리적 자본, 인적 자본과 같이 생산활동을 증가시키는 역할을 한다는 점에서 공통점이 있다(박희봉, 『사회자본: 불신에서 신뢰로, 갈등에서 협력으로』, 조명문화사, 2009, 31~36쪽). 따라서 이러한 연망의 확장과 고밀도화는 이러한 사회자본의 활성화에 기여할 수 있다.

비율보다 훨씬 낮은 수치이다. 이는 상인이 가족들을 다수 동반하여 거류하고 있음을 보여준다. 반면에 신의주부의 경우, 그 비율이 6.9에 이르고 있다. 인천의 경우에 비해 매우 높은 수치이다. 또한 가호당 인구수가 7.6명으로 인천부 5.7명에 비해 훨씬 많다. 이는 1호 내에 여러 조의 세대가 거주하기 때문이다.[48] 1923년에는 노동자의 수가 1,222명에 이르렀다. 그것은 남성 노동자들이 북부지방 토목·건축 공사장에서 노동하기 위해 단신으로 거류하고 있음을 반영한다. 부산의 경우는 노동자가 적음에도 불구하고 본국과의 거리가 매우 멀어 가족을 동반하지 않고 단신으로 거류하는 경우가 많음을 보여준다.

이러한 사정은 1930년에 가면 크게 바뀌었다. [표 4]는 이를 잘 보여준다.

[표 4] 1930년 현재 인천부, 신의주부, 부산부 인구의 성별·연령별 현황

府面 年齡別	仁川府			新義州府			釜山府		
	總數	男	女	總數	男	女	總數	男	女
0~4 歲	178	92	86	1,694	842	852	39	19	20
5~9 歲	153	54	99	1,229	640	589	30	13	17
10~14 歲	179	107	72	1,066	647	419	27	11	16
0~14 歲	510	253	257	3,989	2,129	1,860	96	43	53
15~19 歲	508	449	59	2,219	1,823	396	98	85	13
20~24 歲	592	530	62	3,164	2,766	398	129	118	11
25~29 歲	500	420	80	3,774	3,286	488	120	103	17
30~34 歲	345	290	55	3,008	2,640	368	83	77	6
35~39 歲	323	275	48	2,645	2,287	358	88	82	6
40~44 歲	241	213	28	1,857	1,608	249	49	45	4
45~49 歲	159	142	17	1,395	1,213	182	43	37	6
50~54 歲	104	85	19	753	624	129	20	17	3
55~59 歲	51	38	13	420	330	90	7	6	1
60~64 歲	26	18	8	200	150	50	0	0	0
15~64 歲	2,849	2,460	389	19,435	16,727	2,708	637	570	67
65~69 歲	10	7	3	114	71	43	3	3	0
70~74 歲	0	0	0	29	17	12	0	0	0
75~79 歲	3	2	1	6	3	3	1	1	0
80歲 이상	0	0	0	7	2	5	0	0	0
65歲 이상	13	9	4	156	93	63	4	4	0
총계	3,372	2,722	650	23,580	18,949	4,631	737	617	120
성비(남/여)		4.19			4.09			5.14	

출전: 朝鮮總督府, 『朝鮮國勢調査報告』, 1932.

48) 小田内通敏, 앞의 책, 175~176쪽.

인천부의 경우, 여성에 대한 남성의 비율이 4.19에 달하는 가운데 유소년 인구에 대한 생산인구의 비율이 6.61에 이르렀다. 이는 [표 2]에서 볼 수 있듯이 같은 해 전국 평균 비율인 6.74에 근접하였다. 그 이유는 인천을 발판으로 가족들을 동반하였던 상인들의 감소에서 빚어진 것으로 보인다.49) 또한 1930년 상업 종사자의 비율이 50%를 넘지 못하였는데 이는 화상들의 쇠퇴를 의미하였다. 더욱이 인천의 주거공간 등 도시공간 시설이 포화상태에 이른데다가 공업화에 대한 전망이 불투명함으로써 이러한 경향은 심화되었다.50) 아울러 중국 내전으로 인해 남방과 북방의 대립이 심화되었다.51) 이처럼 상인들의 몰락으로 광둥방 연망은 약화되는 가운데 중국 내전은 화교 연망 자체를 약화시켰다.52)

반면에 신의주부의 경우, 여성에 대한 남성의 비율이 1923년 6.9에서 1930년 4.09로 줄어들었다. 이는 북부 지방의 공업화로 인해 많은 노동력에 대한 수요가 증가함으로써 다수의 화공들이 유입할 수 있을뿐더러 이후 토목 건설이 장기화되면서 이들 화공이 정주화 되어갔음을 보여준다. 특히 유소년 인구에 대한 생산인구의 비율이 5.91에 지나지 않을 정도로 낮아졌다. 신의주에 유입하는 화교들이 가족들을 동반하였음을 추정할 수 있다. 공업화에 따라 주거 시설 등 도시 공간 시설이 확보되면서 이러한 정주화가 좀 더 현실화되었던 것으로 보인다. 그리하여 신의주부의 정주화 경향이 여타 2개 개항장보다 높다. 그리고 이는 조세부담력租稅負擔力에서 확연히 드러난다. 예컨대 1930년 현재 화교들은 지

---

49) 1924년 사치세 관세 부과 이후 일제의 보호관세정책으로 인한 朝中 무역의 퇴조와 화교 상업자본의 위축으로 이 시기 인천 등의 華商들이 쇠퇴하였다. 同順泰의 몰락은 대표적인 예라 하겠다. 이에 관해서는 강진아, 「근대 동아시아의 초국적 자본의 성장과 한계: 재한화교기업 동순태(同順泰)(1874~1937)의 사례」, 『慶北史學』 27, 2004 참조.

50) 당시 일본인들조차도 인천의 긴요한 문제로 정체된 인구를 증가시키기 위해 경인전철의 부설을 주장할 정도였다. 이에 관해서는 古川文道, 『인천의 긴요문제』(김락기·이지영 공역, 인천대학교 인천학연구원, 2006), 1932, 216~217쪽 참조.

51) 『東亞日報』, 1928년 6월 7일.

52) 이미 1921년 6월에는 華商總會會長에 산둥 출신의 裕豊德支配人 李書萱氏가 就任하기도 하였다(『東亞日報』, 1921년 6월 15일).

방세地方稅를 제외하고는 국세國稅와 부세府稅 등의 세목稅目에서 조선인을 압도하였다.[53]

끝으로 부산부의 경우, 화교 인구가 너무 적어 통계수치로서의 의미가 적다. 더욱이 여성에 대한 남성의 비율이 여타 2개 도시보다 훨씬 많다. 유소년 인구에 대한 생산인구의 비율이 7.67에 이를 정도로 매우 높다. 화교들이 대부분이 독신자임을 추측할 수 있다.

이처럼 세 도시는 화교 정주화 정도가 각각 달랐다. 특히 1930년대에 들어와 유입 인구가 많을수록 유소년 인구에 대한 생산인구의 비율이 더욱 낮다. 신의주부의 경우가 대표적인 예라고 하겠다.

또한 출신지별로 보면 산둥성山東省 출신이 유입 초창기라 할 1880년대 중반에는 60%를 넘지 못하였는데 1931년에는 80%를 차지하기에 이르렀다.[54] 이는 비산동非山東 출신의 화상들이 밀려나는 가운데 이 자리를 산둥 출신의 화상과 화공들이 채우기에 이르렀음을 의미한다.

이처럼 화교 상업의 쇠퇴가 지속되는 가운데 인천부의 화교 연망은 약화되는 반면에 신의주부의 화교 연망은 화공들의 대거 유입으로 인해 산둥 출신 화공을 중심으로 훨씬 강화되었다. 그리고 신의주와 가까운 운산雲山 북진北鎭의 경우, 화공들이 많은 까닭에 중국 공산당원이 잠입하여 활동하고자 하였다.[55] 화공들의 대규모적인 거류를 기회로 삼아 새로운 연망을 구축하고자 하였던 것이다.

---

53) 1인당 國稅와 地方稅, 府稅의 경우, 조선인에 대한 화교의 비율이 각각 4.8배, 0.9배, 1.7배였다(『東亞日報』, 1930년 11월 22일). 특히 1923년 국세의 대표 세목이라 할 市街地稅의 경우, 조선인에 대한 화교의 비율이 1.1배임을 감안할 때, 7년 사이에 화교와 조선인의 격차가 더 벌어졌음을 추정할 수 있다(朝鮮總督府, 『朝鮮에서 支那人』, 1924, 178쪽).

54) 李正熙, 앞의 논문, 2010, 93쪽 참조. 그러나 1934년 현재 조선총독부의 발표에 따르면, 산둥 출신 화교가 70%에 이른다(『東亞日報』, 1934년 6월 25일).

55) 『東亞日報』, 1931년 6월 12일. 이 시기에 운산 북진에는 화교들이 1,200여 명에 이르렀다(『東亞日報』, 1928년 7월 14일).

3. 국내·외 정세政勢의 변동과 화교 연망의 동요動搖

1931년 7월 만보산사건이 국내에 잘못 보도되어 조선인들의 화교에 대한 반감이 극에 달했다.[56] 이는 곧이어 조선인들의 화교에 대한 공격으로 나타났고 심지어는 많은 사상자가 발생하였다. 비록 이후 만보산사건이 일제의 음모로 인해 왜곡되어 전달되었음이 알려졌음에도 그 충격은 매우 컸다.

이 때 화교들의 각종 연망이 작동되었다. 대표적으로 화상총회를 구심점으로 한 연망은 그 위력을 발휘하였다. 예컨대 화상총회는 국민당지부와 연합하여 화교들의 피해상황을 조사하였다.[57] 그리고 각지의 화상총회는 사태의 심각성을 우려하는 조선인들의 진의를 전달받는 연망의 거점이기도 하였다.

이어서 만주사변滿洲事變이 일어나자 화교들의 불안은 커져갔다. 그 결과 많은 화교들이 대거 중국으로 귀국하였다. [표 5]는 만주사변 이후 인천부, 신의주부, 부산부 화교의 성별·연령별 현황이다.

[표 5] 1935년 인천부, 신의주부, 부산부 화교의 성별·연령별 현황

府面 年齡別	仁川府			新義州府						釜山府		
				滿洲國人			中華民國人					
	總數	男	女	總數	男	女	總數	男	女	總數	男	女
0~4	132	54	78	34	18	16	491	249	282	31	14	17
5~9	115	51	64	32	14	18	458	229	229	21	7	14
10~14	123	70	53	30	18	12	382	221	161	18	10	8
0~14	370	175	195	96	50	46	1,331	699	672	70	31	39
15~19	311	269	42	135	112	13	832	683	149	45	34	11

---

56) 萬寶山 事件과 국내 조선인들의 화교 탄압에 관해서는 朴永錫, 『萬寶山事件 研究』, 一潮閣, 1978; 장세윤, 「만보산사건 전후 시기 인천 시민과 화교의 동향」, 『인천학연구』 2-1, 2003; 김희용, 「日帝强占期 韓國人의 華僑排斥」, 한국교원대학교 석사논문, 2009; 金泰雄, 「1920·30년대 한국인 대중의 華僑 認識과 國內 民族主義 系列 知識人의 내면세계」, 『歷史敎育』 112, 2009, 111~112쪽.

57) 『東亞日報』, 1931년 7월 14일.

20~24	397	350	47	173	159	14	988	840	148	58	46	12
25~29	385	325	60	119	114	5	1,049	879	170	69	57	12
30~34	307	253	54	130	112	18	948	814	134	63	53	10
35~39	233	189	44	101	93	8	745	636	109	32	29	3
40~44	196	168	28	83	76	3	562	485	77	37	33	4
45~49	113	97	16	65	58	7	444	387	57	28	25	3
50~54	86	73	13	42	41	1	263	220	43	20	19	1
55~59	35	26	9	29	28	1	132	96	36	10	9	1
60~64	16	14	2	6	6	0	73	48	25	0	0	0
15~64	2,079	1,764	315	883	799	70	6,036	5,088	948	362	305	57
65~69	6	4	2	3	2	1	30	19	11	0	0	0
70~74	3	2	1	3	2	1	12	8	4	0	0	0
75~79	1	1	0	0	0	0	3	2	1	0	0	0
80이상	0	0	0	0	0	0	3	2	1	0	0	0
65이상	10	7	3	6	4	2	48	31	17	0	0	0
總數	2,459	1,946	513	971	853	118	7,455	5,818	1,637	432	336	96
성비 (남/녀)	3.79			7.23			3.55			3.5		

* 출전: 朝鮮總督府, 『朝鮮國勢調查報告』, 1936.

인천부의 경우, 5년 사이에 1,000명 가까이나 감소하였다. 다음 신의주부의 경우, 15,000명이나 감소하였다. 끝으로 부산부의 경우, 화교 인구가 적다보니 305명이 감소하는 데 그쳤다.

그럼에도 이러한 귀국은 단지 화교 인구의 감소만을 가져온 게 아니었다. 여기에는 화교 연망의 동요가 수반되었다. 신의주부의 경우, 화교들의 또 다른 연망이라 할 화교소학교의 휴교를 초래하기도 하였다.[58] 학생들의 숫자도 감소되었거니와 교장과 교사들도 귀국하여 자리를 비우기도 하였다.

나아가 일제의 화교정책은 중국 국민당의 지부 조직을 약화시켰다. 예컨대 일제는 만주사변 이후 중화민국 신의주영사관을 중국인 스파이 사건의 배후 조종자라고 지목함으로써 화교 사회에 대한 중국 국민당의 영향력을 약화시켰다.[59] 그 결과 1934년 현재 당원이 280여 명으로 감소하였으며 평양, 전주, 광주 분부分部는 통신처通信處로 강등되었다.[60] 이는

---

58)『東亞日報』, 1932년 4월 3일.

59)『東亞日報』, 1932년 12월 9일.

재조선 화교 연망의 거점이라 할 화교 단체들이 본국 정부의 지원을 받지 못하고 독자적으로 존속해야 하는 처지로 전락하고 있음을 말해준다.

그러나 화교들의 정주화 추세는 지속적으로 유지되었다. 1930년과 비교하였을 때 남성에 대한 여성의 비율이 오히려 높아졌다. 다만 만주인의 경우, 새로 유입한 단신 화공들의 비중으로 여성의 비율이 낮은 것으로 보인다. 아울러 유소년 인구에 대한 생산인구의 비율도 인천부를 제외하고는 낮아졌다. 신의주부의 경우, 중화민국인에 한정해서 산출하면 5.60으로 낮아졌다. 5년 사이에 0.31 가량 낮아진 셈이다. 인천부와 달리 육로의 이점을 감안하여 정주 화교들이 귀국 대열에 대거 참가하지 않은 것으로 보인다. 끝으로 부산부의 경우, 6.17로 낮아졌다. 5년 사이에 1.50 가량 낮아진 셈이다.

인구 구조의 이러한 양상은 이미 가족을 형성한 정주 화교의 경우에서 보이듯이 쉽게 중국으로 귀국하지 못한 반면에 단신 화교의 경우는 쉽게 귀국하였음을 반영한다. 아울러 상업의 성질상 정치적 변동에 민감하기 때문에 상권 상실의 위기에 처한 대상인들이 귀국 대열에 참여할 가능성이 높다. 인천부의 경우가 대표적인 예라 하겠다. 예컨대 만주사변 이후 중국 내 일본상품 배척운동은 인천의 화상들의 상세商勢를 약화시킬뿐더러 이미 구축한 상권마저 내놓기에 이르렀다.[61] 군산부의 경우는 화상들이 소유하였던 부지마저 일본인들에게 넘어갔다.[62] 부산부의 경우는 화교 포목상들이 만보산사건과 만주 사변에 불안을 느껴 도매 거래를 중단함으로써 연쇄적으로 화교 소매상마저 몰락하기에 이르렀다.[63]

만주사변 이후 화교 사회의 이러한 양상은 정주화의 성격이 바뀌었음

---

60) 朝鮮總督府, 『昭和9年度帝國議會說明資料』, 1934, 74~75쪽.

61) 仁川府, 『仁川府史』, 1933, 1027쪽.

62) 김태웅, 앞의 논문, 428~429쪽.

63) 『東亞日報』, 1933년 5월 26일.

을 의미한다. 즉 이전의 정주화는 대상인들을 비롯하여 소상인, 화공 등에 이르기까지 전반적으로 이루어지면서 동향별, 동업별 연망의 밀도를 높였던 데 반해 이 시기에 들어오면 대상인들이 귀국함으로써 화교 연망은 영세 소상인 또는 화공들을 중심으로 재편되었으며 밀도 역시 약화되었을 것이다. 이는 신의주부의 경우에서 알 수 있듯이 1930년과 1936년을 비교할 때 상업과 교통업 종사자의 비율이 45.3%에서 40%로 감소한 데 반해 공업 종사자의 비율은 30%(1,796명)에서 35%(2,240여 명)로 증가하였다는 사실에서 잘 드러난다.[64] 특히 북부 지방의 경우, 화공들의 유입이 크게 늘면서 화교 소학교 설립 문제가 제기되었다. 여기에는 화공들의 임금이 조선인 노동자의 그것보다 저렴하고 기술력이 뛰어나다는 이유를 내세워 화공을 고용하려는 일본인 자본가들의 영향력도 크게 작용하였다.[65] 그리하여 화공들이 중일관계의 악화에도 불구하고 지속적으로 유입되면서 평안북도 운산에서는 화공 자녀들을 위해 화교 소학교 건물 낙성식을 벌이기도 하였다.[66] 그 밖에 신의주와 용암포龍岩浦에도 화공학교가 설립되었다.[67] 아울러 화교 노동자 등이 신의주에 대거 유입하여 숫자상에서 조선인 노동자를 압도하면서 조선인 노동자와 세력투쟁勢力鬪爭을 끊임없이 벌이기도 하였다.[68]

물론 화상총회를 비롯하여 기존의 사회단체가 건재하였다. 이들은 조선인들의 화교배척사건에 냉정하게 대처하면서 조·중 주민간의 갈등을 해소하고자 노력하기도 하였다.[69] 그리고 새로운 사회단체가 조직되기

----

64) 朝鮮總督府, 『朝鮮國勢調査報告』, 1932; 新義州商工會議所, 『新義州商工案內』, 1938, 18~19쪽.
65) 『東亞日報』, 1934년 6월 29일. 물론 일제 당국은 조선인 노동자들의 반발과 화공들의 불온한 동정을 우려하여 불허하였다. 그러나 당시 일본인 자본가들의 이러한 청원이 화공들의 유입을 초래하는 요인이었음은 분명하다.
66) 『東亞日報』, 1934년 11월 22일.
67) 『每日申報』, 1935년 11월 30일.
68) 『東亞日報』, 1934년 6월 15일; 『每日申報』, 1935년 6월 16일.
69) 『東亞日報』, 1931년 8월 17일.

도 하였다. 신의주부의 경우, 1935년 농산품 판매를 통제하기 위해 신의주중화농회新義州中華農會가 설립되었다.[70] 아울러 경성에서도 화공들이 상호 부조하고자 하여 재경성在京城 중화공회를 조직하였는데 회원은 450여 명이었다.[71] 이처럼 상인 위주의 기존 연망과 별개로 여러 작업장에서 노동하는 화교 농민과 화공들을 연계해 주는 지역별 동업 연망이 형성되어 나아갔다.

　그러나 1937년 중일전쟁을 앞둔 가운데 일제는 재조선 화교사회를 압박하면서 화교 연망은 다시 한번 위기에 봉착하게 되었다. 우선 중일관계의 악화를 이유로 화교들의 동정을 엄중 경계하는 동시에 집회를 금지하였다.[72] 또한 일제는 화교 사회의 구심점이라 할 화교학교의 운영에 간섭하기 시작하였다. 예컨대 1935년 11월 평안북도 경찰부는 신의주화교소학교에서 '반만항일反滿抗日'의 주간잡지를 과외교과서課外教科書로 사용한다는 구실을 내세워 이를 철저하게 소청掃淸해야 할 것임을 역설하면서 이 사건을 확대하였고 심지어는 교사를 퇴거시켜 본적지인 산둥으로 압송하였다.[73] 나아가 신의주, 운산, 북진의 화공학교가 국민당 정부와 밀접한 관계를 맺고 있다는 구실로 증거물을 압수하거나 취조하였다.[74] 이 중에는 배일사상排日思想을 고취했다는 이유로 평북화공학교 교장을 취조한 뒤 중국으로 송환시키는 사건도 있었다.[75] 특히 이러한 일련의 사건은 중일개전설中日開戰說과 맞물리면서 화교 사회를 불안과 공포로 몰아갔다.[76] 이런 가운데 화교 사회도 향방 간의 갈등을

---

70) 『每日申報』, 1935년 5월 31일.

71) 『東亞日報』, 1935년 5월 29일.

72) 『朝鮮中央日報』, 1935년 11월 16일; 『東亞日報』, 1935년 11월 30일.

73) 『每日申報』, 1935년 11월 30일; 『每日申報』, 1935년 12월 1일; 『朝鮮中央日報』, 1935년 12월 1일; 『朝鮮中央日報』, 1935년 12월 2일; 『朝鮮中央日報』, 1935년 12월 4일; 『東亞日報』, 1936년 1월 11일.

74) 『每日申報』, 1935년 11월 30일.

75) 『東亞日報』, 1936년 1월 15일.

76) 『朝鮮中央日報』, 1935년 12월 13일.

점차 드러내기 시작하였다. 인천부의 경우, 중화민국 영사관에 연결되어 있는 화교학교와 산둥출신과 밀접한 노교학교魯校學校 사이에 장제스蔣介石 정권 지지 여부를 둘러싸고 분쟁이 있는 가운데 생도확보生徒確保 경쟁이 벌어졌다.[77] 동향이라는 연고가 정치적 노선과 맞물리면서 중국인 소학교 간의 대립·갈등을 초래한 셈이다.

이어서 1937년 7월에 발발한 중일전쟁은 하강 국면으로 들어가던 화교들의 상업활동을 더욱 위축시켰으며, 화교 자신들의 정치·사회적 활동도 새로운 국면을 맞게 되었다. 우선 조선에 거주하고 있었던 많은 화교들이 귀국하였다. 1937년 12월 말 현재 화교 67,000여 명 중 귀국한 화교가 33,000여 명에 이르렀다.[78] 이 때 동순태 탄제성의 아들들이 중국으로 귀국하였다.[79] 신의주부의 경우, 이 시점에서 매일 2~3백씩 귀국하였다.[80] 이 대열에는 평양에서 30년간이나 살아온 화교 노인도 있었다.[81] 그 결과 노동력이 부족하여 임금이 앙등하기도 하였다.[82] 또한 신의주 중화상회의 서기가 군기보호법軍機保護法 위반으로 검거되자 신의주부의 중화상회가 해산되기도 하였다.[83] 이는 평안북도 화교 연맹의 거점이 붕괴되었음을 의미한다.

한편, 많은 화교 조직이 일제의 강요에 이기지 못해 왕자오밍汪兆銘 신정부를 지지하는 대열에 참가하였다. 인천부의 경우, 인천중화농회仁川中華農會, 인천중화여관조합仁川中華旅館組合, 인천중화상회仁川中華商會, 인천산둥

---

77) 『京城日報』, 1937년 2월 24일.

78) 朝鮮總督府 警務局, 『治安狀況』 44~47報, '在留中國人의 動靜'(1938.6.10).

79) 朝鮮總督府 警務局, 『治安狀況』 26~43報, '支那人 引揚關係'(1937.9.17).

80) 『東亞日報』, 1937년 9월 9일; 9월 19일; 『每日申報』, 1937년 9월 10일; 9월 16일.

81) 이 노인은 30년간 평양에 거주한 화교로 1931년 화교배척사건에도 불구하고 잔류하고 있다가 중일전쟁이 발발하자, 노후의 몸이어서 귀국하려 하였다. 그러나 安東에 이르렀으나 '만주국 통과의 귀국 불허' 방침으로 인하여 다시 신의주로 돌아왔다가 여의치 않자 신의주 중국영사관 앞 전신주에 목을 매어 자살하였다(『東亞日報』, 1937년 8월 23일).

82) 朝鮮總督府 警務局, 『治安狀況』 26~43報, '新義州에서 支那人 引揚의 影響'(1938.2.23).

83) 朝鮮總督府 警務局, 『治安狀況』 26~43報, '支那人의 動靜'(1937.12.10).

동향회仁川山東同鄕會 등 인천 화교 단체의 대표들이 모여 왕자오밍 정권에 참가할 것을 표명하였다.84) 신의주 화교들도 마찬가지여서 유력자들 수백명이 북경회관北京會館에 모여 왕자오밍 정권을 지지하기로 결의하였다.85) 부산부의 경우, 부산재류 화교들의 유일한 상업단체인 중화상회와 부산화교자치회釜山華僑自治會가 왕자오밍 신정부 지지를 결의하고 오색기를 게양하였다.86)

그런데 일제의 이러한 강요는 화교 조직을 통제하고 동원하는 데 그치지 않았다. 이는 국민당과 밀접한 관계를 맺었던 중화상회와 기타 화교단체를 해체시킨 위에서 친일단체로 탈바꿈시켜 육성하는 데 주안을 두었다.87) 1938년 4월 말 현재 중앙의 여선중화상회연합회旅鮮中華商會聯合會(1938.2.3)를 비롯한 여러 단체를 결성케 하였다. 반면에 국민당을 지지하는 화교 단체의 태반이 중일전쟁 이후 본국으로 귀환하였다.

또한 중일전쟁으로 휴교하였던 인천 화교소학교는 왕자오밍 정권 참가를 맹세하면서 다시 개교하였다. 이때 일제 경찰서와 교육당국이 교과서의 선정, 교원의 전형 등을 지도하였다.88) 심지어는 화교소학교에서도 황국신민의 정신을 체득한다는 명분 아래 황국신민체조를 실시하였다.89) 또 일부 화교들의 반발에도 불구하고 오색기와 일장기를 걸라고 강요하기도 하였다.90) 그리고 '중국전승中國戰勝, 일본패전日本敗戰'이라는 불온한 언동을 저질렀다고 하여 일부 화교를 구속하기도 하였다.91)

---

84) 京城地法 檢事局, 『思想에 관한 情報(8)』, '華僑團體의 情報에 관한 건'(1937.1.19); 朝鮮總督府 警務局, 『治安狀況』 44~47報, '鮮內 中國人의 新政權 參加狀況'(1938.1.8); 『東亞申報』, 1938년 1월 14일.

85) 『東亞日報』, 1938년 1월 4일; 1938년 1월 9일.

86) 『每日申報』, 1938년 1월 7일; 『每日申報』, 1938년 1월 10일.

87) 朝鮮總督府 警務局, 『治安狀況』 44~47報, '新政權 歸屬 後에 있어서의 中國人의 動靜'(1938.2.23), '支那人의 動靜'(1938.6.10); 『東亞日報』, 1938년 1월 24일; 1938년 2월 1일.

88) 『每日申報』, 1938년 1월 22일.

89) 『每日申報』, 1938년 4월 1일.

90) 朝鮮總督府 警務局, 『朝鮮出版警察月報』 117, '執務參考資料: 朝鮮에서의 護旗奮鬪經過'(1938.4.30).

그밖에 인천부의 일부 화교들은 일제에게 방공용防空用·경찰전용警察專用의 전화가설경비電話加設經費 6,000여 원어치를 기부하기도 하였다.[92] 이제 화상총회를 비롯한 연망의 거점들이 통제統制와 동원動員의 대상이 되기에 이른 것이다.

나아가 화교 사회는 부일협력附日協力 활동에 적극 나섰다.[93] 예컨대 전쟁이 막바지에 이른 1945년 1월 여선중화상회旅鮮中華商會는 '대동아전쟁大東亞戰爭'에 적극 협력하고 "태평양의 방파제로서 대아주大亞洲의 수호신은 맹방 일본의 감투노고敢鬪勞苦에 최대의 경의를 표하고 황군장병 각위에게 충심으로 감사감격感謝感激의 적성赤誠을 올린다."고 하였다.[94] 또 1945년 7월 24일 일제의 주도로 경성부민관京城府民館에서 개최된 아세아민족분격대회亞細亞民族憤激大會에서는 중국 국민당 경성지부의 설치를 한때 주도했던 쩡웨이펀鄭維芬이 "왕도문화王道文化의 위대성偉大性과 국부國父의 예언豫言"의 제목으로 강연하기도 하였다.[95]

결국 일제의 이러한 화교정책은 화교 사회를 뒷받침하였던 기존의 정주 연망을 약화시키기에 이르렀다. 나아가 정치 노선을 내세워 기존 국민당 위주의 화교 연망을 분해시키면서 친일 조직 위주의 연망을 구축하기에 이르렀다.

이에 일부 친親 국민당國民黨·장제스 화교들은 대거 귀국하였다. 예컨대 유풍덕裕豊德상점 전체를 경영하던 쩌우썬쥬周愼九가 중국으로 귀국하였다.[96] 그의 이러한 귀국은 화상들에게 매우 중요한 사건이었다. 즉

---

91) 京城地法 檢事局, 『思想에 관한 情報(11)』, '華僑團體의 情報에 관한 건'(1938.11.21).

92) 『每日申報』, 1939년 3월 28일.

93) 중앙조직이라 할 旅鮮中華商會를 비롯하여 각 지역의 화교조직이 대거 친일 활동을 벌였다.

94) 廣江澤次郎, 『在鮮華僑指導和親工作에 關한 報告書』, 1945.

95) 미상, 『民族正氣의 審判』, 혁신출판사, 1949(國史編纂委員會, 『친일파관련문헌』 所收).

96) 1937년 당시 중화총상회 주석이었던 周愼九가 중국으로 귀국한 시점은 명확하지 않다(朝鮮總督府 警務局, 『治安狀況』 26~43報, '在留支那人의 動靜'(1937.12.10)). 다만 1947년 다시 한국에 입국하면서 보도된 기사를 통해 짐작할 수 있다(『東亞日報』, 1947년 5월 6일).

유풍덕상점은 1897년에 들어와 40여 년에 걸쳐 온갖 정치·경제적 파동
에도 불구하고 유지·발전해왔건만 결국 일제의 중국 침략과 이에 따른
중국 내부의 분열로 인해 철수를 선택하였다.

　그 결과 화상들이 거점으로 삼았던 화교가街는 일본인 또는 조선인들의
손으로 넘어갔다.[97] 또한 잔류한 화교들의 상업도 위축되고 부진함을
면치 못하였다.[98] 인천부의 경우, 금융여신력이 강한 550여 명의 잔여
화교마저 전쟁의 여파가 커서 상업이 예전의 경기를 회복하지 못하였
다.[99] 부산부의 경우, 일본인 상인들에게 눌리고 만주사변 여파로 위축된
가운데 포목을 취급하던 화교 도매상과 소매상들의 대부분이 중일전쟁의
여파로 철귀하였고 대신에 조선인들이 상권을 장악하기에 이르렀다.[100]
그 결과 1939년 말 현재 화교 상인은 단지 145명에 지나지 않았다.[101]

　재조선 화교의 이러한 처지는 화교 연망이 동향별, 동업별 및 지역간
연계 조직에 근간을 두면서도 민족 문제·정치 노선과 연계됨으로써 심
하게 약화되기 시작하였음을 의미하였다. 나아가 일제의 패망 이후 또
다른 후유증을 불러일으킬 수 있었다. 특히 중국 국민당과 공산당 간에
내전이 재발하면서 이제 화교 사회는 이념의 대립으로 확대되었으며
연망을 더욱더 혼들어 놓았다. 이는 차이나타운이 없는 화교 사회를 초
래하는 데 커다란 요인으로 작용하였을 것이다.

　그러나 정주화 경향은 후퇴하지는 않았다. [표 6]은 1930년대 후
반~1940년대 전반 화교 인구의 추세를 보여준다.

---

97)『東亞日報』, 1937년 9월 17일; 1937년 10월 10일.
98)『東亞日報』, 1937년 9월 1일; 1937년 9월 30일.
99)『東亞日報』, 1937년 9월 30일.
100)『東亞日報』, 1937년 9월 19일.
101) 釜山府,『釜山의 産業』, 1940, 40~41쪽.

[표 6] 1930년대 후반~1940년대 전반 외국인(화교) 인구의 현황

구분	1937	1939	1941	1943
주택수(호)	9,426	10,976	14,538	15,834
인구(명)	41,909	51,014	73,274	75,776
남(명)	31,600	37,296	52,037	50,903
여(명)	10,309	13,718	21,237	24,873

* 출전: 朝鮮總督府,『朝鮮總督府統計年報』, 각 해당연도.

[표 6]을 통해 화교가 중일전쟁과 아시아·태평양 전쟁에도 불구하고 오히려 증가하고 있음을 확인할 수 있다. 1937년 4만 여명의 인구가 단 7년 만에 180%나 증가하였다. 이는 중일전쟁으로 귀국하였던 화교들이 중국 내부의 재해와 전쟁이 그치지 않는 가운데 왕자오밍 정권에 가담했음을 내세워 다시 조선으로 입국하였기 때문이다.[102] 그 결과 전쟁 막바지인 1944년 5월에도 여전히 7만 명 이하로 내려가지 않았다.[103] 아울러 일제의 화교 사회에 대한 간섭도 강화되어 갔다.

그러면 조선인 및 일본인의 경우와 비교하면서 인구 구성비와 성비의 현황을 살펴보자. [표 7]은 1930년대 후반~1940년대 전반 화교 인구의 구성을 보여준다.

[표 7] 1930년대 후반~1940년대 전반 민족별 인구 구성의 변화

민족별 인구구성비	1937		1939		1941		1943	
	백분비(%)	성비(%)	백분비(%)	성비(%)	백분비(%)	성비(%)	백분비(%)	성비(%)
조선인	96.99	102.92	96.92	102.23	96.82	101.29	96.87	99.63
일본인	2.82	104.98	2.85	104.51	2.91	105.48	2.86	101.72
화교	0.19	295.36	0.23	265.03	0.27	243.97	0.27	204.16

출전: 朝鮮總督府,『朝鮮總督府統計年報』, 각 해당연도.

---

102)『每日申報』, 1938년 2월 1일.

103) 朝鮮總督府,『人口調査結果報告』, 1944. 이 시기 화교 인구의 증감에 관해서는 李正熙,「近代朝鮮華僑의 社會組織에 關한 研究」,『京都創成大學紀要』8-2, 2008 참조.

조선인과 일본인의 경우, 여자에 대한 남자의 비율이 전쟁과 징용 등으로 말미암아 급격하게 낮아지는 데 반해 화교의 경우, 그 비율이 높아지고 있다. 즉 화교의 인구에서 전체 화교에서 여성에 대한 남성의 비율이 1937년 2.95, 1939년 2.65, 1941년 2.44, 1943년 2.05로 점차 낮아지는 가운데 화교가 전체 인구에서 차지하는 비율이 1937년 0.19%, 1939년 0.23%, 1941년 0.27%로 점차 증가하고 있다는 점에서 남성 화교가 여성을 동반하여 유입하였음을 보여준다. 유소년 인구에 대한 생산 인구의 비율도 1930년에는 6.54였는데 1944년에는 3.26으로 낮아졌다.[104] 이는 여러 차례 정치적 변동에도 불구하고 정주화가 훨씬 진전되었음을 보여준다.

끝으로 정주화의 성격이 변화되었다. 그것은 직업별 인구 구성을 통해 확인할 수 있다. [표 8]은 1930년대 후반~1940년대 전반 화교의 직업별 인구구성 비율을 보여준다.

[표 8] 1930년대 후반~1940년대 전반 외국인(화교)의 직업별 구성   단위: %

종사업 연도	농업	수산업	공업	광업	상업 교통업	공무 자유업	기타	무직 무신고
1937	23.44	0.29	18.52	0.00	31.42	4.11	21.63	0.58
1938	21.05	0.07	14.41	4.84	32.13	9.15	18.05	0.30
1939	21.42	0.13	16.56	4.15	41.38	2.73	13.25	0.38
1940	21.92	0.10	14.31	5.08	38.36	1.87	17.87	0.48
1941	23.23	0.17	15.51	5.10	35.13	1.73	18.70	0.44
1942	25.89	0.00	17.91	4.04	33.66	2.16	15.87	0.47

출전: 朝鮮總督府, 『朝鮮總督府統計年報』, 각 해당연도.

상업과 교통업에 종사하는 화교의 비중이 1939년에 정점을 보이다가 1940년대로 들어오면서 급격하게 감소하였다. 다음 공업에 종사하는 화

---

104) 朝鮮總督府, 『人口調査結果報告』, 1945, 18~19쪽.

교의 비중은 1941년에 다소 이전 시기에 가까워졌지만 감소세를 면치 못하고 있다. 반면에 농업에 종사하는 비중은 1940년대에 들어와 급격하게 증가세를 보여주고 있다. 특히 인천의 경우, 중일전쟁 이후 1937년 8월 1일 현재 40% 정도가 귀국하면서 700여 명이 잔류하였는데 이 중 상인이 아닌 농업 종사자와 양복직공이 수위를 차지하였다.[105] 이것은 동아시아 국제 정세에 민감한 대중국對中國 무역貿易 및 상업 활동과 달리 조선 국내 시장에 기반한 농업 경영의 성격에서 비롯된 것으로 보인다. 그러나 이러한 농업 경영은 이전 시기에서 볼 수 있듯이 주로 중국 요리점에 식재食材를 공급하기 위해 밭을 소작하여 채소를 소규모적으로 재배하는 방식이어서 1940년대 전반에도 영세성을 면치 못하였을 것이다.[106]

이처럼 1931년 만보산사건, 만주사변에 이어 1937년 중일전쟁이 발발하면서 화교 연망은 심하게 동요하였다. 그럼에도 정주화 경향은 잠시 약화되었을 뿐 다시 강화되었다. 인구가 증가한다거나 여성에 대한 남성의 비율이 하락하는 것이 이를 보여준다. 다만 상업 위주의 인구 구성이 비非상업 위주의 인구 구성으로 옮아가고 있을뿐더러 영세 화교들을 중심으로 재편되어 갔다. 이는 화교 연망의 경제적 기반이 약화되어 감은 물론이고 사회자본의 근간이 동요되고 있음을 반영한다. 더욱이 중일전쟁 이후 일제의 부일협력 강요는 화교 상인들의 입지를 더욱 좁히기에 이르렀다.

---

105) 『每日申報』, 1937년 12월 9일.
106) 이에 관해서는 김태웅, 앞의 논문, 2010, 424쪽; 李正熙, 「近代朝鮮에서 中國農民의 野菜栽培에 關한 研究」, 『史林』 94-3, 2011 참조.

4. 결론

조선 내 개항장 도시에 거류하는 화교의 정주화 양상과 연망의 변동은 1931년 만보산사건과 조선인의 화교배척 사건을 분기로 그 시기별 특징을 파악할 수 있다.

우선 1931년 이전에는 인천부, 신의주부, 부산부 화교의 정주화가 진전되고 있음을 확인할 수 있다. 아울러 이들 화교의 성별, 연령별, 직업별 인구 구성을 통해 인천부의 화교는 상인들을 중심으로, 신의주부의 화교는 화공들의 급속한 유입으로 상인과 화공들을 중심으로 정주화가 진전되고 있음을 확인할 수 있다. 아울러 화교의 연망도 정주화 과정에서 친인척과 동향 조직을 근간으로 삼아 지역내·지역간, 동업별 연계 조직으로 발전되거나 확장되었고 나아가 조선내 전국적 조직이라는 민족 연망의 구성 요소로 자리잡기 시작하였다. 이러한 추세는 재조선 화교들이 타자와 주변인으로 내몰릴 수밖에 없는 정착지의 구조적 조건 속에서 중국 재래의 객방이라는 연망을 활용하는 생존 전략에서 비롯된 자연스러운 귀결이었다.

그러나 1931년 만보산사건과 조선인의 화교배척운동이 일어나고 곧이어 1937년 중일전쟁이 발발한 가운데 일제의 관세통제關稅統制로 인해 화교 경제가 난국에 처하면서 정주화의 양상이 달라지고 화교의 연망이 동요하였다. 우선 화교 상인에 기반한 인천부의 경우, 무역 부진에 따라 화교 상인들이 대거 본국으로 귀환함으로써 화교 조직은 점차 영세 소상인 중심으로 재편되었다. 신의주의 경우, 북부 조선의 공업화에 힘입어 오히려 화공들이 대거 유입하면서 정주화의 중심으로 부각되었다. 물론 이러한 정치적·경제적 급격한 변동에도 불구하고 정주화의 진전은 지속되었다. 그러나 정주화의 성격이 바뀌기 시작하였다. 이전에는 대상인을 비롯하여 화공들, 기타 부문 종사자들의 정주화가 전반적으로 진행되었던 데 반해 이후에는 소상인 또는 화공들을 중심으로 정주화가 진행되었던 것이다.

한편, 정주화가 이렇게 진행되는 가운데 정주 연망은 더욱 흔들렸다. 이는 화교들의 개별 분산화를 의미하였다. 즉 만보산사건과 조선인의 화교배척운동, 일제의 중국 침략과 이른바 왕자오밍 신정부의 수립 등 일련의 정치적·군사적 사건이 재조 화교 사회에 영향을 미치면서 화교 연망을 친일 세력과 반일 세력, 친장親蔣 세력과 반장反蔣 세력 등으로 분열시켰던 것이다. 그리고 이러한 균열은 일제 패망 이후 냉전질서가 도래하면서 더욱 심화되기에 이르렀다. 나아가 연망을 기반으로 운동하는 사회자본의 확장을 억제하고 효율성을 떨어뜨림으로써 재한在韓 화교의 경제·사회활동을 위축시켰다.

필자 소개

우숭디 吳宣旼 sdwu1954@yahoo.com.cn

복단대학교에서 「북방 이민과 남송 사회의 변천」으로 박사학위를 취득하였고, 현재 복단대학교 역사지리연구소 소장으로 재직하고 있다. 주요 저서로 『중국이 민사』, 『이민과 중국』, 『항구: 복지와 북방의 경제 변천(1840~1949)』 등이 있다.

왕저 王哲

복단대학교 역사지리연구소에서 「청말 민국 시기 대외와 개항장 무역 네트워크의 공간 연구」로 박사학위를 취득하였고, 현재 남개대학교 역사학원의 조교수로 재직하고 있다. 주요 논문으로 「청말 민국 시기 개항장 무역의 네트워크(1885~1940)」, 「중국 근대 항구 무역 네트워크의 공간 구조」 등이 있다.

린원카이 林文凱 wklin@gate.sinica.edu.tw

국립대만대학교 사회학연구소에서 「토지계약 질서와 지방 관리」로 박사학위를 취득하였고, 현재 대만 중앙연구원 대만사연구소 조연구원으로 재직하고 있다. 주요 논문으로 「청말 대만 개항 후 쌀 수출의 문제」, 「지방관리와 토지 소송」, 「청대 토지 법률문화」 등이 있다.

판루우쓴樊如森 rsfan@fudan.edu.cn

복단대학교 역사지리연구소에서 「천진 항구 무역과 복지 외향형 경제 발전 (1860~1937)」으로 박사학위를 취득하였고, 현재 복단대학교 역사지리연구소 부교수로 재직하고 있다. 주요 저서로 『천진과 북방 경제 현대화(1860~1937)』 등이 있다.

쉬쑤빈徐蘇斌 xusubin@gmail.com

천진대학교 건축학과에서 「비교, 왕래, 계시: 중일 근대 건축사의 연구」로 박사학위를 받았고, 일본 동경대학에서도 다시 박사학위를 취득하였다. 현재 중국 문화유산보호국제연구센터 부주임으로 재직하고 있다. 주요 저서로 「중국 도시와 건축에 대한 일본의 연구」, 「중국 도시와 건축의 근대와 일본」, 「근대 중국 건축학의 탄생」 등이 있다.

윤승준尹承駿 yoonsj@inha.ac.kr

서울대학교 서양사학과에서 「프랑스혁명기 세느-에-와즈의 공유지와 농민들」로 박사학위를 취득하고, 현재 인하대학교 인문학부 사학전공 교수로 재직하고 있다. 주요 저서로 『새 유럽의 역사』(역서), 『유럽 혁명 1492~1992』(역서), 『하룻밤에 읽는 유럽사』 등이 있다.

이영호李榮昊 yholee@inha.ac.kr

서울대학교 국사학과에서 「1894~1910년 지세제도 연구」로 박사학위를 취득하고, 현재 인하대학교 인문학부 사학전공 교수로 재직하고 있다. 주요 저서로 『한국근대 지세제도와 농민운동』, 『동학과 농민전쟁』이 있다.

차철욱 車喆旭 chacw21@pusan.ac.kr

부산대학교 사학과에서 「이승만정권기 무역정책과 대일 민간무역구조」로 박사학위를 취득하고, 현재 부산대학교 한국민족문화연구소 교수로 재직하고 있다. 주요 공저로는 『로컬리티, 인문학의 새로운 지평』, 『일제강점하 부산의 지역 개발과 도시문화』 등이 있다.

양흥숙 梁興淑 yangyang1513@pusan.ac.kr

부산대학교 사학과에서 「조선후기 東萊 지역과 지역민 동향: 倭館 교류를 중심으로」로 박사학위를 취득하였고, 현재 부산대학교 한국민족문화연구소 HK전임연구원으로 재직하고 있다. 주요 논문으로는 「'범죄'를 통해 본 조선후기 왜관 주변 지역민의 일상과 일탈」, 「개항 후 초량 사람들과 근대 공간의 형성」 등이 있다.

김승 金勝 namsan386@hanmail.net

부산대학교 사학과에서 「1920년대 경남동부지역 청년운동」으로 박사학위를 취득하고, 현재 한국해양대학교 국제해양문제연구소 인문한국 교수로 재직하고 있다. 주요 저서로 『신편 부산대관』 등이 있다.

최성환 崔誠桓 baguni11@naver.com

목포대학교 사학과에서 「조선후기 문순득의 표류와 세계인식」으로 박사학위를 취득하고, 현재 목포대학교 도서문화연구원 HK연구교수로 재직하고 있다. 주요 저서로 『문순득 표류연구』, 『신안 이야기』 등이 있다.

이옥련李玉蓮 liyulian0707@gmail.com

인하대학교 사학과에서 「근대 한국화교사회의 형성과 전개」로 박사학위를
취득하고, 현재 중국 연변대학 외국어학원 일본어학부에서 동아시아 관계사전
공 교수로 재직하고 있다. 주요 논저로는 『인천 화교사회의 형성과 전개』, 「개항
초기 인천과 요코하마 화교사회 구성원에 대한 비교연구」, 「1920년대 산둥화공
의 조선노동시장 진출」 등이 있다.

김태웅金泰雄 kimtw@snu.ac.kr

서울대학교 국사학과에서 「개항 전후~대한제국기 지방재정개혁 연구」로 박
사학위를 취득하고 현재 서울대학교 사범대학 역사교육과 교수로 재직하고 있
다. 주요 저서로 『한국근대 지방재정 연구: 지방재정의 개편과 지방행정의 변경』,
『뿌리 깊은 한국사 샘이 깊은 이야기: 근대편』 등이 있다.

찾아보기

● 필자 소개(집필순)

우숭디(吳松弟) 중국 복단대학 역사지리연구소 소장
왕 저(王 哲) 중국 남개대학 역사학원 조교수
린원카이(林文凱) 대만 중앙연구원 대만사연구소 조연구원
판루우쑨(樊如森) 중국 복단대학 역사지리연구소 부주임
쉬쑤빈(徐蘇斌) 중국문화유산보호국제연구센터 부주임
윤승준(尹承駿) 인하대학교 인문학부 사학전공 교수
이영호(李榮昊) 인하대학교 한국학연구소 소장
차철욱(車喆旭) 부산대학교 한국민족문화연구소 교수
양흥숙(梁興淑) 부산대학교 한국민족문화연구소 HK전임연구원
김 승(金 勝) 한국해양대학교 국제해양문제연구소 HK조교수
최성환(崔誠桓) 목포대학교 도서문화연구원 HK연구교수
이옥련(李玉蓮) 중국 연변대학 외국어학원 교수
김태웅(金泰雄) 서울대학교 역사교육과 교수

동아시아한국학 연구총서 4

동아시아 개항도시의 형성과 네트워크
The Formation and Network of the Open Port City in East Asia

© 인하대학교 한국학연구소, 2012 Printed in Incheon, Korea

1판 1쇄 인쇄: 2012년 12월 20일
1판 1쇄 발행: 2012년 12월 30일

엮은이: 인하대학교 한국학연구소
펴낸이: 홍정표
펴낸곳: 글로벌콘텐츠
　　　　등 록＿제25100-2008-24호

공급처: (주)글로벌콘텐츠출판그룹
　　　　이 사＿양정섭
　　　　디자인＿김미미
　　　　편 집＿노경민
　　　　기획·마케팅＿배소정 배정일
　　　　경영지원＿안선영
　　　　주 소＿서울특별시 강동구 길동 349-6 정일빌딩 401호
　　　　전 화＿02-488-3280
　　　　팩 스＿02-488-3281
　　　　홈페이지＿http://www.gcbook.co.kr
　　　　이메일＿edit@gcbook.co.kr

값 24,000원
ISBN 978-89-93908-52-7 93910

* 이 책은 본사와 저자의 허락 없이는 내용의 일부 또는 전체를 무단 전재나 복제, 광전자 매체 수록을 금합니다.
* 잘못된 책은 구입처에서 바꾸어 드립니다.